SELBST-VERSTÄNDLICH WEIN

Anfänglich, bei Beginn der Arbeiten zu diesem Buch, kamen mir Zweifel, ob es sinnvoll sei, die Springflut von Weinbüchern – unter denen es ja einige sehr gute gibt – um einen weiteren Titel anzureichern. Ist nicht schon alles geschrieben worden? Doch je weiter die Vorarbeiten gediehen, desto mehr wich das Unbehagen einer Vorfreude auf das Manuskript. Ich stellte mir die Unzahl genußfähiger Mitbürger vor, die wohl ein gutes Glas zu schätzen wissen und dennoch »Angst« vor Wein haben – besser gesagt: vor all dem Weihrauch, mit dem dieses schöne Genußmittel umnebelt wird. Dagegen darzustellen, daß Wein ein selbstverständliches Vergnügen sein kann, das weder hochtrabender Detailkenntnisse noch der schweren Brieftasche bedarf, sollte Spaß machen.

Seit einem Vierteljahrhundert beschreibe ich die Welt der Weine und gebe gerne zu, daß ich einige Wissenslücken habe: Die Gewächse von Romanée-Conti sind mir fremd, die superben Beerenauslesen von Müller-Scharzhof gingen an mir vorbei, auch kann und möchte ich nichts zur Debatte beitragen, ob nun der 82er oder der 83er Latour der größere Jahrgang war. Nicht, daß es an Gelegenheiten gemangelt hätte, solche Schätze zu probieren. Doch ich meide Gesellschaften, bei denen sich Eingeweihte über die Unterschiede von 500-Mark-Gewächsen ereifern.

Nun ist es keineswegs so, daß ich in all den Jahren nicht große Weine hätte kosten dürfen, sicher einige der größten überhaupt. Solche Ausnahmen, an ungesetzlichen Feiertagen genossen, sind notwendig, um hernach auch den Alltag würdigen zu können. Mein Liebling derzeit ist ein Literschoppen aus Rheinhessen, leicht, trocken und hübsch fruchtig. Dieser preiswerte Silvaner, gewiß nichts Großes, weiß mir jedoch im Laufe einer Flasche die wunderlichsten Dinge zu erzählen über die Erde, in der er gewachsen ist. Jeder Schluck bringt neue, fröhliche Überraschungen. Wenn die Neige geleert ist, weiß ich nicht, wonach dieser freundliche Tropfen eigentlich geschmeckt hat. Doch ich könnte ihn unter Hunderten anderer blind herausfinden. Über solche ganz einfachen Genüsse möchte ich schreiben.

Bei meinem Gang durch die Weinlandschaften der Welt werde ich viele Adressen nennen. Auch der Erzeuger meines Silvaner-Lieblings findet sich darunter. Die Auswahl der Betriebe kann nur persönlich sein, sie erhebt keinen Anspruch auf Vollständigkeit und stellt auch keinerlei Rangfolge dar. Bevor ich eine weitere Hitliste berühmter Güter aufstelle, erwähne ich lieber einige weniger renommierte Winzer, die sich seit vielen Jahren als Weinkulturschaffende Meriten verdienten. Bei ihnen ist der Kunde sicher gut aufgehoben und bekommt viel Qualität fürs Geld.

Am Ende eines jeden »Länder-Kapitels« findet sich ein Kasten, der die Informationen über das jeweilige Anbaugebiet noch einmal kompakt zusammenfaßt. Genannt werden hier auch »Empfehlenswerte Betriebe«, durchweg solche, deren Weine hier erhältlich sind. Bei den deutschen Erzeugern sind die Angaben des Weingutes aufgeführt; bei den übrigen europäischen und außereuropäischen Gütern werden Importeure oder Versender genannt, deren vollständige Anschriften Sie auf Seite 237 des Buches finden.

Der Autor

INHALT

Deutschlands Vielfalt

Die Götter sprechen Französisch

Verführerisches Italien

Iberiens Aufbruch

Noch mehr Schätze in Europa

Entdeckungen in Übersee

Vom Entstehen zum Genuß

LANDGRÄFLICH
HESSISCHES
WEINGUT
JOHANNISBERG
RHEINGAU
ualitätswein
nit Prädikat
Amtl. Prüf.-Nr.
22015 011 91

DEUTSCHLANDS VIELFALT

Die feinsten Himbeeren wachsen in Schottland. Polnische Äpfel schmecken besser als südfranzösische. Sonne ist für die Früchte gut, doch brauchen sie auch Kühle zwischendurch, damit sich Aroma bilden kann. Dies gilt für Weinbeeren besonders. In Deutschlands Flußtälern, am nördlichen Rande des Welt-Weinbaus, herrscht ein Klima, in dem die Trauben langsam reifen und dabei viel Geschmack sammeln. Deutsche Weine sind leicht, doch voller Inhalt. Erstaunlich und verwirrend ist die Vielfalt, nirgendwo sonst gibt es so unterschiedliche Gewächse.

Wunderliche Windungen vollzieht die Mosel. Das Bild oben zeigt die Schleife von Bremm. Der Fotograf stand auf dem Calmond, dem steilsten Weinberg Deutschlands. Der flache Hügel gegenüber ist, einzig an der Untermosel, mit der Sorte Elbling bestockt.
In der traditionsreichen Weinlandschaft der Untermosel erhebt sich der alte Wehrturm von Zell.

MOSEL-SAAR-RUWER

Höhen und Tiefen

Leiwen ist ein treffliches Beispiel, um zu beschreiben, wie es derzeit um die Mosel steht. Der Ort, knapp 2000 Einwohner, keine Sehenswürdigkeiten, dafür mehr Reben als an der gesamten Hessischen Bergstraße, wird baulich wie ökonomisch beherrscht von zwei mächtigen Kellereien. Diese Unternehmen beliefern Supermärkte mit staunenswert preisgünstigen, leidlich trinkbaren Weinen und halten sich damit tapfer über Wasser. Die rauschenden Gewinne, die noch Anfang der achtziger Jahre flossen, sind heute nicht mehr möglich. Daneben gibt es in Leiwen eine Reihe ehrgeiziger Winzereien, die Riesling vom Besten anbieten und in der Feinschmeckerpresse gefeiert werden. Der Ort hat einen schlechten und einen guten Ruf zugleich. Letzteres ist neu. Die Leiwener galten bislang immer als bienenfleißig, geschäftstüchtig und kulturlos. Als erste pflanzten sie in großem Stil jene neumodischen, auf extrem frühe Reife hin gezüchteten Kreuzungen wie Ortega oder Optima, die auch in einem verregneten Sommer an schattigen Nordwest-Hängen Spät- und Auslesen bringen. So konnten die Winzer in beliebigen Mengen erzeugen, was früher eine hochbezahlte Ausnahme war. Daß diese Neuzuchten-Weine ordinär schmecken, spielte keine Rolle. Die Leiwener wurden damit wohlhabend. Die Geschäfte mit Konsum-Spätlesen blühten bis 1985. Dann erschütterten schlimme Skandale die deutsche Weinwirtschaft.

»Wir wurden an der Mosel als Parias angesehen«, erinnerte sich Bernhard Werner. Er gründete in jenem verruchten Jahr mit gleichgesinnten Kollegen die Gruppe der Leiwener Jungwinzer. Diese jungen Männer, alle um die 25 Jahre, schworen sich gegenseitig auf hohe Weinmoral ein. Anders als die Väter, die sich mit Neid und Mißtrauen begegneten, berieten sich die Jungen gegenseitig bei der Arbeit im Keller. In Wettbewerben suchten sie den idealen Riesling. Um ein weithin sichtbares Zeichen ihres Ehrgeizes zu setzen, machten sie in monatelanger Knochenschinderei das beste Stück der Laurentiuslay wieder urbar. Der steil aufragende Weinberg gehört zu den besten Lagen an der Mosel, war aber längst als unwirtschaftlich aufgegeben worden. Die Leiwener Jungwinzer sind heute eine angesehene Gruppe. Bernhard Werner, der langjährige Vorsitzende, wurde später in den Bernkasteler Ring aufgenommen, einen Zusammenschluß bestbürgerlicher Weingüter an der Mittelmosel. Zehn Jahre zuvor hätte kein Winzer aus Bernkastel einem Leiwener Kollegen freundschaftlich die Hand gegeben.

Wie Leiwen, so die ganze Mosel: auf der einen Seite fragwürdige Spätlesen für zweiachtundneunzig beim Discounter, die eher nach Traubensaft schmecken denn nach Wein, auf der anderen Seite Gewächse von unnachahmlicher Eleganz, gerühmt in aller Welt. Wenn Mosel-Riesling gut gerät, dann schlägt er alle anderen Weine. Er ist zart, leicht, munter, fast prickelnd, frisch säuerlich, betörend fruchtig mit raffinierten mineralischen Untertönen. Am besten mundet er mit einem nur zu ahnenden Hauch Süße, also halbtrocken und drei, vier Jahre gereift. Dann ist so ein Moselwein am bekömmlichsten, und der Gaumen erlebt ein raffiniertes Spiel von dahin getupften und

Die Ernte in den steilen Lagen der Mosel ist eine sehr harte, anstrengende Arbeit. Der Riesling reift spät; gelesen wird oft bis in den November hinein.

Mosel-Saar-Ruwer Bereiche Saar-Ruwer, Obermosel und Moseltor (Ausschnittkarte: Seite 13)

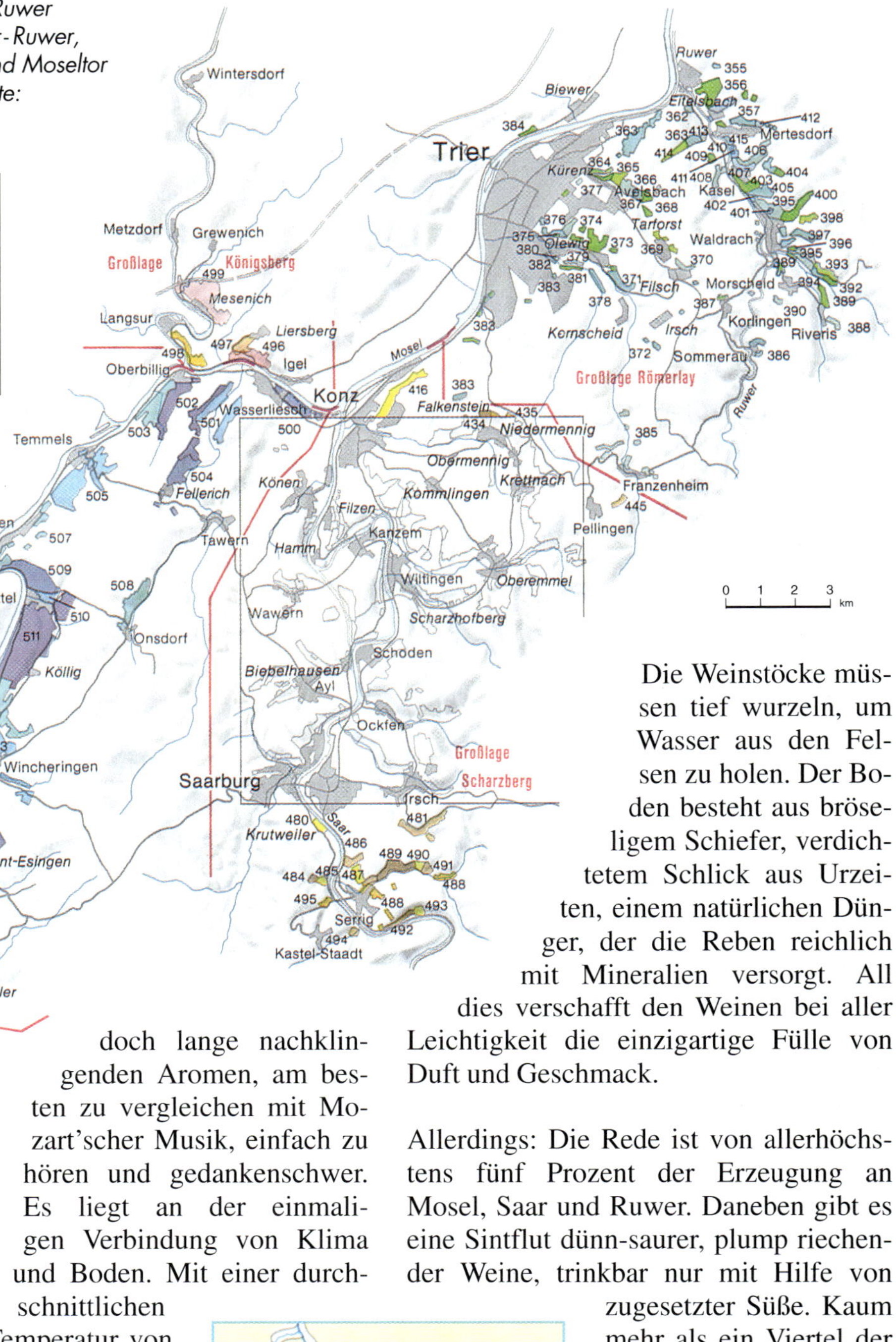

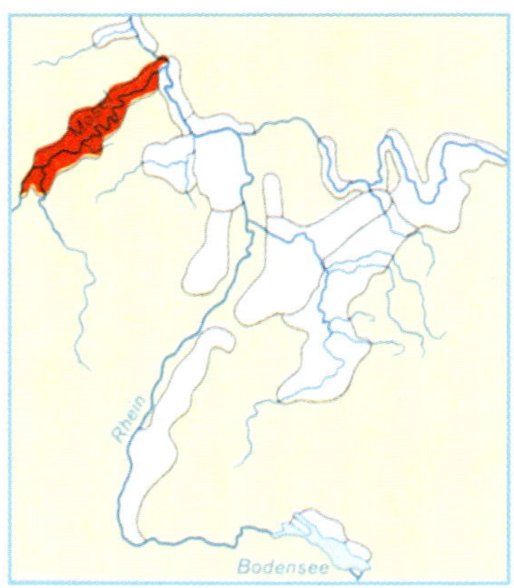

doch lange nachklingenden Aromen, am besten zu vergleichen mit Mozart'scher Musik, einfach zu hören und gedankenschwer. Es liegt an der einmaligen Verbindung von Klima und Boden. Mit einer durchschnittlichen Temperatur von 9,9 Grad Celsius gehört Mosel-Saar-Ruwer zu den kühlsten Weingebieten der Welt. Zum Ausgleich genießen die Reben von Juni bis in den November eine anderswo nicht erreichte Lichtfülle, verstärkt noch durch die Spiegelung auf dem Wasser des Flusses. Die Trauben reifen mählich, dafür oft bis in den November hinein. Der Herbst läßt reichlich Zeit, Aromen zu bilden. Das Erdreich an den steilen Hängen ist dünn. Die Weinstöcke müssen tief wurzeln, um Wasser aus den Felsen zu holen. Der Boden besteht aus bröseligem Schiefer, verdichtetem Schlick aus Urzeiten, einem natürlichen Dünger, der die Reben reichlich mit Mineralien versorgt. All dies verschafft den Weinen bei aller Leichtigkeit die einzigartige Fülle von Duft und Geschmack.

Allerdings: Die Rede ist von allerhöchstens fünf Prozent der Erzeugung an Mosel, Saar und Ruwer. Daneben gibt es eine Sintflut dünn-saurer, plump riechender Weine, trinkbar nur mit Hilfe von zugesetzter Süße. Kaum mehr als ein Viertel der Lagen ist gut. Oft genug stehen die Reben auf »leicht nach Süden hin ansteigenden Hängen« (Winzer-Spott) oder auf platten Uferwiesen, die früh im Dunkeln liegen und nach Regen lange naßkalt bleiben. Dort gedeihen nur nachrangige Sorten wie Müller-Thurgau, Bacchus oder Kerner. Der königliche Riesling hat an den Ernten einen Anteil von weniger als der Hälfte. Ein weiteres Übel ist die mangelhafte Ausbildung in vielen kleinen Winzer-

Sonnenuhren sind das Wahrzeichen vieler Weinberge an der Mosel. Fünf Weinberge sind nach diesem natürlichen Zeitmesser benannt: in Wehlen, Zeltingen, Pommern, Neumagen und Maring-Noviand.

Arno Frank, Jahrgang 1960, einer der tüchtigen Nachwuchs-Winzer an der Obermosel.

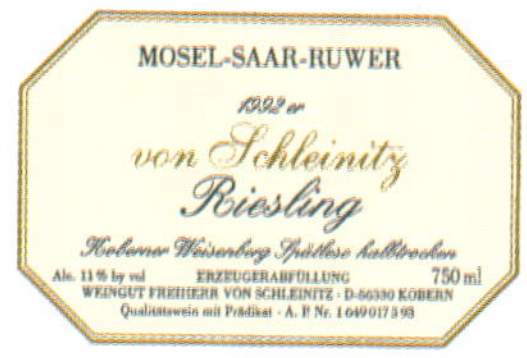

betrieben. Manch ordentliches Lesegut wird im Keller durch Unkenntnis und Unachtsamkeit verdorben. Dabei erfordert der Mosel-Riesling, gerade weil er so filigran ist, besonderes Können.

2000 Jahre Geschichte erklären hinreichend, warum es an dem vielgewundenen Fluß die besten und die schlechtesten Weine gibt. Von den Römern haben die Moselaner das Aussehen und das Leichtfertige. In späteren Jahrhunderten litten die Menschen eine blutige Verfolgung nach der anderen, hohe Schule des Überlebens und des Sich-Durchmogelns, doch auch – damals Hauptübel an der Mosel – des Neidens und Mißtrauens. 1786 verfügte der weitsichtige (und weinverliebte) Clemens Wenzeslaus, Kurfürst und Erzbischof von Trier, daß in seinem Herrschaftsbereich nichts als Riesling wachsen dürfe. Damit machte der Kirchenmann die Mosel berühmt.

Im 19. Jahrhundert verordnete Napoleon Bonaparte die Realteilung, bei der im Erbfall der Grundbesitz unter allen Nachkommen aufzuteilen ist. Das führte zu hoffnungsloser wirtschaftlicher Zersplitterung. Tausende Bauern versuchen heute, aus ihren viel zu kleinen Weingärten eine Höchstmenge an Most herauszuholen, was hernach nur dünne Tröpfchen ergibt. In den Sechzigern schwärmten staatliche Berater aus und verrieten das Testament des Clemens Wenzeslaus. Sie rieten den Winzern, auch die weniger besonnten Hänge und die Ebene zu bestocken.

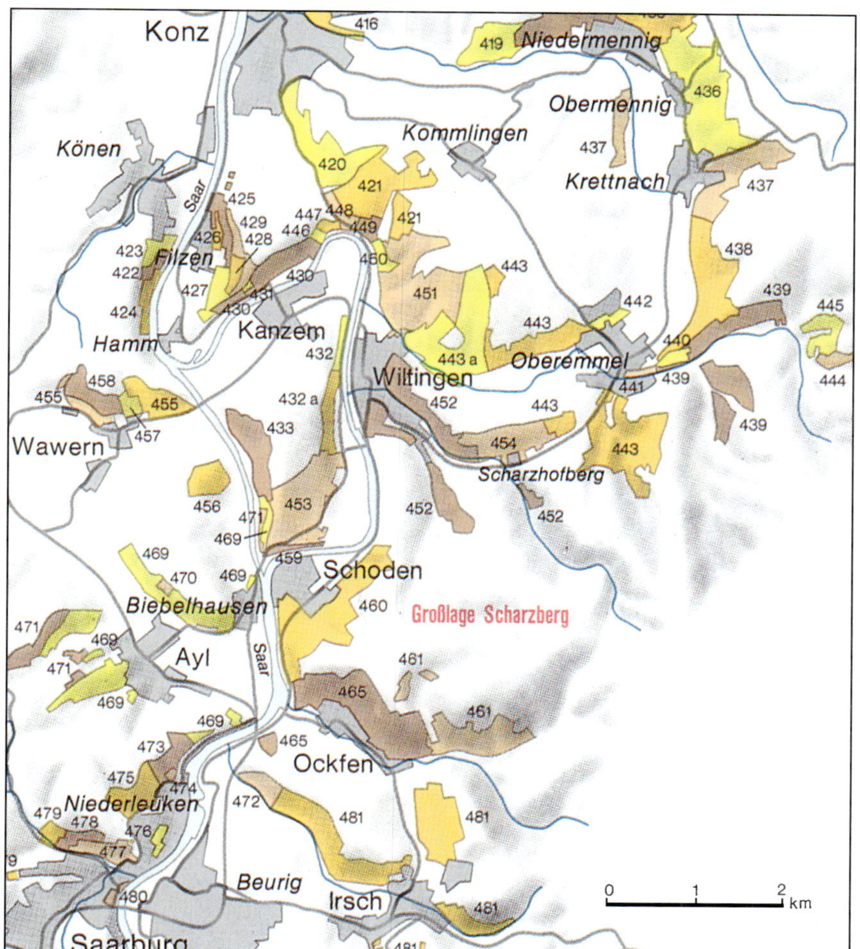

Die Pflege der Reben am Koberner Weißenberg (Untermosel) kommt einer Arbeit im Hochgebirge gleich.

Dafür gebe es neue Wunder-Reben, die auch bei niedrigeren Temperaturen in wenigen Wochen mehr Traubenzucker produzieren als der spätreifende Riesling – Spätlesen leicht gemacht. Wie unsinnig, wie kurzsichtig diese Politik war, zeigt sich am Ergebnis: Heute kostet Moselwein weniger als noch vor 30 Jahren und ist wahrhaftig nicht besser geworden. Reihenweise geben Betriebe auf, sind selbst gute Rebgärten für ein paar Mark zu haben. Die Schufterei am steilen Hang lohnt immer weniger.

Klar, es muß neben den kostbaren Schätzen auch schlichte, preisgünstige Weine geben. Wer kann sich denn schon ständig Flaschen für 20 Mark und mehr leisten? Das Mißliche ist, daß der Verbraucher auf dem Flaschen-Etikett das eine vom anderen nicht unterscheiden kann. Der Hersteller wertlosen Traubensaftes darf die gleichen Bezeichnungen verwenden wie das ehrwürdige Weingut nebenan. Wer ahnt denn, daß hinter einer so hochtrabenden Bezeichnung wie »Bernkasteler Kurfürstlay Spätlese« oft ein Gemisch steht aus fünf verschiedenen Traubensorten und aus zwölf Ortschaften? Und dies ist – schon ein Skandal – genau so gewollt. Die Weinpolitiker an der Mosel, stets die Stimmen des Winzervolks im Blick, wehren sich seit Jahrzehnten beharrlich dagegen, daß die Anforderungen an die Güte der Weine angehoben werden. Auch der unreifste Saft, dünn wie Apfelmost, darf sich »Qualität« nennen. Ein Magerling, der in ande-

Mosel-Saar-Ruwer Bereich Bernkastel (Mittelmosel)

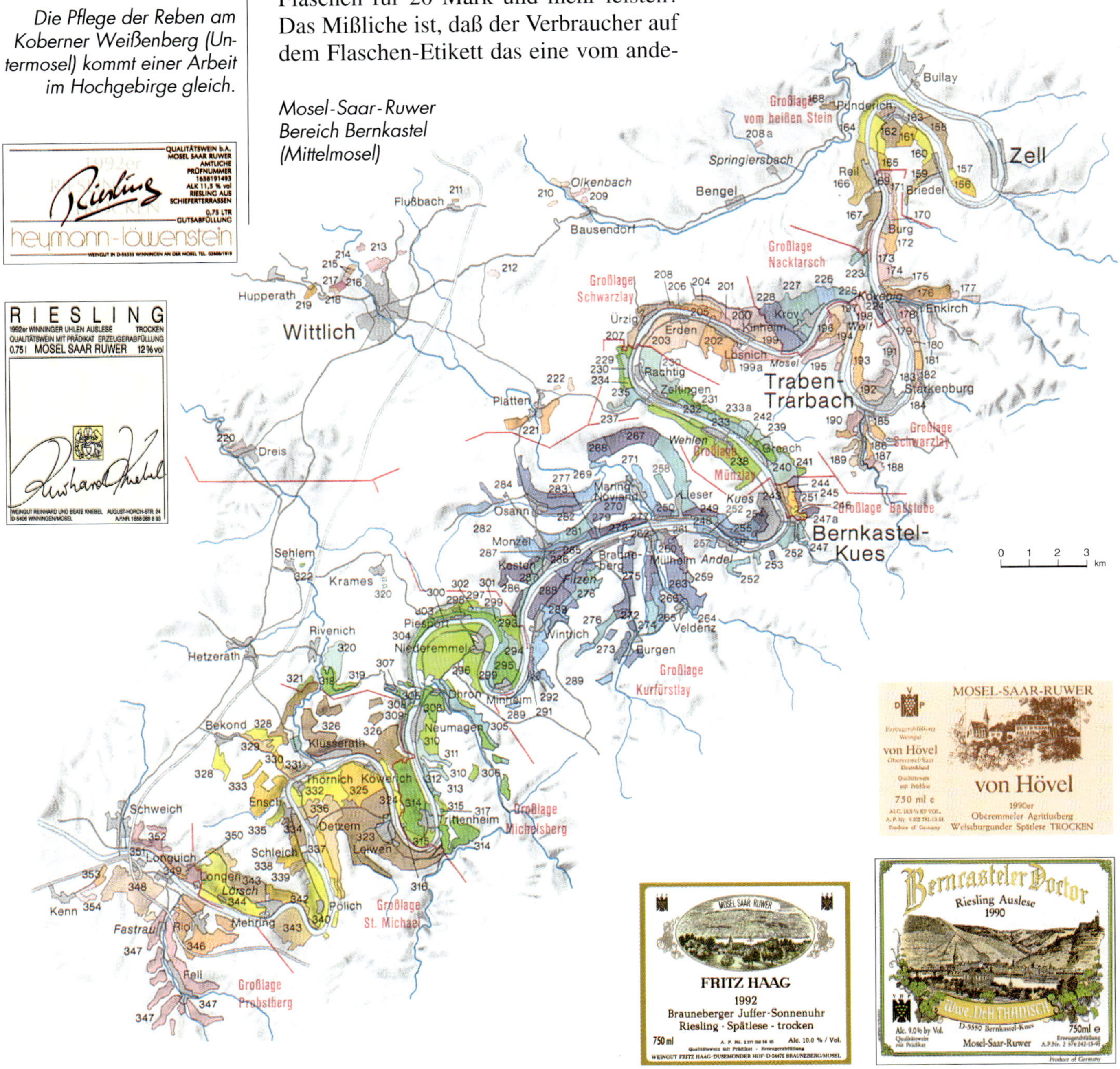

ren Ländern nicht mal zum Tafelwein taugt, erhält an der Mosel Prädikat und Gütesiegel. Die Winzer dürfen weit größere Mengen aus ihren Rebgärten herausholen als ihre Kollegen anderswo. Die Tausende kleiner Weinbauern, die ihre Erzeugung den großen Kellereien überlassen oder für ein paar Mark an Ausflügler verkaufen, werden davon nicht wohlhabend, im Gegenteil. Und die tradionsbewußten Güter, die den Ruf der Mosel hochhalten, leiden nachhaltig Schaden.

Dummheit stirbt nicht aus, aber Verstand gottlob auch nicht. Es gibt Menschen mit Klugheit und Kraft der Überzeugung, die nicht mitansehen können, wie die Mosel vor die Hunde geht, die von den Weinbau-Funktionären in Trier nichts mehr erwarten, die selbst die Zügel in die Hand nehmen und Kollegen für Qualitätsarbeit begeistern können. Zum Beispiel Franz Dötsch: Der kantige Grauschopf, der niemals einem Streit aus dem Wege ging, war Weinbau-Berater, bevor er Bürgermeister der Verbandesgemeinde Untermosel wurde und in diesem Amt eine starke Winzer-Bewegung ins Leben rief. Dötsch mochte nicht mehr hinnehmen, daß die Untermosel wohl den ältesten Weinbau und das wärmste Klima vorzuweisen hat und dennoch gänzlich unbekannt war. Landkarten des Anbaugebietes endeten in Traben-Trarbach, die restlichen 100 Fluß-Kilometer bis zur Mündung in den Rhein existierten nicht. Der Bürgermeister handelte.

Am 26. Juni 1981 gründete er mit einer halben Hundertschaft teils zögerlicher, teils begeisterter Winzer die »Erzeugergemeinschaft Deutsches Eck«, die sich selbst strenge Regeln auferlegte. Unter dem Namen der Gruppe darf nur lupenreiner, mehrfach geprüfter Riesling angeboten werden. Die Winzer müssen ihre Weinberge naturgerecht pflegen und die Ernten stark zurückfahren. Denn nur wenn wenige Trauben am Stock hängen, wird ein konzentrierter Geschmack erreicht. Die Reifewerte müssen deutlich über den gesetzlichen Normen liegen. Was an der Mittelmosel oft als Spätlese verkauft wird, ist beim »Deutschen Eck« ein Kabinett-Wein. Heute zählt die Gemeinschaft 80 Betriebe, die den – mit einer dunkelgrünen Kapsel gekennzeichneten – Riesling erfolgreich verkaufen. Die Kunden wissen, daß sie für ihr Geld viel Qualität bekommen. Ähnliche Bestrebungen sind auch an der vielgerühmten Mittelmosel zu verzeichnen, wo der traditionsreiche Bernkasteler Ring aus

Am Bremmer Calmond (heißer Berg) ist kein Wegebau möglich, der dem Winzer die Arbeit etwas erleichtern könnte. Erst die Anlage von kleinen Einschienen-Bahnen brachte etwas Hilfe.

Alex Licht in Brauneberg (Mittelmosel) ist für zarten Riesling bekannt.

Mosel-Saar-Ruwer
Bereich Zell (Untermosel)

langem Schlaf erwacht und sich ebenso wortgewandt wie tatkräftig zu einer neuen Weinkultur bekennt. Die Mitglieder sind durchweg bürgerliche, kundenfreundliche Betriebe, die nicht zu den Stars der Mosel zählen, doch über beste Lagen verfügen und mindestens ebenso guten Riesling erzeugen. Die alljährlichen Präsentationen des Rings Mitte Juni im Bernkasteler Cusanus-Stift zeigen seit ein paar Jahren ein staunenswert hohes Niveau: prächtige Tropfen von der ersten bis zur letzten Flasche. Der ganze Reichtum der herrlichen Weinberge der Mittelmosel, von Erden, Ürzig, Zeltingen, Wehlen, Graach, Bernkastel, Brauneberg, Kesten, Wintrich, Piesport und Trittenheim, wird bei diesen Veranstaltungen ausgebreitet. Das Geheimnis hinter dem neuerlichen Ring-Erfolg hat einen Namen: »Mosel 2000«. Dies ist ein mit bescheidensten Mitteln wirkendes, zu einem geringen Teil mit öffentlichen Geldern genährtes Marketing-Klübchen, das sich zum Ziel gesetzt hat, bis zur Jahrtausendwende die Mosel wieder so berühmt zu machen, wie sie es ehedem war. In strengen Fachproben werden alljährlich Vorzeige-Weine herausgesucht, die den angeschlossenen Winzern und Wirten als Meßlatte dafür dienen sollen, wie guter Mosel-Riesling zu schmecken hat. Diese Arbeit hat viel dazu beigetragen, daß es bei den Bernkasteler Präsentationen derart grandiose Gewächse zu kosten gibt. Mosel-2000-Geschäftsführer Erberhard Schönberger aus Bruch-Salm nimmt überdies Weinkultur ganz wörtlich, in dem er den Riesling im Umfeld von Malerei und Musik wirken läßt.

Zur Gesundung des moselländischen Weinbaus dürfte langfristig auch ein Rebland beitragen, auf das früher mit Verachtung herabgeschaut wurde. Gemeint ist die an Luxemburg und Lothringen angrenzende Elbling-Region der Obermosel. Der Wein dieser Landschaft ging früher zum größten Teil an Sektkellereien. Der Rest wurde in Bauernschänken getrunken, für Freunde des Rieslings eine arg derbe Angelegenheit. Doch der Elbling, den römische Legionäre als »uva alba« an die Mosel brachten, findet zunehmend Freunde. Diese urwüchsige, unbändig fruchtbare Rebe liefert, wenn der Winzer sein Handwerk versteht, einen unkomplizierten, klar nach Boskop-Äpfeln schmeckenden Wein, der erstaunlich haltbar ist und der sich zur Herstellung von Sekt oft sehr viel besser eignet als der noble Riesling.

Herber Elbling fließt traditionell in Strömen, wenn in Brüssel die europäischen Landwirtschaftsminister tagen. Allerdings kommt der Wein von der luxemburgischen Seite der Obermosel. Bonner Politiker, allen voran der frühere Bundes-

Imposant erhebt sich der Scharzhofberg bei Wiltingen, die beste Lage an der Saar. Hier gedeiht Riesling vom Besten (links).

Trittenheim am oberen Mosellauf genießt unter Weinfreunden und -freundinnen durch seine beiden Lagen Altärchen und Apotheke ein hohes Renommee. Doch da die Anbauflächen überaus großzügig erweitert wurden, ist leider nicht alles Spitzenqualität, was aus diesen Lagen in den Handel gelangt.

Mosel-Saar-Ruwer
Zahlen und Adressen

Rebfläche: 12 500 Hektar

Ernte im Schnitt:
1,4 Millionen Hektoliter

Weinbaubetriebe:
circa 15 000

Hauptsorten: Riesling, Müller-Thurgau, Elbling

Auskunft: Mosel-Saar-Ruwer-Wein, Gartenstraße 12 a
in 54295 Trier
(Tel.: 0 651 / 7 66 21)

Empfehlenswerte Betriebe

Ernst Clüsserath
in 54349 Trittenheim
(Tel.: 0 65 07 / 26 07)

Franz Dötsch
in 56330 Kobern-Gondorf
(Tel.: 0 26 07 / 38 3)

Frieden-Berg
in 54453 Nittel
(Tel.: 0 65 84 / 39 6)

Adolf Jung
in 56850 Enkirch
(Tel.: 0 65 41 / 63 73)

Karlsmühle
in 54318 Mertesdorf/Ruwer
(Tel.: 06 1 / 51 23)

Heribert Kerpen
in 54470 Wehlen
(Tel.: 0 65 31 / 68 68)

Reinhard und Beate Knebel
in 56333 Winningen
(Tel.: 0 26 06 / 26 31)

Josef Rosch
in 54340 Leiwen
(Tel.: 0 65 07 / 42 30)

Schloß Saarstein
in 54455 Serrig
(Tel.: 0 65 81 / 23 24)

Willi Schaefer
in 54470 Graach
(Tel.: 0 65 31 / 80 41)

Selbach-Oster
in 54492 Zeltingen
(Tel.: 0 65 32 / 20 81)

Peter und Hildegard Thielen
in 56856 Merl
(Tel.: 0 65 42 / 2 17 45)

präsident Walter Scheel, stellten nach einigem Probieren fest, daß der auf deutschem Boden gewachsene Elbling ebenso trinkbar ist, und förderten den Genuß nach Kräften. Es bildete sich ein »Verein der Freunde des Elblingweines der Obermosel« mit Sitz in Nittel, der alljärlich zu großen Proben einlädt. Eifrigster Vorkämpfer ist Erwin Frank, Wirt und Winzer in Palzem, der sich wortreich dafür einsetzt, daß Elbling nur noch von ordentlicher Qualität und ungesüßt angeboten wird. Damit hätte die Obermosel eine rustikale, preiswerte Spezialität, die sich gewiß gut verkaufen läßt. Immer mehr Winzer geben dem quirligen »Elbling-Fürsten« recht und denken laut darüber nach, sich von der Mosel-Saar-Ruwer-Region zu lösen. Mit mehr als 1000 Hektar Rebfläche wäre die Obermosel sicher groß genug, um als eigenständiges Weinbaugebiet aufzutreten.

Solch separatistisches Gedankengut wird immer mal wieder auch an der Saar gepflegt, mit der Obermosel sicher keineswegs zu vergleichen, mit ihr aber einig im Unwillen über die törichte moselländische Weinpolitik. Im Kaiserreich galt der Riesling von der Saar als der weltbeste Weißwein, stahlig, umwerfend apfelfruchtig, auf einer Stufe stehend mit den großen roten Gewächsen von Bordeaux. Es bestehen an der Saar noch zahlreiche Güter mit klangvollen Namen, die dem klassisch bereiteten Wein die Treue halten. Der Riesling-Anteil ist weitaus höher als an der Mosel, der Most-Ertrag deutlich geringer. Flache Lagen gibt es kaum. Reben in die Ebene zu setzen, wäre schon wegen des häufigen Frosts unsinnig. Das Klima ist kühler als an der Mosel, aber in sonnenreichen Jahren erzeugt die Saar die größeren Weine. Sie entwickeln sich spät, sind dafür aber langlebig. Die Saar-Weinwirtschaft zehrt von früherem Glanz. Gute Lagen sind schon für zehn Mark pro Quadratmeter zu haben. Da macht die Überlegung, sich mit rund 1000 Hektar von der Mosel loszusagen und sich wieder auf die eigene Kraft zu stützen, durchaus Sinn.

Die Ruwer, deren Riesling herzhaft nach Johannisbeeren schmeckt und zu den haltbarsten Weißweinen überhaupt zählt, hat eine zu kleine Rebfläche, als daß an Auflehnung zu denken wäre. Eine Handvoll Weingüter mit Renommee kann gut bestehen. Wacker schlägt sich auch die winzige Genossenschaft in Kasel. Für den Rest der Weinbauern wird das Überleben immer schwerer.

Bei Kaub (links) am Mittelrhein finden Weinreisende gerade im Spätherbst oder im Frühjahr eine beschauliche Landschaft und zugleich einen Riesling von interessanten Aromen.

RHEINLAND

Unbekannte Schönheiten

Kann so weit nördlich noch vernünftiger Wein wachsen? Ahr und Mittelrhein liegen jenseits des 50. Breitengrades, der allgemein als die Grenze des Weltweinbaus gilt. Dennoch ist es, einigen winzerlichen Ehrgeiz vorausgesetzt, selbst in mittleren Jahren möglich, in Ahrweiler mehr als zwölfgrädigen Burgunder zu erzeugen, ohne daß ein Gramm Zucker nötig wäre. Das müssen Frankreichs Winzer erst einmal nachmachen. Ich habe Gewürztraminer vom Drachenfels probiert, der so feurig war wie bester Elsässer. Gewiß ist es im Süden heißer, doch staut sich auch in den engen Tälern des Rheins und seiner Nebenflüsse die Wärme. Was noch wichtiger ist: Im Sommer bleibt es dort viel länger hell, bis zu 17 Stunden am Tag, günstig für die lichthungrigen Reben. Außerdem reift in den nördlichen Gebieten alles geruhsamer, dafür insgesamt länger. Die Trauben haben reichlich Zeit, Aromen aus dem Boden zu holen. Wer schon einmal norddeutsche Äpfel mit solchen aus Südfrankreich verglichen hat, weiß, wovon die Rede ist.

Der Begriff Rheinland – zugegeben – dient hier als Klammer, um drei kleinere, wenig bekannte deutsche Weinbaugebiete in ein Kapitel zu packen: Ahr, Mittelrhein und Nahe. Dies ist historisch, geographisch und geologisch wohl korrekt. Das mehr als zwei Jahrtausende alte Rheinland reichte stets bis an die Nahe – kaum zu glauben, daß Preußen und Bayern dort einmal eine gemeinsame Grenze hatten. Alle drei Gebiete liegen im rheinischen Schiefer und sind klimatisch miteinander vergleichbar, bringen dennoch recht unterschiedliche Weine hervor. Aber der Reihe nach ...

Bislang noch wenig im Mittelpunkt der deutschen Weinlandschaften sind die Anbaugebiete von Ahr, Nahe und Mittelrhein. Hier entstehen ganz unterschiedliche Weine, die noch durch ein ausgewogenes Preis-Qualitäts-Verhältnis überzeugen.

Die Ahr ist für den Köln-Bonner Großraum fast so etwas wie ein Naherholungsgebiet. Der milde Spätburgunder der Ahr läßt aber durchaus auch eine längere Anfahrt lohnend erscheinen.

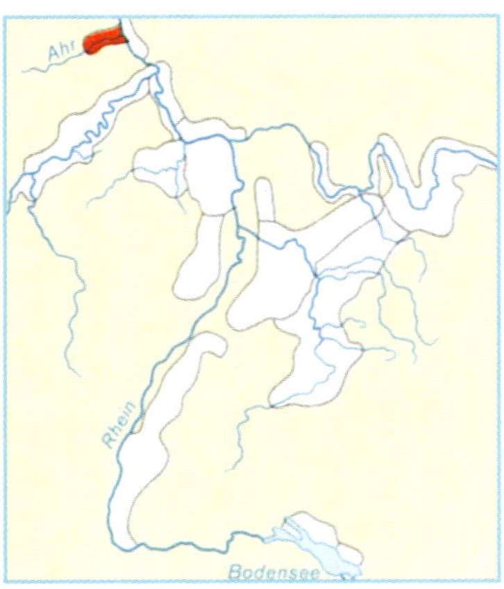

Die Ahr hat, obwohl wenig bekannt, von allen westdeutschen Wein-Provinzen am wenigsten Sorgen. Die rund fünf Millionen Flaschen jährlich sind rasch ausgetrunken. Im Sommer nehmen viele Besucher aus dem Köln-Bonner Raum den aussichtsreichen, etwa 20 Kilometer langen Rotwein-Wanderweg zwischen Neuen- und Altenahr, um am Ende wohlig erschöpft bei einigen Gläsern Burgunder auszuruhen. Und an Winter-Wochenenden, wenn es still in dem engen Tale geworden ist, zieht es die Bürger Bonns in die Abgeschiedenheit. Bei der Heimfahrt liegen einige Kartons Spätburgunder dann im Kofferraum.

Es ist noch gar nicht so lange her, daß die Ahr beliebtes Ziel von Stammtischklubs aus dem Ruhrgebiet war. Die aufgekratzten Zecher rollten auf der Autobahn 61 an, die viele Jahre ausgerechnet in Bad Neuenahr endete. Die große Talbrücke dort wollte und wollte nicht fertig werden. Die Winzer erfüllten damals allzu bereitwillig die Wünsche der lärmigen Kundschaft und boten Mengen eines Weins an, dem sie reichlich Süße zusetzen mußten, damit niemand merkte, wie dünn er eigentlich schmeckte.

Dies änderte sich, nachdem im Sommer 1976 das Viadukt freigegeben worden war. Die Strohhut-Horden vertrollten sich in Richtung Süden. Es ist bewundernswert, wie rasch sich die Winzer auf eine neue, gediegene Kundschaft umstellten. Sie konzentrierten sich auf ihre beste Sorte, den roten Spätburgunder, der heute mehr als die Hälfte der Rebfläche an der Ahr einnimmt (vor 15 Jahren war es weniger als ein Drittel). Dort gedeiht er auf steilen, mit schütterem Schiefer bedeckten Hängen, von den Eifel-Höhen vor Kälte und Regen geschützt. Der Wein ist meist hellrot, hat wenig Gerbstoff, eine weiche Säure und duftet angenehm nach Himbeeren. Er wird gerne als »mollig« beschrieben und kommt so Genießern entgegen, denen die Rotweine des Südens zu wuchtig und zu herb sind. Doch Vorsicht: Ahr-Burgunder probiert sich leichter als

Ahr

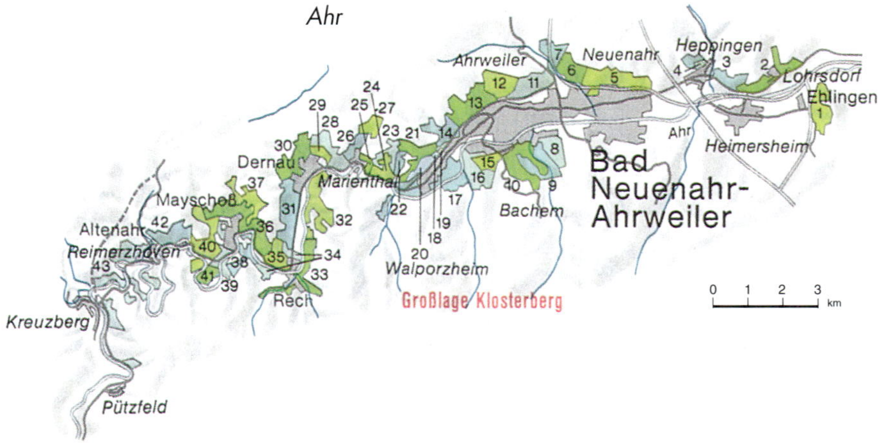

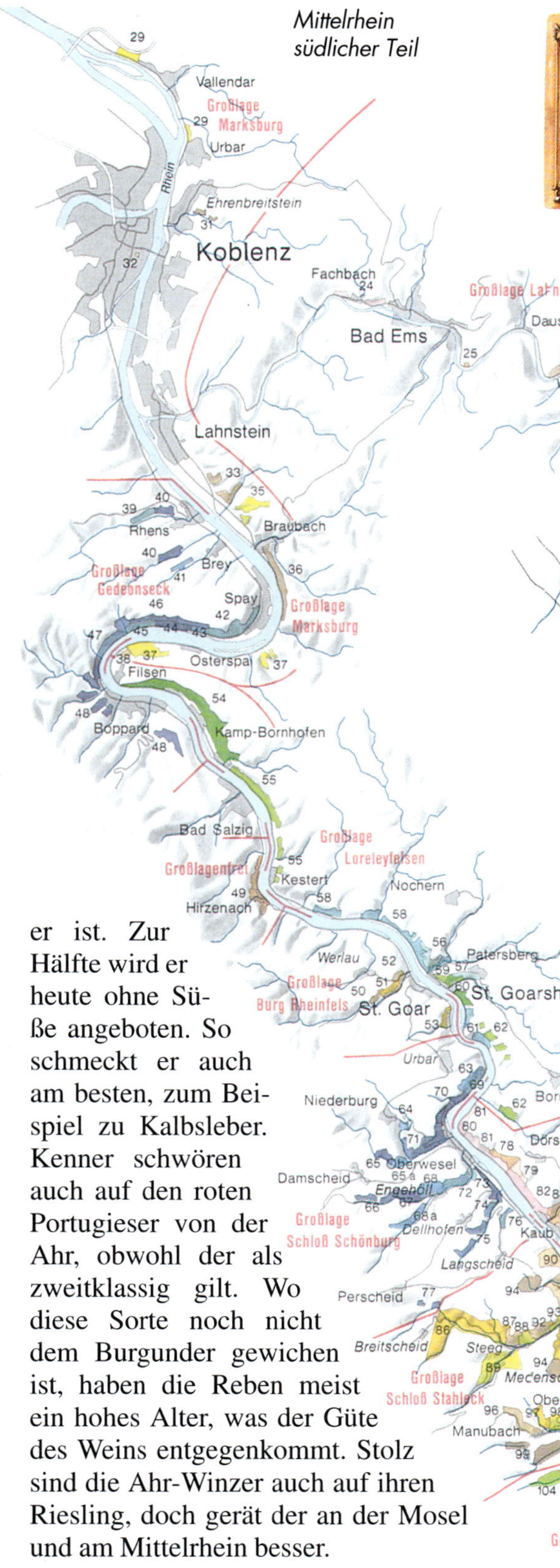

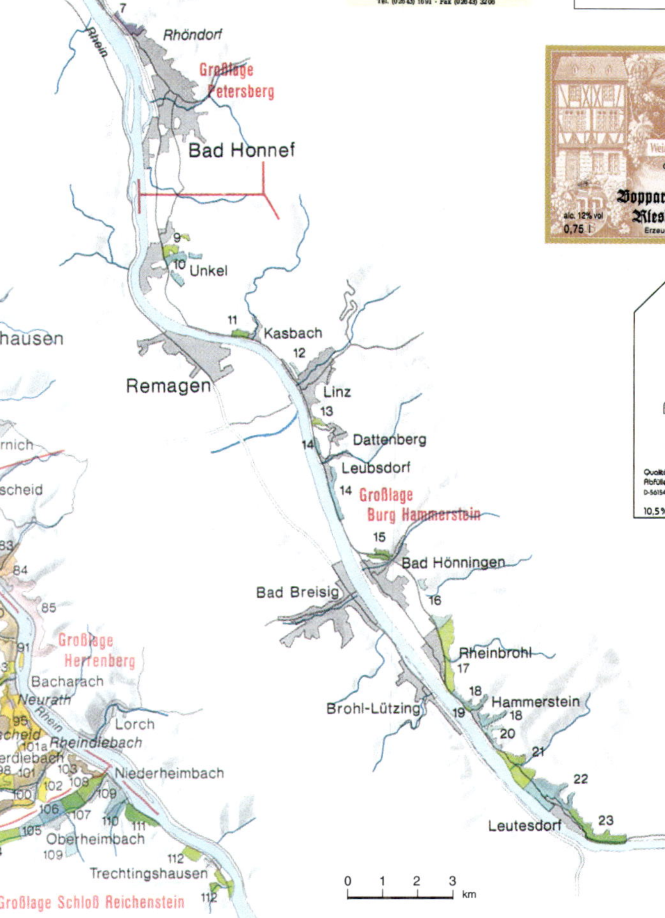

er ist. Zur Hälfte wird er heute ohne Süße angeboten. So schmeckt er auch am besten, zum Beispiel zu Kalbsleber. Kenner schwören auch auf den roten Portugieser von der Ahr, obwohl der als zweitklassig gilt. Wo diese Sorte noch nicht dem Burgunder gewichen ist, haben die Reben meist ein hohes Alter, was der Güte des Weins entgegenkommt. Stolz sind die Ahr-Winzer auch auf ihren Riesling, doch gerät der an der Mosel und am Mittelrhein besser.

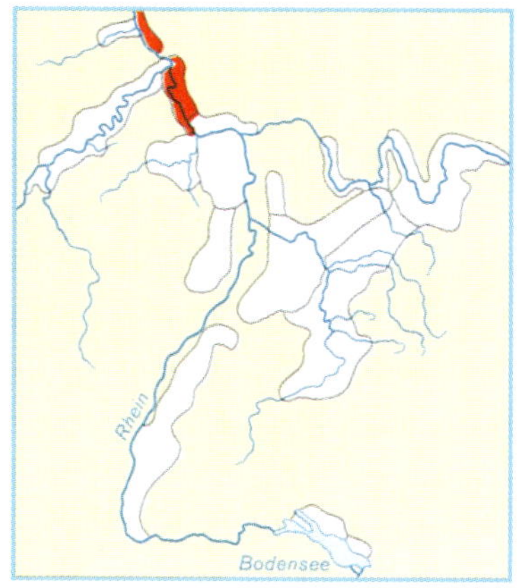

Gute Zeit für einen Besuch ist der Mai. Dann herrscht noch Ruhe, und der neue Jahrgang kann verkostet werden. Als beste Lage gilt die Heimersheimer Landskrone, vom Neuenahrer Viadukt aus eindrucksvoll zu sehen. Beste Genossenschaft ist die in Mayschoß. Durch das Tal des Mittelrheins, der weinbaulich von Bingen bis Bonn reicht, brausen täglich mehr als 100 Schnellzüge. Die Fahrgäste sind meist Geschäftsleute. Sie studieren Akten, besprechen sich mit Kollegen. Selten blicken sie aus dem Fenster, um kurz Weinberge, Felsen, Burgen zu erfassen. Die flüchtigen Eindrücke reichen nicht, um den Entschluß reifen zu lassen,

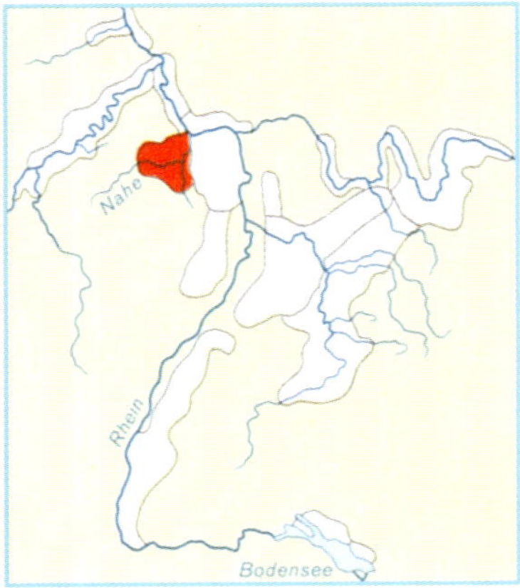

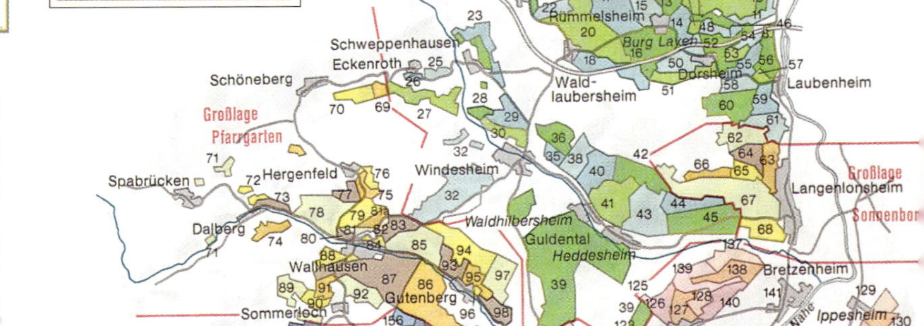
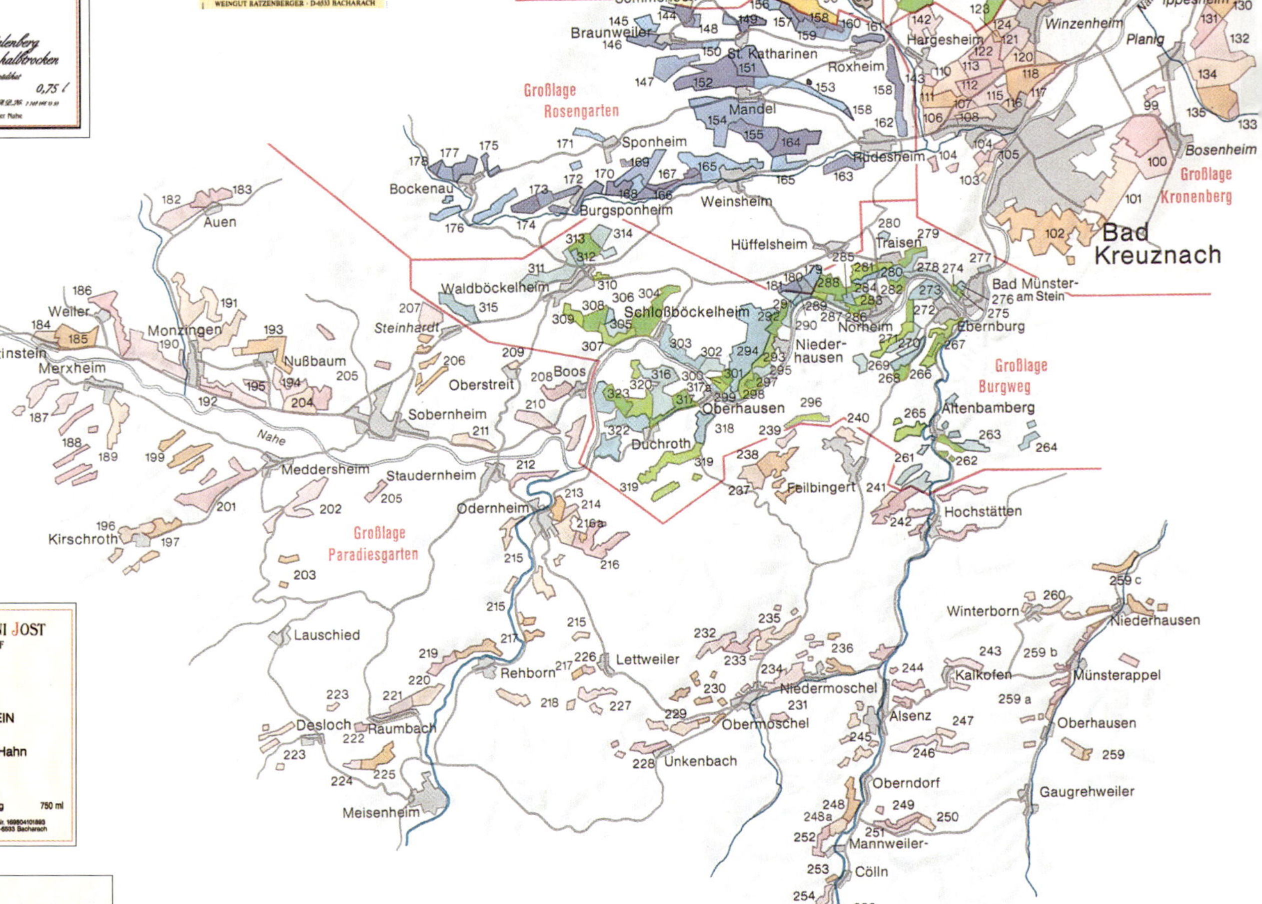

in dieser geradezu dramatisch-schönen Landschaft einige Tage auszuspannen und Riesling zu studieren. Arme Menschen, denn sie versäumen viel.

Zum Beispiel Bacharach, ein lange Zeit bröckelndes, jetzt wieder liebevoll herausgeputztes Fachwerk-Kleinod mit besten Rebgärten. Zum Wertvollsten in diesem Städtchen gehört die »Zechgesellschaft Bacchus«, die sich mannhaft und erfolgreich für den unverfälschten Riesling einsetzt. Es ist immer wieder ein Vergnügen zu lauschen, wenn Fritz Bastian, Wirt vom »Grünen Baum«, ranghohe Politiker beschimpft, der süße Wein habe ihnen derart das Hirn verklebt, daß sie nur noch schlechte Gesetze machten. Der Wortgewalt der Bacchus-Brüder ist zu verdanken, daß die mittelrheinischen

Am Nahe-Ort Burg Layen erhebt sich der eindrucksvolle Turm, an seinem Fuß liegen die Anbauflächen von Schloßgut Diel.

Das »Alt'sche Haus« in Monzingen ist ein Zeuge traditioneller Handwerkskunst. Monzingen selbst gilt als der letzte Ort der oberen Nahe, wo Winzer noch zu bemerkenswerten Ergebnissen kommen.

Winzer mehr feinherben, von rassiger Säure bestimmten Riesling anbieten. Liebhaber wissen zu unterscheiden zwischen dem knackigen Apfelgeschmack der Bacharacher Gewächse oder den zarten Kräuteraromen der Weine vom Bopparder Hamm. Diese herrlichen Tropfen sind wenig bekannt und deshalb noch bezahlbar. Das Land der Loreley wird

wohl von Besuchern überschwemmt, besonders im Sommer. Doch sind dies Schiffs- und Bus-Ausflügler, mehr auf eine Kaffeetafel erpicht denn auf einen stahligen Riesling. Die wenigen Kenner des Weins vom Mittelrhein – es werden ihrer allmählich mehr – kommen im Spätherbst oder im Frühjahr, wenn sie ungestört probieren können. Wer's ganz ruhig mag, fährt nach Kaub. Dort trifft er auch im Sommer keine Kaffeetanten, höchstens ein paar Wanderer. Und die Weine sind gut, überdies haltbar.

Wenn die Winzer von der Nahe auf ihr Rebland aufmerksam machen wollen, dann sagen sie meist, es läge zwischen Saar und Pfalz. Das ist wohl richtig, geographisch wie geologisch, und trifft auch in etwa den Geschmack der Weine. Und doch ist die Darstellung alles anderes als glücklich. Den Weinwirten von der Nahe ist es nie gelungen, ihrer Irgendwo-dazwischen-Landschaft Profil zu verleihen. Sie haben's auch nicht einfach. Das Flüßchen war nie schiffbar, dort endete alles. Die Autobahn kam spät. So sind die schmackhaften Nahe-Erzeugnisse wenig bekannt, was für den engagierten Zecher den Vorteil hat, daß auch die Preise überwiegend angenehm sind.

RHEINLAND
Zahlen und Adressen

Ahr:
Rebfläche: 485 Hektar
Weinbaubetriebe: circa 560
Hauptsorten:
Spätburgunder, Portugieser
Auskunft: Bäder-, Wein- und Wanderland Rhein-Ahr, in 53474 Bad Neuenahr (Tel.: 0 26 41 / 9 77 30)

Mittelrhein:
Rebfläche: 680 Hektar
Weinbaubetriebe: circa 700
Hauptsorte: Riesling
Auskunft: Mittelrhein-Wein, in 56329 St. Goar (Tel.: 0 67 41 / 77 12)

Fortsetzung Seite 24

RHEINLAND
Zahlen und Adressen

Nahe:
Rebfläche: 4620 Hektar

Weinbaubetriebe: circa 2000

Hauptsorten:
Riesling, Müller-Thurgau

Auskunft: Weinland Nahe,
in 55545 Bad Kreuznach
(Tel.: 06 71 / 2 75 63)

Empfehlenswerte Betriebe

Ahr:
Deutzerhof
in 53508 Mayschoß
(Tel.: 0 26 43 / 72 64)

Görres & Linden
in 53474 Bad Neuenahr
(Tel.: 0 26 41 / 67 13)

H.J. Kreuzberg
in 53507 Dernau
(Tel.: 0 26 43 / 16 91)

Mittelrhein:
Toni Jost
in 55422 Bacharach
(Tel.: 0 67 43 / 12 16)

August Perll
in 56154 Boppard
(Tel.: 0 67 42 / 39 06)

Adolf Weingart
in 56322 Spay
(Tel.: 0 26 28 / 87 35)

Nahe:
Hermann Dönnhoff
in 55585 Oberhausen
(Tel.: 0 67 55 / 263)

Emrich-Schönleber
in 55569 Monzingen
(Tel.: 0 67 51 / 27 33)

Carl Finkenauer
in 55543 Bad Kreuznach
(Tel.: 06 71 / 2 87 71)

Kruger-Rumpf
in 55424 Münster-Sarmsheim
(Tel.: 0 67 21 / 4 38 59)

Prinz zu Salm-Dalberg
in 55595 Wallhausen
(Tel.: 0 67 06 / 289)

H.u. A. Schmidt
in 67823 Obermoschel
(Tel.: 0 63 26 / 12 65)

Dem Nahe-Wein wird eine große Vielfalt nachgesagt. Gerne führen die Winzer vor, wie in den Rebgärten mitunter alle 50 Meter die Böden wechseln, Schiefer neben Rotliegendem, Porphyr neben Mergel – Folge vulkanischer Verwerfungen in Urzeiten. Jedes Gestein gibt den Trauben ein eigenes Bukett mit. Dennoch existiert ein klarer Wein-Typus an der Nahe. Zumindest gilt dies für die Hauptsorte Riesling: herzhafter Fruchtgeschmack, der zwischen Apfel und Pfirsich spielt, unterlegt von kräftig-mineralischen Aromen. Wer nicht glauben mag, daß man Steine riechen und schmecken kann, der reibe Brocken vom Schiefer oder Granit fest aneinander. Der Geruch, der dabei aufsteigt, prägt auch den Nahe-Wein, wenn dieser nicht mit Süße überfrachtet ist.

Der mittlere Fluß-Abschnitt, zwischen Niederhausen und Kreuznach, ist fraglos der beste – und auch landschaftlich schönste – Teil des Weinlandes Nahe. Im oberen Verlauf, zwischen Monzingen und Odernheim, wird der Riesling kantiger, entwickelt sich nur langsam in der Flasche, ist dafür aber langlebig. Gänzlich unbekannt wächst manch großartiger Tropfen am Nebenflüßchen Alsenz. Die untere Nahe, meist sanft hügelig, bringt behäbigere Weine hervor und müßte eigentlich schon zu Rheinhessen gerechnet werden. Kurz vor der Mündung in den Rhein, an den steilen Schiefer-Hängen von Dorsheim und Münster-Sarmsheim, erreicht der Riesling noch einmal Höchstform. Neben dem Riesling lohnt auch der etwas schneller reifende Weißburgunder zum Probieren. Der Rotwein von der Nahe taugt nichts, aber der Rosé ist pfiffig.

HESSEN

Am Hof von König Riesling

Mitunter ist es ja gar nicht einmal so schlecht, wenn der Staatssäckel leer ist. Dann bleiben manche Vorhaben liegen, die letztlich doch nur ein Ärgernis geworden wären. Dazu gehört beispielsweise der Plan, von Wiesbaden bis Rüdesheim eine vierspurige Schnellstraße mit der anschließenden Brücke über den Rhein zu bauen. Nicht auszudenken: Vorbei an den Schlössern von Erbach und Johannisberg, entlang berühmter Lagen wie Marcobrunn und Hasensprung wäre der Schwerlastverkehr kreuzungsfrei durch den Rheingau gedonnert. Die milde Landschaft, trotz mächtiger Besucher-Ströme an den Wochenenden immer noch eine Idylle, hätte nachhaltig Schaden genommen. Nur ein kleiner Teil wurde verwirklicht, die hinnehmbare, dringend notwendige Umgehung der völlig überlasteten Stadt Eltville. Der Rheingau, ein Glücksfall deutscher Weinkultur, blieb verschont. In diesem Anbaugebiet ist die Welt noch in Ordnung. Eine internationale Kundschaft kennt den Wein und hat von ihm klare Vorstellungen: kraftvoll, von barocker Fruchtigkeit, überwiegend herb. Der Rebbau konzentriert sich auf die beiden Spitzensorten Riesling und Spätburgunder. Vom billigen Müller-Thurgau existieren nur Restbestände, und die werden bis zur Jahrtausendwende auch ausgehauen sein. Die Ernten werden um der Qualität willen niedrig gehalten. Ohne daß die Winzer groß darüber reden, ist naturschonende Anbauweise im Rheingau die Regel. Die Kellerwirtschaft hat einen hohen Stand, nicht zuletzt durch die Arbeit der weltweit angesehenen Weinbau-Forschungsanstalt in Geisenheim.

Rheingau und Hessische Bergstraße – zwei Anbaugebiete, die sich zwar geographisch zusammenfassen lassen, doch Weine ganz unterschiedlichen Charakters produzieren. Eines hingegen haben sie allemal gemein: Den Besuchern präsentieren sie sich als wunderschöne Landschaften, wie etwa bei Heppenheim an der Hessischen Bergstraße. Gegenüber dem Rheingau umfaßt die Bergstraße – klimaverwöhnt und mit guten Steillagen – nur rund ein Achtel der Anbaufläche.

Zahlreiche Baudenkmäler im Rheingau weisen auf eine reiche Kulturhistorie hin, und auch der Weinbau steht hier in einer weithin bekannten Tradition. Gerade der Riesling erreicht auf den üppigen Lehmböden des Rheingaus eine gerühmte Fruchtigkeit. Schon vor Karl dem Großen, der oft als Entdecker der günstigen Klimavoraussetzungen für den Weinbau angeführt wird, hatten die Römer diesen Umstand erkannt – und genutzt.

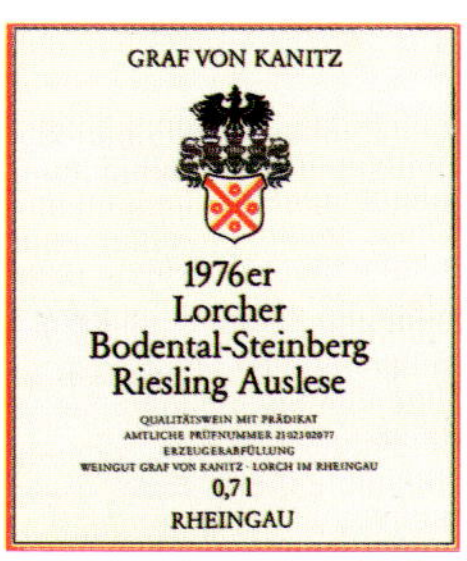

Den Winzern im Wiesbadener Land geht's gut. Sie genießen den unbezahlbaren Vorteil, daß ihre Rebgärten vor der Haustür der geballten Wirtschaftskraft des Rhein-Main-Raumes liegen. Wohlhabende Menschen aus den hessischen Metropolen lassen es sich gerne im Rheingau wohl ergehen. Die Kehrseite: Frankfurter, Offenbacher, Hanauer schätzen den lieblichen Landstrich am Fuße des Taunus so sehr, daß sie dort leben möchten. Manche Rebfläche wurde als Bauland ausgewiesen, das Rheingauer Weinland schrumpfte. Die früher geachtete Lage Kosakenberg in Geisenheim gibt es nicht mehr. Doch werden jetzt Weinberge für die kommunale Planung tabu. Die Gemeindeväter merken, wie überlebensnotwendig die Reben für den Rheingau sind. In früheren Jahrhunderten ließen sich Grafen und Fürsten auf den Höhen überm Rhein nieder und genossen, stets den Blick zur Sonne gewandt, das sanfte Klima. Die Aristokraten machten den Riesling weltberühmt. Sie mußten nicht auf Menge achten, sie konnten – Hilfskräfte kosteten ja nichts – sorgfältig auslesen lassen

Bereich Rheingau

und geduldig den Spätherbst abwarten. Ende Oktober wabern die für den Rheingau typischen Nebel und fördern den Edelpilz Botrytis cinerea, der die Weinbeeren zu Rosinen zusammenschrumpfen läßt. Die Edelleute hatten ein Monopol für süße Auslesen. Bei den Bauern gab's nur Saures.

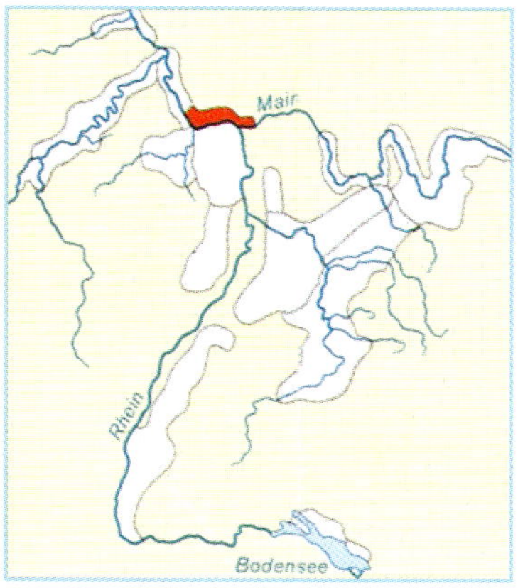

Nach den beiden Weltkriegen änderten sich die Geschicke des Adels rasch. Das Wirtschaftswunder ließ die Löhne steigen, Gesinde wurde rar. Zudem entwickelten die Geisenheimer Forscher ein simples, jedermann zugängliches Verfahren, mit Hilfe von Süßmost auch nicht ganz so hochreifen Weinen eine liebliche Note zu verleihen. Mancher Edelmann, der den Umschwung nicht wahrhaben wollte, mußte Land und Gut verkaufen. Die Schadenfreude bei den »einfachen« Winzern wich aber rasch einer nüchternen Betrachtungsweise. Mit dem Niedergang des Adels geriet die Exklusivität des Rheingaus in Gefahr. Heute wissen Bürger und Edelleute, daß sie einander brauchen. Die Aristokratie hält den Ruf der Weine hoch, die Winzer nehmen der Kundschaft aus Rhein-Main die Schwellenangst. Die Region empfiehlt sich nun gleichermaßen zum fröhlichen Genießen einiger Schoppen in Straußwirtschaften und auch als Einkaufsquelle für festliche Genüsse. Der Rheingau ist eine einheitliche Weinlandschaft und bedarf keiner Aufteilung in verschiedene Bereiche. Er beginnt, was kaum bekannt ist, nicht am Rhein, sondern am Main vor den Toren Frankfurts. Erster bedeutender Weinort flußabwärts ist Hochheim, den Engländern wohlbekannt durch den Spruch ihrer Queen Victoria: »A good Hock keeps off the doc – ein guter Hochheimer Wein macht den Arzt überflüssig«. Der Riesling von dort ist ungemein füllig und hat einen unverkennbaren, schon fränkisch anmutenden erdigen Ton. Unterhalb von Wiesbaden beginnt der klassische Rheingau mit seinen schweren Böden, gefüllt mit fettem Lehm und verwittertem Urgestein. Diese Erde macht den Riesling zum König, gibt dem Wein eine in der Welt einmalige Fruchtigkeit mit, die mal an Pfirsich, mal an Aprikose erinnert. Obwohl es dort kaum regnet, ist der Untergrund immer gut durchfeuchtet; Namen wie Wisselbrunnen oder Nußbrunnen zeugen davon. Der sich zwanzig Kilometer lang erstreckende Hang zwischen Wiesbaden und Rüdesheim ist wie ein einziger Weinberg, fast immer nach Südsüdwest ausgerichtet. Zu unterscheiden ist höchstens zwischen den Lagen unten am Rhein in

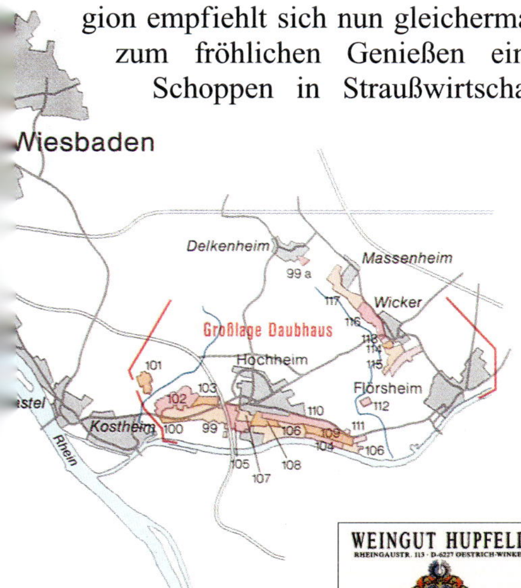

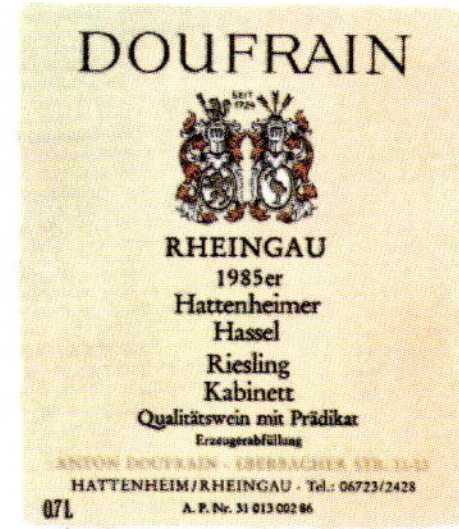

Die liebliche Landschaft des Rheingaus hat viele Menschen des Rhein-Main-Gebietes zur Stadtflucht animiert. Der Zuzug ging früher oft zu Lasten der Weinbauflächen; heute haben die Reben Vorrang gegenüber ungebremster Bautätigkeit. Nach wie vor profitieren die Winzer von der Lage vor den Toren von Mainz, Wiesbaden und Frankfurt: Der wirtschaftsstarke Großraum sichert einen Gutteil des Absatzes der jährlichen Lese.

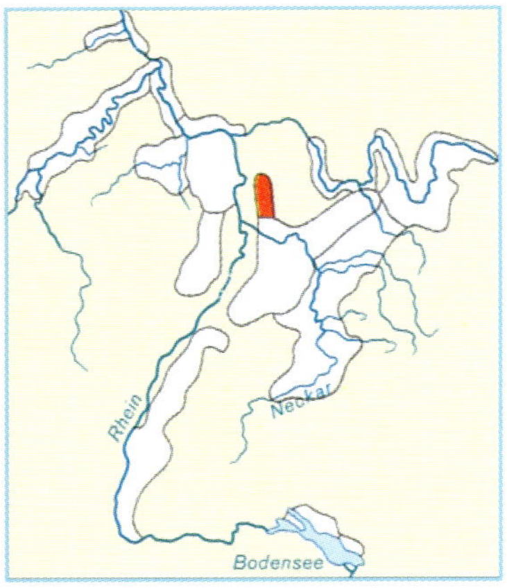

In Darmstadt beginnt die Hessische Bergstraße. Der Name steht nicht nur für das Anbaugebiet. Er ist gleichzeitig die Beschreibung für eine Verbindung malerischer Weinorte, zu denen etwa Seeheim, Zwingenberg, Bensheim oder Heppenheim zählen, bevor die Hessische in die Badische Bergstraße übergeht.

Eltville, Hattenheim, Erbach, Oestrich, Winkel, Geisenheim und den höher gelegenen Rebgärten in Martinsthal, Rauenthal, Kiedrich, Hallgarten. Weiter oben ist es etwas kühler, in heißen Jahren wachsen jedoch auf den höhergelegenen Flächen die größten Weine.

Bei Rüdesheim blicken die steilen Weinberge, gekrönt vom Niederwald-Denkmal, exakt nach Süden. Das Tal des Stroms wird eng. Dort kocht die Sonne. Rüdesheimer Wein ist berühmt für seine stahlige Säure. Zur Forelle aus dem Taunus gibt es kaum etwas Besseres. Eine notwendige Anmerkung: Rüdesheim besteht nicht nur aus der lärmigen Drosselgasse. Im oberen Teil des Städtchens liegen urgemütliche Straußwirtschaften. Fünf Kilometer weiter öffnet sich eine neue Welt: In Assmannshausen wird fast nur Spätburgunder angebaut, der einen nicht so schweren, erfrischend fruchtigen Rotwein bringt. Der Rheingau endet in den Orten Lorch

Hessische Bergstraße

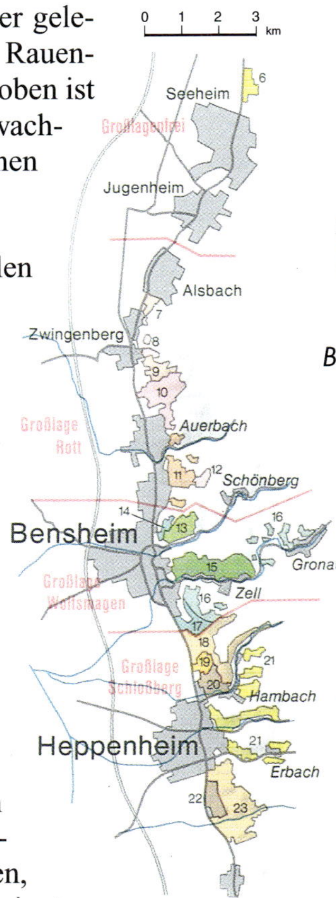

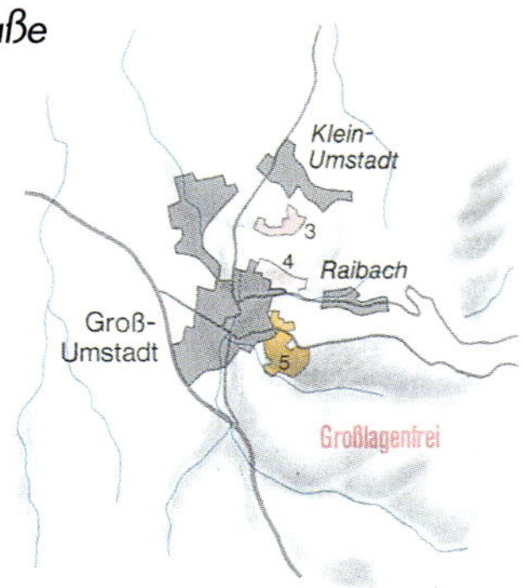

Bereich Umstadt

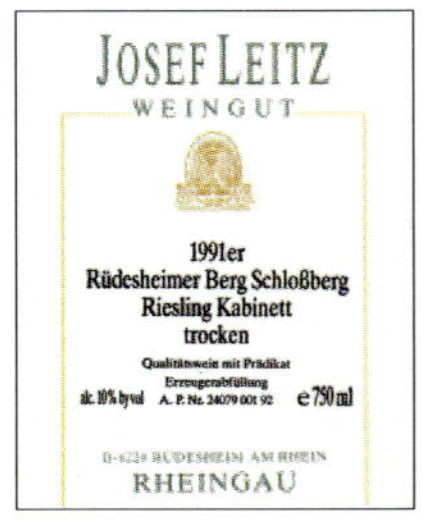

HESSEN

Zahlen und Adressen

Rheingau:
Rebfläche: 3120 Hektar

Ernte im Schnitt: 280 000 Hektoliter

Weinbaubetriebe: circa 1500

Hauptsorten: Riesling, Spätburgunder

Auskunft: Rheingauer Weinbau-Verband, in 65366 Johannisberg
Tel.: 0 67 22 / 81 17

Hessische Bergstraße:
Rebfläche: 400 Hektar

Ernte im Schnitt: 35 000 Hektoliter

Weinbaubetriebe: circa 1000

Hauptsorten: Riesling, Müller-Thurgau

Auskunft: Weinbauverband Bergstraße, in 64646 Heppenheim
Tel.: 0 62 52 / 7 56 54

Am Hemsberg bei Bensheim an der Hessischen Bergstraße finden sich einige der besten Lagen des Anbaugebietes. Neben der Hauptsorte Riesling wird hier vor allem Müller-Thurgau und Silvaner angebaut.

und Lorchhausen, deren Weine mit ihrem erdig-mineralischen Geschmack schon auf den angrenzenden Mittelrhein hinweisen.

Wer sich im Rheingau nicht auskennt und sichergehen möchte, kauft Weine der Charta. Dies ist ein Zusammenschluß von knapp fünfzig Weingütern, die einen bestimmten Riesling-Typus anbieten: betont fruchtig, mit herzhafter Säure und einem nur zu erahnenden Hauch Süße. Am Flaschenhals ist ein romanischer Fensterbogen aufgeprägt.

Bleibt noch zu berichten über ein weinpolitisches Kuriosum im Süden Hessens: Die Bergstraße bei Darmstadt besitzt nur eben mal 400 Hektar Reben – da hat ein Ort wie Wachenheim in der Pfalz schon mehr Weinberge. Und doch ist die Hessische Bergstraße ein selbständiges Anbaugebiet mit Winzerverband und eigenen Regeln. Vom Klima, von der Geologie und der Geschichte, auch vom Geschmack der Weine her bildet das anmutige Ländchen mit der bis Heidelberg reichenden Badischen Bergstraße eine Einheit. Doch gegen eine Zusammenlegung wehrten sich die Hessen wie die Badener. Ebenso scheiterten Pläne, die 400 Hektar einfach dem Rheingau zuzuschlagen. Zu unterschiedlich ist die Art der Weine. Bergsträßer Riesling hat längst nicht die ausladende Fruchtigkeit der Rüdesheimer oder Hochheimer Gewächse. Er schmeckt weicher, dezenter, immer etwas erdig dabei.

Der Riesling, der meist herb angeboten wird, ist mit 54 Prozent die wichtigste Sorte. Die anspruchsvolle Rebe findet an den westlichen Ausläufern des Odenwaldes ideale Standorte. An der Bergstraße beginnt der Frühling. Dort blühen schon die Mandelbäume, wenn anderswo in Deutschland noch Frost herrscht. Die steil zur Rhein-Ebene hin abfallenden Rebhänge, malerisch in Terrassen gegliedert, sind bedeckt mit Löß und verwittertem Gestein. Die Böden heizen sich rasch auf und lassen den häufigen Regen gut sickern. Die besten Lagen finden sich in den schönen Städten Bensheim und Heppenheim. Der größte Teil der Ernte wird am Ort geleert, hauptsächlich von Besuchern aus dem Raum Frankfurt.

Empfehlenswerte Betriebe

Rheingau:
Domdechant Werner'sches Gut
in 65239 Hochheim
(Tel.: 0 61 46 / 20 08)

August Eser
in 65375 Oestrich
(Tel.: 0 67 23 / 50 32)

J. Fischer Erben
in 65343 Eltville
(Tel.: 0 61 23 / 28 58)

Graf von Kanitz
in 65391 Lorch
(Tel.: 0 67 26 / 346)

Robert König
in 65385 Assmannshausen
(Tel.: 0 67 22 / 10 64)

Franz Künstler
in 65239 Hochheim
(Tel.: 0 61 46 / 8 25 70)

Langwerth v. Simmern
in 65343 Eltville
(Tel.: 0 61 23 / 30 07)

Dr. Heinrich Nägler in
65385 Rüdesheim
(Tel.: 0 67 22 / 28 35)

Schloß Reinhartshausen
in 65346 Erbach
(Tel.: 0 61 23 / 67 63 33)

Wilfried Querbach
in 65375 Oestrich
(Tel.: 06 23 / 38 87)

Troitzsch-Pusinelli
in 65391 Lorch
(Tel.: 0 67 26 / 94 81)

Winzergenossenschaft
in 65346 Erbach
(Tel.: 0 61 23 / 6 24 14)

Hessische Bergstraße:
Tobias Seitz
in 64625 Auerbach
(Tel.: 0 62 51 / 7 58 25)

Staatsweingut
in 64625 Bensheim
(Tel.: 0 62 51 / 31 07)

Eindrucksvoll ist der Blick in den Holzfaßkeller der staatlichen Hofkellerei in Würzburg – eines der zahlreichen Symbole für die lange Weintradition des Frankenlandes. Mit barocken Rundungen präsentiert sich auch der Bocksbeutel, die so frankentypische Flasche, in der die Weine der Region meist abgefüllt werden. Der Bocksbeutel, über dessen Namensherkunft nur Spekulationen bestehen, ist längst ein Markenzeichen und damit ein wichtiges Marketing-Element, dessen Alleinrecht sich die Franken-Winzer sogar beim europäischen Gerichtshof sichern wollten – weitestgehend mit Erfolg.

FRANKEN

Eine runde Sache

In alten Zeiten nahmen's die Wirte und Kaufleute in Würzburg mit der Reinheit des Weins wohl nicht gar so genau. Dies ist einem Dokument von 1726 zu entnehmen, in dem die Stadtväter die hochgeschätzte Kellerei des Bürgerspitals aufforderten, fürderhin keinen Wein mehr lose im Faß abzugeben, vielmehr »zur Steuerung allenfallsiger Handelsmißbräuche« die gesamte Erzeugung in Bocksbeutel zu füllen und dieselben mit dem Siegel der Stadt zu »verpetschieren«. Dies sollte wohl ausreichen, Fälschungen des guten Steinweins auszuschließen. Damit wurde die bauchige Buddel zum erstenmal als eine Art Garantiezeichen für die Echtheit des Inhalts betrachtet. Das soll auch heute noch gelten. Die fränkischen Winzer wissen sehr wohl, was sie am Bocksbeutel haben, der so viel Bedächtigkeit ausstrahlt. Jeder Designer dürfte sich glücklich schätzen, wenn ihm ein solcher Wurf gelänge: so unverkennbar, wertig und zuverlässig, so gemütvoll und erdverbunden, standfest und handlich dazu. Bereits das anheimelnde Gluckern beim Einschenken erhebt die Sinne. Und geleert schmückt das Behältnis noch als Blumenvase so manchen Schreibtisch, nachträglich das Lob dessen verkündend, das einmal in ihm war. Frankens Weinbauern stritten jahrelang um das Alleinrecht, Wein in Bocksbeu-

tel füllen zu dürfen. Sie zogen bis vor den Europäischen Gerichtshof. Die Kanzler Helmut Schmidt und Helmut Kohl ließen sich einspannen, wenn auch halbherzig. Den vollen Sieg hat's nicht gebracht. Armagnac und portugiesischer Rosé können weiterhin in die rundliche Flasche gefüllt werden. Auch in einigen Dörfern nahe Baden-Baden und an der Tauber ist sie zugelassen. Es gibt da unbestreitbare historische Verbindungen zur Würzburger Residenz. Gewiß steckte hinter dem langjährigen Rechtsstreit viel werbende Show; lassen sich doch Silvaner und der – anderswo so billige – Müller-Thurgau im derart bekannt gemachten Bocksbeutel immer ein wenig teurer verkaufen. Selbst eine minderklassige Sorte wie etwa der Bacchus macht darin noch etwas her.

In den sechziger Jahren noch waren Bocksbeutel außerhalb Bayerns kaum zu finden. Die merkwürdigen Flaschen erschienen wie Relikte aus Urgroßvaters Zeiten, wie eine Bartbinde oder ein Butterfaß. Frankenwein galt als Sonderheit, der sich nur abgehärtete Weinfreunde näherten. Mit der herben, betont erdigen Art konnten viele Menschen nichts anfangen. Damals waren lieblich-aromatische Tröpfchen gefragt. Dies änderte sich Ende der Siebziger, als eine grundkonservative Stimmung das Volk erfaßte. Folgerichtig fiel Frankens Popularität just in diese Zeit. Der wachsenden Nachfrage kam allerdings die Tatsache entgegen, daß die Weine längst nicht mehr so herb schmeckten wie ehedem. Die Winzer am Main hatten sich angewöhnt, geschickt ein wenig Traubensaft unterzumischen, »Süßreserve« genannt. Damit forderten sie zwar den Unmut eingeschworener Frankenwein-Liebhaber heraus, aber das Geschäft schäumte. Die Preise stiegen schwindelerregend. Vergessene Weinberge wurden rasch wieder bestockt. Innerhalb zweier Jahrzehnte verdoppelte sich die Anbaufläche.

Die romantische Stadt Volkach (oben), am Main gelegen und umgeben von den Großlagen Kirchberg und Engelsberg, lohnt einen Abstecher vom nahen Würzburg.

Von der Tendenz zu eher lieblichen Weinen haben sich die Winzer Frankens inzwischen gelöst und sind wieder zur Tradition des typisch trockenen Ausbaus zurückgekehrt.

Franken
Abschnitt Aschaffenburg

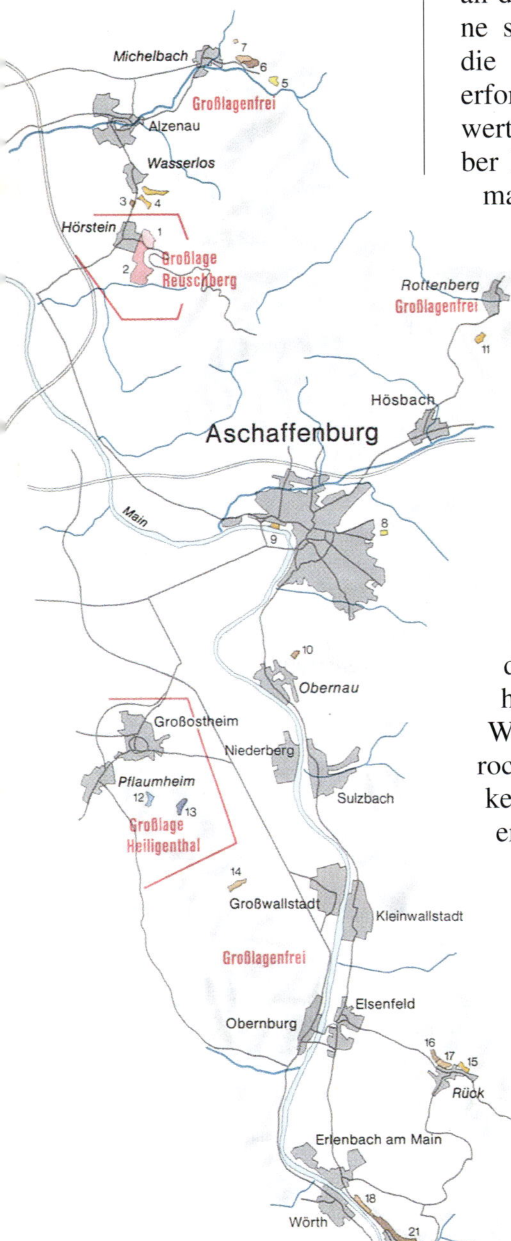
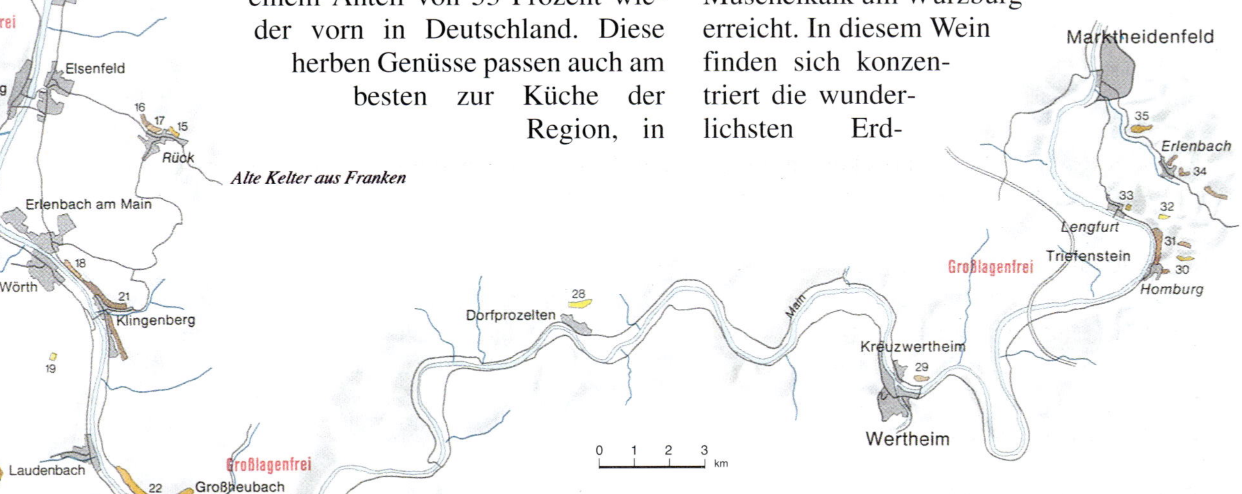
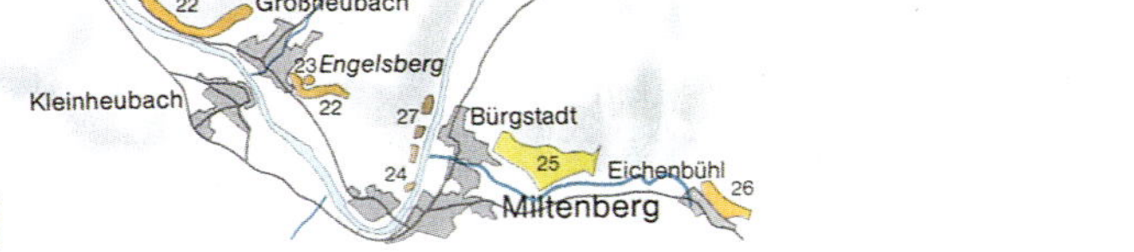

Der Boom währte lange, doch flaut er inzwischen ab. Kundige Weintrinker erkannten, daß es in der Pfalz und in Rheinhessen ebenso angenehm-trockene Weine gibt, nur halb so teuer. Die Franken können aber darauf verweisen, daß ihre Ansprüche an die Qualität der Weine streng sind. Die für die Reife der Trauben erforderlichen Mindestwerte liegen hoch. Darüber hinaus werden, einmalig in Deutschland, besondere Anforderungen an den Extrakt der Weine gestellt, womit die Summe aller meßbaren Geschmacksstoffe gemeint ist. Franken legt seit Jahren Wert auf naturschonenden Anbau. Auch wird wieder zunehmend auf das Nachsüßen verzichtet. Das famose Bürgerspital-Weingut in Würzburg, in den Sechzigern der erste Betrieb, der auf der lieblichen Welle ritt, ist heute führend beim Ausbau trockener Weine. Und wenn die Winzer im barocken Mainland »trocken« auf ihre Etiketten schreiben, dann meinen sie es ernst: nicht mehr als vier Gramm Zucker pro Liter. Bei den durchgegorenen Weinen ist Franken mit einem Anteil von 53 Prozent wieder vorn in Deutschland. Diese herben Genüsse passen auch am besten zur Küche der Region, in der die Namen der Speisen meist auf »-li« enden: Rippli, Meefischli, Knäuderli, Blauzipfli. Frankens Winzer wollen die Qualität ihrer Erzeugnisse weiter anheben. Für den Bocksbeutel sollen nur noch die besseren Gewächse gut genug sein. In der Tat müßte nicht mehr jede Sorte in die Bauchbuddel gefüllt werden. 25 verschiedene Reben sind in Franken heimisch, was zuviel ist. Der Silvaner soll wieder mehr gefördert werden. Mit der Ausweitung der Anbaufläche wurde Frankens beste Traube vom reichlich tragenden Müller-Thurgau zurückgedrängt. Neumodische Kreuzungen kamen hinzu, deren Weine an Friseur- oder Apothekenduft erinnern. Was die plump schmeckenden Sorten Scheurebe und Kerner in besten Lagen wie Escherndorfer Lump oder Iphofens Julius-Echter-Berg zu suchen haben, bleibt unerfindlich. Auch die Verbreitung des pomadigen Bacchus, der heute drittwichtigsten Rebe am Main, ist keine Werbung für die Region.

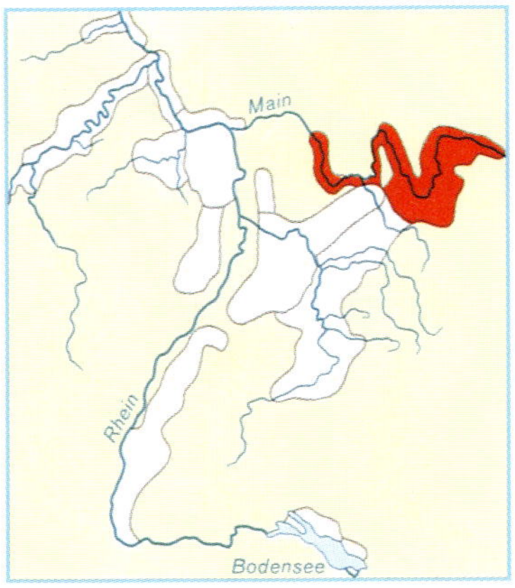

Alte Freunde des Frankenweins, darunter viele ehemalige Würzburger Studenten, beklagen den Rückgang des Silvaners, der seine Höchstform auf dem Muschelkalk um Würzburg erreicht. In diesem Wein finden sich konzentriert die wunderlichsten Erd-

Alte Kelter aus Franken

Gern wird Goethe bemüht, wenn es darum geht, den Frankenwein in höchsten Tönen zu loben. Und in der Tat war der deutsche Dichterfürst dem Wein schlechthin, aber auch den Produkten aus fränkischen Kellern sehr zugetan: »Für Sorgen sorgt das liebe Leben, und Sorgenbrecher sind die Reben«, notierte Goethe in seinen »Westöstlichen Diwan«.

Die fränkische Weinkultur sorgt nach wie vor dafür, daß der »Sorgenbrecher« in ausreichender Menge verfügbar ist. Die Besucher der über 150 Weinfeste in den zahlreichen Winzergemeinden Frankens wissen dies ebenso zu schätzen wie die zahlreichen Abnehmer in aller Welt.

Aromen. Wer die ungewöhnliche Art liebt, möchte nichts Anderes kosten. Es ist ein Stoff zur Besinnung, um abzutauchen in die Vergangenheit, in eine Erdverbundenheit, die der Wein aus den Millionen Jahre alten Stoffen des Ur-Schlicks gewinnt. Kurt Tucholsky empfand diese Weine »tief und rein wie ein Glockenton« und bedauerte, daß man solche Köstlichkeiten nicht streicheln könne.

Doch ist der Müller-Thurgau die weitestverbreitete Rebe in Franken. Anspruchsvolle Verbraucher und ehrgeizige Winzer betrachten diese Sorte kritisch, weil sie zu ungehemmter Fruchtbarkeit neigt. Bei geringem Ertrag bringt auch der »Müller« intelligente, fein gegliederte Weine mit einem nur angedeuteten Muskat-Aroma, das erstaunlich gut zur fernöstlichen Küche paßt. Auf dem Muschelkalk am Main wird er mitunter etwas breithüftig. Seine besten Lagen hat der Müller-Thurgau auf den Gipskeuper-Böden am Steigerwald südlich von Schweinfurt. Dies ist Weinfrankens heimeligste Ecke, ein weitgehend ursprünglich gebliebenes Bauernland. In den Weingärten werden oft die höchsten Traubenzucker-Werte der Region gemessen, vor allem an den südwestlichen Ausläufern des Steigerwalds bei Iphofen und Rödelsee. Dort stehen die Reben auf purem Gips. Das Klima ist kontinental: sengende Sonne wechselt mit grimmigem Frost.

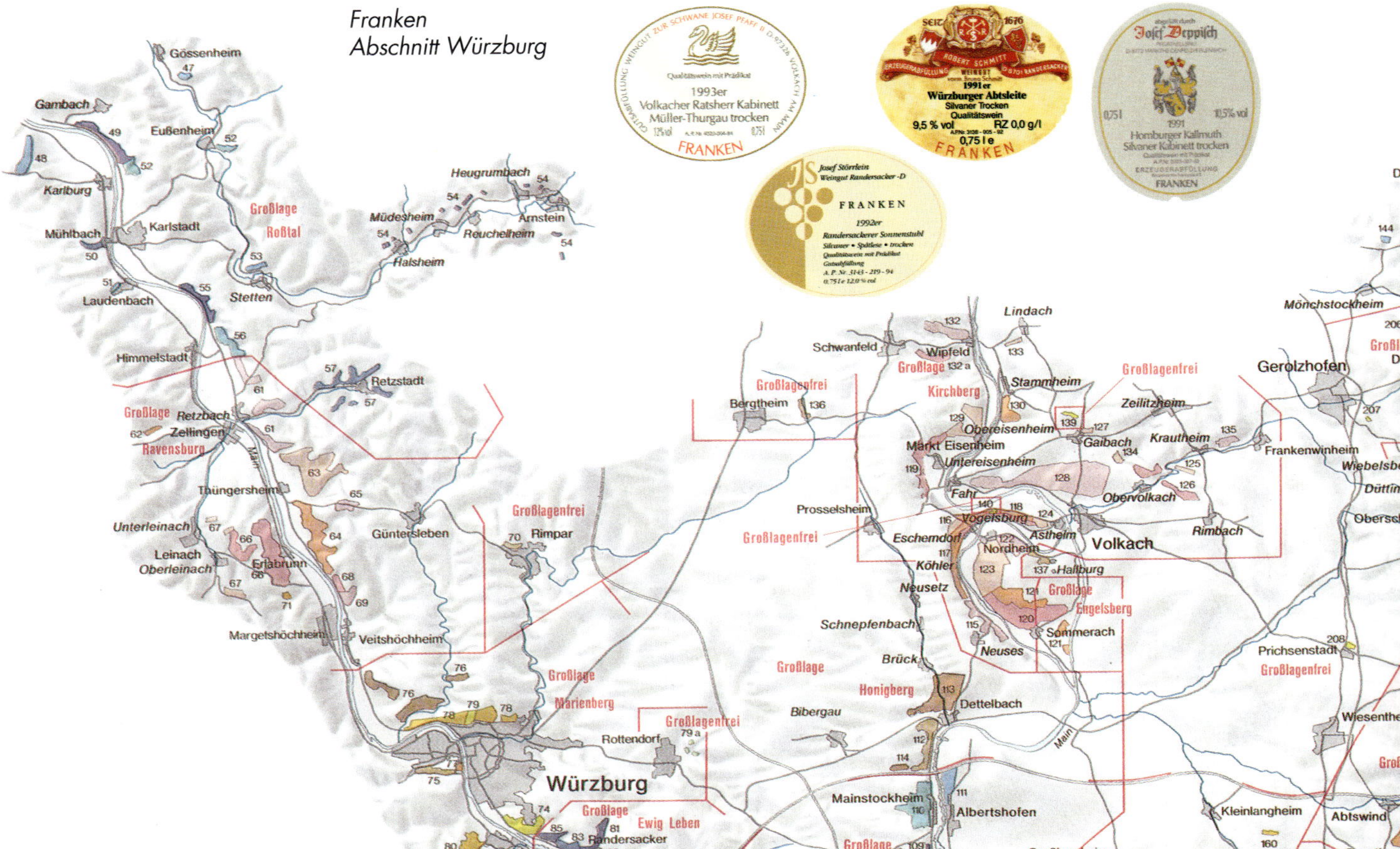

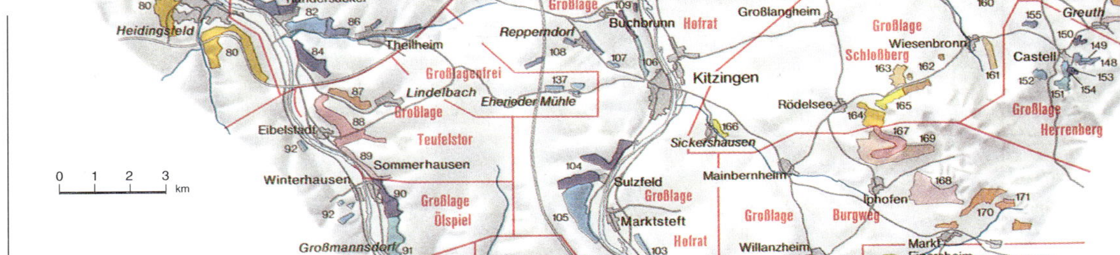

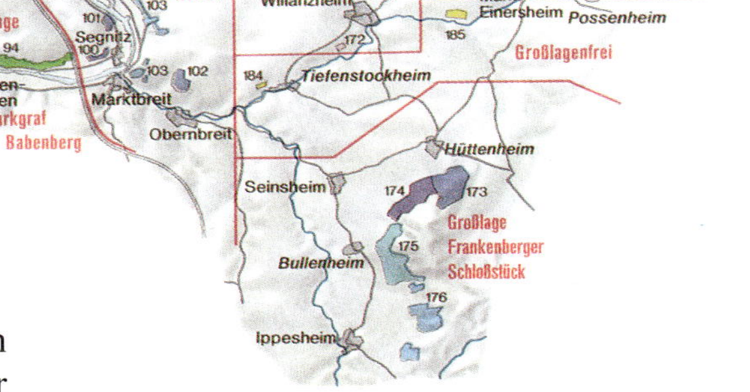

Kern des Anbaugebietes ist der sogenannte Bereich Main-Dreieck, das klassische Mainfranken, den gemächlichen Fluß hinab von Schweinfurt bis unterhalb Würzburgs. Einige der besten Lagen Deutschlands finden sich dort: der schon erwähnte Escherndorfer Lump, Randersackerer Pfülben und der Würzburger Stein, dessen Weine der Geheime Rat von Goethe so gerne trank (und so ungern bezahlte). Schönster Teil der Gegend ist die eng gekrümmte Main-Schleife bei Volkach, vom Kloster Vogelsburg wundervoll zu überschauen. In den Sechzigern entstand dort ein Kanal für ungehinderte Schiffahrt. Seitdem ist der Fluß wieder so ursprünglich wie vor Jahrhunderten, fröhlich sich dahinkräuselnd an Nordheim und Sommerach vorbei (wo überdies guter Spargel wächst).

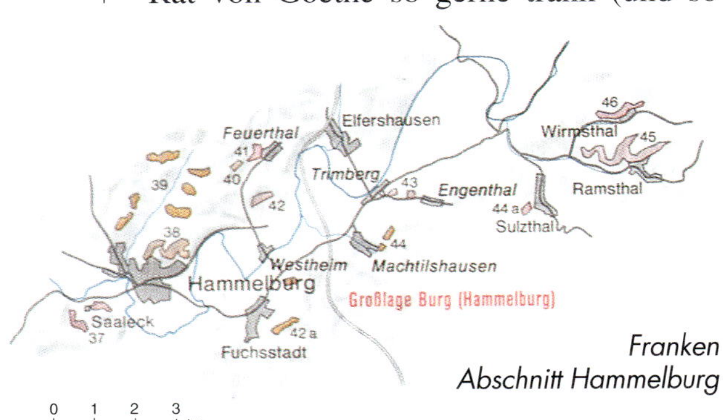

Franken
Abschnitt Hammelburg

Das weinfränkische Herz schlägt in Würzburg. Die Stadt ist ein einziges Baudenkmal, in einer Bombennacht 1945

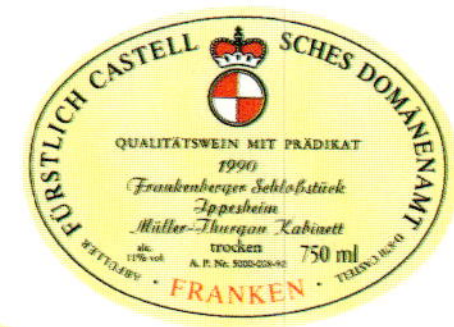

zerstört und wieder aufgebaut, als wäre nie etwas geschehen. Unmittelbar am Rande der City, gleich hinterm Hauptbahnhof, erstreckt sich über vier Kilometer der legendäre Steinberg, vor allem mit Riesling bestockt, der dort besonders kernig wird. Würzburgs Spital-Weinstuben sind Tempel üppiger Gastlichkeit. Unter der prachtvollen Residenz liegt der schönste Weinkeller der Welt, vom Barock-Baumeister Balthasar Neumann höchstselbst entworfen. Klar, in Würzburg brodelt der Fremdenverkehr, doch schon wenige Kilometer mainabwärts, in Retzbach und Karlstadt wird es wieder beschaulich. Zum Main-Dreieck wird noch das abgelegene Tal der fränkischen Saale gerechnet. Dort finden sich eher leichte Weine, dank der erzkonservativen Winzergenossenschaft von Hammelburg meist trocken ausgebaut.

Weniger bekannt sind die Weine vom Untermain, geologisch vielfältig geprägt. Am vielgerühmten Homburger Kallmuth liegt schierer Kalk, der einen besonders weichen Silvaner hervorbringt. Schon wenige Kilometer weiter, bei Bürgstadt, beginnt der rote Sandstein, aus dem das Aschaffenburger Schloß und der Mainzer Dom erbaut wurden. Die Weißweine von dort haben eine kecke Säure. Es gibt auch ein wenig, durchaus passablen Rotwein. Die westlichen Ausläufer des Spessarts liegen auf Urgestein, bedeckt mit verwittertem Glimmer und Quarzit. An den Hängen entlang des Flüßchens Kahl bei Aschaffenburg wächst Frankens bester Riesling, der allerdings nicht immer reif wird. In kühlen Jahren sauer, ist der Wein vom Hörsteiner Abtsberg, früher zum nahen Kloster Seligenstadt gehörend, in heißen Jahren unschlagbar.

Franken

Zahlen und Adressen

Rebfläche: 5900 Hektar

Ernte im Schnitt: 530000 Hektoliter

Weinbaubetriebe: circa 7700

Hauptsorten: Müller-Thurgau, Silvaner

Auskunft: Frankenwein - Frankenland, Kranenkai 1 in 97070 Würzburg (Tel.: 09 31 / 1 20 93) und VDP Franken, Schloßplatz 5 in 97355 Castell (Tel.: 0 93 25 / 6 01 70)

Empfehlenswerte Betriebe

Fürst Castell
in 97355 Castell
(Tel.: 0 93 25 / 6 01 70)

Helmut Christ
in 97334 Nordheim
(Tel.: 0 93 81 / 28 06)

Hubert Göbel
in 97236 Randersacker
(Tel.: 09 31 / 70 93 80)

Bernhard Höfler
in 63755 Michelbach
(Tel.: 0 60 23 / 54 95)

Theo Luckert
in 97320 Sulzfeld
(Tel.: 0 93 21 / 65 36)

Egon Schäffer
in 97332 Escherndorf
(Tel.: 0 93 81 / 93 50)

Schloßgut
in 97286 Sommerhausen
(Tel.: 0 93 33 / 260)

Schmitt's Kinder
in 97236 Randersacker
(Tel.: 09 31 / 70 05 31)

Staatlicher Hofkeller
in 97070 Würzburg
(Tel.: 09 31 / 3 05 09 23)

Winzergenossenschaft
in 97334 Sommerach
(Tel.: 0 93 81 / 8 06 10)

Hans Wirsching
in 97346 Iphofen
(Tel.: 0 93 23 / 30 33)

Zehnthof - Luckert
in 97320 Sulzfeld
(Tel.: 0 93 21 / 65 36)

RHEINHESSEN

Liebe auf den dritten Blick

Im Sommer 1992 stellten einige Dutzend Winzer in Rheinhessen inmitten ihrer Weinberge Schilder auf. Weithin sichtbar war da zu lesen: »Selection«. Die Nachbarn guckten mißtrauisch, was durchaus beabsichtigt war. Die Herren unterwarfen sich in aller Öffentlichkeit unerhört strengen Regeln: Sie schickten das Beste vom Besten eben, erhielten endlich das Siegel »Selection«. Unabhängig davon startete die badische Weinwirtschaft zur selben Zeit ein vergleichbares Programm. Als die Weine im Herbst 1993 auf den Markt kamen, lag es nahe, »Selection Rheinhessen« und »Baden Selection« miteinander zu vergleichen. Erstere

Hinter dem Mäuseturm in Bingen steigen die Weinberge an. Ertragreiche Böden in einer sanften Hügellandschaft machen den Charakter Rheinhessens aus.

sich an, Weine nur aus Trauben klassischer Sorten und von alten Rebstöcken zu erzeugen. Sie ernteten um der Qualität willen extrem wenig, schnitten im Sommer noch viel Frucht heraus, damit in nur wenigen Trauben die Kraft der Rebe verdichtet werde. Sorgfältige Auslese von Hand war vorgeschrieben; die Beeren mußten völlig gesund sein. Als die Weine – grund-sätzlich herb – endlich fertig waren, wurden sie mehrfach analysiert und verkostet. Dabei fielen fast drei Viertel der Proben durch. Nur 20 Gewächse, schnitt deutlich besser ab. Die rheinhessischen Weinwirte konnten den Erfolg gut gebrauchen. Im Gegensatz zu den angesehenen Badenern leiden sie unter einem kläglichen Ruf. Sie gelten als Lieferanten ungeheuerlicher Mengen billigsüßer Spätlesen. Ältere Damen, die sich mal hin und wieder ein liebliches Schlückchen gönnen und nicht viel Geld ausgeben wollen, schätzen Rheinhessen. Davon können die Winzer, die den großen Handelskellereien losen Wein zuliefern, jedoch nicht leben.

In den fünfziger Jahren bekamen sie von den Kellereien 75 Pfennige für den Liter Jungwein und wurden davon reich. Jetzt sind's 95 Pfennige, weder zum Leben noch zum Sterben genug.

Deutschlands größtes Weinbaugebiet hat keine augenfälligen landschaftlichen Reize. Im Laufe der Geschichte wurde die fruchtbare Region im Umland von Mainz immer wieder von marodierenden Truppen behelligt, weshalb sich die Bauern seinerzeit gerne hinter fensterlose Mauern aus Bruchstein zurückzogen, vorsichtig anzeigend, daß bei ihnen nichts zu holen sei. Schnelle Straßen durchschneiden heute das Land, vor allem genutzt, um rasch opulentere, südlichere Gefilde zu erreichen. Allein der Name Rheinhessen verwirrt. Die Weinwirte dort haben einige Schwierigkeiten damit, den Verbrauchern zu erklären, wo denn dieses Land überhaupt zu finden ist. Mit Hessen hat es nichts zu tun, es gehört vielmehr zu Rheinland-Pfalz. Auf der Landkarte erscheint das Gebiet – stark vergröbert – als rechtwinkliges Dreieck, dessen Grundlinie reichlich 50 Kilometer mißt. Die Eckpunkte werden von Bingen, Mainz und Worms gebildet, allesamt Städte mit großer geschichtlicher Bedeutung.

Weinpolitisch wird Rheinhessen gedrittelt in die Bereiche Bingen, Nierstein und Wonnegau. Von der Art der Weine bietet sich eher eine Vierteilung an. Der nördliche Part, entlang der Autobahn zwischen Bingen und Mainz, ist eine meist vom Kalk geprägte Landschaft mit kernigen Weinen. Zwei Orte bieten Besonderheiten: Aus Bingen, dessen Rebberge schon zum rheinischen Schiefer gehören, kommt Riesling von mitunter exotischer Fruchtigkeit. Ingelheim gefällt dagegen mit üppig-weichen Spätburgunder-Rotweinen. Bester Teil Rheinhessens ist fraglos die Rheinfront im Osten. Entlang der Orte Nackenheim, Nierstein und Oppenheim sind die steilen, direkt am Rhein aufragenden Weinberge mit rotem Tonschiefer bedeckt. Besonders im Frühjahr, wenn die Reben noch kahl sind, leuchtet dieses »Rotliegende« in der Sonne auf, für den Autofahrer, der auf der B 9 von Mainz nach Worms unterwegs ist, stets ein herrlicher Anblick. Nirgendwo sonst in Rheinhessen bringt die Spitzentraube Riesling so rassige und elegante Weine. In der trockenen Geschmacksrichtung paßt das zwischen Pfirsich und Aprikose spielende Fruchtaroma gut zu Geflügel und Kalb. Mit etwas Süße verströmen Oppenheimer und Niersteiner Riesling ein verschwenderisches Bukett, besonders wenn sie etwas älter sind.

Der südliche Teil der Rheinfront ist von Löß bestimmt, einem Boden, der in Jahrmillionen aus angewehtem Gesteinsstaub verdichtet worden ist. Dort erreichen Silvaner und Weißburgunder erstaunliche Feinheiten. Es schließt sich der Wonnegau an (eigentlich Wormser Gau). Das Urstrom-Land des Rheins dort besitzt Schwemmböden von geradezu paradiesischer Fruchtbarkeit. Alles gedeiht: Spargel, beste Braugerste, saftiges Obst. Beim Wein muß der Winzer ständig aufpassen, daß er nicht zuviel erntet. Beste Sorte dort ist der Weißburgunder, der zunehmend ohne Süße angeboten wird und so ein vorzüglicher Tischwein ist.

Viel besser als mit dem Auto läßt sich Rheinhessen mit dem Fahrrad entdecken.

So reich ist Rheinhessen an Sonne und guten Böden, daß die Erträge aus eigenen Kräften nicht einzubringen sind. Bereits im vergangenem Jahrhundert kamen Helfer aus Italien. Davon zeugen noch heute die Trulli – die spitzen weißen Häuschen, die sie in den Weinbergen bauten.

In der geschichtsträchtigen Gegend mit den renommierten Großlagen Nierstein, Bingen und Wonnegau werden zahlreiche unterschiedliche Rebsorten angebaut; inzwischen konzentrieren sich die Weinbauern aber vor allem auf Müller-Thurgau, Silvaner, Kerner und Riesling. Die lange Winzer-Tradition Rheinhessens kommt nicht zuletzt in den Weinfesten der über 160 Gemeinden zum Ausdruck, die Weinbau betreiben.

Das Hügelland im Südwesten rund um die alte Kreisstadt Alzey, eine sich in weiten Wellen ergehende Landschaft, ist urtümlichstes Rheinhessen, gut 80 000 Jahre alt, wie Funde belegen. Dies ist der am wenigsten bekannte und hübscheste Teil der Region. Der Reiz dieses alten Bauernlandes erschließt sich aber nur dem gemächlich Reisenden, der die abgelegenen Straßen nimmt. Radwanderern, die ab und zu eine kurze Steigung nicht scheuen, bietet das Hügelland eine Fülle von Entdeckungen der kleinen, leisen Art. Dazu gehören die Trulli, spitze gekälkte Weinberghäuschen, im vorigen Jahrhundert von zugewanderten Erntehelfern aus Süditalien erbaut. Letten bildet hier den Boden, aus Urzeiten stammender Schlick, als Rheinhessen noch ein Binnenmeer war mit Seekühen und Haifischen. Dort gedeiht Silvaner vom besten. Auch zwei Rebsorten, die wegen ihrer hohen Erträge zunehmend in die Kritik geraten, der weiße Müller-Thurgau und der rote Portugieser, können im Hügelland feingeschliffene Weine bringen, vorausgesetzt der Winzer legt es nicht unbedingt auf ein maximales Erntevolumen an.

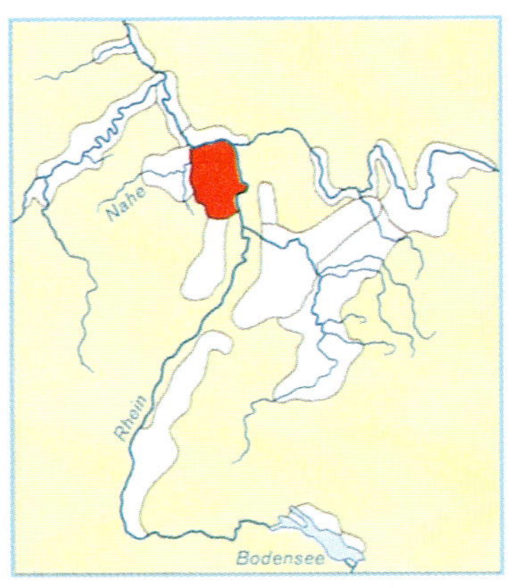

Rheinhessen hält in Deutschland einige Rekorde. Es ist, wie gesagt, das größte unter den 13 Weinbaugebieten. Die Rebfläche entspricht einem Quadrat mit 16 Kilometern Kantenlänge. Nur in der Pfalz wird noch mehr geerntet. Außerdem dürfte Rheinhessen – alle Funde weisen darauf hin – die älteste Wein-Provinz in Deutschland sein. Als römische Truppen etwa 100 v. Chr. am Zusammenfluß von Main und Rhein das Lager Mogontiacum, das heutige Mainz, gründeten, fanden sie bereits reichen Rebbau vor. In keiner anderen Gegend hierzulande ist es wärmer: Mehr als 1500 Stunden Sonne im Jahr stehen nur 500 Millimetern Niederschlag gegenüber. Donnersberg im Westen und der Hunsrück im Norden halten schlechtes Wetter und Kälte ab. Auch dies ein Grund, für ein paar Tage nach Rheinhessen zu fahren; die Aussicht auf gutes Wetter ist groß.

Noch ein Rekord: Nirgendwo gibt es mehr unterschiedliche Rebsorten. Darauf sind die rheinhessischen Winzer heute allerdings nicht mehr so stolz. Die Vielfalt ist auf früheren Ehrgeiz der Züchter in der Alzeyer Forschungsanstalt zurückzuführen. Viele der Kreuzungen von damals, auf möglichst frühe Reife und hohen Ertrag hingetrimmt, befriedigen geschmacklich nicht. Von der einstigen Experimentier-Freude sind letztlich zwei Sorten übrigge-

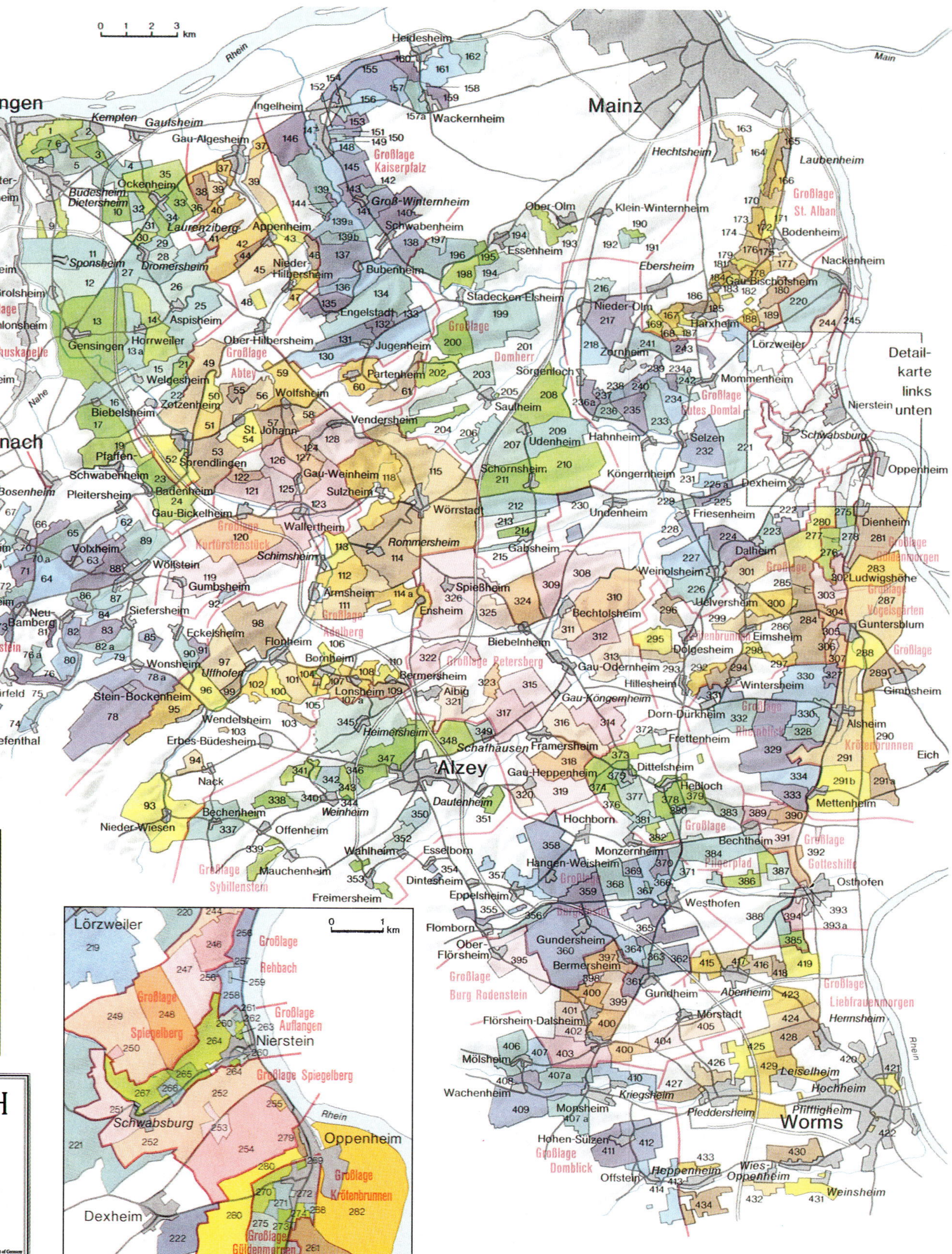
0 1 2 3 km
Rhein
Main
Bingen
Mainz
Heidesheim
Ingelheim
Wackernheim
Kempten
Gaulsheim
Gau-Algesheim
Großlage Kaiserpfalz
Hechtsheim
Laubenheim
Münster-Sarmsheim
Büdesheim
Dietersheim
Ockenheim
Laurenziberg
Groß-Winternheim
Schwabenheim
Ober-Olm
Klein-Winternheim
Großlage St. Alban
Bodenheim
Laubenheim
Sponsheim
Dromersheim
Appenheim
Nieder-Hilbersheim
Bubenheim
Essenheim
Ebersheim
Nackenheim
Grolsheim
Großlage St. Rochuskapelle
Langenlonsheim
Gensingen
Aspisheim
Horrweiler
Engelstadt
Stadecken-Elsheim
Nieder-Olm
Harxheim
Gau-Bischofsheim
Ober-Hilbersheim
Großlage Abtey
Jugenheim
Großlage Domherr
Zornheim
Lörzweiler
Detailkarte links unten
Bretzenheim
Welgesheim
Zotzenheim
Wolfsheim
Partenheim
Sörgenloch
Mommenheim
Großlage Gutes Domtal
Nierstein
Bad Kreuznach
Nahe
Biebelsheim
St. Johann
Vendersheim
Saulheim
Udenheim
Hahnheim
Selzen
Schwabsburg
Oppenheim
Pfaffen-Schwabenheim
Sprendlingen
Gau-Weinheim
Sulzheim
Schornsheim
Köngernheim
Dexheim
Bosenheim
Pleitersheim
Badenheim
Gau-Bickelheim
Wörrstadt
Undenheim
Friesenheim
Dienheim
Hackenheim
Volxheim
Großlage Kurfürstenstück
Wallertheim
Rommersheim
Gabsheim
Dalheim
Großlage Güldenmorgen
Wöllstein
Schimsheim
Weinolsheim
Ludwigshöhe
Frei-Laubersheim
Gumbsheim
Armsheim
Spießheim
Großlage Vogelsgarten
Neu-Bamberg
Siefersheim
Großlage Adelberg
Ensheim
Bechtolsheim
Uelversheim
Guntersblum
Großlage Rheingrafenstein
Eckelsheim
Flonheim
Biebelnheim
Großlage Krötenbrunnen
Dolgesheim
Eimsheim
Großlage
Wonsheim
Uffhofen
Bornheim
Großlage Petersberg
Gau-Odernheim
Fürfeld
Stein-Bockenheim
Bermersheim
Lonsheim
Albig
Hillesheim
Wintersheim
Gimbsheim
Gau-Köngernheim
Tiefenthal
Wendelsheim
Erbes-Büdesheim
Heimersheim
Schafhausen
Framersheim
Dorn-Dürkheim
Frettenheim
Alsheim
Eich
Alzey
Nack
Gau-Heppenheim
Dittelsheim
Heßloch
Dautenheim
Mettenheim
Nieder-Wiesen
Bechenheim
Weinheim
Offenheim
Hochborn
Großlage Sybillenstein
Mauchenheim
Wahlheim
Esselborn
Monzernheim
Bechtheim
Großlage Pilgerpfad
Großlage Gotteshilfe
Freimersheim
Dintesheim
Hangen-Weisheim
Osthofen
Eppelsheim
Westhofen
Flomborn
Ober-Flörsheim
Gundersheim
Bermersheim
Gundheim
Großlage Burg Rodenstein
Abenheim
Großlage Liebfrauenmorgen
Mörstadt
Herrnsheim
Flörsheim-Dalsheim
Mölsheim
Wachenheim
Monsheim
Kriegsheim
Leiselheim
Hochheim
Pfeddersheim
Pfiffligheim
Worms
Hohen-Sülzen
Großlage Domblick
Offstein
Heppenheim
Wies-Oppenheim
Weinsheim
Lörzweiler
0 1 km
Großlage Rehbach
Großlage Spiegelberg
Großlage Auflangen
Nierstein
Großlage Spiegelberg
Schwabsburg
Rhein
Oppenheim
Großlage Krötenbrunnen
Dexheim
Großlage Güldenmorgen

KRUG'SCHER HOF
1989
Weißer Burgunder
Auslese · trocken
RHEINHESSEN
0,75 ltr.
alc. 13,5 Vol.%

WEINGUT
GUNDERLOCH
RIESLING
ESTATE BOTTLED
trocken
1992
750 ml
Rheinhessen 12.0% vol.

NIERSTEINER
RIVANER
trocken
RHEINHESSEN

RHEINHESSEN
WEINGUT BRÜDER DR. BECKER LUDWIGSHÖHE D-6501
1991
Silvaner
TROCKEN
LUDWIGSHÖHER TEUFELSKOPF KABINETT
QUALITÄTSWEIN MIT PRÄDIKAT
MITGLIED IM VERBAND DEUTSCHER PRÄDIKATSWEINGÜTER E.V. 750 ml

Weingut Rappenhof
Dr. Reinhard Muth
RHEINHESSEN
1988er Guntersblumer Bornpfad
Weißer Burgunder Auslese Trocken
Qualitätswein mit Prädikat – Erzeugerabfüllung
750 ml
VERBAND DEUTSCHER PRÄDIKATS- UND QUALITÄTSWEINGÜTER E.V.

Weingut Adolf Schick
1991er
Jugenheimer Goldberg
Riesling Spätlese trocken
Qualitätswein mit Prädikat
ERZEUGERABFÜLLUNG
RHEINHESSEN

Georg Albrecht Schneider
1992er
Niersteiner Oelberg
Riesling
Spätlese
Qualitätswein mit Prädikat
alc. 10.0% vol. - 750 ml
RHEINHESSEN

Wenn der erste Frost auf die Trauben eingewirkt hat, beginnt – wie in Nierstein – die Eiswein-Lese.

blieben, die Bestand haben durften: die Scheurebe, deren Cassis-Aroma bei einer Andeutung von Süße reizvoll ist, und die Huxelrebe, die hervorragende edelsüße Köstlichkeiten bringt.

Die meistangebaute Rebe in Rheinhessen ist, wie sonst auch im südlichen Deutschland, der Müller-Thurgau, der große Mengen anspruchslosen Weins liefert. Da die Ernten jetzt von Gesetzes wegen begrenzt werden, da auch die Kellereien immer weniger bezahlen, dürfte die Doppelnamen-Traube längerfristig eine nicht mehr so große Rolle spielen. Rheinhessen ist vielmehr das Land des Silvaners. Diese urige, erdhafte Sorte, die so wundersam den Geschmack des Bodens widerspiegelt, in dem sie gewachsen ist, bringt vor allem auf dem Löß-Lehm-Gemisch im Süden der Region respektable Ergebnisse. Bei Vergleichsproben mit dem berühmten fränkischen Silvaner brauchen sich die rheinhessischen Erzeugnisse nicht zu verstecken: Sie sind nicht ganz so wuchtig, eher zart und feinfruchtig, eigentlich genauso gut, aber nur halb so teuer. Auch das führende Weingut hinter Mainz, Heyl zu Herrnsheim in Nierstein, das über beste Riesling-Lagen verfügt, pflegt liebevoll den Silvaner. Besitzer Peter von Weymarn begründet dies ganz lakonisch: »Ich bin ein Rheinhesse«.

Der größte Teil des Silvaners, im Schnitt der Jahre gut 30 Millionen Liter, geht als sogenannte Liebfraumilch in den Export. In den achtziger Jahren war dieser milde Schluck in Amerika ein Schlager und brachte den Bauern im Wonnegau viel Geld. Da kostete die Flasche fünf Dollar, was damals mehr als 15 Mark entsprach. Inzwischen ist der Kurs der US-Währung gestürzt, die Amerikaner trinken deutlich weniger deutschen Wein. Das Geschäft mit Liebfraumilch bringt nur noch halb so viel Geld und ist stark rückläufig. Nun müssen die Rheinhessen zusehen, wie sie ihren Silvaner-Reichtum anderswo vermarkten.

Da kam ihnen eine prächtige Idee, zusammengefaßt in nur zwei Buchstaben: »RS« für Rheinhessen-Silvaner. Dieses Programm sieht einen Typus Wein vor, der trocken ist, also keinerlei Süße aufweist, der von einer belebenden Fruchtsäure und auch von feinen erdigen Würzen geprägt wird, ansonsten möglichst neutral mundet, damit er ein gutes Essen begleiten

kann, zum Beispiel Spargel aus der Rhein-Ebene. Er sollte nicht zu schwer sein, doch reichen Geschmack bringen, ähnlich einer guten Musik, die leicht zu hören ist und doch Tiefgang hat. Kurzum, der »RS« ist ein ideal in die Zeit passender Wein.

Der Rheinhessen-Silvaner ist eine Marketingidee; das Programm soll zweierlei Wirkung erzielen: Nach außen wird angezeigt, daß die Mainzer Region mehr zu bieten hat als nur süßlich-parfümierte Konsum-Spätlesen zu zweineunundneunzig. Wichtiger noch ist die Wirkung nach innen. Die rheinhessischen Winzer, für die früher ein Essen erst dann gut war, wenn das Schnitzel zentimeterweit über den Tellerrand hinauslugte, stellten zur eigenen Verblüffung fest, daß sie bei einigem Ehrgeiz Weine zu liefern imstande sind, die eine Zwei-Sterne-Küche begleiten und der internationalen Chardonnay-Konkurrenz begegnen können.

Noch ist das »RS«-Programm bescheiden. Etwa 50 Betriebe beteiligen sich und unterwerfen sich damit einer alljährlichen strengen Kontrolle. Nur die Hälfte der eingereichten Proben wird für gut genug befunden. Keine 100 000 Flaschen kommen im Jahr auf den Markt, eigentlich eine lächerliche Menge, die noch nicht einmal ein Viertelpromill an der gesamten rheinhessischen Erzeugung ausmacht. Doch geht es bei dem »RS«-Programm nicht um kurzfristige Verkaufserfolge, vielmehr um den guten Ruf der Region auf lange Sicht.

Damit die Kunden den hübschen Silvaner auch rasch finden, sind die Flaschen einheitlich mit auffälligen, in den rheinhessischen Farben Schwarz und Gelb gehaltenen Etiketten ausgestattet. Preis: um die sechs Mark. Wer trockenen Weißwein liebt, wird anderswo kaum etwas Besseres für sein Geld bekommen.

Rheinhessen
Zahlen und Adressen

Rebfläche: 26 600 Hektar

Ernte im Schnitt: 2,6 Millionen Hektoliter

Weinbaubetriebe: circa 8000

Hauptsorten: Müller-Thurgau, Silvaner, Kerner, Riesling

Auskunft: Rheinhessenwein
An der Brunnenstube 33
in 55120 Mainz
Tel. 0 61 31 / 68 10 58

Empfehlenswerte Betriebe

Friedrich Baumann
in 55276 Oppenheim
(Tel.: 0 61 33 / 23 12)

Brenner'sches Weingut
in 67595 Bechtheim
(Tel.: 0 62 42 / 89 4)

Brüder Dr. Becker
in 55278 Ludwigshöhe
(Tel.: 0 62 49 / 84 30)

Kapellenhof Schätzel Erben
in 55278 Selzen
(Tel.: 0 65 32 / 20 4)

H.u.K. Keller
in 67592 Flörsheim-Dalsheim
(Tel.: 0 62 43 / 45 6)

Bürgermeister Koch Erben
in 55276 Oppenheim
(Tel.: 0 61 33 / 23 26)

Gerhard Sander
in 67582 Mettenheim
(Tel.: 0 62 42 / 15 83)

Weingut Schales
in 67592 Flörsheim-Dalsheim
(Tel.: 0 62 43 / 70 03)

Adolf Schick
in 55270 Jugenheim
(Tel.: 0 61 30 / 25 6)

G.A. Schneider
in 55283 Nierstein
(Tel.: 0 61 33 / 56 55)

Stallmann-Hiestand
in 55278 Uelversheim
(Tel.: 0 62 49 / 84 63)

Winzergenossenschaft
in 55283 Nierstein
(Tel.: 0 61 33 / 93 00)

Die Pfalz ist voller landschaftlicher und baulicher Reize, ein Paradies für wandernde Weinfreunde. Wetter: meist gut.

PFALZ

Wein, soweit das Auge reicht

Sie brauchen gutes Schuhwerk und wetterfeste Kleidung, einen Rucksack mit dem Nötigsten, dazu ein paar Tage Zeit. Sie starten am besten in Bockenheim am nördlichen Ende der Pfalz und stapfen zwischen Wald und Weingärten in Richtung Süden. Verlaufen können Sie sich nicht, die Strecke ist gut ausgeschildert: immer der kleinen Traube nach. Der Deutsche Weinstraßen-Wanderweg, etwa 80 Kilometer lang, Endpunkt französische Grenze, gehört zu den schönsten Pfaden der Welt. Sie sollten nur nicht an einem Wochenende im Oktober losmarschieren. Sicherlich ist es berauschend anzuschauen, wie die Pfälzer Landschaft golden erglüht. Doch wissen das Abertausende anderer Wandervögel auch; alle Gasthöfe sind belegt. Mai und Juni versprechen mehr Beschaulichkeit. Da Reben für gewöhnlich dort ranken, wo die Sonne scheint, ist die Aussicht auf gutes Wetter groß. Einen herzhaften Schoppen gibt's an jeder Ecke, so recht dazu geschaffen, die urige Pfälzer Küche zu begleiten: Buwespitzje, Flammkuche, Fleeschknöpp oder den auch von Prominenten geschätzten, legendären Saumagen, in der Gastronomie leider nur selten ordentlich zu bekommen. Die einfachen Wirtshäuser holen sich das Zeug vorgefertigt in der Großmetzgerei, und die besseren Restaurants sind sich zu fein für die derbe Kost.

Auf Ihrem Pfalz-Trip erleben Sie spannende Schauspiele: die Märchenbuch-Kulisse von Neuleiningen, die gotische Klosterruine Limbach bei Bad Dürkheim, das Hambacher Schloß, auf dem 1832 Studenten Demokratie einforderten, Fachwerk-Idyllen wie St. Martin, Rhodt und Dörrenbach, die getürmte Villa hoch über Leinsweiler, in der Impressionist Max Slevogt Tendenzen zum Expressionismus entwickelte, endlich das Weintor in Schweigen, von den Nazis erbaut, von französischen Truppen als Triumphbogen genutzt. Und linkerhand Wein, Wein, soweit das Auge reicht. Von der Madenburg ist der Blick über die 20 Kilometer breite Rhein-Ebene besonders eindrücklich: Ein einziges Meer von Reben-Grün breitet sich aus. Wer soll das alles trinken?

In den siebziger Jahren mußten die Pfalz-Karten im »Deutschen Weinatlas« mehrmals umgezeichnet werden, weil ständig neue Dörfer hinzukamen, in denen Landwirte begonnen hatten, Reben zu pflanzen, wo zuvor Weizen und Zuckerrüben wuchsen. Auf den paradiesisch fruchtbaren Schwemmböden in der Ebene ernteten die Bauern Trauben satt. Und die Mengen wurden durchaus reif; denn an Sonne mangelt es dort nicht. Der Weltrekord von fünf Liter Most pro Quadratmeter wird in der Südpfalz gehalten. Das Ergebnis konnte natürlich nur von der wäßrigsten Art sein. Erst der europäische Gesetzgeber gebot der Zügellosigkeit mit Anbaustopp und Ertragsbeschränkung

Einhalt. Doch nach wie vor ist die Pfalz, Deutschlands zweitgrößte Weinbau-Region, bei der Erntemenge die Nummer eins. Verfall der Preise ist die Folge. Selbst der liebliche Portugieser-Weißherbst, lange Zeit ein Schlager in den Supermärkten, bringt heute keinen Gewinn mehr. Für den verwöhnten Weinfreund hat dies immerhin den Vorteil, daß er in der Pfalz auch Anspruchsvolleres zu bürgerlichen Preisen erhält.

Zögernd zwar, doch merklich kehrt die Einsicht ein, daß es wenig Sinn macht, mehr zu ernten, als sich verkaufen läßt.

So hübsch die jungen Triebe am Weinstock aussehen, sind's zuviele, muß der Winzer »ausbrechen«, einen Teil davon entfernen. Der Wein wird so besser.

Noch vor 30 Jahren im Dornröschenschlaf, hat sich der südpfälzer Ort St. Martin (links) zu einem beliebten Ausflugsziel entwickelt.

Neben seiner Bedeutung für den Obstbau ist Freinsheim (unten) für seinen Riesling bekannt. Die sandigen, leichten Böden im Umland heizen sich im Sommer stark auf.

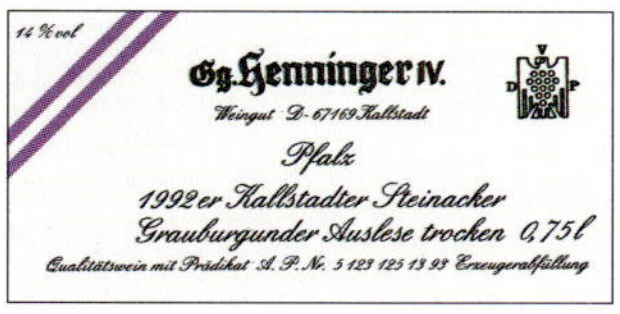

Pfalz
Bereich Mittelhaardt/
Deutsche Weinstraße

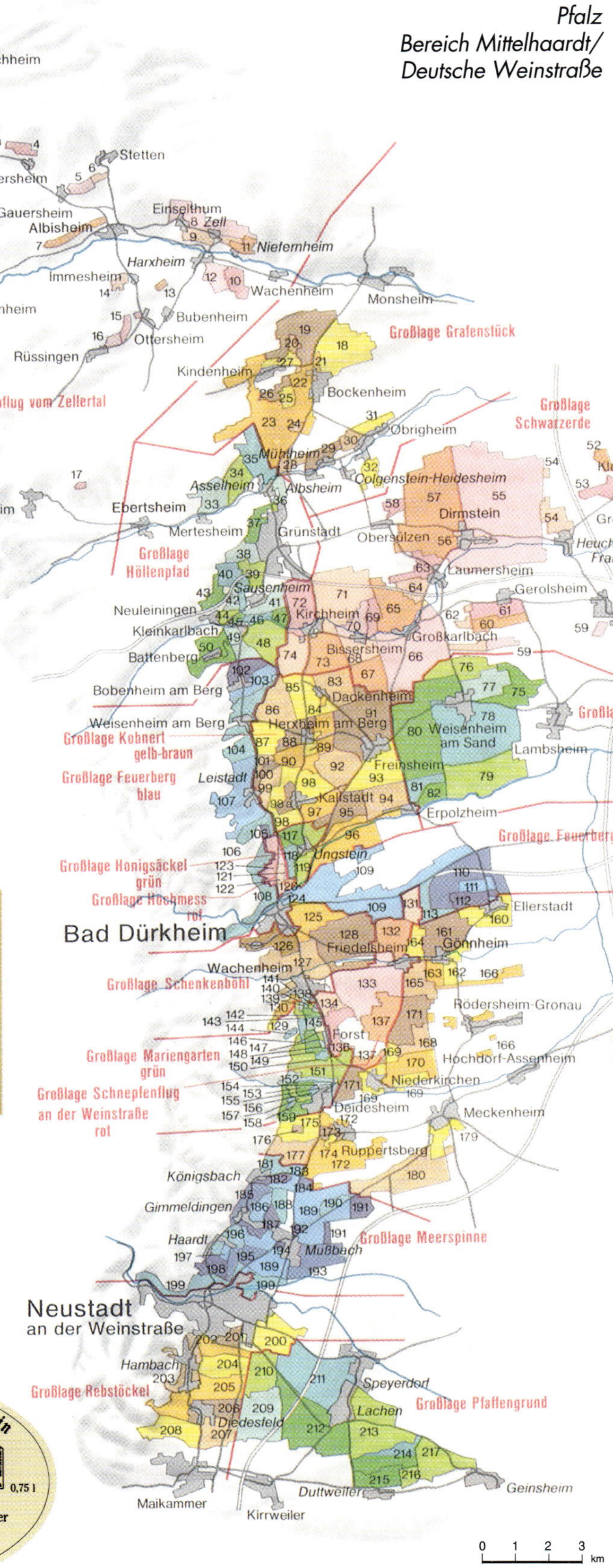

So fassen da und dort die Hektoliter-Heroen allen Mut zusammen und stutzen die Reben im Frühjahr etwas beherzter zurück, als bislang gewohnt. Zehn, höchstens zwölf Triebe pro Stock sollten vollauf reichen. Der Wein wird ja schmeckbar besser davon. Wenn der Pfälzer sich bei der Menge einschränkt, dann erntet er selbst in mittleren Lagen einen Kraft-Stoff, der Fülle und Tiefe hat und vor Extrakt strotzt. In der Winzersprache heißt es anerkennend: »Der tapeziert ääm de Gurchel aus«. Oder bündig: »E maulvull Woi«.

Amtlich wird die Pfalz zweigeteilt in »Südliche Weinstraße« und »Mittelhaardt – Deutsche Weinstraße«. Letzteres Wort-Ungetüm läßt ahnen, welche erbärmlichen Kompromisse beim 71er Weingesetz nötig waren, diesen Bereich zu schaffen. Ich darf bei der alten Dreiteilung in Unter-, Mittel- und Oberhaardt bleiben, auch wenn ich mir da manchen Zorn auflade. Bester Abschnitt, keine Frage, ist das Kernstück der Pfalz, die Mittelhaardt von Kallstadt bis Neustadt. Dort gibt es die meisten Spitzenlagen, die meisten Güter mit Tradition. Die Böden sind leichter, mineralischer als in anderen Teilen der Region. Dort erreicht der Riesling eine großartige Form. Erd- und fruchtbetont zugleich besitzt er Eleganz und beglückt mit einem reichen Spiel von Aromen. Gerne schauen die Mittelhaardter auf den Rest der Pfalz herab, wozu sie nicht immer das Recht haben. Es gibt ja in Deidesheim und Forst nicht nur die gefeierten Rebgärten am Hang wie Mäushöhle oder Musenhang, sondern auch eine Flut von minderen Mosten in der »Hofstück« genannten Ebene. Die führenden Köpfe der Mittelhaardt, die sich lange Zeit bräsig auf alten Erfolgen ausruhten, mochten nicht verhindern, daß 1971 ihrem exzellenten Weinbaugebiet die verrufene Unterhaardt zugeschlagen wurde, wodurch dann der Bindestrich-Bereich entstand.

Die Winzer der Unterhaardt, dem nördlichen Teil der Pfalz, hatten es nie verstanden, sich hervorzutun, obwohl sie selbst bei mäßigem Ehrgeiz machtvolle, dichte Weine ernten können. Der Reichtum an meßbaren Geschmackstoffen (Fachwort: Extrakt) ist einzigartig. Sicher hat der Riesling nicht die Rasse, die Feinheiten der Gewächse von Wachenheim oder Dürkheim. Dafür können Silvaner und Weißburgunder hochklassig werden. In den sechziger Jahren war die Unterhaardt gut im Geschäft mit den Supermärkten. Die Einkäufer der großen Handelsketten liebten die kraftvollen, preiswerten Weine, doch wünschten sie sich einen besseren Namen dafür. So drängten sie auf Verbindung mit der Mittelhaardt, gewannen stimmgierige Weinpolitiker für sich, bis endlich Nordpfälzer Mengenware wie »Bockenheimer Grafenstück« oder »Kirchheimer Schwarzerde« unter dem gewaltigen Begriff »Mittelhaardt – Deutsche Weinstraße« vermarktet werden konnten. Der Deal brachte der Unterhaardt letztlich keinerlei Gewinn. Sie wird weniger denn je beachtet. Selbst ehrenhafte Betriebe in Dackenheim, Herxheim oder Weisenheim kämpfen ums Überleben. Besonders schade ist es um eine Region in der hintersten Ecke der Pfalz, um das völlig vergessene Zellertal. Die Herren der Mittelhaardt werden mir sicher widersprechen, aber ich behaupte, daß in Zell und Niefernheim der angenehmste Pfälzer Riesling wächst, ein Tropfen von Rheingauer Format. Die Oberhaardter Winzer hingegen, früher als Hersteller gröbstschlächtiger Schoppen verachtet, wußten mehr aus sich und ihrem Wein zu machen. Ein Geniestreich war die Erfindung des Namens »Südliche Weinstraße«.

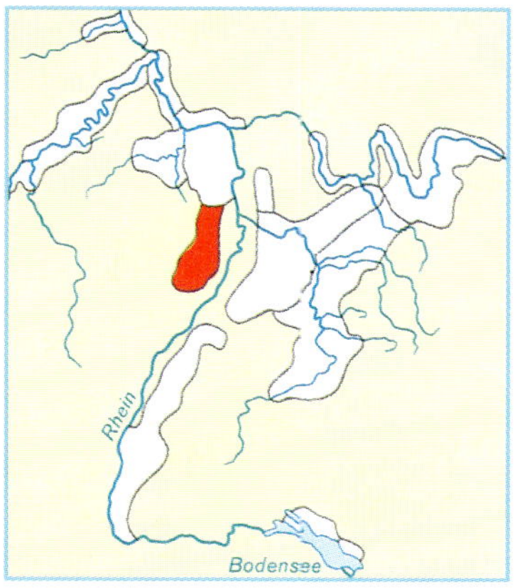

Dieser sonnige Begriff ist schon der halbe Verkauf. Zudem verstanden die Südpfälzer schon immer, geschickt die Reize ihrer Landschaft hervorzukehren. Fotografen lieben das einzigartige grüngoldene Licht, das im Sommer die Weinberge überglänzt. Bei Eschbach und Klingenmünster bildet der Pfälzer Wald eine geradezu dramatisch schöne Kulisse. Nur mit dem Wein haperte es lange Zeit. In einem Meer von Konsum-Ware gab es nur wenige achtbare Tropfen.

Urzelle der neuen Südpfälzer Weinkultur war das Gut »Ökonomierat Rebholz« in Siebeldingen. Der Namensgeber des Betriebs förderte in seiner Umgebung den

Der Weinort Freinsheim in der nördlichen Pfalz besitzt noch eine vollständig erhaltene Wehrmauer mit vielen Türmen. Das alljährliche Weinfest dort ist eine Attraktion.

Viele Pfälzer Weingüter besitzen reizvolle Innenhöfe (unten).

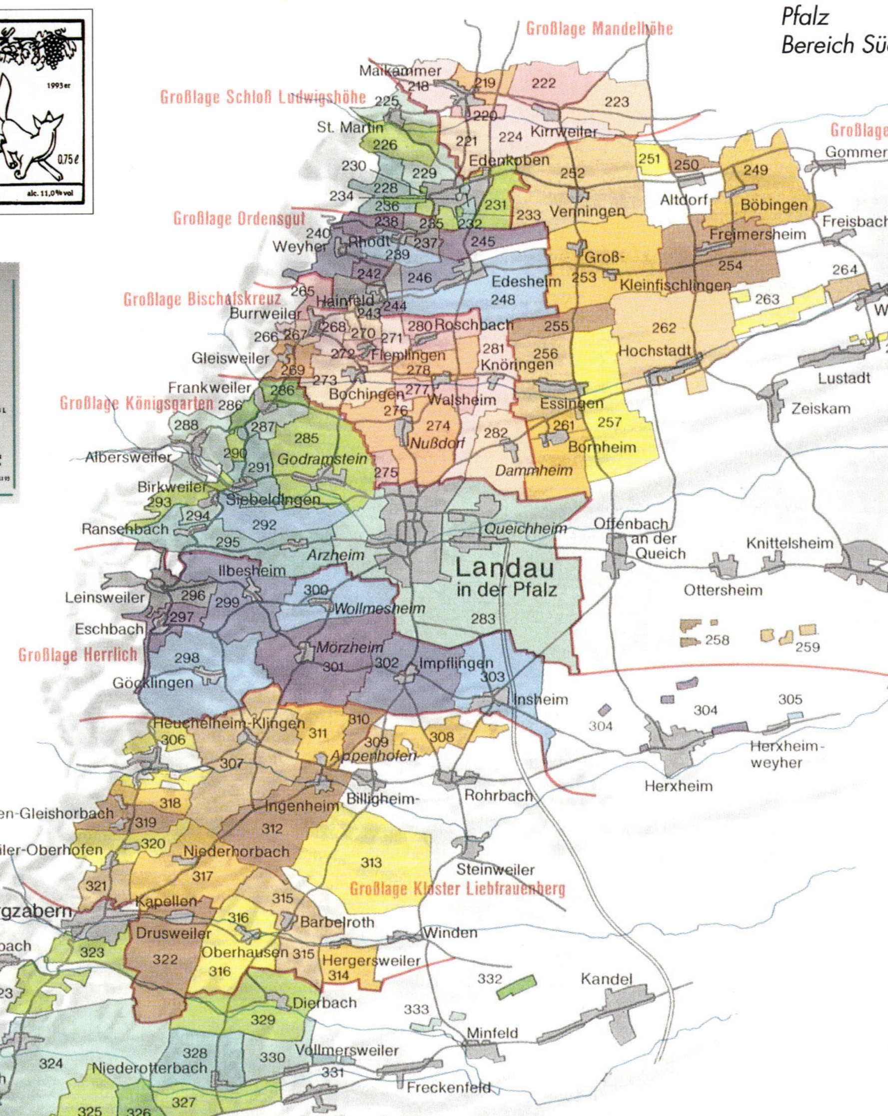

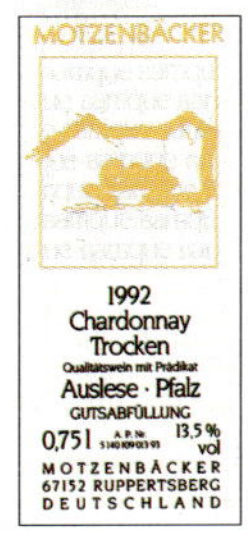

Anbau von Edelreben und bewies, daß auch die Oberhaardt durchaus noble Gewächse hervorbringen kann. Sein Sohn Franz Rebholz verlegte sich völlig auf die Erzeugung durchgegorener Weine. Die übliche Abrundung mit Süßmost verabscheute er. Der damalige Pfälzer Weinbau-Präsident Karl Fuhrmann, natürlich auch aus der Mittelhaardt und ein Spezialist für edelsüße Auslesen, schätzte den geradlinigen Siebeldinger. Doch ließ er keine Gelegenheit aus, den Kollegen ironisch anzugehen: Die Weine seien gewiß nicht schlecht, doch mit einem Quentchen Süße wären sie noch viel besser. Rebholz reagierte gelassen, denn er verkaufte seine Produktion auch so ganz gut. Der Trockenwein-Pionier starb über-

raschend, kurz vor der Ernte. Karl Fuhrmann trommelte Helfer zusammen, brachte die Lese in Siebeldingen neben seiner eigenen Arbeit ein und baute den Wein später genauso aus, wie es Rebholz gehalten hatte. Dessen halbwüchsigem Sohn verschaffte der Präsident eine Lehre in einem Spitzenbetrieb. »Diese Wein-Moral durfte nicht untergehen«, befand Fuhrmann.

Früh förderte auch Dr. Karl Wehrheim die Tendenz zum Trockenen: Als Bürgermeister des Pfalz-Ortes Birkweiler – ein Nachbardorf von Siebeldingen und ebenfalls mit ausgezeichneten Lagen versehen – nahm er unter den Winzern eine neutrale Stellung ein. Und deshalb gelang es ihm, nicht ohne zähe Überredung, die Weinbauern in seinem Amtsbereich zu überzeugen, doch neben der »sießen Brieh« auch mal ein Fuder ehrlich durchgären zu lassen. Sein stärkstes Argument: Der Kastanienbusch, ein Hang in einem hitzigen Talkessel und Stolz des Dorfes, bringe doch so reife Weine, daß die Zugabe von Süße gar nicht nötig wäre. Wenn Sie auf dem »Deutschen Weinstraßen-Wanderweg« sind, kommen Sie auch durch Birkweiler. Gehen Sie die Hauptstraße hinauf. Sie können überall links und rechts anklopfen, und sie werden überall guten Wein bekommen. Der Trend zur Wohlanständigkeit breitet sich derzeit geschwind an der Südlichen Weinstraße aus. Empfehlenswerte Orte für den Weinkauf sind

PFALZ

Zahlen und Adressen

Rebfläche: 23 000 Hektar

Ernte im Schnitt: 2,7 Millionen Hektoliter

Hauptsorten: Müller-Thurgau, Riesling, Portugieser

Weinbaubetriebe: rund 8 000

Auskunft: Pfalzwein e.V., Chemnitzer Straße 3 in 67433 Neustadt/Weinstraße (Tel: 0 63 21 / 91 23 28) und Südliche Weinstraßee.V., An der Kreuzmühle 2 in 76829 Landau (Tel: 0 63 41 / 380 144)

Empfehlenswerte Betriebe

F. u. G. Bergdolt
in 67435 Duttweiler
(Tel.: 0 63 27 / 50 27)

Willi Bernhart
in 76889 Schweigen
(Tel.: 0 63 42 / 72 02)

Josef Biffar
in 67146 Deidesheim
(Tel.: 0 63 26 / 50 29)

A. Christmann
in 67435 Gimmeldingen
(Tel.: 0 63 21 / 6 60 39)

Fuhrmann-Eymael
in 67089 Bad Dürkheim
(Tel.: 0 63 22 / 86 07)

Georg Henninger IV.
in 67169 Kallstadt
(Tel.: 0 63 22 / 22 77)

Müller-Catoir
in 67433 Neustadt-Haardt
(Tel.: 0 63 21 / 28 15)

Weingut Münzberg
in 76829 Godramstein
(Tel.: 0 63 41 / 6 09 35)

Ökonomierat Rebholz
in 76833 Siebeldingen
(Tel.: 0 63 45 / 43 39)

Karl Schäfer
in 67098 Bad Dürkheim
(Tel.: 0 63 22 / 21 38)

Dr. H. u. KH. Wehrheim
in 76831 Birkweiler
(Tel.: 0 63 45 / 35 42)

Winzerverein
in 67147 Forst
(Tel.: 0 63 26 / 306)

auch: Burrweiler, Hainfeld, Godramstein, Leinsweiler, Schweigen. Dort finden Sie viel Qualität zu bezahlbaren Preisen. Alljährlich im Sommer laden die Südpfälzer Winzer zu einer großen gemeinschaftlichen Probe ein. Von mal zu mal werden die Weine besser. Dabei wird immer deutlicher, worin die Stärke der einst so mißachteten Oberhaardt liegt: weniger im Riesling als vielmehr in den Burgunder-Sorten. Weiß- und Grauburgunder in ihrer Bestform bedürfen keiner Süße um zu schmeicheln. Bei ihnen wird die herzhafte Säure mit nicht zu knapp bemessenem Alkohol aufs Angenehmste abgeschmelzt.

Solche Weine verlangen, zu einem guten Essen gereicht zu werden. Neuerdings geht der Ehrgeiz jüngerer Südpfälzer Erzeuger dahin, mit ihrem roten Spätburgunder großen Vorbildern aus der Bourgogne nahezukommen. Sie sind nicht mehr weit davon entfernt.

Einige der besten Südpfälzer Burgunder wachsen übrigens auf französischem Boden, was kaum bekannt ist. Die Winzer des Grenzortes Schweigen haben einen Großteil ihrer Sonnenberg-Weingärten auf Elsässer Seite in der Gemarkung Wissembourg. Die Bewirtschaftung ist aufgrund uralter Verträge gesichert. Von diesen Hängen kommen einige grandiose Gewächse. Doch in Wissembourg, einer Stadt für Genießer mit guten Restaurants, käme es keinem Menschen in den Sinn, eine Flasche davon zu kaufen. Da ist Europa noch fern.

Ein Hinweis zu guter letzt: Wer in einem Pfälzer Lokal Wein bestellt, sollte beachten, daß ein »Schoppen« dort ein halber Liter ist. Wer einen »Halben« ordert, bekommt ein Viertel. Wer nur ein Achtel-Probiergläschen möchte, fragt nach einem »Piffchen«. Dann kann es allerdings geschehen, daß der Wirt den Gast bittet, er möge doch so lange warten, bis er Durst auf ein richtiges Glas hat.

WÜRTTEMBERG

Wein zum Überleben

Ein »Wengertle«, wie der Weingarten im Schwäbischen heißt, nimmt im lokalen Bewußtsein einen hohen Rang ein. Doch neben den Rebstöcken, die eher den privaten Bedarf decken, umsäumen den Großraum zwischen Bad Mergentheim und Reutlingen zahlreiche Weinhänge, die Riesling und Trollinger – die Hauptsorten Württembergs – weit über die Landesgrenzen bekannt gemacht haben.

Für einen Schwaben zählt es zu den höchsten Gütern hinieden, ein Grundstück zu haben, und darauf Heim oder Werkstatt zu errichten. Doch gehört dazu auch ein »Wengertle«. Ohne ein paar Weinstöcke gilt irdisches Dasein nur als unbefriedigend. Ein herzzerreißender Konflikt. Bautätigkeit und Reben gehen gleichermaßen in die Fläche, und Boden ist knapp in den Ballungsräumen Württembergs. Im Kampf Häusle gegen Viertele hat der Wein manche Niederlage erlitten, aber letztlich doch die Oberhand behalten. Nehmen wir Stuttgart. Mitten im Zentrum, gleich hinter der Industrie- und Handelskammer, stehen am Kriegesberg Reben. In dieser Gegend kosten Grundstücke, wenn sie überhaupt verkauft werden, 2000 Mark und mehr pro Quadratmeter. Doch der Hang ist unantastbar.

Die Daimler-Werke im Stadtteil Untertürkheim bräuchten dringend Platz für Erweiterung, doch finden die Produktionshallen ihre Grenzen an Weingärten. Viele Arbeiter des Unternehmens besitzen Reben. Es ist üblich, daß sie im Herbst Urlaub nehmen für die Lese. Entweder liefern sie die Trauben bei der Genossenschaft ab, oder aber sie wandeln ihre Wohnstube in eine »Besenwirtschaft« um, wo der junge Wein in Strömen fließt. Diese Form des Ausschanks ist hochbeliebt, auch wenn der Trunk alles andere als edel ist. Wer da nicht rechtzeitig kommt, findet auf den langen Bänken keinen Platz mehr. Gegen solches Volksvergnügen sind die Interessen des Welt-Konzerns nichtig.

Die Stadt Stuttgart unterhält ein eigenes Weingut mit 18 Hektar. Daran wird gewiß nichts verdient. Im Gegenteil mußte der Magistrat anderthalb Millionen locker machen, um bröckelnde Stützmauern befestigen zu lassen. Doch die Stadtväter kalkulieren, daß alles noch viel teurer käme, läge dort ein Park. Noch anders gerechnet: Gäbe es die Reben nicht, wäre

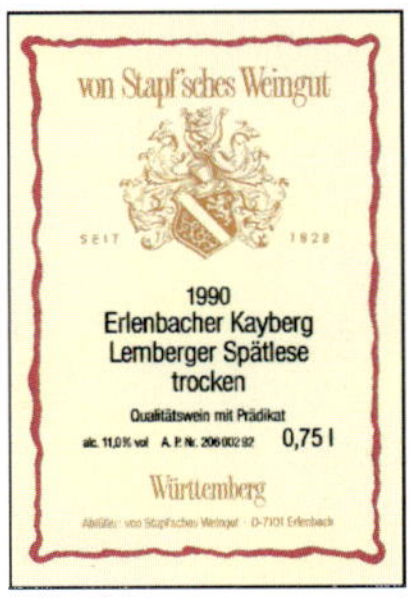

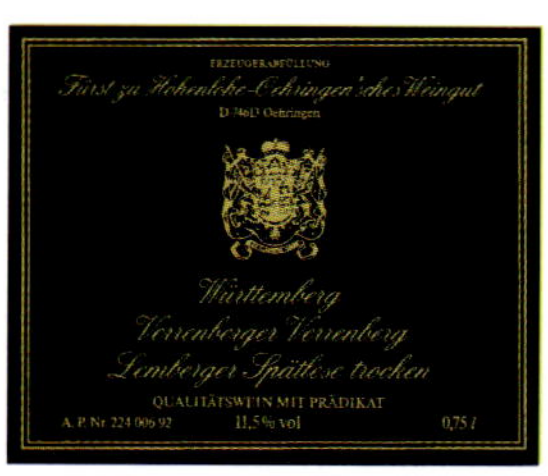

Schwäbische Bau-Besessenheit schlug schlimme Wunden in die Landschaft um Stuttgart. Noch in den Sechzigern war das Remstal östlich der Landeshauptstadt eine heimelige Gegend mit alten Häusern, Wiesen, Reben und Obstbäumen. Wie ein Krebsgeschwür fraßen sich Gewerbe und Wohnbau in das Tal, Fachwerk wich austauschbarer Kommerz-Architektur. Die Dörfer wuchsen ineinander und wurden zu kommunalen Großeinheiten mit synthetischen Namen zusammengepreßt – Weinstadt, Remshalden, Kernen – verknüpft mit einer vierspurigen Schnellstraße. Nur der Weinbau blieb großenteils erhalten. Er bewahrt heute dem gestörten Tal einen Rest von Gemüt. Die Reben, so darf mit Fug und Recht gesagt werden, haben das Remstal vor der Entseelung gerettet.

Was dem Seemann der Rum, dem Kumpel das Pils, das ist dem Württemberger sein Wein: Elixier zum Überleben. Es zählt im Ländle zu den unabdingbaren Vergnügen, feierabends in fröhlicher Öffentlichkeit zwei, drei Viertele zu »schlotzen« aus Gläsern, die mit griffigen Henkeln versehen sind, damit »au jo koi Trepfle verschittet« wird.

Stuttgarts Zauber dahin, und die Menschen wollten nicht mehr halb so viel schaffen. Ein einziges Mal nur machte die Obrigkeit den Fehler, den – zweifellos dringlichen – Bedarf an Wohnungen über den Wein zu stellen. Als den Winzern am Ailenberg im Stadtteil Obertürkheim die öffentliche Hilfe für den Wiederaufbau zerstörter Rebgärten verwehrt wurde und stattdessen dort mehrere Miethäuser entstanden, war ein Bürgerkrieg nicht fern.

Heilbronn, mit Industrie dicht besetzt, ist zugleich eine der größten Weinbau-Gemeinden Deutschlands. 540 Hektar Reben gibt es in der Stadt, mehr als an der ganzen Ahr stehen. Nach einem einzigen Luftangriff am 4. Dezember 1944 nahezu vollständig zerstört, wurde die Stadt buchstäblich mit Wein wieder aufgebaut. Jede Familie besaß ein paar Rebstöcke, und für ein Fläschle Trollinger oder Riesling ließen sich Zement und Ziegel tauschen. Der damalige Oberbürgermeister Paul Meyle wußte sehr wohl, was er tat, als er die Rebhänge an Wart- und Stiftsberg gegen Bau-Interessen verteidigte. Nur zu gerne hätte eine rasch wieder zu Geld gekommene Bourgeoisie ihre Villen dorthin gestellt, mit ungehindertem Blick über die Weite des Unterlandes.

Doch ohne Wein wäre Heilbronn eine wohl reiche, aber öde Stadt, bar jeglichen Gemüts. Und so scharf die Württemberger auch zu kalkulieren vermögen, Behaglichkeit betrachten sie durchaus als wirtschaftliche Größe.

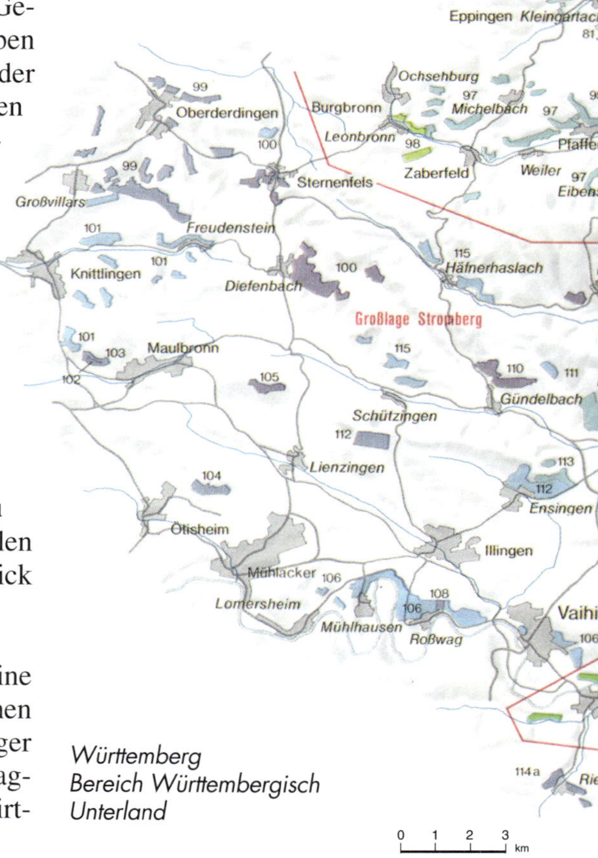

Württemberg
Bereich Württembergisch Unterland

Leicht und süffig soll der Schoppen sein, mild und andeutungsweise lieblich, auf jeden Fall bekömmlich und völlig unkompliziert. Pathos ist dem Schwaben zutiefst verdächtig. Andacht in kleinen Schlucken lehnt er ab, braucht vielmehr Genuß in vollen Zügen.

Da aber nun das Geld zusammengehalten werden muß, ist Preiswürdigkeit ein oberstes Gebot. Bei fast allen Anekdoten, die sich um schwäbischen Wein ranken, läuft die Pointe darauf hinaus, daß es unbegreiflich ist, wieso ein Mensch auch nur einen Groschen mehr aufwenden kann, wenn ihm nicht entsprechend mehr eingeschenkt wird. So ist die Literflasche das selbstverständliche Maß. Sonst müßte ja, wenn sich zwei Paare zu drei Runden Viertele zusammenfinden, eine Buddel zusätzlich geöffnet werden. Auch der Schraubverschluß wird gerne gesehen. Er ist billig und läßt sich leicht öffnen. Zudem wird der Wein ohnedies so schnell getrunken, daß es eines Korkens zum langen Lagern nicht bedarf. Es gibt noble Ausnahmen: bedeutungsschwere Gewächse für den festlichen Anlaß von herrschaftlichen Gütern und von ehrgeizigen Weingärtner-Genossenschaften. Vor allem

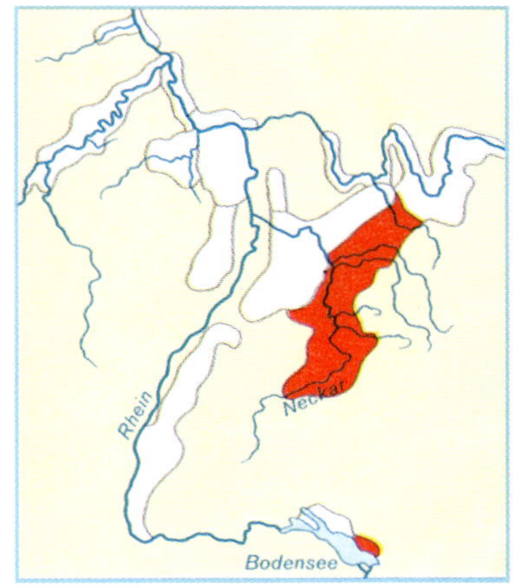

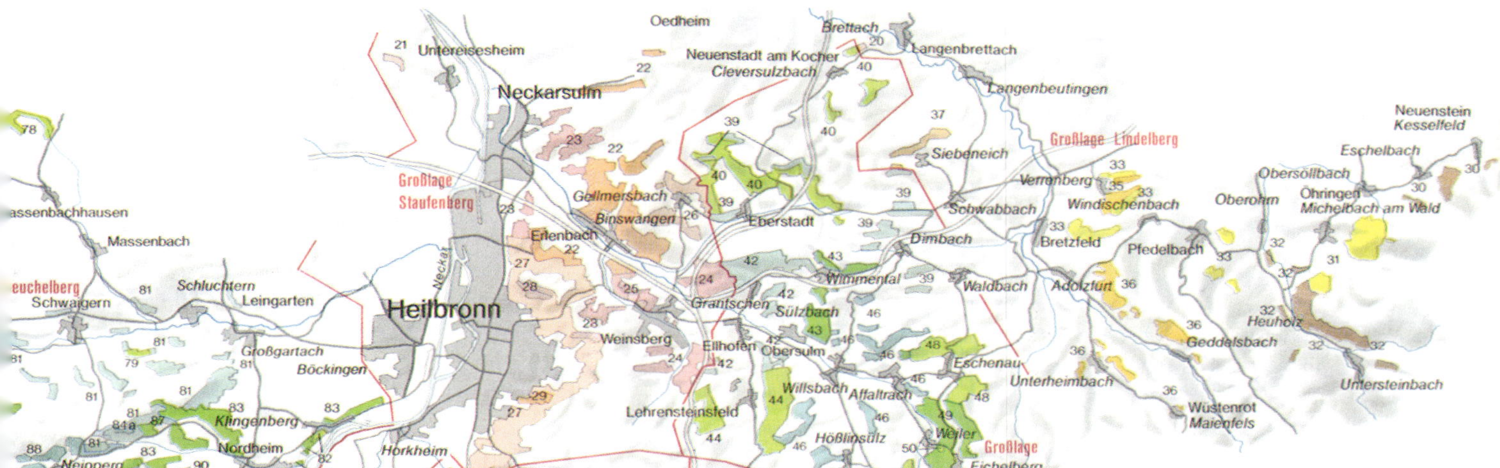
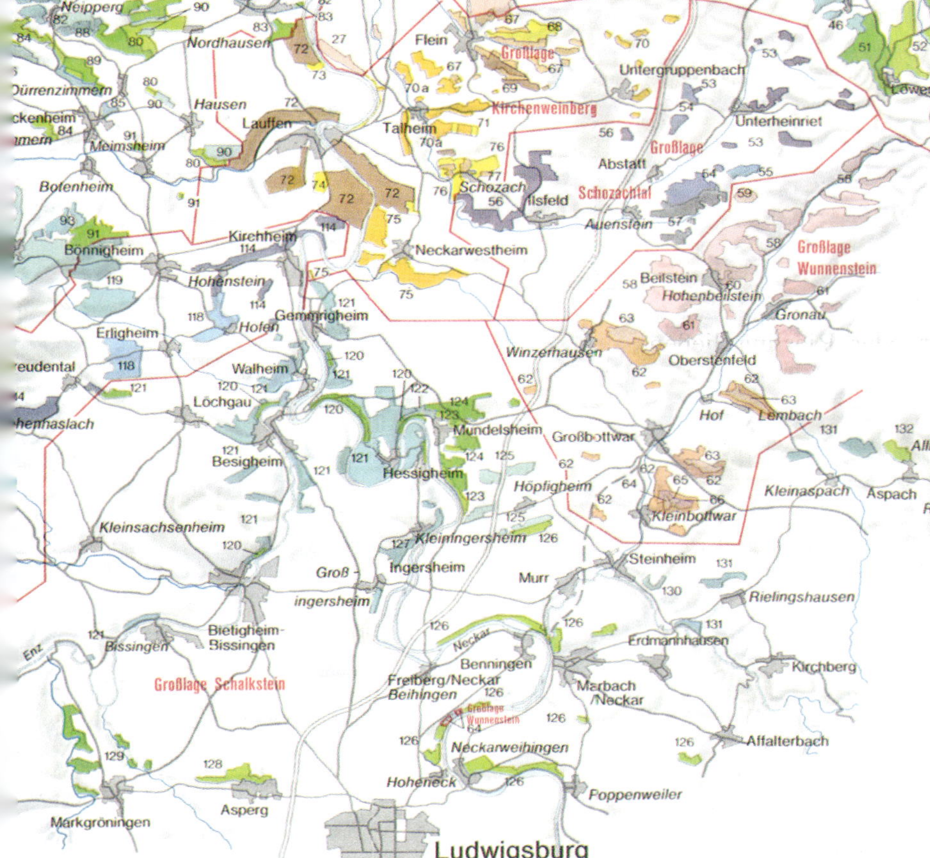

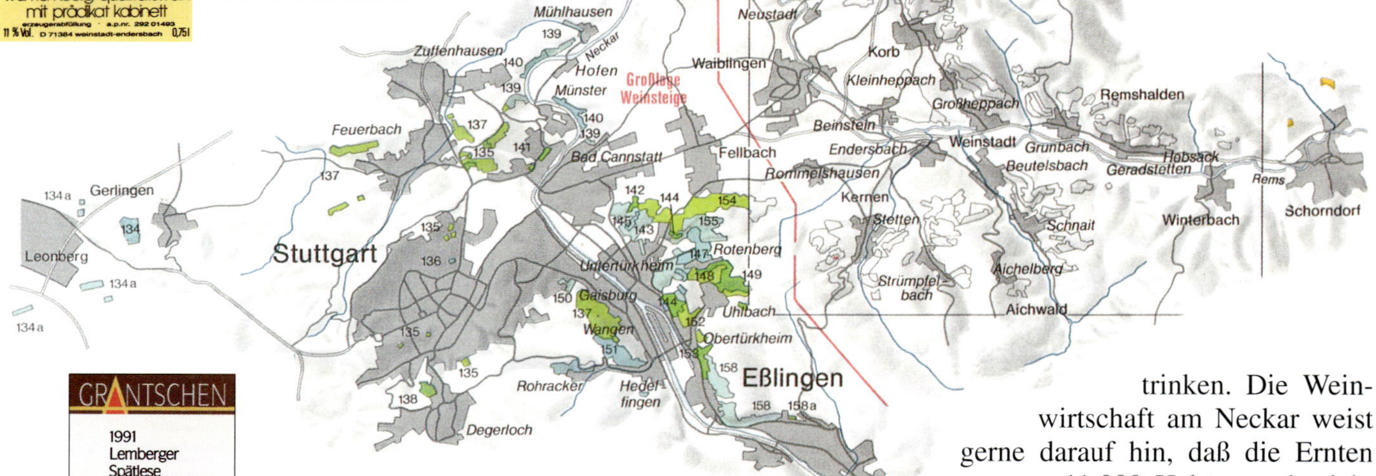

die Kooperativen übertreffen sich seit einiger Zeit in der Fertigung von schwindelerregend teuren »Premium-Weinen«. So etwas nimmt der Schwabe nur für den wenig wahrscheinlichen Fall zu sich, daß Ostern und Pfingsten auf einen Tag fallen, oder wenn er listig zur Mehrung des Wohlstandes an Weihnachten Geschäftsfreunde beeindrucken will.

Die Württemberger sind Meister im Verzehr wie bei der Herstellung von Wein. An die 40 Liter pro Kopf und Jahr gehen ihnen leicht hinunter, fast doppelt soviel, wie sonst die Bundesbürger im Schnitt trinken. Die Weinwirtschaft am Neckar weist gerne darauf hin, daß die Ernten von gut 11 000 Hektar auch nicht annähernd den Durst der Schwaben stillen können. Die gleiche Menge muß »importiert« werden, aus Baden und aus der Pfalz. Dies stimmte zumindest bis Ende der achtziger Jahre. Doch der überbordende Herbst von 1989, bei dem die Württemberger alle Ernte-Rekorde brachen, zeigte die Grenzen des Durstes. Die Jüngeren trinken nicht mehr so viel Wein wie die Väter. Häufiger als früher wird das Auto benutzt, was den Genuß der üblichen drei Viertele am Abend nicht ratsam erscheinen läßt. Die großen Weingärtner-Genossenschaften, die vier Fünftel der Erzeugung kontrollieren, haben nun nicht eben Absatz-Sorgen, aber die Zeiten, da sie ihren Trollinger oder Lemberger nur zuzuteilen brauchten, sind vorbei. Die mehr als 30 Weingüter in Heilbronn bekommen zu spüren, daß es so etwas wie Wettbewerb gibt. Jahrelang wehrte sich der Weinbauverband Württemberg gegen eine gesetzliche Begrenzung der Erntemengen. Jetzt sind die Weingärtner gar nicht so traurig darüber, sich nicht durchgesetzt zu haben.

Württemberg ist Rotwein-Land. Die roten Sorten bedecken fast 6000 Hektar, die doppelte Fläche des Rheingaus. Liebling der »Wengerter« (schwäbisch für Winzer) wie der »Vierteleschlotzer« (schwäbisch für Zecher) ist der Trollinger, »der Schaffer, der Ackergaul, der seinen Mann ernährt«, wie es am Neckar heißt. Das ist nun nichts anderes als der Südtiroler Ver-

Ludwigsburg, am südlichen Rand des Bereichs Württembergisch Unterland gelegen, bietet Weinreisenden mit seinem barocken Residenzschloß ein attraktives Besuchsziel.

natsch, eine reichlich tragende Rebe, die einen hellroten Schoppen liefert, leicht und süffig zu trinken. Am liebsten mag der Schwabe seinen Trollinger »rezent«, mit zehn bis zwölf Gramm Zucker pro Liter, also im Geschmack zwischen trocken und halbtrocken. Wesentlich anspruchsvoller ist der Lemberger (der österreichische Blaufränkisch), dessen Wein bei geringem Ertrag und guter Pflege tiefdunkel, glutvoll und samtig gerät. Am besten schmeckt er in der Gegend von Brackenheim, der Heimat des ersten Bundespräsidenten Theodor Heuss, der davon immer »eine Flasche lang« brauchte, um eine gute Rede zu entwerfen.

Württembergs Hauptsorte jedoch, kaum zu glauben, ist der Riesling. Der »König der Reben« bedeckt ein Viertel der gesamten Anbaufläche. Seine Hochform erreicht er auf dem Muschelkalk im Neckar-Tal bei Stuttgart und im etwas höher gelegenen Remstal. Beste Riesling-Lagen im Ländle sind Brotwasser und Pulvermächer in Stetten, einem noch einigermaßen hübsch gebliebenen Ort der künstlichen Großgemeinde Kernen. Dort erreicht der Wein durchaus die Eleganz, die Kraft Rheingauer Gewächse, ist allerdings nicht so betont fruchtig, vielmehr verhalten, erst beim dritten Schluck seinen ganzen Reichtum verströmend. Guter schwäbischer Riesling muß ein »Bodeng'fährtle« haben, einen angenehm erdigen Beigeschmack. Der Müller-Thurgau, anderswo der Erntebringer, spielt in Schwaben nur eine nachrangige Rolle. Dafür gibt's ja den Trollinger. Und die Begeisterung für den Kerner, einer aus Trollinger und Riesling gekreuzten Neuzüchtung der Versuchsanstalt Weinsberg bei Heilbronn, hat unter Winzern und Verbrauchern deutlich nachgelassen. Spezielle Rebkrankheiten und der etwas lakritzige Geschmack sind die Gründe. Auf mittlere Sicht wird sich Württemberg auf Riesling und Trollinger konzentrieren, daneben angenehme Besonderheiten führen wie Lemberger, Samtrot und Gewürztraminer, der im Heilbronner Land unerreichte Zartheit besitzt.

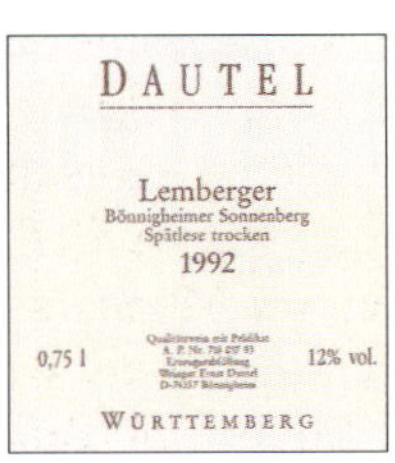

WÜRTTEMBERG
Zahlen und Adressen

Rebfläche: 11 050 Hektar

Ernte im Schnitt: 1,1 Millionen Hektoliter

Hauptsorten: Riesling, Trollinger

Weinbaubetriebe: ca. 16 000

Auskunft: Weinbauverband Württemberg, Hirschbergstraße 2 in 74189 Weinsberg Tel.: 0 71 34 / 80 91 und Vereinigung selbstvermarktender Weinbaubetriebe Württembergs (VSWW), Riedstraße 29 in 74076 Heilbronn Tel: 0 71 31 / 16 13 39

Empfehlenswerte Betriebe

Gerhard Aldinger
in 70734 Fellbach
(Tel.: 07 11 / 58 14 17)

Amalienhof
in 74074 Heilbronn
(Tel.: 0 71 31 / 5 17 35)

Drautz-Able
in 74076 Heilbronn
(Tel.: 0 71 31 / 17 79 08)

Jürgen Ellwanger
in 73650 Winterbach
(Tel.: 0 71 81 / 45 25)

Karl Haidle
in 71394 Stetten
(Tel.: 0 71 51 / 4 25 03)

G.A. Heinrich
in 74076 Heilbronn
(Tel.: 0 71 31 / 16 13 39)

Wolfgang Klopfer
in 71384 Großheppach
(Tel.: 0 71 51 / 6 38 48)

Graf v. Neipperg
in 74139 Schwaigern
(Tel.: 0 71 38 / 50 81)

H.P. Wöhrwag
in 70327 Stuttgart-Untertürkheim
(Tel.: 07 11 / 33 16 62)

Weinbau-Lehranstalt
in 74189 Weinsberg
(Tel.: 0 71 34 / 5 04 67 20)

Weingärtnergenossenschaft
in 74223 Flein
(Tel.: 0 71 31 / 59 52 50)

Weingärtnergenossenschaft
in 74348 Lauffen
(Tel: 0 71 33 / 18 50)

BADEN

Das ordentliche Ländle

Von Klima und Boden begünstigt, geraten die Reben – wie hier in der Lage Renchtäler im badischen Oberkirch – auf das beste. Bisweilen werden die Ernten zu üppig. Die Winzer schneiden dann, oft schweren Herzens, im Frühjahr einige Triebe oder im frühen Sommer einige Früchte an jedem Stock heraus, um die Kraft der Reben nicht auf zu viele Beeren zu verteilen. Das »Ausdünnen« konzentriert die Stoffe, die Qualität steigt merklich.

Christi Himmelfahrt in Burkheim: Durch die Felder der katholischen Kaiserstuhl-Gemeinde bewegt sich eine Flurprozession, wie seit Jahrhunderten schon. Die frommen Leute preisen die Schöpfung und beten für eine gute Ernte. Im Spätsommer dann, alles steht in voller Frucht, erfolgt der Ordnungsruf der Winzergenossenschaft Burkheim an die Mitglieder. Es hänge zuviel in den Reben. Mindestens jedes dritte Träuble sollte herausgeschnitten werden, besser noch jedes zweite. Dies steigere zum einen die Güte der Weine. Dann verweist die Genossenschaft, auf den übersättigten Markt; es sei unsinnig und schädlich zugleich, mehr zu erzeugen, als sich absetzen lasse. Man hat überdies ein probates Mittel, die Winzer zum »Ausdünnen« anzuhalten. Bringt einer im Herbst zu viele Trauben, wird ihm von der Auszahlung einiges abgezogen. Also gehen die Burkheimer in ihre Wingerte, betrachten wehmütig den bacchantisch reich behängten Ruländer und Spätburgunder, geben sich endlich einen Ruck um – Himmel und Erde anklagend – den Segen zu beschneiden, den sie drei Monate zuvor erfleht hatten. Die Älteren werden die Notwendigkeit nie begreifen, für sie ist es eine Sünde, wie Brot wegwerfen. Die Jüngeren haben die Lektion eher verstanden. Weniger ernten heißt auch weniger düngen und spritzen. Die Reben bleiben gesünder und leben länger, bringen mit den Jahren immer besseren Wein.

Burkheim ist nur ein Beispiel von vielen. An die 100 weitere Winzergenossenschaften in Baden halten es ebenso. Die vielgestaltige Reben-Provinz, die sich mehr als 400 Kilometer lang zwischen Franken und dem Bodensee dahinstreckt, zeigt Disziplin. Ausufernde Ernten gibt es nicht mehr. Das Angebot ist gestrafft, einigermaßen überschaubar. Die Weine sind angenehm reif, nachsüßen ist kaum nötig. Die Winzer müssen nicht mit Prädikaten protzen. Die Kunden glauben ihnen auch

so, daß die Erzeugnisse in Ordnung sind, kaufgünstig dazu. Angesichts der Tatsache, daß Baden höchst unterschiedliche Landschaften und Volksgruppen umfaßt, daß dort mehr als 30 000 Familien vom Weinbau leben, erstaunt es immer wieder, wie wohlorganisiert die Weinwirtschaft ist.

Die Fäden laufen in Freiburg zusammen, beim Badischen Weinbauverband. Er ist ein höchst lebendiges Beispiel für die Umsetzung von Winzerinteressen durch die Verbände. Denn bei der Bewältigung der doppelten Aufgabe, in der Welt für das Ländle zu werben und in der Heimat die Kräfte zu bündeln, ist ihm entscheidende Außenwirkung gelungen, wenn es etwa darum geht, genußvoll die Vorzüge einer Verbindung von Markgräfler Rivaner mit Taubenbrüstchen an lauwarmem Linsensalat zu beschreiben. Die Genußfähigkeit der Alemannen, ihre gute Küche kommen der begleitenden Verbandsarbeit durchaus entgegen. Wo so angenehm gekocht wird, muß es für den Winzer eine Herausforderung sein, den dazu passenden Trunk zu liefern. Dieselbe Institution zeigt sich aber auch unbeugsam, wo es gilt, eigensinnige Winzerköpfe auf ein gemeinschaftliches, zielgerichtetes Handeln einzuschwören.

Schriesheim bei Heidelberg mit seiner Ruine der Strahlenburg (links) oder das romantische Hecklingen im Breisgau (unten) haben aber noch eine weitere Gemeinsamkeit: Für Weinfreunde und -touristen erschließt sich Baden, von Wertheim bis vor die Stadttore Basels, mit Rundkursen durch den Kraichgau und um den Kaiserstuhl über die badische Weinstraße. Hier finden Reisende Anschluß an die fränkische Bocksbeutelstraße und die badische Bergstraße, die wiederum an die Hessische Bergstraße angebunden ist.

Eines der wärmsten Gebiete Deutschlands: der Kaiserstuhl. Nach der »Rebflurbereinigung« haben die Terrassen (oben) eine andere Ansicht gewonnen.

Es bedarf schon erheblicher Überzeugungskraft, inmitten der Fruchtbarkeit der oberrheinischen Ebene Verzicht auf Ertrag zu predigen. Baden hat heute bei der Beschränkung der Erntemengen die strengsten Regeln in Deutschland. Dies muß sein; die früher ungehemmte Erzeugung von Wein ließ die Keller überlaufen. Die Reserven beliefen sich zeitweise auf drei komplette Ernten.

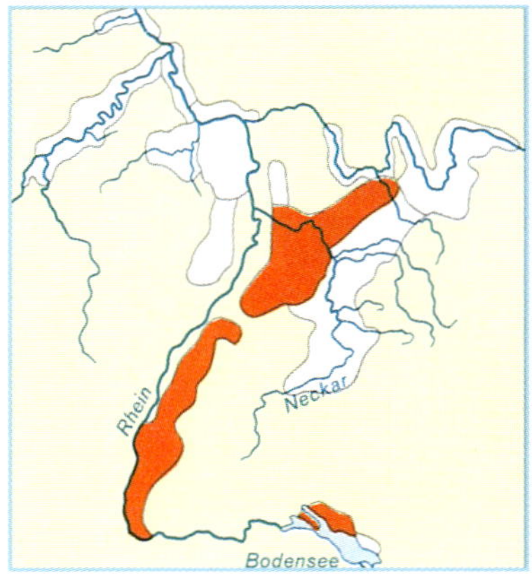

Auch im Hinblick auf eine Begrenzung der Erntemengen kommt dem Freiburger Verband ein typisch badischer Umstand entgegen: Die Weinwirtschaft wird zu vier Fünfteln von Genossenschaften bestimmt. In jedem zweiten Dorf gibt es einen Winzerverein mit Vorstand und Geschäftsführer. Diese Gemeinwerke entstanden meist Anfang des Jahrhunderts, als Baden noch ein Armenhaus war und Tausende einzelner Winzer beliebig von den Händlern erpreßt werden konnten. Die Zusammenarbeit machte stark und brachte auf Dauer einigen Wohlstand. Noch heute wirken die Genossenschaften wie Familien im Ort. Da kann auch nicht jeder tun und lassen, was er will. 90 der Kooperativen wiederum sind dem Badischen Winzerkeller in Breisach angeschlossen, der als mächtiges Dachunternehmen für einen Ausgleich zwischen den Ernten, für eine gleichmäßige Beschickung des Marktes sorgen soll. Badens Weinwirtschaft ist also wohlgegliedert, was die Führung erheblich erleichtert.

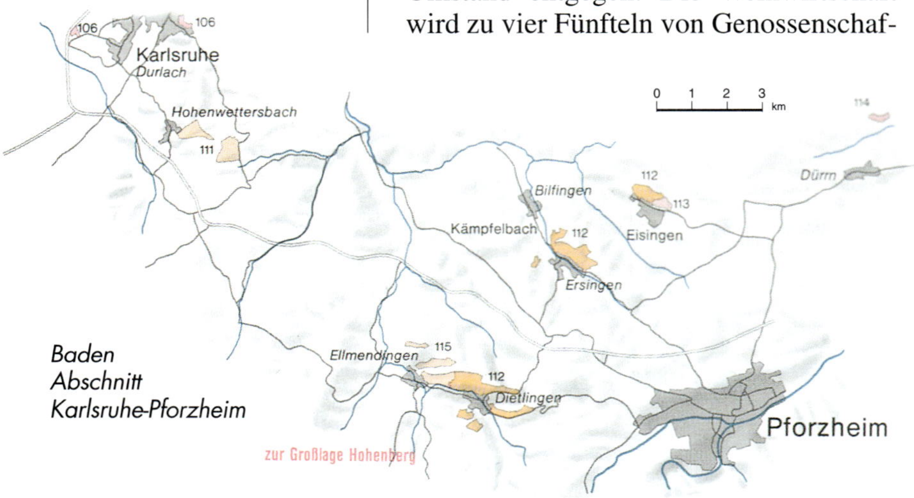

Baden Abschnitt Karlsruhe-Pforzheim

Noch 1971, als der Umbruch in Baden begann, hieß das Gebilde in Breisach »Zentralkellerei Badischer Winzergenossenschaften (ZBW)« und war ein unersättliches, auf ungebremstes Wachstum ausgerichtetes Monstrum, der größte Wein-Abfüller in Europa. Zu der Zeit galten

Die Lese, wie hier im Achkarrer Schloßberg, eine Lage in Vogtsburg am Kaiserstuhl, wird bei sommerlichen Temperaturen zu einer schweißtreibenden Arbeit. Das nahegelegene Breisach, am Fuße der Großlage Vulkanfelsen, lockt nicht nur mit seinem Kaiserstuhl-Tuniberg-Weinfest im August. Für Besucher lohnt auch ein Abstecher zum Münster St. Stephan, das interessante Fresken sowie den Breisacher Altar beherbergt. Die zahlreichen weiteren Weinorte in der näheren Umgebung stellen sich überaus malerisch dar; nicht zuletzt sind Freiburg oder Weil am Rhein und das benachbarte Basel – mindestens – einen Kurztrip wert.

Müller-Thurgau aus dem Breisgau, Ruländer vom Kaiserstuhl oder Weißherbst vom Tuniberg als Schlager in den Supermärkten. Die Weine, üppig und weich, immer ein wenig süßlich dabei, gefielen einem breiten Publikum. Baden war im Geschäft. Breisach rief nach größeren Mengen von Trauben. Die Winzer am Oberrhein gingen in die vollen, sich und die Umwelt nicht schonend. Der Absatz blühte lange Zeit, bis 1982 und 1983 zwei Rekord-Ernten hintereinander anfielen. Just in dieser Zeit wurden in Deutschland erste Keller-Skandale ruchbar, mit denen Baden zwar nie befaßt war, die dennoch das Geschäft mit Wein störten. Dazu kam, daß die »Zecher« ihre Vorlieben änderten. Sie mochten es herber, frischer, leichter. Der sämige Geschmack, den die Badener jahrelang gepflegt hatten, kam nicht mehr so gut an.

Zuerst behutsam, dann umso energischer steuerte der Weinbauverband in Freiburg gegen. Die Winzergenossenschaften lernten, daß sie den Modus der Auszahlungen an die Mitglieder ändern mußten. Wer zuviel erntete, wurde mit Abschlägen bestraft. Wer frühzeitig in die Lese ging, sorgfältig aussortierte und nur gesunde Trauben ablieferte, bekam einen Bonus. Weine von alten Reben wurden in der Werbung herausgestellt. Ein betagter Stock trägt nicht mehr viel, dafür liefert er einen extraktreichen Most. Und wenn der Bauer schon einen unwirtschaftlich gewordenen Wingert aushauen mußte, dann sollte er keine Mengensorten mehr pflanzen wie Müller-Thurgau oder Gutedel, sondern Burgunder, Badens Stolz.

Ein Marketing-Kunststück war die Erfindung des Grauburgunders. Das ist nichts weiter als der biologische Name für die gute alte Ruländer-Rebe, die bei Vollreife einen goldgelben, satt nach Honig duftenden und fast cremig anmutenden Tropfen liefert. Dieser Geschmack ist aus der Mode. Nun können aber nicht von heute auf morgen alle Ruländer-Anlagen gerodet und neu bestockt werden.

Am Kaiserstuhl allein gibt es mehr als 750 Hektar davon; das entspricht der gesamten Rebfläche in Ostdeutschland. Werden

Baden
Bereich Tauberfranken

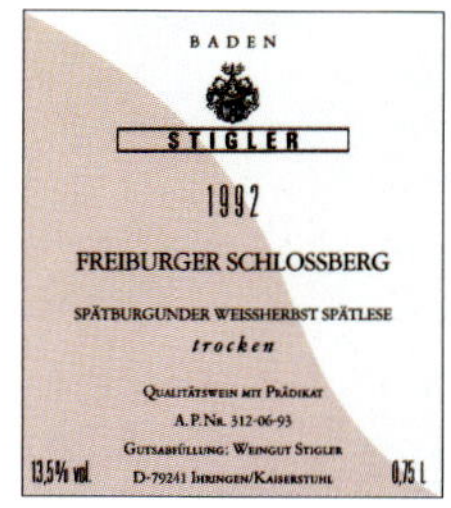

Das Ausdünnen der Reben, das die Badener Winzer seit einiger Zeit praktizieren, schlägt sich in einem geringeren Leseertrag, aber gleichzeitig auch in besserem Most nieder. Diese Strategie des Weniger-aber-feiner hat Erfolg.

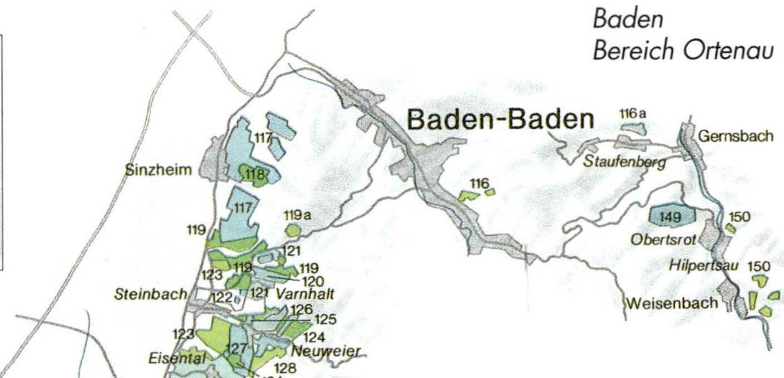
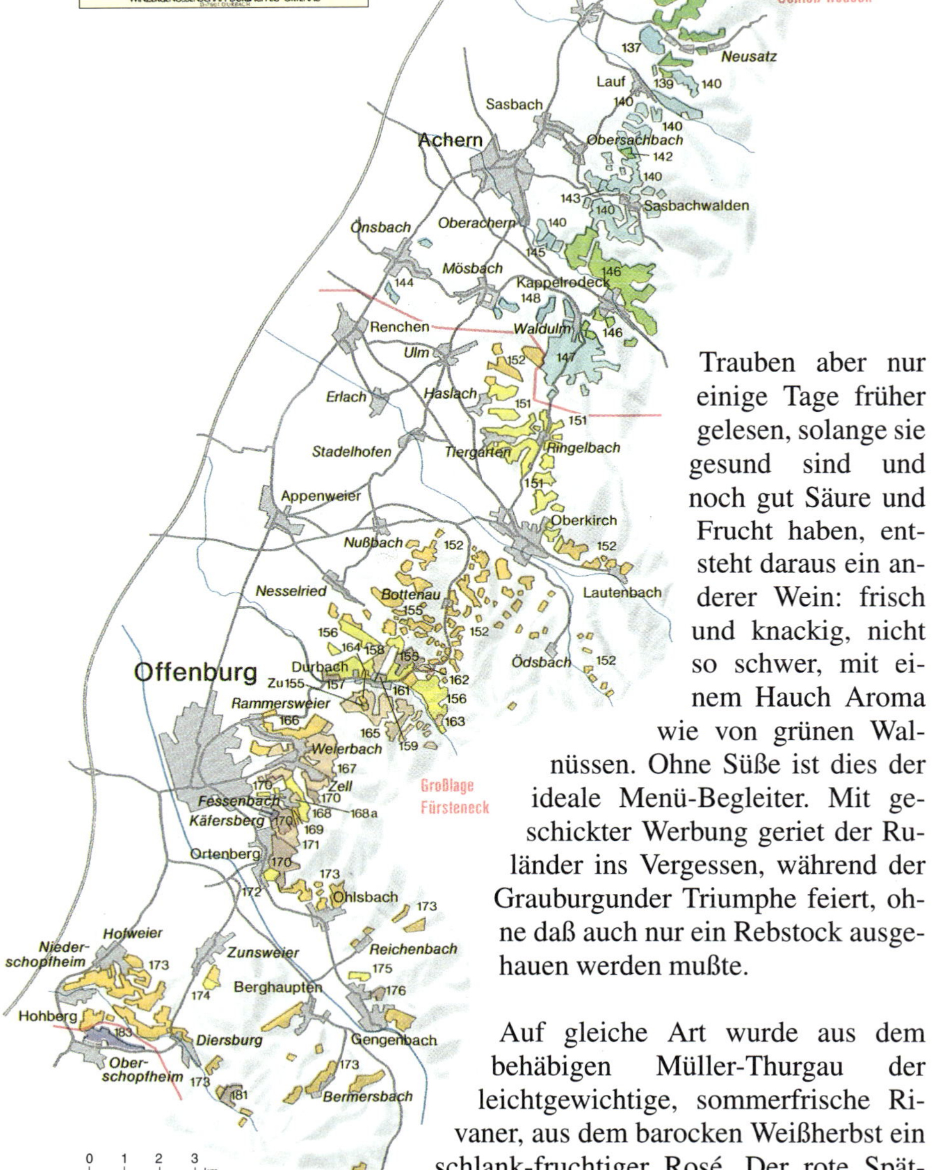

Trauben aber nur einige Tage früher gelesen, solange sie gesund sind und noch gut Säure und Frucht haben, entsteht daraus ein anderer Wein: frisch und knackig, nicht so schwer, mit einem Hauch Aroma wie von grünen Walnüssen. Ohne Süße ist dies der ideale Menü-Begleiter. Mit geschickter Werbung geriet der Ruländer ins Vergessen, während der Grauburgunder Triumphe feiert, ohne daß auch nur ein Rebstock ausgehauen werden mußte.

Auf gleiche Art wurde aus dem behäbigen Müller-Thurgau der leichtgewichtige, sommerfrische Rivaner, aus dem barocken Weißherbst ein schlank-fruchtiger Rosé. Der rote Spätburgunder kommt nicht mehr so mollig daher wie dereinst; er darf heute, französischen Vorbildern folgend, durchaus Gerbstoff zeigen. Besonders die Genossenschaften haben bei der Rotwein-Bereitung viel gelernt. Bei einer großen Vergleichsprobe von badischem Spätburgunder 1993 in Karlsruhe belegten die Kooperativen die ersten sieben Plätze. Dann erst folgten bekannte Güter.

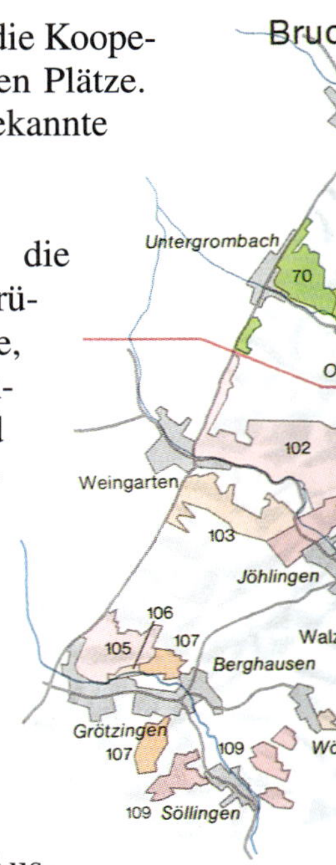

Die süßliche Note, die den badischen Wein früher meist begleitete, ist heute die Ausnahme. Weiß-, Grau- und Spätburgunder werden fast immer in der trockenen Geschmacksrichtung angeboten, damit sie zum Essen passen. Mit Prädikaten gehen die Winzer sparsamst um: Der Anteil von Spät- und Auslesen beträgt zwei Prozent (an der Mosel waren's schon mal mehr als 50 Prozent). Auch die Anforderungen an die Reife der Trauben liegen im Südwesten hoch. Stolz wirbt die Region mit dem Spruch: »B wie Baden«. Dies ist eine Anspielung darauf, daß Baden als einziges deutsches Gebiet zur internationalen

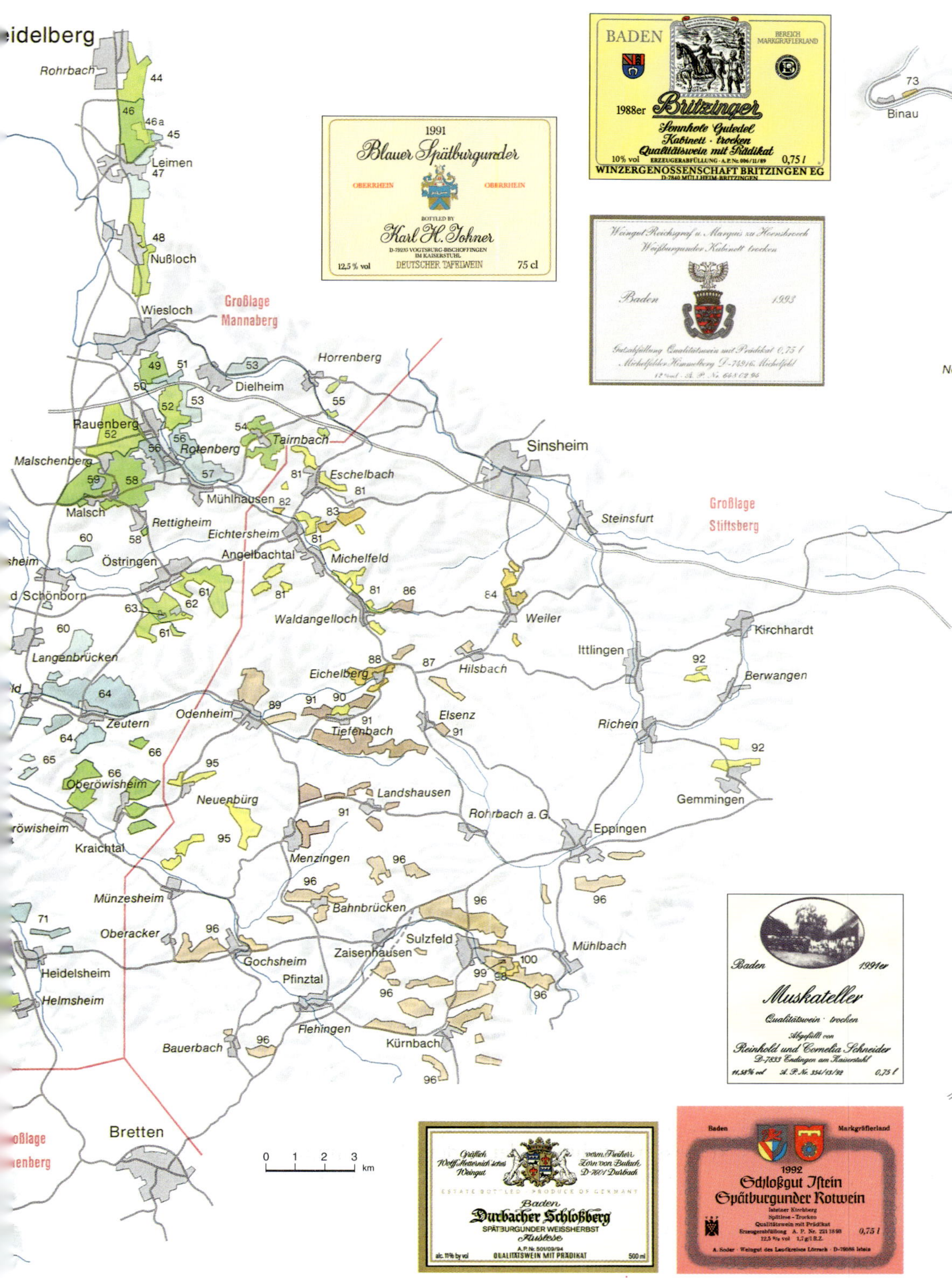

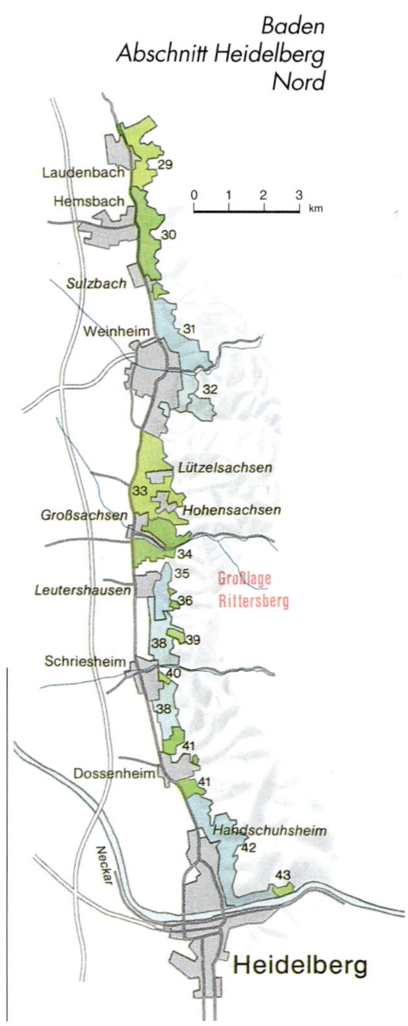

»Weinbau-Zone B« gehört, zusammen mit Burgund und Bordeaux, mit dem Veneto und dem Piemont.

Die Winzer in der nördlichsten Ecke Badens, in Tauberfranken, versuchten manchen Vorstoß, niedriger eingestuft zu werden. Bei ihnen sei es nicht so heiß wie am Kaiserstuhl. Die Führung in Freiburg erwiderte stets mit schroffem »Nein«. Die Chance, sich innerhalb des deutschen Weinbaus als etwas Besseres darzustellen, dürfe auf keinen Fall vertan werden. Böse Menschen verspotten Tauberfranken als »Badisch-Sibirien«. Im Winter kann es dort grimmig kalt werden, weshalb schon halbe Ernten erfroren sind. Und Beamte aus Karlsruhe oder Freiburg sehen es oft nicht allzu gern, nach Tauberbischofsheim versetzt zu werden. Dem lieblichen Madonnen-Ländchen wird damit arg unrecht getan. Im Sommer und

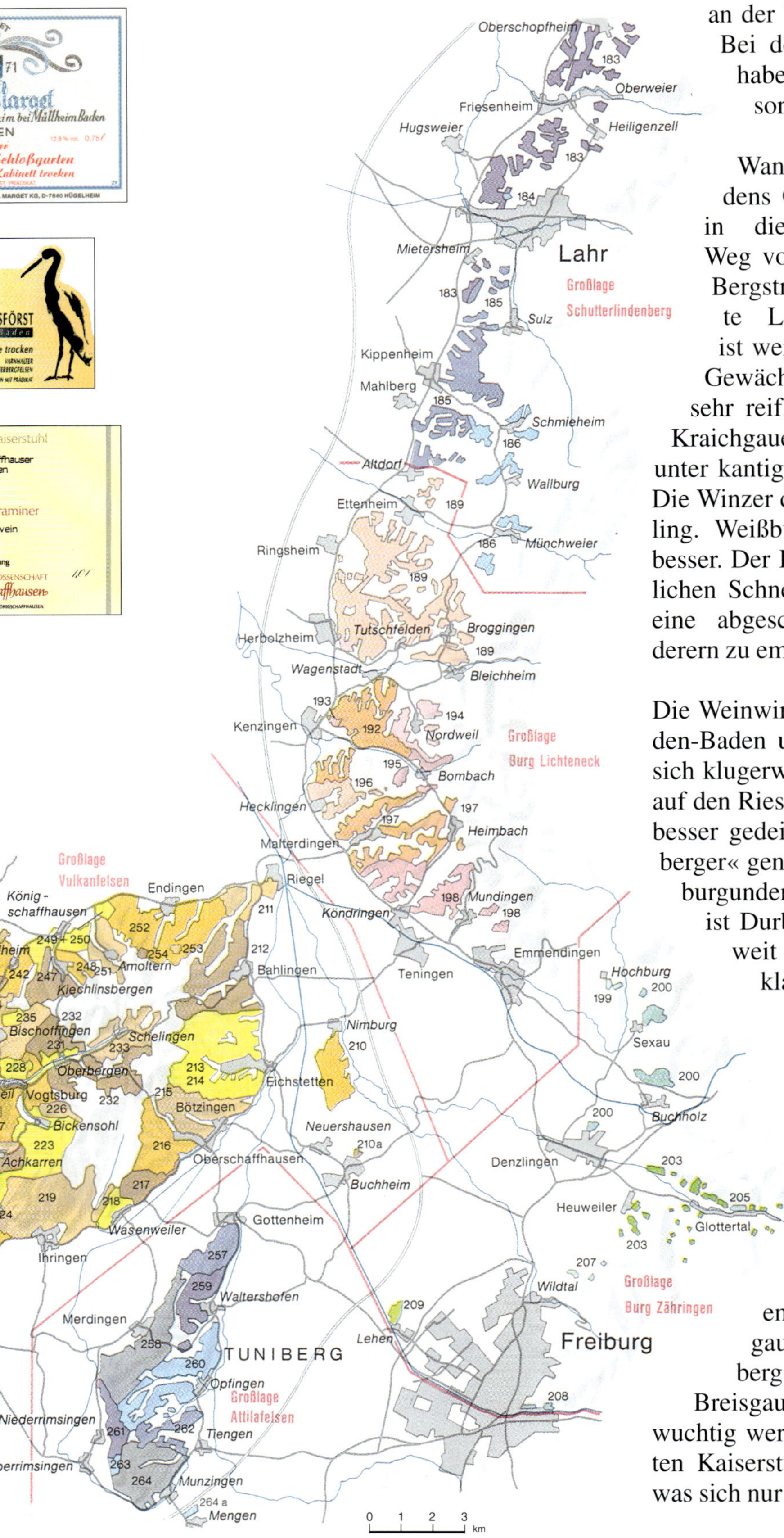

Baden
Bereich Breisgau,
Kaiserstuhl und Tuniberg

Herbst ist es dort sehr angenehm, die Weine werden durchaus reif. Das insgesamt etwas kühlere Klima bekommt vor allem der Müller-Thurgau-Rebe gut. Der Wein, anderswo meist dicklich-parfümiert, wird an der Tauber zart und feingliedrig. Bei der geringen Erzeugung dort haben die Winzer keine Absatzsorgen.

Wandern wir weiter durch Badens Geographie, immer auf dem in diesem Buch vorgegebenen Weg von Nord nach Süd. Badische Bergstraße – Kraichgau, die doppelte Landschaft um Heidelberg, ist wenig bekannt. Die Bergsträßer Gewächse schmecken verhalten, sehr reif, fast ein wenig weich. Der Kraichgauer Wein hingegen kann mitunter kantig werden, ist dafür langlebig. Die Winzer dort sind stolz auf ihren Riesling. Weißburgunder wird aber allemal besser. Der Kraichgau, obwohl von gräßlichen Schnellstraßen durchschnitten, ist eine abgeschiedene Landschaft, Wanderern zu empfehlen.

Die Weinwirte der Ortenau zwischen Baden-Baden und Offenburg konzentrieren sich klugerweise auf zwei Sorten, einmal auf den Riesling, der nirgendwo in Baden besser gedeiht, in der Gegend »Klingelberger« genannt, und auf den roten Spätburgunder. Zentrum dieses Reblands ist Durbach. In keinem anderen Ort weit und breit sind so viele erstklassige Weinbaubetriebe konzentriert. Südlich schließt sich der Breisgau an, ein hübsches, doch arg vergessenes, nicht eben reiches Land. Fast die gesamte Ernte geht an den Badischen Winzerkeller nach Breisach und wird dort zumeist als schlichte Liter-Ware gefüllt. Einen guten Klang hat der Müller-Thurgau vom Kenzinger Hummelberg. Doch meine ich, daß der Breisgau, dessen Weine nicht gar so wuchtig werden wie die vom benachbarten Kaiserstuhl, Besseres zu bieten hat, was sich nur erst herumsprechen muß.

Der Kaiserstuhl, Badens Herzstück: Dieses mitten in der Oberrhein-Ebene aufragende Massiv, aus vulkanischem Gestein bestehend, mit fettem Löß überzogen, strahlt sommers eine derartige Hitze ab, daß die Thermik die vom Westen heran-

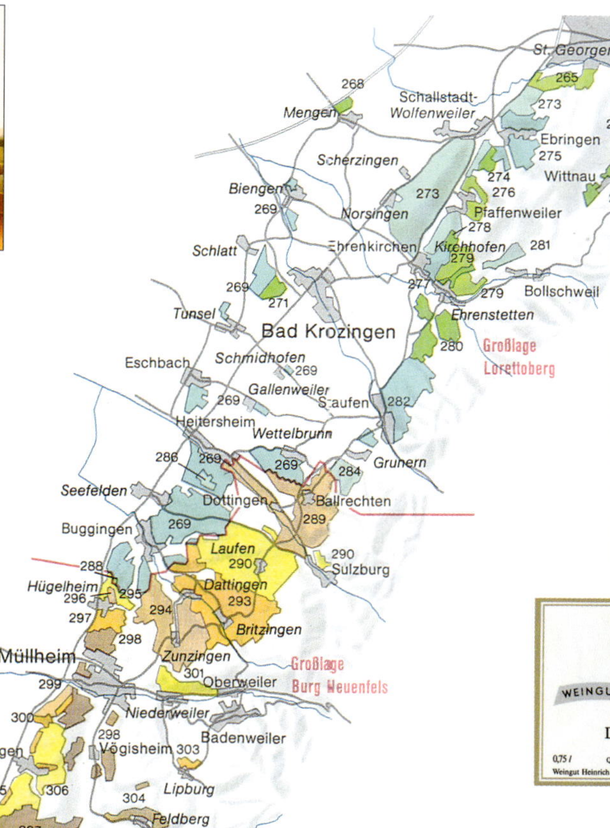

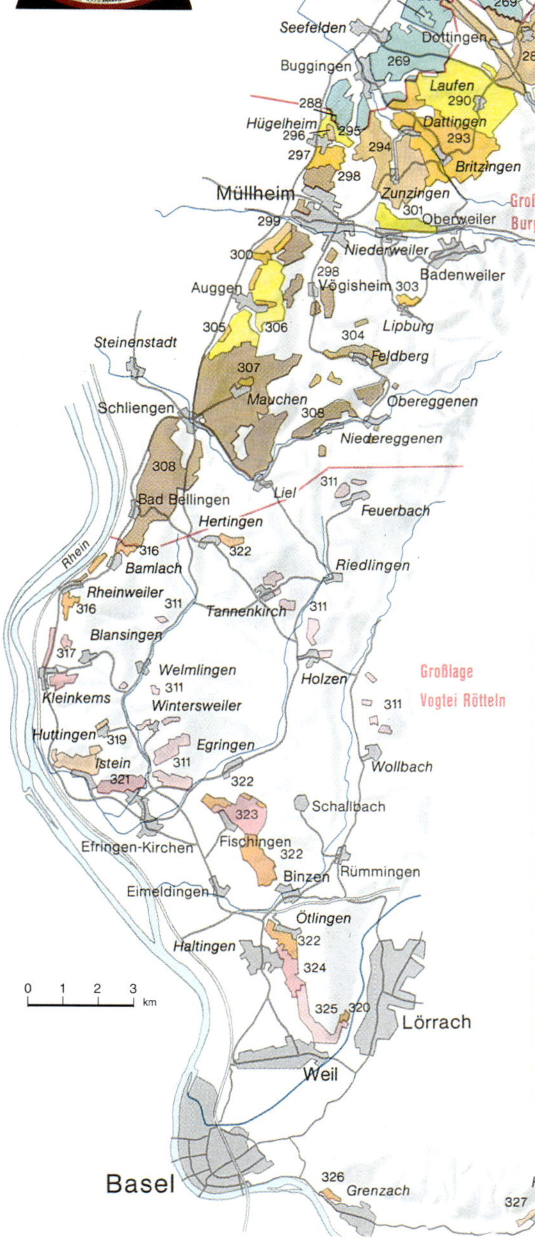

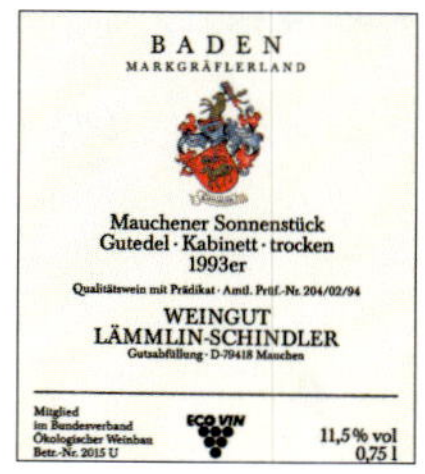

BADEN

Zahlen und Adressen

Rebfläche: 16 400 Hektar

Ernte im Schnitt: 1,5 Millionen Hektoliter

Weinbaubetriebe: ca. 2 000, davon 117 Winzergenossenschaften

Hauptsorten: Müller-Thurgau, Spätburgunder

Auskunft: Badischer Weinbauverband, Merzhauser Straße 115 in 79100 Freiburg
Tel.: 07 61 / 40 99 47
und Weinwerbezentrale Badischer Winzergenossenschaften, Keßlerstraße 5 in 76185 Karlsruhe
Tel.: 07 21 / 55 70 28

Empfehlenswerte Betriebe

Albert Abril
in 79235 Bischoffingen
(Tel.: 0 76 62 / 25 5)

M.u.R. Aufricht
in 88709 Meersburg
(Tel.: 0 75 32 / 61 23)

E.u.R. Bercher
in 79235 Burkheim
(Tel.: 0 76 62 / 212)

Frhr. von Franckenstein
in 77654 Offenburg
(Tel.: 07 81 / 34 97 3)

Reichsgraf zu Hoensbroech
in 74918 Michelbach
(Tel.: 0 72 65 / 38 1)

Schloßgut Istein
in 79588 Efringen-Kirchen
(Tel.: 0 76 28 / 12 84)

Kirchberghof
in 79341 Kenzingen-Bombach (Tel.: 0 76 44 / 12 61)

Lämmlin-Schindler
in 79418 Mauchen
(Tel.: 0 76 35 / 44 0)

Andreas Laible
in 77770 Durbach
(Tel.: 07 81 / 41 23 8)

Wolf-Dieter Salwey
in 79235 Oberrotweil
(Tel.: 0 76 62 / 38 4)

Fortsetzung auf Seite 62

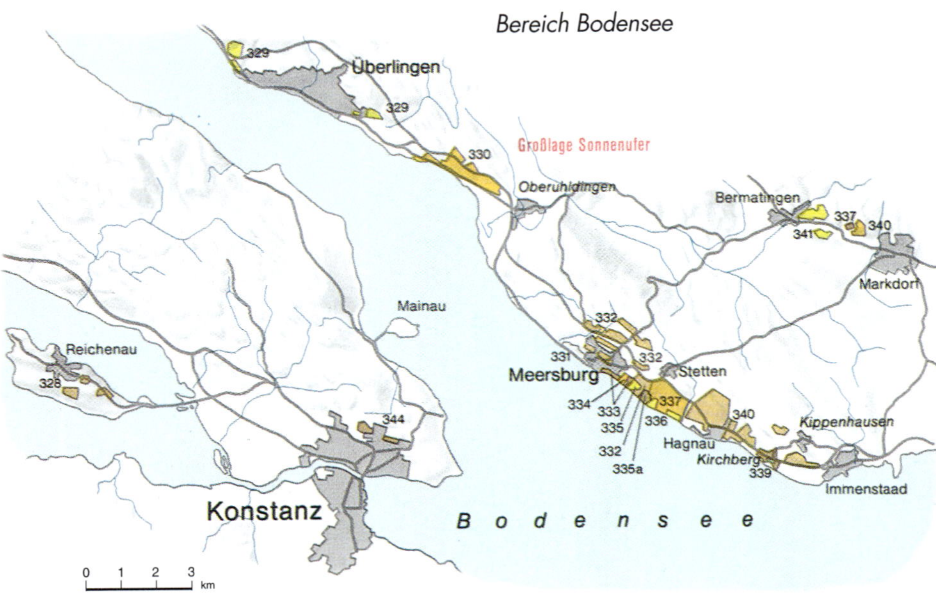

Um Meersburg, wo die Bodensee-Fähre nach Konstanz an- und ablegt, gruppieren sich einige ausgezeichnete Lagen. Dort gedeiht Spätburgunder und Müller-Thurgau, der leicht und frisch gerät.

Empfehlenswerte Betriebe

Reinhold Schneider
in 79346 Endingen
(Tel.: 0 76 42 / 52 78)

Rudolf Stigler
in 79241 Ihringen
(Tel: 0 76 68 / 29 7)

Die besten Winzergenossenschaften:

Winzergenossenschaft
in 79235 Achkarren
(Tel: 0 76 62 / 60 92)

Winzergenossenschaft
in 97922 Beckstein
(Tel.: 0 93 43 / 50 00)

Winzergenossenschaft
in 79235 Bickensohl
(Tel.: 0 76 62 / 9 3 11 0)

Winzergenossenschaft
in 79379 Britzingen
(Tel.: 0 76 31 / 40 11)

Winzergenossenschaft
in 77770 Durbach
(Tel.: 07 81 / 93 66 0)

Winzergenossenschaft
in 79361 Jechtingen
(Tel.: 0 76 62 / 26 9)

ziehenden Wolken vertreibt. Es regnet dort manchmal zu wenig. Der Burgunder kann arg hitzig werden; 13 Grad Alkohol sind keine Seltenheit. Die Winzer haben es sich in den vergangenen Jahren angewöhnt, früher zu ernten, um nicht gar so schwere Weine zu haben. Ursprünglich gehörte der benachbarte Tuniberg-Klotz dazu. Dort liegen mehr als 1000 Hektar Reben, die 1990 als eigenständiger Bereich ausgegliedert wurden. Dahinter steckt kühles Marketing: Der umständliche Begriff »Kaiserstuhl-Tuniberg« ließ sich nicht mehr gut verkaufen. »Kaiserstühler Grauburgunder« und »Tuniberger Weißherbst« klingen doch viel schnittiger. Das Markgräflerland ist Badens urtümlichste Landschaft, sich in sanften Wellen an die Westhänge des Schwarzwaldes schmiegend, 50 Kilometer lang von Freiburg bis Basel. Auch diese idyllische Ecke Badens eignet sich vorzüglich zum Wandern. Es gibt anderswo gewiß größere Weine, noblere Restaurants. Doch nirgends in Baden ist es gemütlicher. Hauptsorte und Spezialität der Markgrafschaft ist der Gutedel, der einen anspruchslosen, doch süffigen, nach frischem Brot duftenden Schoppen ergibt. Im schweizerischen Wallis heißt diese Sorte Fendant, ist doppelt so teuer und nicht unbedingt besser. Das Weinland endet am Bodensee, Badens ansehnlichstem Ende. Die Rebberge sind die höchstgelegenen diesseits der Alpen, sie reichen bis auf 570 Meter. Es ist eher kühl, doch der See, ein einziger riesiger Spiegel, reflektiert das Sonnenlicht und steigert die Bestrahlung der Hänge am Ufer um ein Viertel. Bodensee-Weine sind frisch, leicht, fast spritzig. Der Müller-Thurgau, der ja in dieser Landschaft gezüchtet wurde, zeigt viel Feinheit. Am beliebtesten ist dort der himbeerfruchtige Rosé vom Spätburgunder.

SACHSEN UND SAALE-UNSTRUT

Die nördlichsten Lagen der Welt

Winzer sind Individualisten, häufig untereinander zerzankt, Künstlern nicht unähnlich. Doch 1990, als die beiden Deutschländer zusammenrückten, zeigten die Weinbauern im Westen plötzlich Gemeinsinn. Sie nahmen ihre unerfahrenen Ost-Kollegen an die Hand, berieten sie in Marketing und neuer Kellertechnik, ebneten ihnen die Wege bei Prüfstellen und in der Bonner Politik. Ohne langes Fragen wurden Betriebe von Saale und Elbe in den noblen Verband der Prädikats-Weingüter (VdP) aufgenommen. Der deutsche Weinbau hat wie keine andere Branche die Einheit vollzogen. Gewiß, Konkurrenz hatten die West-Winzer nicht zu befürchten. Die beiden ostdeutschen Anbaugebiete Saale-Unstrut und Sachsen fallen im bundesdeutschen Vergleich geradezu winzig aus und haben immer zu wenig Wein. Wenn zum Beispiel jeder Besucher der Stadt Meißen nur eine Flasche vom dortigen Müller-Thurgau oder Riesling kaufen würde, dann reichte die Ernte der örtlichen Winzergenossenschaft hinten und vorne nicht. Meißner Wein ist der teuerste in der Bundesrepublik, obwohl er gewiß nicht zur Spitze gehört. Die Nachfrage wird aus zweierlei Bedürfnissen gespeist: hier die Neugier der Westler, für die ostdeutscher Wein immer noch einen exotischen Reiz hat, da die unverbrüchliche Treue der Sachsen und Anhaltiner zu ihren heimischen Genüssen.

Der Weinbau an Elbe, Saale und Unstrut ist der nördlichste der Welt; selbst die Rebgärten Englands und Kanadas liegen südlicher. Und doch wird in Ostdeutsch-

Radebeul, unweit von Dresden, hat neben dem Barockschloß Wackerbarth, das eine berühmte Sektkellerei beherbergt und inmitten von Weinbergen liegt (oben), zahlreiche Kulturdenkmäler und wunderschöne Weinlandschaften zu bieten. Umrahmt werden die Anbauflächen Sachsens von Seußlitz und Pillnitz.

Saale-Unstrut bildet neben Sachsen das nördlichste Weinterrain der Welt. Beim Besuch in der an Sehenswertem reichen Gegend dürfen Weinreisende das »Steinerne Bilderbuch« in Großjena nicht links liegen lassen. In Stein gemeißelt ist dort die Geschichte des Weins zu verfolgen.

Die Weine geraten hier angenehm zart; Muschelkalk- und Sandstein-Böden verleihen ihnen besonderes Aroma.

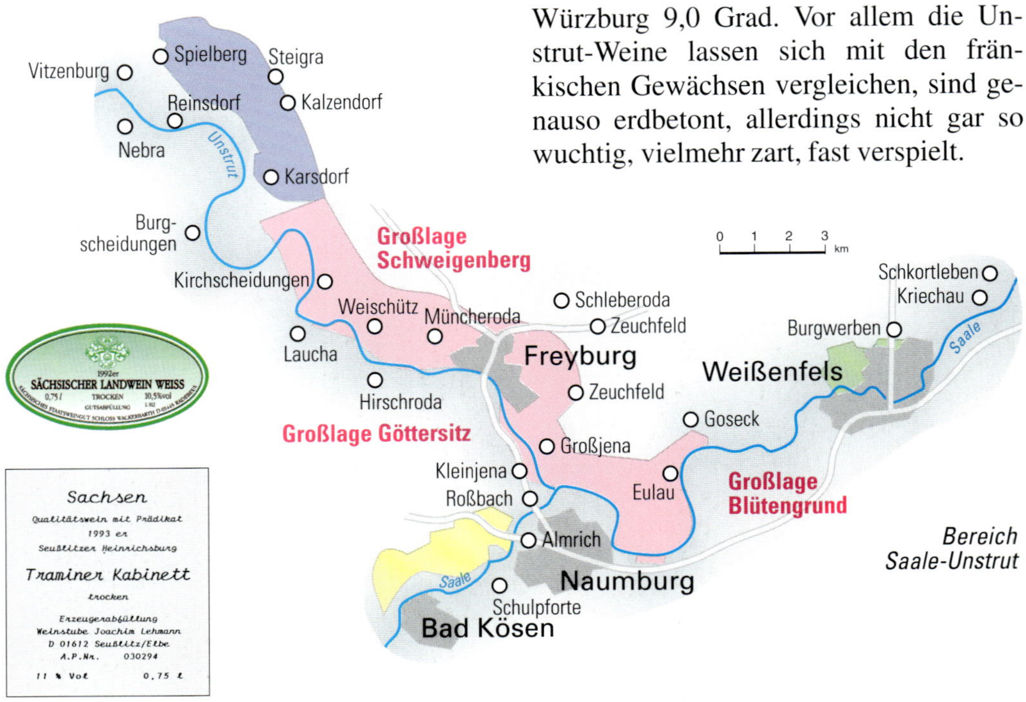

land auch noch der anspruchsvolle, späte Riesling reif. Selbst in Höhnstedt am Süßen See, der auf der Höhe von Duisburg liegt, gedeiht durchaus annehmlicher Wein. Das Klima ist kontinental mit langen trockenen Sommern. Dafür kann der Winter arg grimmig sein. Es ist nicht ungewöhnlich, wenn ganze Weinberge erfrieren. Von daher wäre es unsinnig, die Ebene zu bestocken. Die Reben stehen grundsätzlich auf steilen Terrassen, die zu bewirtschaften und instand zu halten viel Mühe macht, auf denen zudem nur wenig geerntet wird, was wiederum die Weine füllig geraten läßt. Das rechtfertigt die hohen Preise. Klima und Böden (Muschelkalk, Sandstein) ähneln denen von Franken. Die durchschnittliche Temperatur beträgt im »Elb-Florenz« Dresden 9,1 Grad Celsius, in Würzburg 9,0 Grad. Vor allem die Unstrut-Weine lassen sich mit den fränkischen Gewächsen vergleichen, sind genauso erdbetont, allerdings nicht gar so wuchtig, vielmehr zart, fast verspielt.

An der Unstrut pflanzten Mönche vor gut 1000 Jahren die ersten Reben, und die frommen Herren wußten gewiß, wo die Trauben reif werden und wo nicht. Die sächsischen Könige, die zu leben wußten, tranken bevorzugt den Traminer von den eigenen Weinterrassen in Pillnitz und Wachwitz an der Elbe. In Meißen entstand die erste Winzerschule der Welt. Die jüngere Geschichte hat dem ostdeutschen Rebbau mancherlei Schaden gebracht. Die sozialistischen Machthaber brauchten den Wein zum Präsentieren und als Einnahmequelle. Die Güter und Winzergenossenschaften, allesamt volkseigene Betriebe, mußten ihre Gewinne abführen. Investiert wurde so gut wie nichts. Wenn Stützmauern bröckelten und Reben erfroren, wurde nur selten etwas erneuert. Die Einrichtung in den Kellern blieb auf Vorkriegsstand. Die Qualität der Weine litt darunter. Noch heute haben die ostdeutschen Winzer einiges nachzuholen. An der Elbe geht es etwas schneller. Das mächtig aufstrebende Land Sachsen investiert manche Million in den heimischen Weinbau. Das Geld ist sicher gut angelegt. An Unstrut und

Saale dauert alles ein wenig länger. Sachsen-Anhalt ist eine arme Region. Erfreulich ist, daß junge Menschen, teils aus dem Westen zugereist, Kredite aufnehmen und eigene Weingüter aufbauen. Dieser Mut stellt sicher, daß die uralten, schön

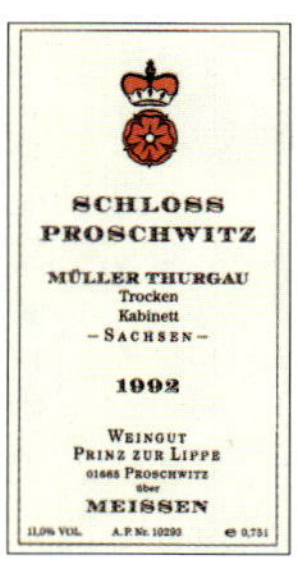

anzuschauenden Reben-Anlagen erhalten bleiben. Von den Nachwüchslern ist gewiß noch manch guter Tropfen zu erwarten. In einem Punkt unterscheidet sich der Osten deutlich vom westlichen Angebot. Bis auf zu vernachlässigende Ausnahmen sind alle Weine völlig durchgegoren. Wenn die Winzer chemische Analysen ihrer Erzeugnisse vorlegen, dann fehlt der Wert für Zucker. Den gibt's nicht im ostdeutschen Wein.

SACHSEN UND SAALE-UNSTRUT

Zahlen und Adressen

Saale-Unstrut:
Rebfläche: 400 Hektar

Ernte im Schnitt:
20 000 Hektoliter

Hauptsorten:
Müller-Thurgau, Silvaner

Auskunft: Weinbauverband Saale-Unstrut
in 06632 Gleina
Tel.: 03 44 62 / 2 02 12

Sachsen:
Rebfläche: 318 Hektar

Ernte im Schnitt:
15 500 Hektoliter
Hauptsorten: Müller-Thurgau, Riesling, Weißburgunder

Weinbaubetriebe: 1200

Auskunft: Weinbauverband Sachsen, Altroßthal 7
in 01169 Dresden
Tel.: 03 51 / 43 67 80

Empfehlenswerte Betriebe

Saale-Unstrut:
Günter Born
in 06179 Höhnstedt
(Tel.: 03 46 01 / 29 30)

Landesweingut Naumburg
in 06628 Bad Kösen
(Tel.: 03 44 63 / 2 73)

U. Lützkendorf
in 06628 Bad Kösen
(Tel.: 03 44 63 / 7 72)

Sachsen:
Joachim Lehmann
in 01612 Seußlitz
(Tel.: 03 52 67 / 2 36)

Schloßgut Proschwitz
in 01653 Meißen
(Tel.: 0 35 21 / 45 20 96)

Staatsweingut
in 01445 Radebeul
(Tel.: 03 51 / 72 27 28)

1992
POMEROL

Die Götter sprechen Französisch

Anspruchsvolle Genießer teilen die Welt so ein: 90 Prozent aller Weine sind Massenware. Acht Prozent kommen als Genuß für alle Tage in Frage. Die restlichen zwei Prozent endlich sind die Spitzen, die teuer sein müssen. Diese Formel stimmt für alle Weinbau-Länder der Welt. Nur in Frankreich ist der Anteil der großen Gewächse höher als anderswo. Das mit 960000 Hektar Reben drittgrößte Weinland der Welt ist aber auch in der Mittelklasse führend, bietet gute Weine für angenehm wenig Geld.

Die Schlösser der Loire stehen als Symbol für die traditionelle Lebensfreude der Region: Wo sich in vergangenen Zeiten der Adel ausschweifenden Genüssen hingab, lockt nach wie vor das fruchtbare Tal mit seiner eher rustikalen Küche und seiner Weinvielfalt auf der ganzen Bandbreite der Qualitäten.

LOIRE

In Frankreichs Gärten

Wenn der Niederländer Kuen van Tijn an die achtziger Jahre zurückdenkt, als er Exportleiter bei der Loire-Kellerei Pierre Chainier war, schüttelt er heute noch den Kopf. Für den Kaufmann galt Pünktlichkeit schon immer als ein Gesetz. Doch in der Touraine gehen die Uhren anders. Nur zu gut erinnert er sich an einen Burschen aus einem Dörfchen bei Amboise. Der hatte angerufen, er könne ein besonderes Fuder anbieten und wolle Proben vorbeibringen. Kuen van Tijn richtete sich auf elf Uhr ein, es wurde Mittag, und niemand kam. Drei Tage später tauchte der Winzer endlich auf und erzählte fröhliche Geschichten. So habe er auf dem Wege nach Amboise einen Vetter getroffen, der ihm von einem merkwürdigen Beigeschmack im Wein erzählte. Er sollte doch mal probieren. Das Faß war nicht fehlerhaft, doch weil er schon mal in seinem Keller war, gab ihm der Vetter mehr zu kosten. Schließlich sei es notwendig gewesen, ältere Jahrgänge zum Vergleich heranzuziehen. Beim 53er angelangt, verspürten allmählich alle Hunger. Zufällig hatte Gaston, der Wirt des Ortes, an diesem Tag Geburtstag. Es habe ein fantastisches Kaninchen-Ragout gegeben, auch der Chavignol-Käse hernach sei vorzüglich gewesen. Allerdings könne niemand mehr sagen, wie das unverhoffte Fest zuende gegangen sei. Er habe aber, bekräftigte der Winzer, eine Menge über die Behandlung des Weins dazugelernt, so daß er nächstes Jahr einen noch besseren Sauvignon werde anbieten können. Der Exportleiter war sprachlos. So sind die Leute aus dem Val de Loire, sehr wohl mit den Rheinländern vergleichbar. Die sanft sich verströmende Landschaft entlang Frankreichs Hauptfluß ist von mildem Klima geprägt. An Frost kann sich niemand erinnern, sommers wechselt sanfter Regen mit hellem Sonnenlicht. Die Schwemmböden lassen alles reichlich wachsen. Nicht umsonst wird diese Landschaft »Jardin de France« genannt. Die Menschen haben nie der Natur etwas abringen müssen, was sie fröhlich, aber auch sehr locker macht. Die Pariser Könige wußten solche Vorzüge stets zu schätzen. Hunderte Schlösser zeugen davon, darunter einige

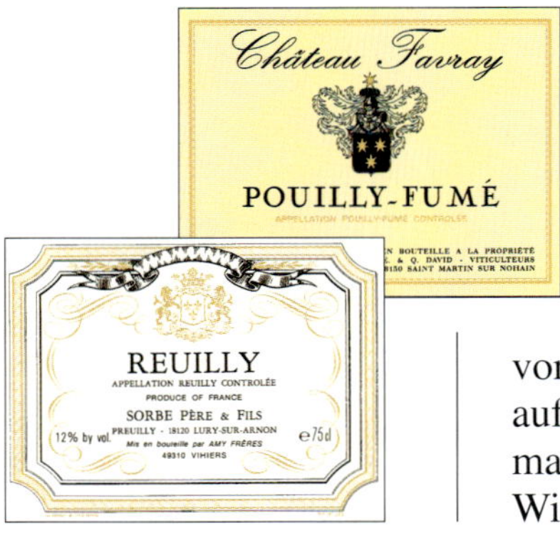

der schönsten jemals gebauten. Heute machen es ihnen die Bürger der Hauptstadt nach und strömen am Wochenende über die Autoroute 10 an die Loire, um dort ein paar gelöste Stunden zu verbringen, gut zu essen und genüßlich dem einen oder anderen Gläschen zuzusprechen.

Davon verstehen die Menschen an der Loire alles. Den Dichter François Rabelais verehren sie wie einen Heiligen, obwohl der gewiß keiner war. Er gehörte zwar kurz dem Franziskaner-Orden an, war auch mal Pfarrer, aber nur weil ihm ein fürstlicher Gönner eine Pfründe zuschanzen wollte. In jener Zeit verfaßte Rabelais sein Hauptwerk. In scheinbar feierlicher, tatsächlich von Ironie getränkter Sprache beschrieb er die Abenteuer des Riesen Gargantua, der dem Wein gleich faßweise zuspricht. Mit Hingabe widmet er sich der Erziehung seines Sohnes Pantagruel, dem der Vater freisinnig-humanistische Ideale nahebringt, ihn auch nachhaltig die Kunst der leiblichen Genüsse lehrt, so daß der Sprößling zum Namensgeber für erlesene Völlereien wurde. Zum Feiern finden die Kinder der Loire immer einen Grund. Sie lieben pantagruelische Mahlzeiten verbunden mit gargantuesken Gelagen. Da kann es schon mal passieren, daß eine Verabredung nicht ganz pünktlich eingehalten wird. Die Küche der Loire ergeht sich gewiß nicht in höchster Verfeinerung, ist vielmehr derb-originell. Wozu wäre sonst ein eigener Knoblauch-Markt in Tours nötig? Dem entsprechen die Weine des sich annähernd 400 Kilometer weit räkelnden Tales, meist unkompliziert und frisch, prächtig zu Meeresfrüchten und Gemüsespeisen, auch zum klassischen Ziegenkäse der Gegend passend, doch selten wirklich groß. Vor zehn Jahren noch wurde der Trunk von der Loire als besserer Land-Schoppen zu Fisch und Austern genommen. Doch dann entdeckten die Franzosen ihre Liebe zu den weißen Weinen, was manche, etwas bekanntere Lagen im Garten Frankreichs eine Idee zu teuer machte. Früher galt es als klassisch, zu Austern und anderem See-Getier Chablis zu trinken. Als die Erzeuger im nördlichen Burgund jedoch begannen, sich einige fingerbreit über den Boden des Marktes zu erheben, wichen die Pariser Feinschmecker auf den Sancerre von der Loire aus, was diese Herkunft ebenfalls rasch über Gebühr verteuerte.

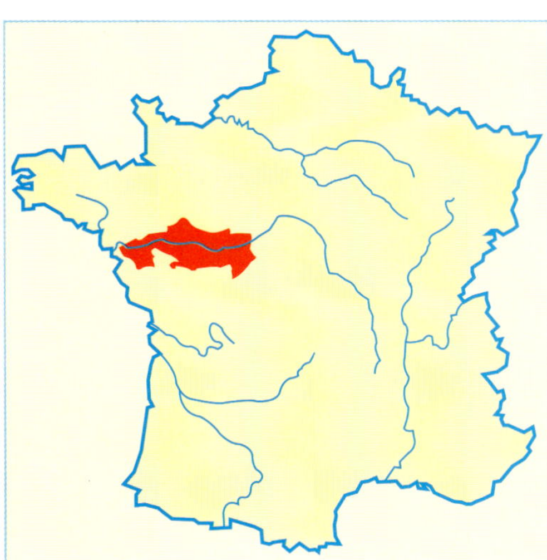

Vom Modewein Sancerre bis zum süßen Desserttropfen reichen die Sorten aus der Loire-Region. Nachhaltiger Beliebtheit erfreut sich etwa der Muscadet aus der Melon-Traube. Nichts Großes, aber stets ein Garant für frische Qualität, schmeckt er am besten im Sommer nach der Lese.

Ein Weinkeller bietet nicht nur einen stimmungsvollen Anblick; die Kellereitechnik ist ein ganz wesentlicher Faktor, mit dessen Qualität der Wert des Mostes nachhaltig beeinflußt wird.

Sancerre ist eine hübsche Stadt, die sich um einen von einer Burg gekrönten Hügel schmiegt. Dort erreicht die Sauvignon-Traube, deren Weine anderswo arg bukettreich werden können, dabei oft zu laut nach Muskat schmecken, erstaunliche Feinheit. Ein gelungener Sancerre ist angenehm trocken und geschmeidig, idealer Begleiter eines guten Seefischs. Dann ist die Flasche auch ihre 20 bis 25 Mark wert. Nur schwankt die Qualität arg. Bei fachlichen Sancerre-Proben ist immer wieder zu beobachten, daß die Urteile der Tester oft weit auseinanderklaffen. Da gibt es merkwürdige Tönchen, die den einen nicht weiter stören, die der andere aber nicht mehr goutieren mag. Die Erzeuger an der Loire erklären dann, die abweichenden Meinungen seien leicht mit dem für den Sancerre typischen »Feuerstein-Geschmack« zu begründen. Ich habe, ehrlich, nie herausgefunden, was für ein Aroma das sein soll (Wer kaut auch schon Feuerstein?). Eher habe ich rauchige Töne

in dem Wein entdeckt, die übrigens noch stärker ausgeprägt sind in der benachbarten Lage Pouilly-Fumé. Wenn mancher Sancerre das viele Geld nicht wert ist, dann liegt dies wohl mehr an unsauberer Kellerwirtschaft und auch an der Tatsache, daß unter dieser Bezeichnung heute fast dreimal mehr Wein angeboten wird als noch vor 20 Jahren. Ein Tip am Rande: Hin und wieder werden in Deutschland Flaschen aus Quincy und Reuilly angeboten. Diese Orte an dem Nebenflüßchen Cher liegen geographisch wie geschmacklich zwischen Chablis und Sancerre, sind wenigstens genauso gut wie die berühmten Lagen und nicht ganz so teuer. Den Strom abwärts geschieht eine lange

Strecke weinbaulich wenig. Um Orleans herum gibt es Rebgärten. Doch werden die Ernten weitgehend vor Ort ausgetrunken. Bei Blois – einer wunderschönen Stadt – beginnt die Touraine, dort wo Gott in Frankreich lebt. Schlösser ohnegleichen liegen dort, Chambord, Cheverny, Chenonceaux, Amboise, Azay-le-Rideau – von Touristen in Heeresstärke umlagert. Es ist wie mit allen vom Fremdenverkehr erdrückten Landschaften: Der kluge Mensch verzichtet auf Postkarten-Idylle, geht drei Schritte abseits, und er ist allein mit ungeküßten Schönheiten. Es gibt in der Touraine so viel zu entdecken, auch bezaubernde Schlösser, die noch kein Japaner fotografiert hat. Die klassische Traube dieser Landschaft ist Chenin blanc, die mitunter etwas derbe, leicht vom Gerbstoff geprägte Weißweine hervorbringt. Sie sind erstaunlich gut lagerfähig. Fachleute meinen, es läge am Boden, jenem Kalk-Tuff, aus dem die Steine für die Schlösser der Loire gehauen wurden. In den derart entstandenen Höhlen lagern die Weine hervorragend. Teils haben sich Menschen dort Wohnungen eingerichtet mit einem unerwartet angenehmem Klima. Wird der Chenin überreif, so daß der Most hernach nicht ganz durchgärt und etwas Restzucker behält, dann ist die Haltbarkeit schier unbegrenzt. Von der besten Lage, Vouvray, lagern in den Kellern Tropfen aus dem vorigen Jahrhundert, die noch trinkbar sind. Von der dezent restsüßen Art gibt es überragende Gewächse, die gar nicht mal so teuer sind. Wer's lieber herb mag, kauft den guten

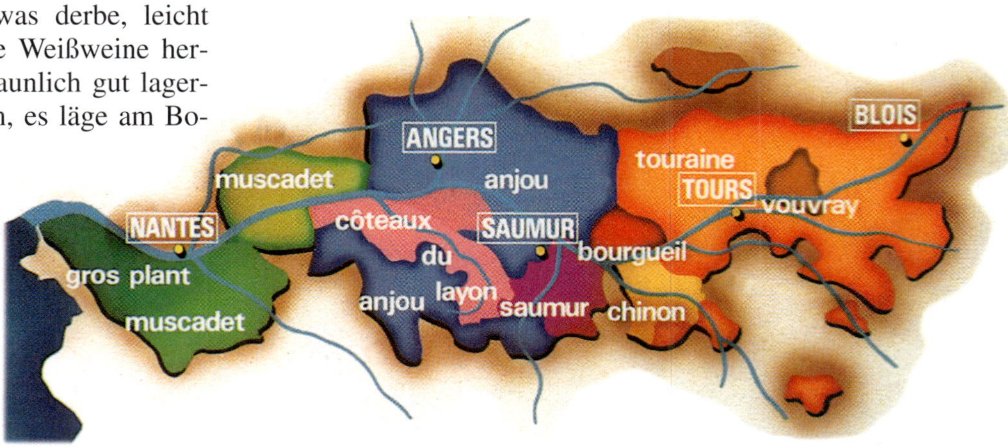

Vouvray sec, schon ab acht Mark. Mehr und mehr weicht der Chenin blanc in der Touraine dem Sauvignon, der als Wein frischer und schneller trinkbar, allerdings längst nicht so lagerfähig ist. Doch will ja heute keiner mehr Flaschen über Jahrzehnte aufheben. Im Westen der Touraine liegen zwei Gebiete, in denen beliebte Rotweine erzeugt werden. Weitestverbreitete Traube dort ist der Cabernet-Franc, der als kleiner Bruder des Bordeaux-Stars Cabernet-Sauvignon gilt. Links der Loire, an der Mündung der Vienne, ist die malerische Festungsstadt Chinon gelegen, die Heimat des Pantagruel-und-Gargantua-Poeten Rabelais. Die Abertausende Besucher des hübschen Gemeinwesens wollen natürlich alle vom lokalen Wein kosten, weshalb der Chinon knapp und nicht eben billig ist. Die Werbung lobt sein Veilchen-Aroma, das aber meist von mangelnder Flaschenreife herrührt. So jung, wie immer behauptet wird, sollte der fruchtige Rotspon gar nicht getrunken werden. Nach zwei, drei Jahren mundet er viel

Loire
Zahlen und Adressen

Rebfläche: 43000 Hektar

Ernte: 2,8 Millionen Hektoliter AOC-Wein

Export nach Deutschland: 33000 Hektoliter

Weinbaubetriebe: circa 40000

Hauptsorten: Chenin blanc, Sauvignon, Muscadet, Cabernet-Franc

Auskunft: Comité Interprofessionnel des Vins de Nantes (für Muscadet), Maison des Vins, Bellevue in F-44690 La Haye-Fouassière, Tel.: 00 33 / 40 36 95 87

Empfehlenswerte Betriebe

Domaine des Beaumard in Savennières (Kössler & Ulbricht)

Henri Bourgeois in Sancerre (Weinland Keiler, Mövenpick)

Domaine de la Cognadière Muscadet (Baus & Provot)

Domaine de la Coudray in St-Nicolas-de-Bourgeuil (Schlumberger)

Domaine Couly-Dutheil in Chinon (FUB)

Domaine Huet in Vouvray (Weinland Keiler, Baus & Provot)

Domaine de Marzelles Muscadet (Mövenpick)

Clos de Nouys in Vouvray (Schlumberger)

Jack Pinson in Sancerre (Boda)

Pierre Plouzeau in Chinon (Eggers & Franke)

Jean-Max Roger in Sancerre (Kössler & Ulbricht)

Clos de Sablette in Mouzillon-Muscadet (Jacques' Wein-Depot)

angenehmer. Weniger ansehnlich, weniger touristisch ist die Stadt Bourgueil am anderen Loire-Ufer. Dafür sind deren Rotweine besser, gehaltvoller, oft etwas preiswerter. Auch werden sie nicht ganz so unreif angeboten. Ein guter Bourgueil muß nach Himbeeren duften. Die Roten der Loire sind betont fruchtig und verspielt, längst nicht so gravitätisch und streng wie ein Bordeaux. Sie vertragen es, leicht gekühlt ausgeschenkt zu werden, etwa mit 14 Grad.

Der sich anschließende Landstrich loireabwärts ist das Anjou, bekannt für seinen lieblichen Rosé. Es gibt Besseres, wie zum Beispiel die knackig-trockenen, gar nicht so teuren Weißweine von Saumur, einer Stadt wie aus einer Märchenoper, eigentlich für guten Sekt bekannt. Der rote Champigny aus der Nachbarschaft kommt einem guten Chinon gleich, ist leider genauso rar und teuer. Nahe Angers, der Hauptstadt des Bezirks, wird der für meinen Geschmack beste Weißwein der Loire überhaupt erzeugt, der Savennières, einem großen Burgunder-Gewächs ebenbürtig, aber fast genau so teuer.

Zum Atlantik hin weitet sich das Tal der Loire aus. Das Nantais, der vierte Abschnitt, ist die Heimat des Jedermann-Lieblings Muscadet. Dies ist kein Ort, sondern eine Rebsorte, bei der niemand weiß, wie sie zu diesem Namen gekommen ist. Ein Muskat-Ton ist nicht zu schmecken. Eigentlich heißt die Traube Melon und stammt aus Burgund. Auf den kiesig-sandigen Böden des Loire-Unterlaufs hat der Muscadet seit drei Jahrhunderten eine ideale Heimat. Es gibt niemals große, aber oft angenehm frische Weine, die sechs bis acht Mark kosten. Die Deutschen trinken allein drei Millionen Flaschen jährlich davon. Schlechte Jahrgänge gibt es nicht; das Klima im Land um Nantes ist stets ausgeglichen. Die Jahreszahl auf dem Etikett dient eigentlich mehr als Hinweis darauf, wann der Muscadet zu trinken ist: am besten im Sommer nach der Ernte. Häufig wird der Wein »sur lie« angeboten. Er hat dann bis zur Abfüllung auf seiner Hefe gelegen, ist also nicht filtriert worden. Im günstigen Fall verleiht diese Nicht-Behandlung eine besondere, fast prickelnde Frische. Es kann aber auch geschehen, daß der Kellermeister nicht ständig Fässer und Tanks kontrolliert, ob die Hefe noch in Ordnung ist. Beginnt sie zu faulen, erhält der Wein einen »Böckser«. Er stinkt nach verdorbenen Eiern. Die zweite wichtige Rebsorte im Nantais ist der Gros-Plant, dessen Liebhaber ihn dem Muscadet vorziehen. Er ist leichter, hat etwas mehr Säure und ist der perfekte Begleiter einer bretonischen »Plat des fruits de mer«.

ELSASS

Üppig genießen

Mitte der siebziger Jahre erlebte das Elsaß seinen Durchbruch auf dem deutschen Markt. Der Weinbau im Osten Frankreichs konzentriert sich vor allem auf die beiden Départements Haut-Rhin und Bas-Rhin.

Die Erfolgsgeschichte des Elsässer Weines in Deutschland läßt sich von ihrem Beginn an genau lokalisieren: vor dem eleganten Jugendstilgebäude eines Kaufhauses an der Düsseldorfer »Kö«. Dort, vor dem mächtigen Eingang, hatte im November 1974 ein Mann einen Verkaufsstand aufgebaut und pries – in einem merkwürdigen Dialekt – Elsässer Wein an. Das Wetter war unangenehm, es zog ekelhaft vor dem Portal. Dennoch blieben viele Passanten stehen, kosteten den Wein und nahmen auch davon mit. Am Abend hatte Paul Sauner, damals Chef der CEVA, der Vereinigung elsässischer Winzergenossenschaften, mehr als 800 Flaschen verkauft und damit eine Wette gewonnen: An diesem Tag machte er mehr Umsatz als die mit Hunderten Sorten bestückte, elegante und angenehm klimatisierte Wein-Abteilung des Kaufhauses, vor dem er stand. Dessen Chefs waren beeindruckt und beschlossen, Elsässer Riesling und Sylvaner in ihr Programm aufzunehmen. Tagelang hatte Paul Sauner zuvor mit den Kaufherren verhandelt. Sie lobten wohl seine Weine, meinten aber, daß die herbe Art bei den Deutschen nicht ankäme. Damals, in den Siebzigern, schäumte die »Süße Welle« am höchsten. Dies war der Durchbruch der Weine vom französischen Oberrhein. Gingen seinerzeit ein paar tausend Flaschen nach Deutschland, so waren es zehn Jahre später bereits knapp 20 Millionen Liter. Die Deutschen mochten also doch trockenen Riesling und Burgunder. Und die Elsässer Vignerons blieben sich treu, mochten auch manche Supermarkt-Ketten in der Bundesrepublik massiv darauf drängen, daß die Weine ein wenig »aufgelieblicht« werden sollten. Lediglich die Cave Coopérative von Eguisheim wurde vorübergehend schwach und lieferte leicht gesüßte Ware nach Baden, wurde aber dafür so gescholten, daß sie von Wiederholungen absah. Es war nicht nur die ungeschminkte Art des Vin d'Alsace, die bei den Deutschen so gut anschlug, sondern auch die klare, schlichte Form der Darbietung. Anders als die deutschen Winzer, die ihre Kunden mit einem Wust von Lagen und Prädikaten verwirren, stellten die Elsässer nur ihre sieben gängigen Rebsorten heraus: Riesling, Sylvaner, Pinot gris, Pinot blanc, den roten Pinot noir, Gewurztraminer und Muscat. Das war übersichtlich und leicht zu merken. Die Elsässer nehmen es mit der Reinheit der Sorten genau. Wenn »Riesling« auf der Flasche steht, kann der Genießer sicher sein, daß darin kein Tropfen eines anderen Weines ist. Es gibt nur eine Ausnahme, die eine Folge dieser Genauigkeit ist: der Edelzwicker. Das war früher eine Art Resteverwertung. Alles, was nicht mehr in die Fässer paßte, wurde zusammengekippt. Dabei unterschied der Kellermeister nur zwi-

Zahlreiche Weinstuben und Restaurants im Elsaß sorgen dafür, daß der Absatz von einfachen Schoppen der Region bis zu den Alsace grands crus ein stilvolles Ambiente findet. Ein Genießer-Wochenende im Elsaß zieht nicht nur Menschen aus den angrenzenden Teilen Deutschlands an.

schen den schlichten Sorten wie Weißburgunder, Chasselas und Sylvaner, die gemischt einen Zwicker ergaben. Die besseren Sachen wie Riesling, Gewurz und Pinot gris kamen dann zum Edelzwicker. Für den deutschen Markt wurde die Melange eigens hergestellt, meist aus billigsten Mosten gerührt. Edelzwicker wurde hierzulande zum Schlager, keine Studentenkneipe, die nicht diese Mixtur ausschenkte. Auch in den Supermärkten lief der Stoff zügig, kostete doch ein Liter grundsätzlich weniger als drei Mark. Die elsässischen Genossenschaften und Weinhändler dachten aber nicht daran, auf Dauer unter Preis zu liefern. Der Edelzwicker war zwar gut für die Steigerung der Exportmenge; die Deutschen kauften zeitweise ein Viertel der gesamten Ernte und waren damit die weltweit wichtigsten Abnehmer. Doch der Mischmasch förderte nicht eben den guten Ruf des Elsässer Weins. Heute spielt der Edelzwicker in Deutschland keine wichtige Rolle mehr. Weder Verbraucher noch Erzeuger sind sonderlich traurig deshalb. Der Export in die Bundesrepublik ist zurückgegangen, was die Menge angeht, doch werden heute deutlich höhere Preise erzielt. Elsässer Wein beginnt, exklusiv und teuer zu sein. Im Elsaß verabredeten die Wirte schon einmal, eine Weile keinen Riesling auszuschenken, weil der nicht mehr zu bezahlen sei.

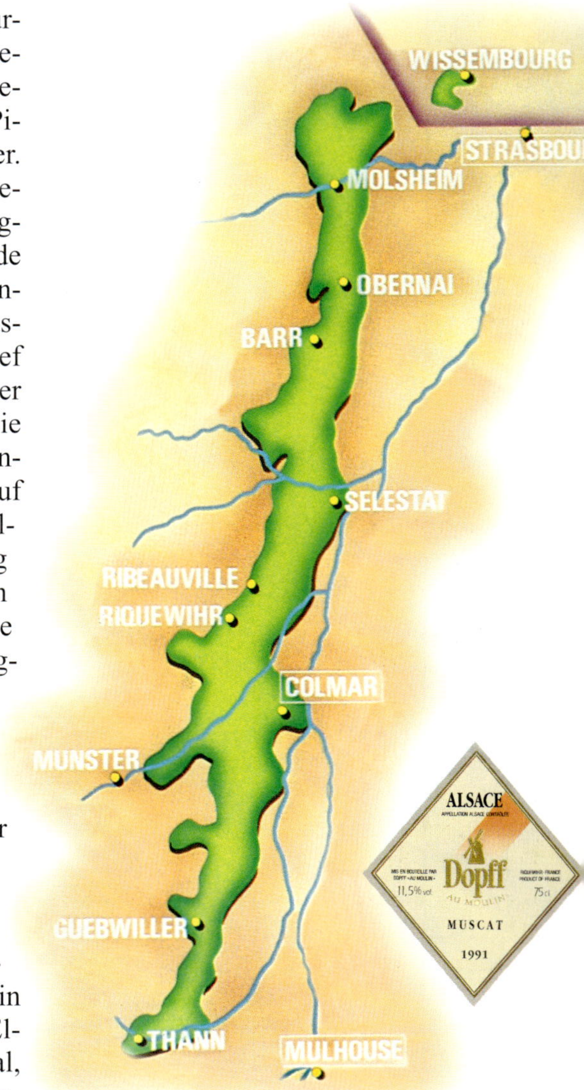

Die Teuerung ist Folge einer Neuheit, über die in dem Fachwerk-Ländchen am Fuße der Vogesen jahrelang gestritten wurde. Führende Domaines und Caves Coopératives, die mit guten Weinbergen gesegnet sind, forderten nachdrücklich, die besten Lagen als »Grands Crus« besonders herauszustellen, ähnlich wie in der Bourgogne. Solange Paul Sauner Geschäftsführer der CEVA war, stemmte er sich gegen den Trend: »Wir haben die unzähligen Bezeichnungen abgeschafft, Klarheit auf die Etiketten gebracht und nun wollen wir das deutsche Durcheinander bei uns einführen.« Auch wichtige Weinproduzenten lehnten die Grands Crus ab. Es waren ja schon viele Lagennamen ins Spiel gebracht worden, von denen es einige auch in Deutschland gibt, wie Mandelberg, Steinert oder Osterberg. Gewichtige Stimmen wurden im Elsaß laut, die vor einer Verwechslungsgefahr warnten. Sie behielten nicht recht. Am 20. November 1975 änderte die Pariser Regierung das nationale Weingesetz und schuf eine »Appellation Alsace Grand

Cru contrôlée«. Acht Jahre später standen die ersten 25 Sonderlagen fest, vom Marlenheimer Steinklotz im Norden bis zum Rangen in Thann nahe der Schweizer Grenze. Die neuen Hochgewächse (so die wörtliche Übersetzung) wurden rasch weltweit gefeiert und in der Feinschmecker-Presse ausführlich beschrieben. Winzer, die sich bis dahin ablehnend oder uninteressiert gezeigt hatten, wollten nun auch ihr Grand Cru haben.

Der Weg dorthin ist entnervend schwierig. Anders als in Deutschland, wo auch die billigste Ware gelegentlich mit einem hochtrabenden Titel daherkommt, gehen die Franzosen mit Prädikaten denkbar zurückhaltend um. Das halbstaatliche »Institut National des Appelations d'Origine INAO« in Paris betreibt bei der Einführung neuer Nobel-Bezeichnungen eine Politik des zähen Verzögerns. Zwei voneinander unabhängige Kommissionen im Elsaß halten darüber Gericht, ob ein Weinberg den Grand-Cru-Titel verdient. Die erste verlangt Beweise dafür, daß die Lage schon seit Jahrhunderten als hervorragend gilt. Weiterhin untersuchen die Prüfer die Vorzüge des Bodens und des Klimas. Sind die Ergebnisse zufriedenstellend, tritt das zweite Schiedsgericht auf: Alterfahrene Winzer und Geologen der Universität Straßburg kreisen die Lage

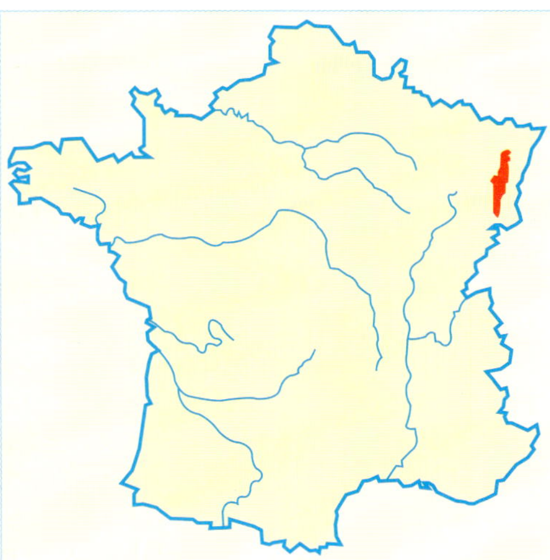

ein. Nur jene Parzellen werden berücksichtigt, die ausreichend besonnt sind, und deren gesamte Bodenfläche genau dem im Mittelpunkt des Weinbergs entspricht. Da verlaufen die Grenzen häufig mitten durch bestehende Rebgärten, ähnlich anderen Anbauflächen in Frankreich: eine Hälfte

Obernai ist nicht nur ein Beispiel für das zauberhafte Fachwerk des Elsaß, die Gemeinde zählt auch zu den führenden Weinorten.

Hochgewächs, die andere nicht. Genau 50 Grands Crus gibt es jetzt, dabei soll es bleiben. Hohe Anforderungen werden an die Weine gestellt. Nicht mehr als 0,7 Liter pro Quadratmeter dürfen geerntet werden. Die Mindest-Reife der Trauben liegt deutlich über der bei normalem Qualitätswein. Zugabe von Zucker zum Most, um den Alkohol zu erhöhen, auch Chaptalisieren genannt, ist verboten. Nur vier Rebsorten sind zugelassen: Riesling, Pinot gris, Gewurztraminer und Muscat. Letztere Regelung führte in Mittelbergheim zu ungeahnten Härten. Dieser altverwinkelte Ort, 30 Kilometer südlich von Straßburg, ist berühmt für seinen frischen Sylvaner vom Zotzenberg. Dieser famose Hügel wurde zum Grand Cru erklärt. Das aber bedeutete für die Mittelbergheimer Winzer, ihren unschlagbaren Sylvaner, gewiß den besten vom ganzen Oberrhein, ohne den werbenden Lagennamen zu verkaufen oder aber die beliebte Sorte auszuhauen und stattdessen Riesling zu setzen, der anderswo oft besser wird.

ELSASS
Zahlen und Adressen

Rebfläche: 14 000 Hektar

Ernte im Schnitt: 1,1 Millionen Hektoliter

Export nach Deutschland: 105 000 Hektoliter

Weinbaubetriebe: 7200

Hauptsorten: Riesling, Pinot blanc, Gewurztraminer

Auskunft: CIVA Comité Interprofessionnel des Vins d'Alsace, 12 Avenue de la Foire aux Vins, F-68012 Colmar (Tel.: 00 33 / 89 20 16 20)

Empfehlenswerte Betriebe

Barmés-Buecher in Wettolsheim (Boda)

Cave Vinicole de Turckheim (Gebr. Anraths)

Dopff & Irion in Riquewihr (Reidemeister & Ulrichs)

Pierre Hering in Barr (Dr. Müssig)

Hugel et Fils in Riquewihr (Segnitz)

Kuentz-Bas in Husseren-les-Châteaux (Millésime)

Gustav Lorentz in F-68750 Bergheim (Tel.: 00 33 / 89 73 22 22)

André Rieffel in Mittelbergheim (Dr. Müssig)

Schlumberger in Guebwihr (Schlumberger)

Sylvie Spielmann in Bergheim (Boda)

Charles Stoeffler in Barr (Maison Lanz)

Zind-Humbrecht in Wintzenheim (FUB und Mövenpick)

Derzeit behilft man sich mit einem Kunstgriff: Der Zotzenberg-Sylvaner kommt als »Sylvaner Z« in den Handel. Hänge hingegen, auf denen alte Rebstöcke keinen Ertrag mehr bringen, werden mit Riesling bestockt; etwa 2010 wird es keinen Sylvaner aus Mittelbergheim mehr geben.

Im übrigen werden die Grand-Cru-Weine bei der regionalen INAO-Außenstelle auf reinen Geschmack hin getestet – offenkundig nicht immer mit der nötigen Strenge. Die meisten der Hochgewächse sind großartig, ihre 20 Mark und mehr pro Flasche wohl wert, keine Frage. Ich habe aber auch schon ziemlich muffige Weine darunter gefunden. Zumeist sind die Grands Crus Alkohol-Bomben, oft 13 bis 14 Grade dick. Die Elsässer mögen meist ihre Weine üppig, weil sie so am besten zu der barocken Küche der Region passen. Die normalen Schoppen werden im allgemeinen bis an die Grenze des Erlaubten (und manchmal auch darüber) aufgezuckert, damit sie richtig fett schmecken. Die Schweizer Zeitschrift »Vinum« spricht von »teilweise exzessiver Chaptalisation«. Doch mehren sich seit einigen Jahren die Stimmen am Oberrhein, die da meinen, daß Alkohol allein noch keinen guten Wein mache. Die Elsässer Weine sind sich meist recht ähnlich, natürlich mit Abstufungen bei der Qualität. Genießer, die nicht alles so übergenau nehmen mögen, werden sich mit einer Zweiteilung der Region zufrieden geben. Am Bas-Rhin, dem nördlichen Teil, zwischen Straßburg und Selestat, sind die Weine zarter, feiner gegliedert, südlich davon, am Haut-Rhin, in der Landschaft um Colmar, gibt's oft hitzige Gewächse. Ein Tip noch: Wer Gewurztraminer wegen des nachhaltigen Rosen-Parfüms ablehnt, sollte diesen Wein einmal zusammen mit dem besten Käse der Gegend, dem Munster, probieren. Er wird seine Meinung ändern.

BURGUND

Wo die Könige kauften

An jedem dritten Sonntag im November blicken die Weinhändler der ganzen Welt gespannt auf ein Altersheim in Burgund. Es ist ein vornehmes Stift, mehr als ein halbes Jahrtausend alt, gegründet unter Herzog Philippe dem Guten. Das Besondere an diesem wohltätigen Haus, Hospices de Beaune genannt, ist der Besitz an guten und besten Weingärten, Schenkungen meist von reichen Bürgern, die auf einen Platz näher bei den Engeln oder auf Umgehung der Erbschaftssteuer spekulierten. Mit dem Verkauf der Weine finanziert die Stiftung zu einem großen Teil ihre Aufgaben. Seit Jahrhunderten werden die Gewächse im November faßweise versteigert. Es ist jedesmal ein grand spectacle in der sonst so betulichen Kreisstadt Beaune. Zuerst dürfen die weltweit angereisten Interessenten die Weine im Keller der Hospizien verkosten. Das Gewühl ist drangvoll. Ausspucken, wie sonst bei Fachproben üblich, verbietet sich; es träfe womöglich den Vordermann. Die Versteigerung nachher ist eine in Jahrhunderten bewährte Einstudierung. Alle Teilnehmer lassen sich feierlich Zeit. Wenn der Auktionator ein Los aufruft, entzündet er ein – mit Gas gespeistes – Licht, das eine halbe Minute brennt. Bei jedem neuen Gebot wird die Kerze aufs neue entflammt. Bis die rund 80 Fässer (pièces) endlich verteilt sind, können fünf bis sechs Stunden vergehen. Die Fachpresse schreibt emsig mit, das Fernsehen hält geduldig drauf. Das Ergebnis der Auktion, so heißt es, bestimme den gesamten Weinmarkt in Burgund, wenn nicht gar in ganz Frankreich. Bieten die Händler in Beaune großzügig, dann steigen landesweit die Preise, so die Regel.

In den vergangenen Jahren sind sie ständig gesunken. Die Rekorde von 1985, als im Schnitt pro 228-Liter-Faß 25 000 Franc, also umgerechnet seinerzeit mehr als 8000 Mark erlöst wurden, sind längst vergessen. In den Neunzigern liegen die Preise beim Stand von 1982, und die meisten Fachleute sagen, daß dieses Niveau nun marktgerecht sei. Sogar der großartige Jahrgang 1990 war günstiger zu ersteigern als dessen Vorgänger. Derzeit bringt die Auktion von Beaune pro Liter durchschnittlich 25 Mark ein, was ja für einen

Morey-St-Denis ist eines der zauberhaften Weindörfer der Côte d´Or. Dort entstehen gute, sehr weiche Weine. Nicht immer muß es hier ein Grand cru sein, auch die einfacheren Tropfen geraten ausgezeichnet.

Burgund ist reich an vortrefflichen Weinen und an schönen Wein-Schlößchen, wie dem Château de Meursault. Doch längst nicht alle Weine erreichen höchste Höhen des Geschmacks. Hier lohnt im Grunde nur der Genuß der teuren Gewächse; in der Mittelklasse wird man in anderen Regionen Frankreichs preiswürdiger fündig.

noch trüben, unbehandelten Wein ab Faß immer noch eine ziemliche Menge Geld ist. Ein Teil des Preises geht weg für gute Zwecke und auch für Selbstdarstellung. Zu den Traditionen der Hospices-Auktion gehört es, daß der Präsident des Handelshauses Patriarche Père et Fils, die erste Pièce zum Höchstgebot ersteigert, damit er ins Fernsehen kommt.

So brachte einmal ein Faß des berühmten Weißweins Corton-Charlemagne der Lage Nicolas Rolin ganze 120 000 Franc. Wollte der Sieger den Preis später wohlkalkuliert an seine Kunden weitergeben, hätte er für die fertig gefüllte Flasche mehr als 250 Mark nehmen müssen. Bester Corton-Charlemagne kostet aber im Durchschnitt um die 130 Mark. Zuviel Geld für eine Flasche Weißwein? Ja und nein. Der Rebgarten, der vor 1200 Jahren dem großen Karl gehörte, mißt 63 Hektar. Der Ertrag ist mit 0,15 Liter pro Quadratmeter extrem klein, fünfmal geringer als selbst bei guten deutschen Weißweinen üblich ist. Etwa 140 000 Flaschen gibt es im Jahr, und alle Welt begehrt dieses Gewächs. Die Charlemagne-Reben stehen hoch über dem Dorf Aloxe an einem Hang unterhalb einer Waldkuppe, die den Nordwest-Wind abhält und Feuchtigkeit speichert. Der magere Kalkboden ist völlig verwittert und trocknet schnell aus; die Weinstöcke müssen also tief wurzeln, um an Wasser zu kommen. Damit saugen sie auch reichlich Mineralien aus der Erde. Schon in mittleren Jahren erreicht der Wein 13 Grad Alkohol, ohne daß der Kellermeister mit Zucker nachhelfen müßte. Die Köstlichkeit, die nicht vor fünf Jahren getrunken werden sollte, überrascht im Laufe eines Glases mit immer neuen Nuancen. Verrauschte Autoren beschreiben sie mal als Honig und Haselnuß, mal als Zimt und Preiselbeere. Alle diese Aromen münden endlich in dem einen großartigen Geschmack, der eben nicht mehr zu beschreiben, doch

unverkennbar für diesen raren Tropfen ist. Das ist nun die Frage, die ein Schwabe gewiß anders beantworten wird als ein Franzose: Sind mir zehn Flaschen einer guten Südpfälzer Weißburgunder-Spätlese trocken á 13 Mark lieber, oder trinke ich einmal im Leben eine Bouteille Corton-Charlemagne, um zu wissen, wie's auf dem Olymp aussieht?

Bei weitem nicht alles, was in Burgund gedeiht, ist olympisch. Auch vom »Goldenen Hang«, der Côte d'Or, der sich wie ein schmales Band 40 Kilometer lang südlich von Dijon erstreckt, kommt Mengenware, die mit blumigsten Hinweisen auf la tradition zu überhöhten Preisen abgesetzt wird. Die Zisterzienser-Mönche, die im 13. Jahrhundert die gefeierten Weingärten anlegten, lassen sich trefflich dem Marketing vorspannen, ähnliches gilt für die burgundischen Herzöge, die im kriegerischen 14. Jahrhundert zwischen zwei Schlachten immer noch Zeit fanden, sich um ihre Reben zu kümmern und die Spitzensorte Pinot noir einführten. Und daß auch noch Fagon, Leibarzt des 14. Ludwig, Burgunder-Wein »als köstlichste Medizin« verschrieb, macht die Premiers crus und die Grands crus von der Côte d'Or vollends königlich. Nachdem Europa die Trümmer des Zweiten Weltkrieges aufgeräumt hatte, setzte eine stetig steigende Nachfrage nach dem Göttertrank ein. Die Versuchung war übergroß, die Produktion zu mehren. Die Weingärten dehnten sich von den Hängen in die Ebene aus, wo der großartige Pinot noir nichts zu suchen hat. Umfaßte die Côte d'Or Anfang der Siebziger weniger als 5 000 Hektar, so sind es heute 8 000. Der Verbrauch von Spritzmitteln stieg beängstigend. Die Rebforschung züchtete immer ertragreicheres Pinot-noir-Pflanzmaterial. Der berüchtigte Klon Marienfeld, ein Massenträger, in der Schweiz verboten, in Baden geächtet, ist in Burgund noch häufig zu finden. Joseph Belland, Domänen-Besitzer in Santenay, stellt fest: »Als ich jung war, galten 20 Hektoliter pro Hektar als viel, heute sind 60 Hektoliter keine Ausnahme mehr.« Kurzum, die Ernten sind heute dreimal so hoch wie noch vor 30 Jahren. All dies ließ sich verkaufen, der Export florierte, vor allem nach USA, bei unerbittlich steigenden Preisen. Magere Weinchen schwammen munter im Kielwasser der großen Namen mit. Winzer, die bislang ihre Trauben bei den angesehenen Kellereien abgeliefert hatten, wollten auch an dem Goldrausch teilhaben. Sie stellten ein Schild »Ici! Vente directe! – Hier! Direktverkauf!« vors Haus und füllten ihre Erzeugung selbst auf Flaschen, wofür sie weder eine ordentliche Ausrüstung noch die notwendigen Kenntnisse besaßen. Touristen kauften vermeintliche Trouvaillen, in Wirklichkeit stinkende Zumutungen, für 100 Franc und mehr. Sic transit gloria burgundi. Was mich persönlich am meisten ärgert: Die Weine, ob rot vom Pinot noir, ob weiß vom Chardonnay, wurden immer

Eine angenehme Vorstellung: Man hängt seinen Flaschenkorb während des morgendlichen Arbeitsweges ans Haus des Winzers und holt ihn – gut aufgefüllt – abends wieder ab.

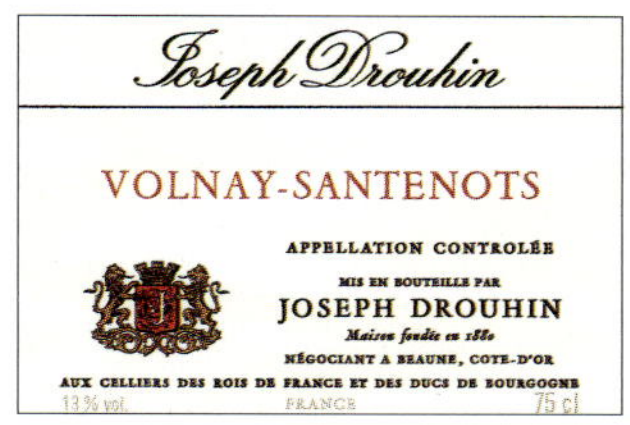

fetter. Angeblich weil's die Verbraucher in der Welt so wollten, kannten die Kellermeister beim Zucker, den sie vor dem Gären zur Mehrung des Alkohols zufügen, bald kein Maß und Ziel mehr. Es ist ein schrecklicher Irrtum, daß erst der 13grädige, dröhnige Burgunder der wahre Genuß sei. Bevor der Chemie-Professor Jean Antoine Chaptal in Montpellier das Chaptalisieren erfand, also die Alkohol-Anreicherung mit Hilfe von Zucker, war der Burgunder doch auch an Königshöfen begehrt. Vor allem die Weißweine wie Chablis oder Macon werden heute viel zu mastig hergerichtet, was weder der Bekömmlichkeit noch dem Wohlgeschmack dient. Der oben beschriebene überreife Charlemagne sollte die Ausnahme bleiben.

Der erste Einbruch kam 1985, als der Dollar-Kurs verfiel und sich für Amerika die Einfuhren aus Europa ständig verteuerten. 1990 gingen die Verkäufe in die sonst so burgundersüchtige Schweiz zurück, danach auch in Deutschland. Die Keller der großen Handelshäuser in Beaune und Nuits-St-George blieben bedenklich voll. Zum erstenmal seit dem Kriege sanken die Preise. In Burgund ist unter Winzern derzeit wieder Rückbesinnung zu spüren. Sie wollen nicht mehr so sehr die Natur beugen, nicht mehr soviel ernten, sich vielmehr wieder auf die großen Weine konzentrieren. Eine 500 Köpfe starke Vereinigung von jungen Weinbauern, »Groupe des jeunes Professionnels de la vigne«, bekennt sich zu den Idealen der Großväter. La Bourgogne steigt wieder von den wolkigen Höhen näher zu den Verbrauchern hinab, was angesichts der zurzeit verfügbaren guten Jahrgänge besonders erfreulich ist.

Burgunder-Liebhaber sind Fanatiker, dabei nicht immer geldschwere Zeitgenossen. Sie üben notfalls Wochen Verzicht, um sich – alles oder nichts – einmal eine Flasche des göttlichen Chambertin leisten zu können, den Bonaparte, dieser Banause, mit Wasser verdünnt zu sich nahm. Wenn die Gewächse vom Goldenen Hang gelungen sind, dann schlagen sie alle anderen. Nirgendwo sonst auf der Welt erreicht der Pinot noir (nichts anderes als der gute deutsche Spätburgunder) eine derart vollendete Form. Die burgundischen Weinwirte beklagen sich darüber, daß die Genießer immer nur nach den großen Crus, nach den besten Jahrgängen fragen. Ich teile diesen Snobismus. Das Qualitätsgefälle unter den Weinen der Bour-

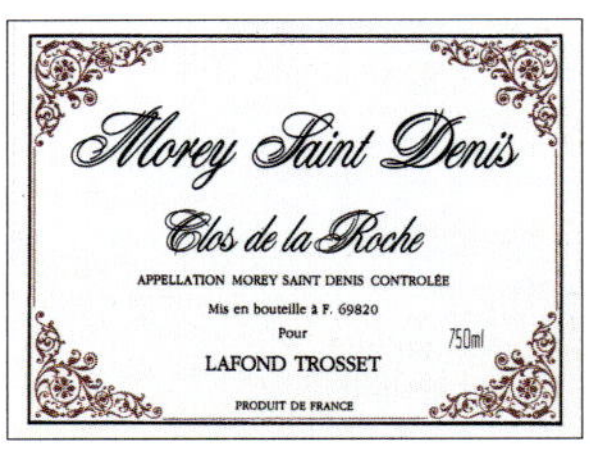

Den Winzern der Bourgogne sollte es nicht schwer fallen, wieder an die önologischen Traditionen anzuknüpfen: Denn diese Weinlandschaft verfügt hierüber reichlich. Und es wäre überaus wünschenswert, wenn die Rückbesinnung auf breiter Front Schule macht, weil nicht nur Macon oder Chablis ihren Charakter eingebüßt, dafür jedoch beachtliche Preisregionen erreicht haben.

gogne ist derart groß, daß alles, was nicht zur ersten Klasse gehört, überbezahlt ist. Bevor ich 30 Mark für eine Flasche eines fragwürdigen Gevrey-Chambertin anlege, der nichts mit dem großen Chambertin gemein hat, besorge ich mir besser für 25 Mark den besten Beaujolais, einen Moulin-à-Vent, oder für 20 Mark einen Gigondas von der Rhône. Alles, was Sie in Burgund unter 50 Mark kaufen, ist schlecht angelegtes Geld. Die großen Crus genießen Sie ja nur an wichtigen Festen. Für den Alltag bietet der Rest der Welt viele hübsche, preiswerte Tropfen.

Der burgundische Weinbau unterliegt einem strengen Fünf-Klassen-Gefüge, das noch weniger überschaubar ist als ähnliche Systeme im Beaujolais oder an der Rhône. Das Fundament bildet die AOC

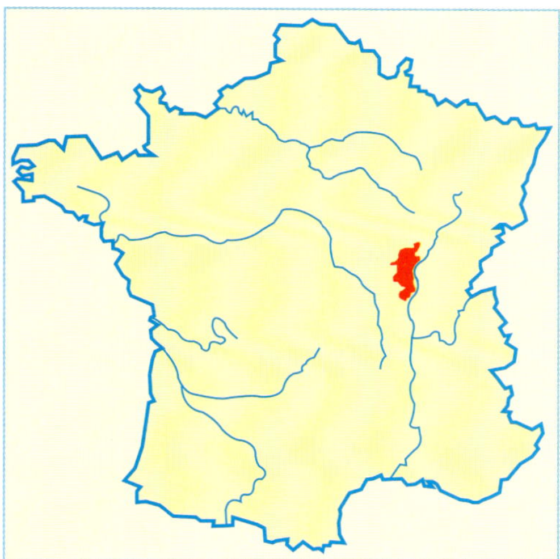

Bourgogne, worunter in der Regel ein Verschnitt einfachster Moste aus der Ebene zu verstehen ist. Mitunter findet sich der Zusatz »Passetoutgrain«. Dahinter steckt ein Gemisch aus mindestens einem Drittel Pinot noir und der einfacheren Gamay-Traube. Ein »Bourgogne Aligoté« ist ein Weißwein, benannt nach einer gleichnamigen, anspruchslosen Rebe. Pfälzer Riesling trocken schmeckt meist besser und kostet weniger. Darüber liegen die Appellations regionales wie »Côtes de Beaune« oder »Côtes de Nuits-Villages«, mehr oder weniger gelungene Verschnitte aus jeweils den beiden Unterbereichen der Côte d'Or. Wenn Sie einer »Haute Côte« (Beaune oder Nuits) begegnen, verzichten Sie besser auf den Kauf. Es handelt sich um Weine aus dem geringen Hinterland der Bourgogne. Die großen Weine beginnen bei den Appellations locales, meist gutgemachten Cuvées aus einer Gemeinde wie Volnay, Meursault oder Pommard. Das sind vielfach Gewächse von Einzellagen. Traditionelle Kellereien wie Jean Marie Délaunay, Joseph Drouhin, Louis Jadot, Louis Latour oder Louis Lesanglier mischen unter die Gemeinde-Weine oft auch Partien allerbester Lagen, wenn mal ein Faß die Ansprüche des Kellermeisters nur zu 98 Prozent erfüllte. Darüber liegen die Premiers crus von den Lagen in halber Höhe der besten Weinberge. Und weil die Ersten Gewächse noch nicht der Höhepunkt sind, liegen darüber, landschaftlich wie qualitativ, die Grands crus, die 32 großen Lagen der Bourgogne, jene Magnaten im Sinne Goethes, die untereinander keinen Streit mehr über die Rangfolge austragen müssen. Es macht wenig Sinn, alle Namen hier aufzuzählen. Angenommen, es befällt Sie Cäsaren-Wahn und Sie opfern einen Hunderter für eine Flasche Burgunder, um allen Genuß in eine Stunde zu pressen, dann wenden Sie sich vertrauensvoll an den besten Weinhändler der Stadt und schildern ihm Ihre Wünsche. Der Mann müßte schon einen sehr schlechten Tag haben, wenn er Sie nicht aufs Beste bediente.

Als Basis-Information soll ein grober Überblick über die besten Weinorte der Côte d'Or dienen (von Nord nach Süd): Erste bedeutende Gemeinde bei der Anfahrt aus Richtung Dijon ist Gevrey-Chambertin. Der Doppel-Ort liegt am Fuße jenes berühmten Berges, dessen Weine Napoleon bevorzugte. Steht auf dem Etikett nicht ein »Gevrey« vornedran, sondern ein »Mazys«, »Charmes« oder »Latricières«, handelt es sich um ein kostbares Gewächs. Die Spitze ist Chambertin ohne Zusatz, ein überragender Rotwein, reinstes Feuer auf Flaschen gefüllt. Südlich folgen die bezaubernden Dörfer Morey-St-Denis und Chambolle-Musigny, deren Weine angenehm weich, fast etwas morbid sind. In diesen Orten muß es nicht ein Grand cru sein, auch die Appellations locales sind gut.

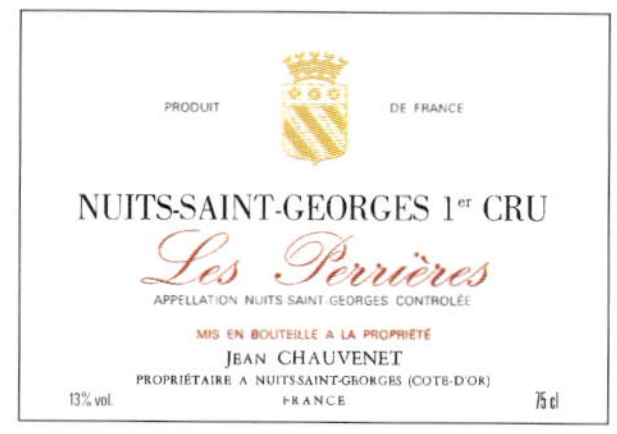

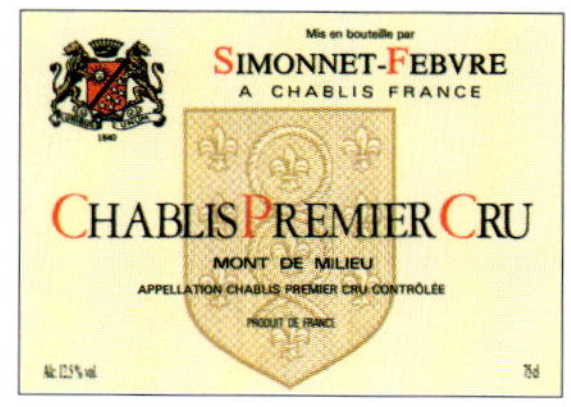

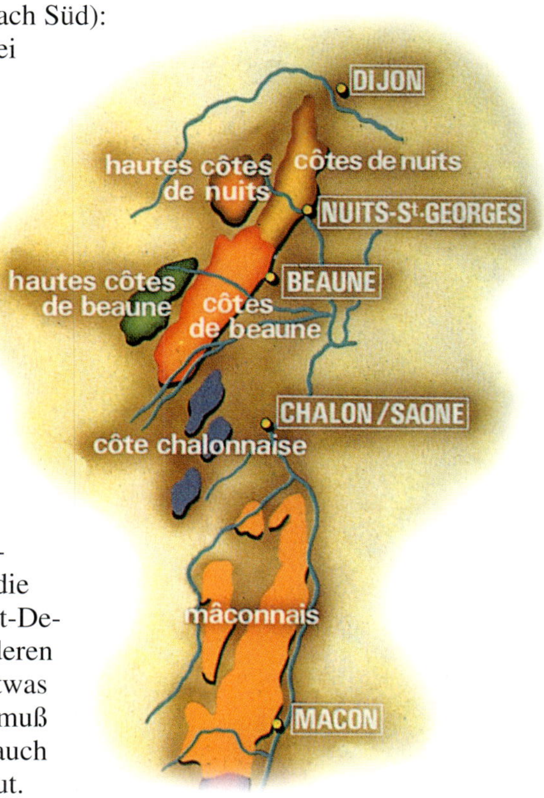

BURGUND
Zahlen und Adressen

Rebfläche: 24 000 Hektar

Ernte im Schnitt:
1,1 Millionen Hektoliter

Weinbaubetriebe: rund 5000, dazu 120 Kellereien

Export nach Deutschland:
60 000 Hektoliter

Hauptsorten:
Pinot noir, Chardonnay

Auskunft: BIVB Bureau Interprofessionnel des Vins de Bourgogne,
12 Boulevard Bretonnière in F-21200 Beaune,
Tel.: 00 33 / 80 24 70 20

Empfehlenswerte Betriebe

Paul Bouchard
in Beaune (Tesdorpf)

Jean-Marc Bouley
in Volnay
(Alpina Bovensiepen)

Roger Caillot et fils
in Meursault
(Kössler & Ulbricht)

Château de Corton-André
in Aloxe Corton
(Eggers Sohn)

William Fevre
in Chablis
(Alpina Bovensiepen)

Domaine A. Geoffroy
in Chablis (Baus & Provot)

Robert Gibourg
in Morey-Saint Denis
(Millésime)

Antonin Guyon
in Aloxe-Corton (Französische Weinbotschaft)

Louis Jadot
in Beaune
(Ludwig von Kapff)

Domaine Monceau-Boch
in Volnay (Weinland Keiler)

Louis Latour
in Beaune (Wein Wolf)

Cave de Vignerons
de Buxy (Boda)

Beste Lage dort: Bonnes Mares. Es folgen drei Orte, gleich einem Triumvirat, das gewiß die Spitze unter den Rotweinen der Côte d'Or darstellt. Vougeot zuerst mit seinem legendären Château, das heute den Weinbrüdern der Confrérie du Tastevin als Unterkunft dient. Der Clos de Vougeot, ein nicht großer Weingarten mit 72 Besitzern, liefert kraftvolle, in der Jugend verschlossene, fast rauhe Weine, die uralt werden können. In Flagey-Echezaux und in Vosne-Romanée finden sich die meisten Grands crus. Lagen wie Les Echezaux, La Tâche, Le Richebourg oder Romanée-Conti sind der unerreichbare Gipfel burgundischen Rotweins. In der Kreisstadt Nuits-St-George, die dem hier beschriebenen Unterabschnitt Côtes de Nuits den Namen gibt, gedeihen strenge, mitunter etwas rauhe Pinots noirs.

Der südliche Teil des Goldenen Hangs wird nach dem Zentrum Côtes de Beaune benannt. Erste und beste Gemeinde ist Aloxe-Corton mit wuchtigen Rotweinen und dem erwähnten legendären Weißwein Charlemagne. Die Hauptstadt Beaune besitzt einige große Lagen mit glutvollen, fast etwas barocken Weinen. Es folgen meine Lieblinge, der ein wenig nach Heu duftende Pommard und der Volnay, für mich der klassische Burgunder. Meursault erzeugt üppige Weißweine von einem schwermütigen Reiz. Puligny und Chassagne teilen sich den zweiten überragenden Weißwein-Hügel Burgunds, den Montrachet. Am größten ist der Wein ohne Zusatz beim Namen. Puligny-Montrachet und Chassagne-Montrachet hingegen sind ordentliche, aber arg überbezahlte Chardonnays.

Der Goldene Hang ist nur ein kleiner Teil der Bourgogne. Nördlich von Dijon am Flüßchen Serein liegt die Stadt, an deren Hängen der meistgenannte Weißwein der Welt wächst, Chablis. Die guten Gewächse von dort gelten seit alters als ideale Begleiter zu Austern. Meiner Meinung nach erfüllen sie diesen Zweck heute nur noch bedingt, weil sie im Laufe der Jahre zu fett, zu weich geworden sind. Chaptal läßt grüßen. Die Winzer beteuern, just diesen Geschmack wollten die Verbraucher der Welt. Trotzdem haben sie seit einiger Zeit Absatzschwierigkeiten, was zuallererst an den bislang geforderten hohen Preisen liegt. Namenlose Notverkäufe führten dazu, daß Discounter Chablis für weniger als sieben Mark anbieten konnten. Dafür bekamen die Kunden einen gediegenen Tropfen, der sein Geld wohl wert war, aber nichts von einem klassischen Chablis hatte. Im Süden Burgunds macht die Gegend um die Stadt Macon auf sich aufmerksam. Die Rotweine von dort sind bedeutungslos. Früher waren die Macon-Weißweine leichte Tropfen mit frischer Säure, vorzüglich zu Fisch passend. Heute sind sie nach Chablis-Vorbild zu weich, zu schwer, zu teuer.

Winzertradition contra Geschwindigkeit: Der Primeur, der Jungwein aus dem reizvoll-hügeligen Beaujolais, ist zwar in aller Munde – und zwar im wahrsten Wortsinn – wenn er im November seine Weltreise antritt, doch verdeckt der süffige Breitengenuß allzu oft, daß hier auch hervorragend ausgebaute Tropfen entstehen.

BEAUJOLAIS

Die Schnellen und die Guten

Mag's noch so kalt sein, der dritte Samstag im November ist für das Beaujolais der heißeste Tag des Jahres. Da wird Villefranche, sonst ein ruhiges Provinznest, von Hektik befallen. Das Zentrum des Weinhandels ist an diesem Tag voller Lastwagen, die eilends beladen werden. Die Fahrer gönnen sich kaum ein Abendessen, um einen möglichst günstigen Platz an der Ortsgrenze zu ergattern. Schlag Mitternacht heulen die Motoren auf. Die Routiers, wie Lastwagenfahrer in Frankreich heißen, liefern sich verwegene Rennen – gelegentlich mit blutigen Folgen. Am nächsten Morgen soll die Ware in Deutschland, Belgien, Holland, England sein. An den Türen der Gaststätten locken schon Schilder: »Le Beaujolais Primeur est arrivé«. Am Sonntagabend, wenn er endlich freigegeben ist, wollen fröhliche Menschen von Manchester bis Marseille, von Biarritz bis Berlin den neuen Wein genießen. Und nicht nur in Europa. Dank Überschall-Concorde und Zeitverschiebung können sich auch die Millionäre von Dallas rechtzeitig an dem Frischling aus Frankreich laben. Die Sendung nach Fernost darf schon ein paar Tage vor der amtlichen Freigabe die Region verlassen, damit Herr Suzuki und Frau Tanaka gleichfalls am dritten Sonntag im November mit dem Primeur prosten können – kaum zwei Monate nach der Ernte.

In den paar Wochen hat der Stoff schon manches mitgemacht: Er vergor unter Druck, damit sich der rote Farbstoff schneller aus den Beeren löst. Er wurde rasch abgepreßt, mit Zucker versetzt (manchmal mit zuviel Zucker) und hoch erwärmt, um schneller eine zweite Gärung in Gang zu setzen, die

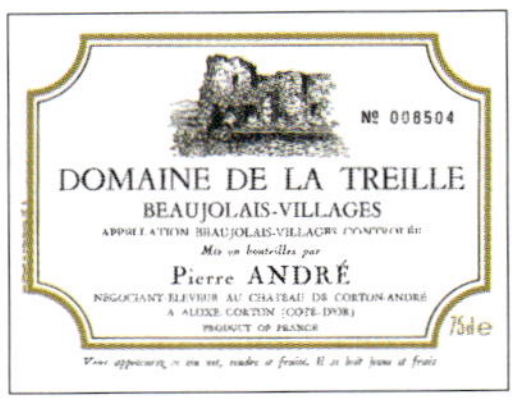

Die »Route du Beaujolais« verbindet zahlreiche Weinorte des gleichnamigen Anbau-gebietes. Das Beaujolais grenzt im Norden an Burgund und reicht im Süden bis Lyon. Die Böden setzen sich überwiegend aus Ton und Granit zusammen; dominierend ist die Rebsorte Gamay. Historisch ist Beaujolais ein Teil Burgunds, beide Weine unterscheiden sich jedoch elementar.

wiederum die spitze Säure mildern soll. Anschließend erlitt er einen Kälteschock und wirbelte durch eine Zentrifuge. Nur vier Wochen ruhte er in Tanks, um erneut durch Filter gepreßt, geschwefelt und in letzter Minute gefüllt zu werden. Jeder andere Wein ist nach einer solchen Behandlung zuerst einmal drei Wochen »flaschenkrank«. Der Beaujolais macht da anscheinend eine Ausnahme. Bekömmlich ist ein solches Halbzeug nur bedingt. Wer dem Primeur zu frohgemut zuspricht, erlebt in der Nacht darauf ein Herzsausen, als hätte er am Abend fünf Kannen Kaffee geleert. Der dicke Kopf anderntags ist nicht auszuschließen. Unter Wein-Profis fallen die Ansichten über den frühen Beaujolais einhellig negativ aus: »Primeur? Nein danke!« Der Rheingauer Starwinzer Erwein Graf Matuschka-Greiffenclau, drückt sich noch volksnäher aus: »Ich liebe den Beaujolais. Aber der Primeur ist eine Riesen-Sauerei.« Doch paßt der Kind-Wein in unsere Zeit, die rasche Reize sucht und nicht warten kann. Da bleibt wenig Raum für die Muße, sich in einen reifen Tropfen zu vertiefen wie in ein gutes Buch. So verbreitet sich die Mode des allzu jungen Beaujolais, die früher nichts als ein Spaß unter Müßiggängern in Lyon war, nun in aller Welt. Den Weinwirten ist es nicht zu verdenken. Sie haben bis Weihnachten mehr als die Hälfte ihrer Ernte verkauft, sehen sofort Geld, was bei oft zweistelligen Zinsen in Frankreich ein satter wirtschaftlicher Vorteil ist. Gewiß ist der Beaujolais jung zu trinken, nichts,

was jahrelang reifen muß. Doch wäre es immer noch früh genug, ließen sich Erzeuger und Verbraucher die Zeit bis zum Sommer nach der Ernte. Der Welterfolg des Beaujolais begann Anfang der Achtziger. Damals wurden knapp 60 000 Hektoliter nach Deutschland verkauft. Sieben Jahre später waren es schon dreimal mehr. Neben der jugendlichen Art erweist sich vor allem der hübsche, urfranzösische Name, der sich in aller Welt so leicht aussprechen läßt, als verkaufsfördernd. Zu der Zeit entstanden im Süden von Villefranche auf leichten, sandigen Böden weitläufige neue Weingärten. Von dort hauptsächlich kommt der Primeur. Vom Erfolg beflügelt erhöhten die Winzer die Erträge, düngten mehr, spritzten jede Woche einmal. Nicht immer hielten sie sich an die gesetzliche Grenze von 0,7 Liter pro Quadratmeter. Den Weinen war es anzumerken; sie hatten eine unreife Note, die stark an Bananen erinnert. Die Beaujolais-Werbung war kühn genug, dies als Merkmal besonderer Eigenart herauszustellen. Doch in der – im Grunde stockkonservativen – Region wurden Stimmen des Unmuts laut: »Woher kommt das Bananen-Aroma? Ich habe gelernt, daß Beaujolais nach Himbeeren schmeckt, bestenfalls nach Veilchen duftet«, erregte sich Maryse Allarousse, die als erste Frau in Frankreich den Titel »Kellermeister des Jahres« trug. 1988 war der Höhepunkt der Primeur-Welle erreicht. Dann erhöhten die großen Kellereien die Preise, worauf die Supermarkt-Ketten in Deutschland empfindlich reagierten. Eine der größten warf den Beaujolais prompt aus dem Programm. Zum zweiten gab es einen Skandal, der zwar längst nicht so aufkochte wie die Glykol-Affäre drei Jahre zuvor, aber den Franzosen dennoch Einbußen brachte: Die Pariser Verbraucher-Zeitschrift »Que choisir?« hatte eine Reihe von Beaujolais-Weinen an die Universität von Nantes zum Testen geschickt. Dort war

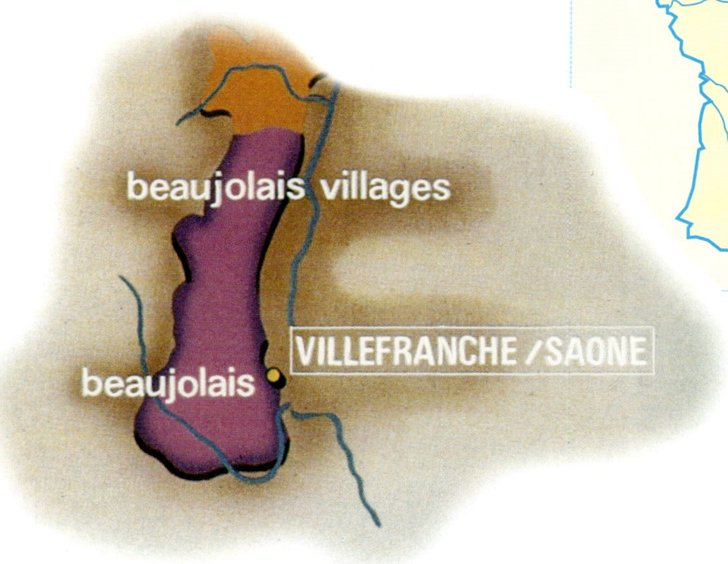

Hauptsächlich Rotweine werden im Beaujolais produziert, Rosé ist recht selten, und Weißweine spielen am Markt fast keine Rolle. Zugleich Verkaufsschlager und Marketingproblem ist der Primeur, der Jungwein, der so beliebt, bei Genießern hingegen verrufen ist und damit das gesamte Gebiet in Mißkredit brachte.

BEAUJOLAIS
Zahlen und Adressen

Rebfläche: 21 000 Hektar

Ernte im Schnitt:
1,3 Millionen Hektoliter

Export nach Deutschland:
109 000 Hektoliter

Weinbaubetriebe:
circa 10 000

Einzige Rebsorte: Gamay

Auskunft: UIVB Union Interprofessionnelle des Vins du Beaujolais, 210 Boulevard Vermorel in F-69400 Villefranche (Tel.: 00 33 / 74 65 45 55)

Empfehlenswerte Betriebe

Domaine de Boischampt
in Juliénas
(Maison Lanz)

Jean-Paul Brun
in Charnay
(Kössler & Ulbricht)

René Depardon
in St-Etienne-la-Varenne
(Dieckmann)

Georges DuBoeuf
in Romaneche-Thorin
(Segnitz und Mövenpick)

Pierre Dupont
in Villefranche (Die Französische Weinbotschaft)

Jean Foillard
in Morgon
(Kössler & Ulbricht)

Louis Jadot
in Beaune
(Ludwig von Kapff)

Château des Labourons
in Fleurie
(Der Gallier und FUB)

Domaine le Pavé
in Quincie (Boda)

Domaine des Pillets
in Morgon (Baus & Provot)

die Martin-Methode entwickelt worden, mit deren Hilfe sich unerlaubter Zusatz von Zucker nachweisen läßt. Von den 21 eingereichten Proben erwiesen sich elf als über das Limit hinaus angereichert. Schon lange gab's Klagen darüber, daß der Beaujolais, der früher stets als leichtes Tröpfchen galt, im Laufe der Jahre immer schwerer geworden war. Schon vor der Aufdeckung durch die Zeitschrift war es in der Region ein offenes Geheimnis, daß zunehmend häufiger die Fortüne korrigiert wurde, wenn die Natur die gewünschte Fülle nicht hergab. Der Beaujolais-Export in die Bundesrepublik sackte dann in fünf Jahren von knapp 180 000 auf 110 000 Hektoliter. In Preisen gerechnet war der Rückgang allerdings längst nicht so stark. Die Deutschen trinken heute weniger, dafür Besseres. Der Beaujolais-Verband UIVB in Villefranche hatte niemals den jungen Wein gefördert, das schnelle schaft mit hübschen Dörfern, verbunden durch eine Straße, die zu Recht »Route pittoresque« genannt wird, ein Ländchen zum Trödeln und Genießen eben. Zehn Dörfer (Villages) genießen das Recht, eigene Herkunftsbezeichnungen (Appellations) zu führen. Untereinander tragen sie einen fröhlichen Wettstreit aus, wer denn nun den besten, typischsten Beaujolais keltert. Wenn Sie mich fragen: Es ist der von Fleurie. Der Name trägt das Wort »Blume« in sich, und in der Tat sind die Weine von dort betont blumig, duften deutlich nach Veilchen. Zu dieser mehr verspielten, »weiblichen« Art gehören auch Saint-Amour und Chiroubles. Der Brouilly, der auch sehr schätzenswert ist, hat eine pikante Säure. Julienas, Chenas und Morgon sind eine Spur gewichtiger, festlicher. Als Höhepunkt des Beaujolais wird Moulin-à-Vent gefeiert, ein schon fast wuchtig zu nennender Stoff, der in

Geschäft vielmehr mißtrauisch verfolgt. Jean-Louis Foillard, einer der führenden Weinhändler dort, prophezeite schon 1985: »Der Primeur ist eine Mode. Was machen wir, wenn diese Mode vorbei ist?« Seit Jahren setzen die Weinwirte auf ihre besseren Sorten, auf die Gewächse aus dem Villages-Gebiet nördlich von Villefranche. Dies ist das eigentliche Beaujolais, wie es in der bekannten Dorferzählung »Clochemerle« von Gabriel Chevallier beschrieben ist, eine hügelige Land- guten Jahren an großen Burgunder heranreicht und – große Ausnahme – lagerfähig ist. Solche Gewächse kosten aber auch schon deutlich über 20 Mark pro Flasche. Wer nicht so viel Geld ausgeben möchte und seinen Wein im Supermarkt kauft, kann aus diesem Anbaugebiet mitunter Qualität zu erstaunlich niedrigen Preisen finden. Denn neben dem Côtes-du-Rhône gehört der Beaujolais zu den ordentlichsten Rotweinen im Lebensmittel-Handel.

RHÔNE

Gute Mischung

Von der Quelle in der Schweiz bis zur Mündung bei Marseille hat die Rhône zahlreiche Rebflächen durchflossen, die die unterschiedlichsten Weine hervorbringen. Das Gebiet der Côtes du Rhône mit seinen Randlagen steht für einige der attraktivsten Weine, die in Frankreich produziert werden, zum Beispiel eine Fülle weicher, unkomplizierter Rotweine.

Als überaus aufschlußreich erweisen sich in aller Regel die Verkostungen bei der Redaktion der Zeitschrift »Die Weinwirtschaft«. Auf dem Tisch stehen Proben aus dem Lebensmittel-Einzelhandel, von Discountern, Kaufhäusern und Verbrauchermärkten. Dies ist, das dürfen Sie mir glauben, eine nicht immer sehr leichte Arbeit. Doch hin und wieder bin ich erstaunt, wie wenig Geld durchaus ordentliche Qualitäten mitunter kosten. Zweierlei Erkenntnis haben diese Vergleichsproben gebracht: Der Preis ist selten ein Hinweis auf die Beschaffenheit der Weine, vielmehr vor allem Mittel zum Zweck, die Wettbewerber auszustechen. Und wenn der Weinfreund schon sparen muß, wenn er sich nicht mehr als fünf Mark pro Flasche leisten kann oder möchte, dann hat er im Supermarkt bei der Herkunft Côtes-du-Rhône die größte Chance, eine Flasche mit vernünftiger Qualität zu erstehen. Rhône-Weine bekamen bei diesen Tests stets die besten Bewertungen im Schnitt. Mir ist noch ein 92er Château Rousseau mit der gehobenen Bezeichnung »Villages« in guter Erinnerung, dem die Jury, bestehend aus Fachjournalisten und Weinkontrolleuren, eine »Zwei« gab (nach dem Schulnoten-System). Der gediegene Tropfen stand für 3,99 Mark in den Regalen einer Kaufhaus-Kette. Sicher ist ein solches Ringeltäubchen eher die Ausnahme und läßt sich wohl auch nur mit hemmungslosem Dumping erklären, das ich stets ablehne, weil damit wackere Lieferanten kaputt gemacht werden, wo-

Das Rhône-Gebiet zwischen Lyon und Avignon liefert teils herrliche Weine mit einem guten Preis-Leistungs-Verhältnis. Die zahlreichen Châteaux (oben Château Raspail) produzieren Tropfen auf der gesamten Skala der Qualitäten: von preiswürdigen Weinen für einen schöneren Alltag bis zu edlen Dessertweinen.

von der Verbraucher letztlich nichts hat. Doch darf als Regel gelten, daß im Bereich zwischen, sagen wir, fünf und sieben Mark von der Rhône die derzeit besten Rotweine kommen. Und wer das Doppelte auszugeben bereit ist, findet durchaus feine Gewächse.

Zwei Erklärungen bieten sich an. Die erste: Das Anbaugebiet ist groß. Im südlichen Teil, zwischen der Nougat-Stadt Montélimar und Avignon, stehen unter der Bezeichnung »Côtes-du-Rhône« rund 40 000 Hektar unter Reben. Das ist die Fläche von Baden und der Pfalz zusammen. Es ist eine gesegnete Landschaft: Die Böden, meist Kalk mit Sand und Kiesel bedeckt, sind reich an Mineralien. Die Sonne meint es immer gut. Schlechte Jahre gibt es an der Rhône nicht. Jacques Reynaud, Herr auf Château Rayas, dem besten Gut im Châteauneuf-du-Pape, meint leichthin: »Es ist nicht weiter schwer, hier gute Weine zu erzeugen. Man muß nur etwas auf die Hitze achten.« Das wußten auch die Vorväter. 600 Jahre vor Christus kamen griechische Kauffahrer den Fluß hinauf und brachten Reben mit. Die heute wichtigste Traubensorte an der Rhône, die Syrah, ist nach der persischen Stadt Shiraz benannt und stammt mit Sicherheit aus Kleinasien, der Wiege des Weltweinbaus. Die zweite Erklärung: Das Gebiet um Avignon ist das französische Zentrum der Kellerei-Wirtschaft. Zahlreiche Unternehmen, darunter einige Hektoliter-Millionäre, beliefern weltweit die großen Handelsketten. Sie füllen häufig neben Rhône-Wein auch Burgunder, Beaujolais und Provence-Rosé. Da liegt die Versuchung nahe, kräftig zu mengen. Doch ich denke, daß es im großen und ganzen sauber zugeht. Es ist ja mehr als genug ordentlicher Wein da. Außerdem wacht ein besonders unnachgiebiger Aufpasser: das Finanzamt nämlich, das die Weinsteuer einzieht. Von Skandalen ist bislang nichts zu hören. Sicher wird schon mal ein etwas zu kurz geratener Burgunder mit einem fetteren Stoff aus Avignon angehoben, ein zu feister Côtes-du-Rhône mit einem Spritzer Beaujolais aufgefrischt. Das sehen die Franzosen nicht gar so eng, solange das fertige Erzeugnis wohlschmeckend ist. Die großen Kellereien an der Rhône beherrschen das Verschneiden vollkommen, die Kunst, aus unterschiedlichsten Zutaten eine gute Mischung herzustellen, die am Ende besser mundet, als es die einzelnen Teile vermögen. Wohlmeinende Menschen sprechen von »Mélange«, »Marriage« oder »Cuvée« und verweisen darauf, daß der festliche Champagner, der weiche Cognac, die beste Tasse Kaffee, die teure Zigarre aus der Karibik stets Ergebnisse von Verschnitten sind. Wenn in deutschen Supermärkten die Rhône-Weine immer ein wenig besser sind als andere, zum Teil teurere Herkünfte, dann spricht dies ja für die zulieferenden Kellereien.

Der Weinbau zwischen Lyon und der Mündung ist in klarer Hierarchie geordnet. Über den namenlosen Tafel-Schoppen stehen die Vins de Pays, jene süffigen Landweine, deren bekannteste die Bezeichnungen »Coteaux du Pont du Gard«, »Coteaux des Baronnies« und »Sables du Golf du Lion« sind. Darüber wiederum sind – in drei Stufen – die Qualitätsweine

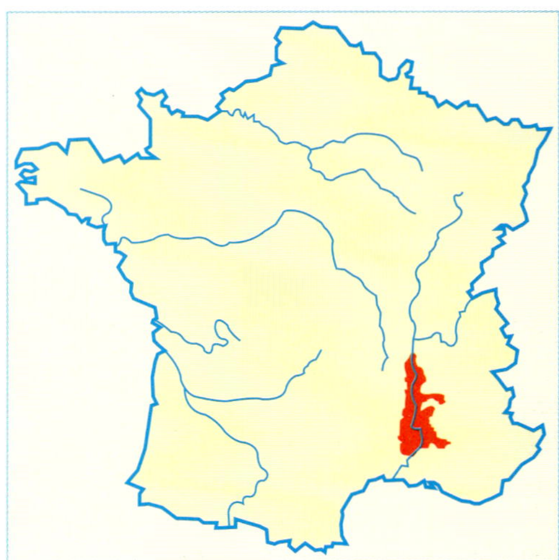

mit der Herkunfts-Garantie »Appellation d'Origine Contrôlée« angesiedelt. Die weitestreichende Bezeichnung ist »Côtes-du-Rhône«, die das gesamte Anbaugebiet umfaßt. Das kann ein besserer Domainen-Wein sein zu zwölf Mark oder auch ein mehr oder weniger gelungener Verschnitt unterschiedlichster Moste zu drei Mark neunundneunzig. Es muß solche und solche Flaschen geben, und es gilt in der Region keineswegs als würdelos, einen »Cô-

Die Kellereitechnik der Côtes du Rhône findet einen interessanten Mittelweg zwischen Tradition und Fortschritt: Im Châteauneuf-du-Pape oder in anderen herausragenden Provinzen, die eine eigene Appelation führen dürfen, werden die Weine, teils mit moderner Ausrüstung, noch ebenso geformt, wie dies vor Jahrhunderten üblich war.

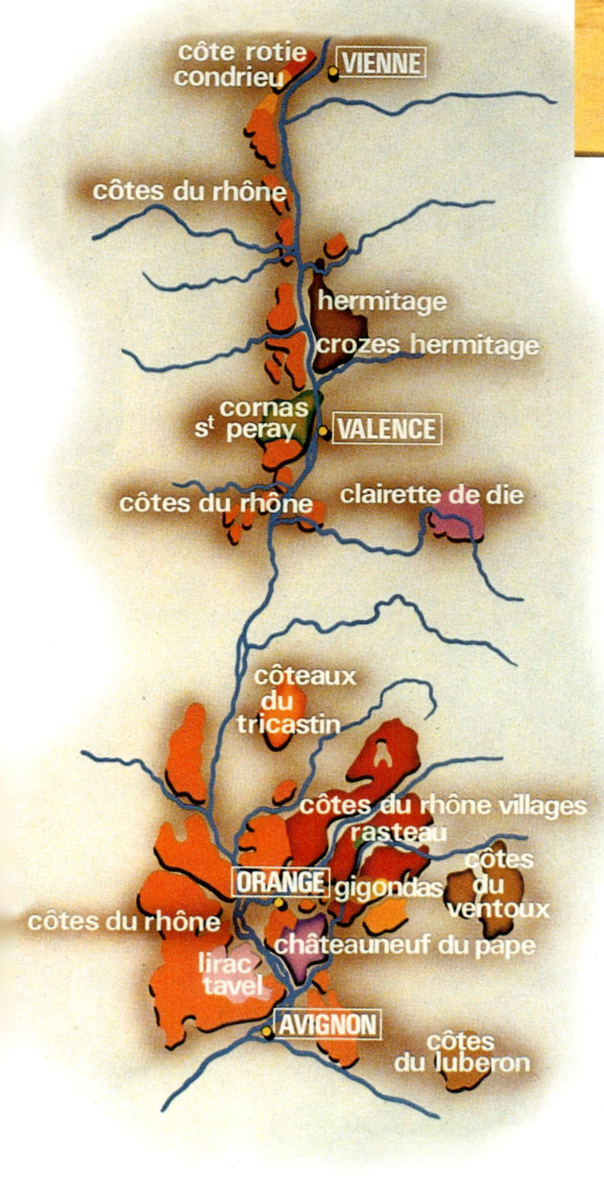

tes-du-Rhône« zu führen. Auch die nobelsten Häuser dort wie Chapoutier oder Guigal haben solche Weine. Die gehobeneren Qualitätsweine tragen den Zusatz »Villages«. 60 Gemeinden führen diese besondere Bezeichnung, von denen 16 wiederum auch ihren Namen auf die Etiketten schreiben dürfen. Die bekanntesten davon, auch die besten, sind Cairanne, Chusclan, Rasteau, Sablet und Séguret. Von dort kommen angenehme Tropfen, die gerne als »fleischig« bezeichnet werden, zum Hineinbeißen also. Sie kosten oft nicht mehr als zehn Mark die Flasche, sind damit eigentlich immer ein guter Kauf. An der Spitze der Rangordnung endlich steht ein Dutzend Sprengel, die aufgrund uralter Traditionen eigene Appellations locales besitzen. Am bekanntesten: Châteauneuf-du-Pape. In jüngerer Zeit ist es zwei Gemeinden aus der Villages-Ebene gelungen, zur Spitze vorzustoßen, zuerst Gigondas, später die Nachbar-Gemeinde Vacqueiras. Diese Orte haben auch herrliche Weine, füllig und warm, von barocker Festlichkeit und mit der satten Frucht frischer Pflaumen ausgestattet – Rhône vom besten. Die Zeiten jedoch, in denen Gigondas (das »s« wird mitgesprochen) preiswert in Pariser Bistros ausgeschenkt wurde, sind längst vorbei. 15 bis 20 Mark kostet heute die Flasche. Das über 200 Kilometer lang sich erstreckende Anbaugebiet zerfällt klar in zwei Teile. Die Landschaft am Oberlauf im Umland von Lyon umfaßt die Mehrzahl der lokalen Appellationen, die meist nur Eingeweihten mit gut gefüllter Brieftasche bekannt sind. Dort finden sich gefeierte Tropfen von einer gewissen Strenge. Sie sind ungemein langlebig und liegen im Geschmack zwischen Burgund und südliche Rhône, haben aber weder die Festlichkeit des

RHÔNE
Zahlen und Adressen

Rebfläche: 45 000 Hektar

Ernte im Schnitt:
2,3 Millionen Hektoliter

Export nach Deutschland:
80 000 Hektoliter

Hauptsorten:
Syrah, Grenache

Auskunft: CIVCRVR Comité Interprofessionel des Vins des Côtes-du-Rhône, 6 Rue de 3 Faucons in F-84000 Avignon (Tel.: 00 33 / 90 27 24 00)

Empfehlenswerte Betriebe

Château d'Aqueria
in Lirac (Schlumberger)

Château de Beaucâstel
in Châteauneuf-du-Pape (Weinland Keiler)

Bérard Père et Fils
in Bédarrides (Tesdorpff)

Domaine de Corne Loup
in Tavel (Jacques' Wein-Depot)

Domaine de la Croze
in Châteauneuf-du-Pape (Millésime)

Alain Graillot
in Tain-l'Hermitage (Kössler & Ulbricht)

Maison Etienne Guigal
in Ampuis (Weinland Keiler)

Domaine Maby
in Tavel (Biehl)

Château Mont-Redon
in Châteauneuf-du-Pape (Schlumberger)

Domaine La Renjardière
in Serignan (Französische Weinbotschaft)

Château du Trignon
in Gigondas (Boda)

Château de Vaudieu
in Châteauneuf-du-Pape (Reidemeister & Ulrichs)

einen noch die Sinnlichkeit des anderen. Die Ernten sind klein, und das meiste davon wird, von Lokalpatriotismus beflügelt, in den Sterne-Restaurants von Lyon ausgeschenkt. Vom Cornas oder vom Condrieu gibt es im Jahr jeweils etwa 300 000 Flaschen. Die Appellation Château-Grillet umfaßt nichts weiter als den 1,4-Hektar-Rebgarten eines einzigen Gutes. Da kommt rasch der Verdacht auf, daß die Knappheit der Hauptgrund für die Berühmtheit ist. Ich will nicht abfällig sein: Côte-Rôtie oder Saint-Joseph sind schon großartige Gewächse, aber kosten auch ihre 50 Mark und mehr. Der bekannteste Wein von der oberen Rhône ist der Crozes-Hermitage, der mich oft genug enttäuscht hat. Wenn er gut sein soll, kostet er um die 30 Mark. Da »beiße« ich doch noch lieber in einen halb so teuren Vacqueiras.

Stromabwärts schließt sich eine der ungemütlichsten Landschaften Frankreichs an, das Tal voller Industrie mit den Atommeilern von Pierrelatte als Zentrum. Von der Stadt Bolléne an wird es wieder behaglich. Dort öffnet sich die Vallée du Rhône; ein reifes, reiches Land tut sich auf mit prächtigem Obst und geradezu weiblich gerundeten Weinen, am linken Ufer die Villages-Gewächse, am rechten zwei Appellationen mit reicher Tradition: Lirac und Tavel. Letzterer gilt als berühmtester Rosé der Welt, ein üppig-weicher, fast kupferfarbener Tropfen mit einem etwas großmütterlichen Charme. Lirac ist ein stets zuverlässiger, gar nicht teurer Rotwein, der die Herausstellung als eigene Appellation allerdings nicht verdient. Das Rhône-Gebiet endet mit einem Stoff, der wie Orgelklang daherkommt, dem mächtigen Châteauneuf-du-Pape, in Sonnenglut und auf magerem, von roten Kieselsteinen bedecktem Boden gewachsen. Oft wird er aus einem Dutzend Traubensorten gemischt, von denen einige höchst selten sind, wie Cournoise oder Vaccarise. 13 Grad Alkohol hat so ein Tropfen wenigstens. Trotz vieler technischer Fortschritte in den Kellern wird der Châteauneuf-du-Pape heute noch so geformt wie im 14. Jahrhundert, da in Avignon die Gegenpäpste residierten. Bis heute haben es die Winzer verstanden, den Namen des Weins hochzuhalten. Die Reben dürfen nur auf ausgesuchten Böden rund um den ehemaligen Papst-Palast stehen, die Erträge werden knappst gehalten, nicht mehr als ein gut gefülltes Glas, ein Viertelliter pro Quadratmeter wird geerntet. Am Rande bleibt zu erwähnen: Die Rhône liefert zu 99 Prozent Rotwein. Es gibt einige wenige, ziemlich teure Weißweine, die meist schwer und weich sind, voller wunderlicher Aromen, mehr zum Meditieren, denn zum fröhlichen Schlucken geeignet. Die Côtes-du-Rhône bringen zwei ausgezeichnete Dessertweine hervor, den Rasteau und den Beaumes de Venise. Von der Rhône-Weinwerbung verschwiegen werden meist einige abseits gelegene Appellationen links des Stromes: Tricastin, Côtes-du-Lubéron, Côtes-du-Ventoux. Es sind preiswerte, nicht zu verachtende Weine für einen schöneren Alltag.

PROVENÇE

Rosarotes Vergnügen

Ständig zieht es Menschen aus nördlicheren Gefilden in das leuchtende, duftende Land am Mittelmeer. Die Fremden bauen verfallene Weingüter wieder auf und überraschen bald mit erlesenen Tropfen. Als Pionier provençalischer Wein-Qualität gilt der Elsässer Marcel Ott, der vor gut 100 Jahren seine angesehene Domaine dort errichtete. Schweizer kamen und Dänen, später wohlhabende Siedler aus Deutschland. Derzeit interessieren sich Japaner für Investments in der alten Provincia Gallia Narbonensis. Per Hubschrauber kundschaften sie lohnende Objekte in der Provençe aus. Der Zuzug der Fremden hat dem Weinbau noch immer gut getan. Die einheimischen Winzer sind bäuerlich geprägt und keltern häufig einfachste Schoppen. Die Touristen schlucken's. Wenn sie nach der Tageshitze die Kühle der Dämmerung, den Blick auf den im Abendlicht purpurn glühenden Mont Sainte-Victoire genießen, dann ist ein eisgekühlter Rosé eine Köstlichkeit. Wie mäßig die Qualität in Wirklichkeit ist, merkt der Reisende immer erst, wenn er sich ein paar Flaschen mit in die Heimat genommen hat. Hervé Robert, Einkäufer einer großen deutschen Handelskette, hat Hunderte Flaschen Rosé de Provençe in der Herzlosigkeit des Labors probiert und war »meist entsetzt«. 1977 erhielten die Côtes de Provençe die Appellation d'Origine Contrôlée (AOC) und wurden damit zum herausragenden Qualitätswein-Gebiet ernannt. Diese Auszeichnung löste viel Kritik in Frankreich aus. Doch muß zur Ehre der Winzer dort gesagt werden, daß sie sich seitdem anstrengen. Der Anteil der Massensorte Carignan ging von

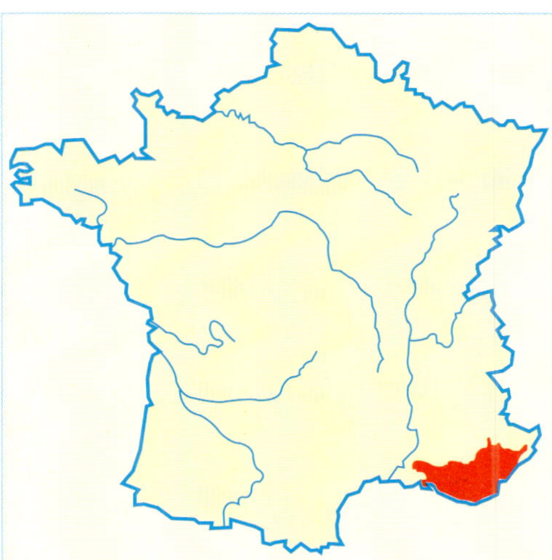

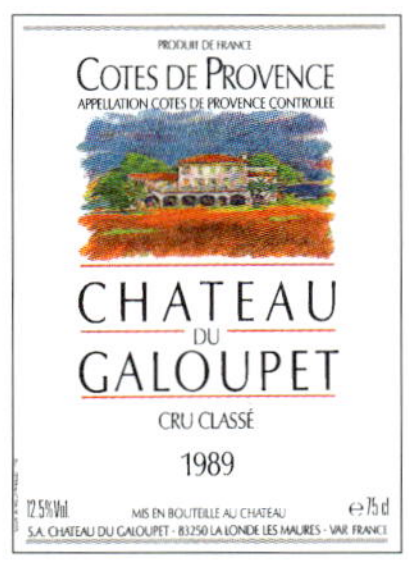

Provençe
Zahlen und Adressen

Rebfläche: 40 000 Hektar

Ernte im Schnitt:
1,8 Millionen Hektoliter

Export nach Deutschland:
40 000 Hektoliter

Hauptsorten: Carignan, Grenache, Cinsault

Auskunft: CIVCP Comité Interprofessionel des Vins des Côtes-de-Provençe, Maison des Vins, F-83 460 Les Arcs sur Argens (Tel.: 00 33 / 94 73 33 38)

Empfehlenswerte Betriebe

Domaine de l'Arnaude
in Lorgues (Maison Lanz)

Domaine des Aspras
in Correns (Tesdorpff)

Château de Barbanau
in Roquefort-la-Bédoule (Biehl)

Château du Carrubier
in Londe-les-Maures (Mövenpick)

Domaine de Féraud
in Videauban (Weinland Keiler)

Domaine de l'Ile-Saint-Pierre
in Mas Thibert (Jacques' Wein-Depot)

Domaine du Jas D'Esclans
in La Motte (Weinland Keiler)

Château de Selle Domaines Ott in Taradeau (Wein Wolf)

Château de Puget
in Puget-Ville (Maison Lanz)

Domaine Richeaume
in Puyloubier (Dr. Hoesch)

Château Sainte Roseline
in Les Arcs sur Argents (Frankhof)

Château du Seuil
(Wehber)

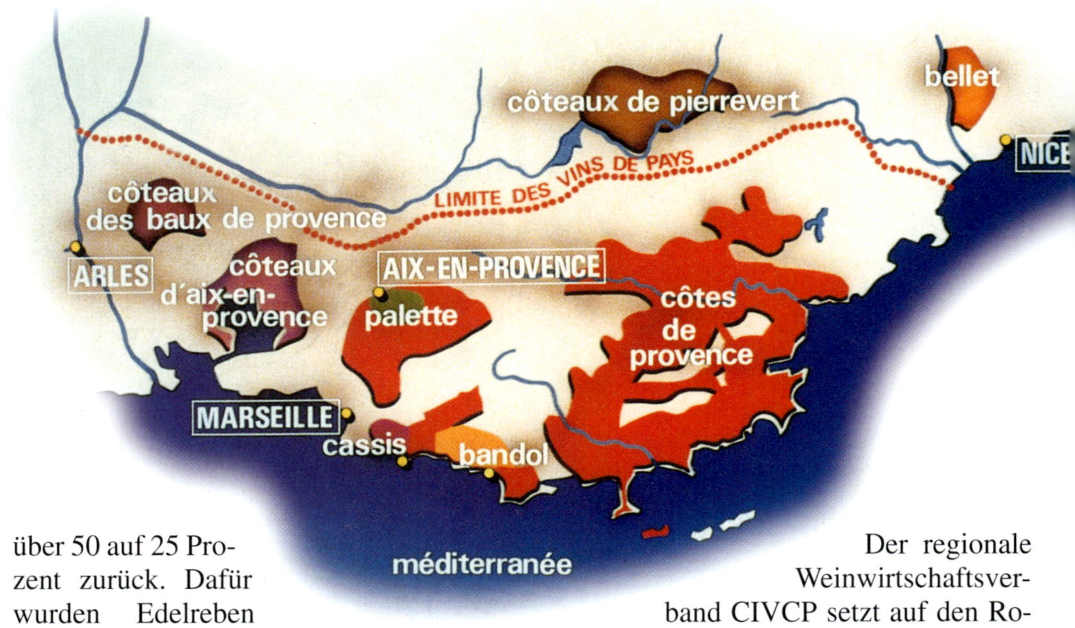

über 50 auf 25 Prozent zurück. Dafür wurden Edelreben wie Syrah, Cinsault und Mourvèdre gesetzt. Viel Geld ging in die Kellertechnik. Anständige Pressen und Klima-Anlagen sind heute selbstverständlich. Die Kühlung ist das Ein-und-alles: Wenn die Trauben aufgeheizt in die Kelter kommen, und der Saft hernach sofort zu brausen beginnt, verfliegen all die fruchtigen Aromen. Wird die Gärung jedoch durch Kälte gezügelt, bleibt der Wohlgeschmack erhalten. »Einen guten Rosé herzustellen, zählt zu den schwierigsten Dingen im Weinbau«, weiß Weinbau-Berater Jacques Fauvet. Angestrebt wird in der Region ein pfirsichfarbener Tropfen, der nach Himbeeren duftet. Die Variante »Pink, verbunden mit Bonbon-Geschmack«, ist nach wie vor oft zu finden, wird hingegen von den offiziellen Stellen abgelehnt.

Der regionale Weinwirtschaftsverband CIVCP setzt auf den Rosé, was richtig ist. Weißwein wird selten gut; der »Blanc de Blancs« der Domaine Ott ist eine große Ausnahme. Viel Ehrgeiz setzen manche Winzer in den Rotwein, der nicht schlecht ist, aber weiter westlich, im Minervois oder in den Corbières, besser gerät und nicht so viel kostet. Die Spezialität der Provençe ist und bleibt der Rosé. »Den kann uns in der ganzen Umgebung keiner nachmachen«, sagt Fauvet. Obwohl die Qualität dieses rosaroten Vergnügens in den vergangenen Jahren deutlich besser geworden ist, steigen die Preise kaum. Der Wein hat nach wie vor in Europa den Ruf der Mittelmäßigkeit. In der Tat geht viel mindere Ware »lose« im Tank, also nicht abgefüllt, zu den unterschiedlichsten Kellereien. Manche Einkäufer der Supermarkt-Ketten, die außer dem niedrigen Preis oft kein anderes Argument gelten lassen, begnügen sich mit billigsten Verschnitten, die den AOC-Titel nicht wert sind. Da die Weinwirte der Provençe nun darum kämpfen, für ihren besser gewordenen Rosé höhere Preise durchzusetzen, ist der Export nach Deutschland rückläufig. Der Wein hat's nicht verdient. Genießer, die sich für die besseren Gewächse interessieren, finden nebenstehend einige Anregungen.

Vom Lieferanten einfacher und einfachster Tafelweine avanciert der Midi – die Landschaft von Languedoc-Roussillon, zwischen Nîmes und der Grenze zu Spanien gelegen – mehr und mehr zu einer geachteten Anbauregion. Das Fitou war der erste Bereich, der den begehrten AOC-Titel aus Paris zugesprochen bekam. Weitere folgten, und für die Winzer war´s ein Ansporn zu besseren Leistungen.

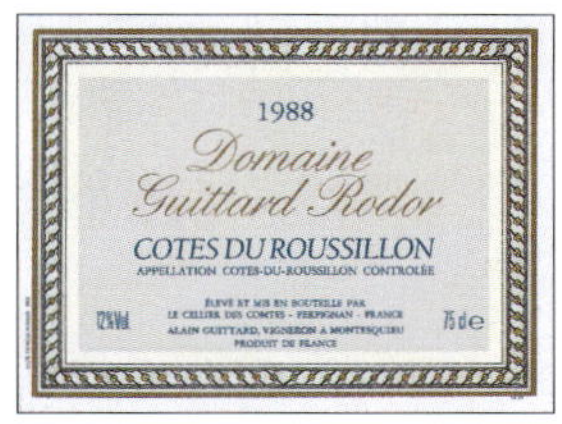

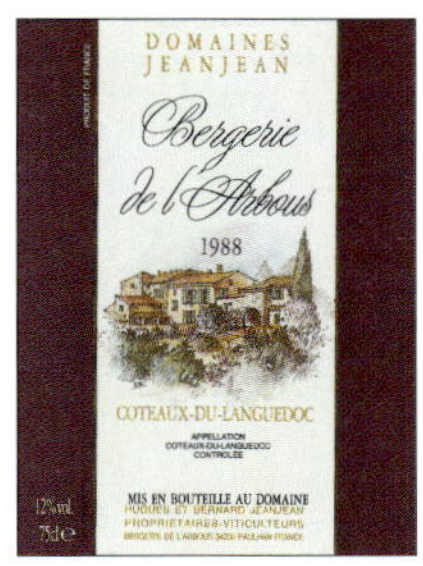

MIDI

Ideale Einkaufsquelle

Als im Mai 1994 die »Vinisud« in Montpellier zu Ende ging – eine neue Messe vor allem für die Wein-Erzeuger des Midi – machte sich unter den Fachbesuchern positive Erwartungshaltung breit: Für die südfranzösischen Weine, die in Frankreich immer noch als unterklassig angesehen werden, prophezeien Kenner seither den »endgültigen Durchbruch«. Die angereisten Händler machten gute Entdeckungen, die ausstellenden Weinbauern bekamen Aufträge. Zu gönnen wäre es den Winzern von Languedoc-Roussillon, dieser größten französischen Reben-Provinz, die sich von der Mündung der Rhône bis an die spanische Grenze erstreckt, 200 Kilometer nichts als Wein. Was haben sie sich angestrengt, ihre überbordenden Ernten zu beschneiden, die Qualitäten ständig zu steigern. Sie sollten jetzt schon die Früchte ihrer Arbeit einfahren dürfen. Bei einem Bummel durch die Städtchen der Coteaux du Languedoc im Hinterland von Montpellier fällt der bröckelnde Glanz vieler alter Häuser auf. Dort war einst Geld zuhause. Noch vor

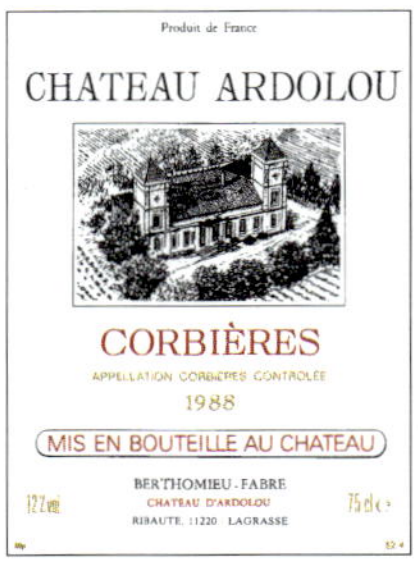

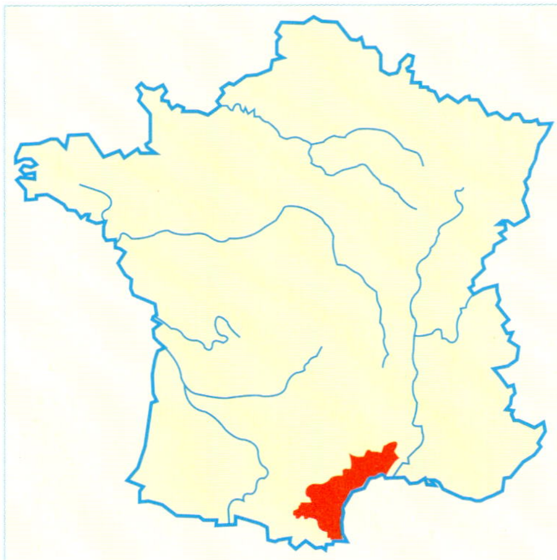

150 Jahren, als das Anreichern von allzu schlankem Most mit Hilfe von Zucker nicht so verbreitet war wie heute, gab es rege Nachfrage nach Languedoc-Wein. Der hatte von Natur aus immer mehr Alkohol als Bordeaux. Die Winzer im Süden zehrten lange von dem guten Ruf, sicher zu lange. Nach dem Zweiten Weltkrieg gab es einen Neuanfang. Vertriebene Algerien-Franzosen, die »Pieds noirs«, »Schwarzfüße«, atemberaubend tüchtige Menschen, doch ohne Traditionshintergrund, bepflanzten die weite Ebene zwischen Montpellier und Béziers mit der reichlich tragenden Aramom-Rebe. Die Rechnung ging auf; es gab zwar nur ein paar Centimes für das Kilo Trauben, aber die Masse brachte Geld. Immer weiter dehnten sich die Rebfelder entlang der Flüsse Hérault und Aude aus. Für den Bordelaiser Weinhändler und Buchautor Alexis Lichine ist der Midi »le desert vert«, eine »Wüste in Grün«. Bei einem Blick aus dem Flugzeugfenster sinnierte er angesichts so vieler Reben: »Mon Dieu, das kann ja die ganze Welt nicht austrinken.«

Die Menschen im Midi sind seit jeher aufsässig. Sie stammen von den alten Katharern ab, die mit Paris ständig im Streit lagen. Die Kommunisten besitzen Hochburgen im Languedoc. Um Ärger zu vermeiden, haben die konservativen Regierungen das unruhige Völkchen immer unterstützt. Die Winzer produzierten munter Überschüsse, eine staatliche »garantie de bon fin« sicherte ihnen zu, daß sie am Ende stets ihr Geld bekamen. Und wenn Abgeordnete in Paris anmahnten, daß solche Subventionen bald nicht bezahlbar seien, dann blockierten die Weinbauern mal kurz die Autobahn hinter Nîmes oder steckten mit italienischem Tafelwein beladene Tankzüge in Brand. Das Geld floß weiter. Erst als die Sozialisten in Paris die Macht übernahmen, nahm der Spuk ein Ende; Linke brauchen auf Linke keine Rücksicht zu nehmen.

Frankreichs Weinbau-Politiker gebaren einige gute Einfälle, um dem im eigenen Saft ertrinkenden Süden aufzuhelfen. Die erste und beste Idee war der Vin de pays. Diese neue Klasse eines gehobenen, nach festen Regeln erzeugten und mit einer Herkunfts-Garantie versehenen Landweins war von Anfang an erfolgreich, vor allem bei jungen deutschen Weintrinkern. Die Kette Jacques' Wein-Depot ist mit dem Vin de pays groß geworden. Der französische Staat schoß Werbe-Millionen zu, dafür mußten die Winzer im Midi die simple Regel lernen, daß weniger Trauben am Stock immer einen besseren Wein ergeben. 90 Hektoliter pro Hektar sind höchstens zugelassen. Zusatz von Zucker zum Most, um den Alkohol anzuheben, ist nicht erlaubt. Zum Vergleich: Qualitätswein (!) in der Pfalz oder in Württemberg darf gezuckert werden, 110 Hektoliter pro Hektar sind gestattet. Seit der Einführung 1978 hat sich der Ver-

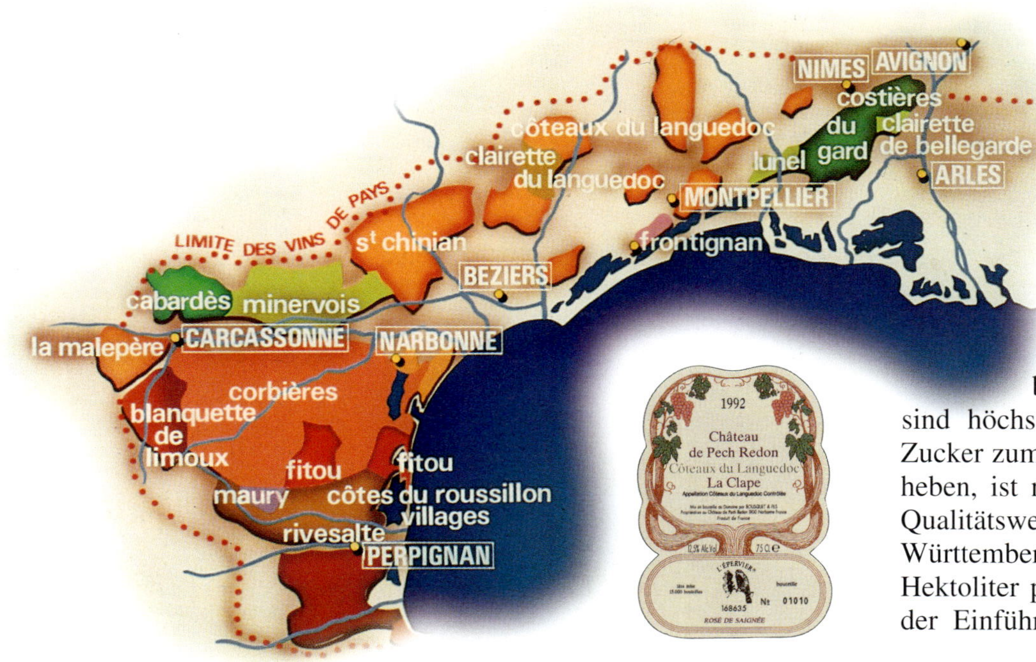

Wo einst die Massen-Rebe Aramom dominierte, werden heute die wertvolleren Sorten Syrah, Grenache oder Mourvèdre angebaut. Inzwischen legen die Winzer überdies Wert auf eine Reduzierung der Erntemengen.

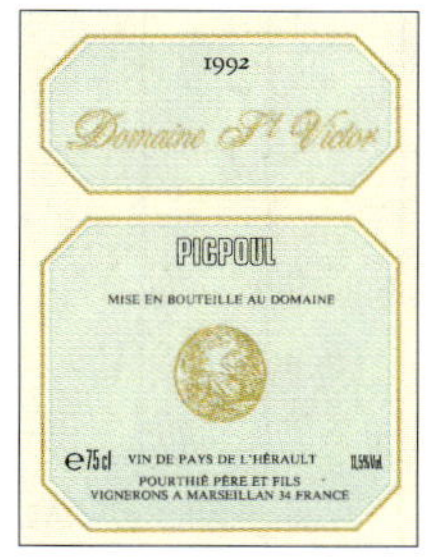

brauch von Vin de pays in der Bundesrepublik verzwölffacht. Frankreichs Politik lockte und zwängte weiter. Es gab keine Subventionen mehr für die Beseitigung von Wein-Überschüssen, wohl aber solche für das Aushauen von Reben. In den vergangenen zehn Jahren ging die Anbaufläche des Languedoc-Roussillon um 120 000 Hektar Reben zurück, mehr als es insgesamt in Deutschland gibt.

Die beste Trumpfkarte der Politik, die Winzer im Midi zu immer besseren Weinqualitäten zu bewegen, war der Wink mit der AOC. Diese Appellation d'Origine Contrôlée weist ein Gebiet aus als für die Erzeugung von Qualitätswein geeignet. Dies ist ein höchst begehrter Titel. Die Franzosen gehen übrigens damit weitaus sparsamer um als die Deutschen, bei denen alles Qualität genannt wird. Wenn ein Flecken im Süden die Chance hatte, in die AOC-Oberliga aufzusteigen, dann bedeutete dies für ihn, mit Bordeaux oder Rhône auf einer Ebene zu stehen. Für die Vergabe und Überwachung dieser Appellationen ist das halbstaatliche Qualitätswein-Institut in Paris zuständig, eine strenge Behörde, die dafür bekannt ist, daß sie Bittsteller lange warten und auch öfter abfahren läßt. Hat das Institut endlich ein Gebiet in die engere Wahl genommen, prüft es über mehrere Jahre hinweg die Weine daraufhin, ob sie in der ganzen Breite wohlbeschaffen und vor allem unverkennbar typisch sind. Kontrolleure bereisen die Landschaft, nehmen Bodenproben und Klimadaten, um endlich die Grenzen abzustecken, die oft mitten durch ein Weingut verlaufen können. Vom Antrag bis zur endlichen Vergabe der Appellation vergehen oft zehn Jahre.

Die erste Languedoc-AOC ging nach Fitou, was für Paris eine Art Versuchsballon war. Der Flecken südlich von Narbonne umfaßt kaum 2000 Hektar, so viel wie die Rebberge von Neustadt an der Weinstraße. Es werden dort 700 000 Liter jährlich eines angenehm warmen, gut lagerbaren

MIDI
Zahlen und Adressen

Rebfläche: 330 000 Hektar

Ernte im Schnitt:
22 Millionen Hektoliter, davon 2,9 Millionen AOC-Qualitätsweine

Export nach Deutschland:
90 000 Hektoliter AOC

Weinbaubetriebe:
rund 90 000

Hauptsorten:
Grenache, Carignan

Auskunft: UNICLA Coteaux du Languedoc, Mas de Saporta in F-34972 Lattes (Tel.: 00 33 / 67 06 04 44);

GIP Côtes du Roussillon, 19 Av. de Grand-Bretagne in F-66000 Perpignan (Tel.: 00 33 / 68 51 31 81);

Comité Interprofessionel des Vins du Fitou-Corbières-Minervois, 9 Cours Mirabeau in F-11100 Narbonne (Tel.: 00 33 / 68 90 38 30)

Rotweins erzeugt. Damit wurde das bewußt knapp gehaltene Angebot an französischen Qualitätsweinen sicher nicht gestört. Für die Winzer des Languedoc jedoch war's ein Ansporn, die Aussicht, vielleicht noch weitere Sprünge in die Oberliga zu schaffen.

Die nächste Appellation ging, zur Betroffenheit der Winzer in der weiten Languedoc-Ebene, in den anderen Teil der Bindestrich-Provinz, ins Roussillon, in die schon mehr katalanische als französische Landschaft an den südöstlichen Ausläufern der Pyrenäen. Dort liegen die Rebgärten meist an Hängen, große Ernten sind nicht möglich. Die Weine sind tiefdunkel, kraftvoll, rustikal. Meist munden sie deutlich nach vollreifen Pflaumen, umspielt von eigentümlichen Kräuter-Aromen. Der Genießer meint, die Düfte der Landschaft von Thymian, Rosmarin und Lavendel in dem Wein wiederzufinden. Das Roussillon ist traditionell geprägt, der moderne Landbau des Languedoc läßt sich dort gar nicht einrichten. Es ist nicht ungewöhnlich, in den Weinbergen der Vor-Pyrenäen mit Pferden ackernde Winzer anzutreffen. Was die Prüfer des INAO in Paris besonders für das Roussillon einnahm, war die hiesige Winzergenossenschaft Vignerons Catalans, ein straff organisierter, auf unbedingte Qualität eingeschworener Verein. (Zwischen zwei Absätzen dieses Kapitels habe ich eine zwölf Jahre alte Flasche dieser Coopérative geöffnet, der Wein war köstlich und noch frisch). Inzwischen gibt es im Roussillon auch herausgehobene Villages – Weine nach dem Vorbild der Côtes-du-Rhône. Beste Lage ist Caramany. Aus der Rückschau läßt sich trefflich verfolgen, wie das INAO die Winzer im

Languedoc schliff, einem knöchrigen Pauker gleich, der die Klasse zur Elite führen will, erzieherisch richtig, aber voller Niedertracht, immer unerreichbar hoch mit der AOC-Note im Zeugnis winkend. Die Languedociens mußten Vorleistungen erbringen, in Weingärten und Kellern Ordnung schaffen. Der massige Aramom war überhaupt nicht mehr zugelassen, auch große Partien der an sich gar nicht so schlechten Carignan-Rebe mußten auf INAO-Anweisungen ausgehauen werden. Die für den Midi besten Sorten Syrah, Grenache und Mourvèdre rückten an deren Stelle. Eine solche Umstellung ist mit hohen Ausgaben bei gleichzeitig vorläufigem Verzicht auf Gewinne verbunden: Einen Hektar (100 mal 100 Meter) Reben zu roden und neu zu bestocken, kostet mehr als 20 000 Mark, und vier Jahre lang gibt es keine Trauben. Jacques Bergès, Pionier der Corbières-Region nahe Carcassonne, der wie ein Löwe für die Appellation stritt, ging im eigenen Gut La Voûlte-Gasparets mit feurigem Beispiel voran und wäre beinahe selbst finanziell daran gescheitert. Als nach zehn Jahren Kampf an Heiligabend 1985 endlich im Staatsanzeiger verkündet wurde, daß die Corbières-Winzer einen Teil ihrer Erzeugung nun als Qualitätswein verkaufen dürfen, war die Stimmung von Erschöpfung gezeichnet: kein Feuerwerk, keine Tänze auf den Straßen. Die Appellation brachte zuerst einmal nur Verluste. Die Ernten waren nur noch halb so groß, doch der Handel zahlte nur wenige Centimes pro Liter mehr. Das führte zur Gründung zahlreicher selbstvermarktender Betriebe, Domaines und Châteaux, die den Ruf der Gegend mehrten. Die Cobières sind heute gemeinsam mit dem benachbarten Gebiet Minervois am anderen Ufer der Aude eine respektable Einkaufsquelle. Es gibt barocke Rotweine und frische Rosés zu bürgerlichen Preisen. Wer acht bis zehn Mark pro Flasche ausgibt, bekommt weltweit nichts Besseres. Endlich wurden auch die besten Teile der Coteaux du Languedoc, insgesamt 14 Landstriche, in die AOC-Oberstufe aufgenommen. All diese Flecken liegen auf Schiefer an den südöstlichen Ausläufern der Cevennen. Die Coteaux erstrecken sich etwa von Montpellier bis Béziers. Viele dieser Unter-Appellationen haben nur lokale Bedeutung wie Vérargues, Pic-Saint-Loup oder Quatourze. Drei Namen sollte sich der Weinfreund merken: Saint-Chinian, Faugères und La Clape. Diese stets ordentlichen, preiswerten Weine sind hierzulande öfter zu finden. Die Gewächse von La Clape sind unter ihnen die eigenwilligsten: Sie duften deutlich nach gutem Tabak.

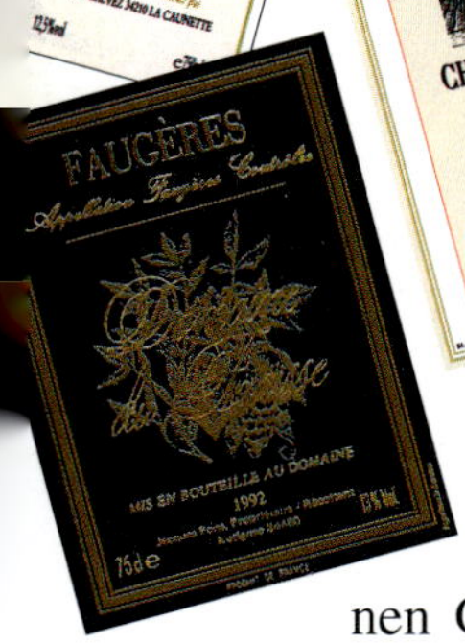

Empfehlenswerte Betriebe

Languedoc:

Domaine du Bosc
(Jacques' Wein-Depot)

Mas Chichet
(Boda)

Château de Fabrègues
(Baus & Provot)

Domaine de l'Hortus
(Kössler & Ulbricht)

Domaine de Resclause
(Jacques' Wein-Depot)

Château Rivals
(Biehl)

Roussillon:

Château de Jau
(Jacques' Wein-Depot)

Domaine du Mas Jaubert
(A&H Segnitz)

Corbières-Minervois-Fitou:

Château Saint-Auriol
(Jacques' Wein-Depot, Boda)

Château La Baronne
(Boda)

Château La Bastide
(Weinland Keiler)

Château Etang des Colombes
(Französische Weinbotschaft)

Château de Jonquières
(Eggers & Franke)

Château Paraza
(Weinland Keiler, FUB)

Domaine Terre Ardente
in Fitou
(Boda)

Château Villerambert
(FUB)

SUD-OUEST

Land der Musketiere

Weinbegeisterte »Zugereiste«, wie der Pariser Top-Manager Alain Dominique Perrin (rechts), haben mit ihrem Engagement den Weinbau im Sud-Ouest entscheidend vorangetrieben.

Die Gegend um Cahors, auf halbem Wege zwischen Toulouse und Bordeaux gelegen, konnte sich rühmen, dereinst Königshäuser zu beliefern, bevor ihr Weinbau-Potential in einen Dornröschenschlaf verfiel. Jahrhunderte war der »schwarze Wein von Cahors« eine Berühmtheit und wegen seines enormen Gerbstoff-Gehalts erst nach 20 Jahren trinkreif, dafür schier unbegrenzt haltbar. Um 1900 vernichtete die Reblaus fast alle Rebgärten. Ein Neubeginn nach dem Zweiten Weltkrieg, von der Regierung de Gaulle großzügig unterstützt, wurde in einer Frostnacht zunichte gemacht. Alles verfiel erneut in tiefen Schlaf. Es gab wohl Fremde, die Häuser und Weinberge kauften – darunter Dänemarks Königin Margarete –, und erst durch zugereiste Außenseiter gelang es, die Gewächse von Cahors wieder weltweit bekannt zu machen. Zum Beispiel Alain Dominique Perrin: Im kalten Frühjahr 1980 stapfte er, in verbeulten Jeans und verwaschenem Pullover, durch das enge, gewundene Tal des Lot. Er traf auf ein verfallenes Château, gut 800 Jahre alt, Lagrézette genannt, verliebte sich auf der Stelle in das Gemäuer und erwarb es wenige Monate später. Eine zweistellige Millionen-Franc-Summe steckte er in den Wiederaufbau, ließ die verwilderten Weinberge neu bepflanzen und baute einen der modernsten Keller weit und breit. Der wohlhabende

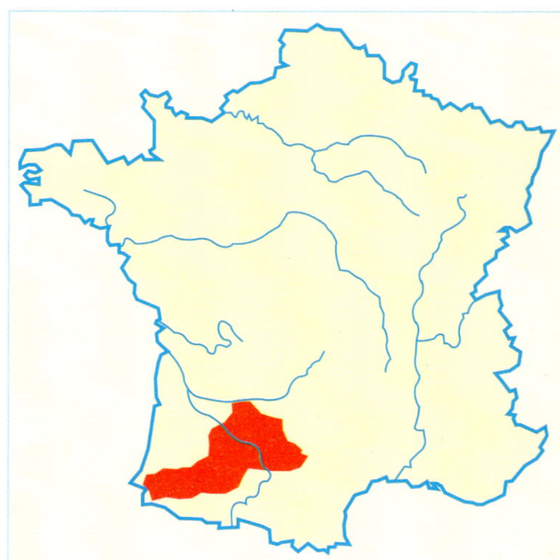

Herr, der in seiner Freizeit abgetragene Kleidung bevorzugt, ist der Präsident des Cartier-Konzerns. Perrin brachte neues Leben in die brachliegende Weinkultur; er strengte sich nicht nur an, auf Lagrézette einen ordentlichen Rotwein zu erzeugen, er sah sich auch als Wiedererwecker des Reblandes.

Der prominente Siedler aus Paris verbündete sich bald mit neun gediegenen Domaines der Umgebung und gründete den Club »Seigneurs du Cahors«, der sich ehernes Streben nach Qualität aufs Banner schrieb. Die noblen Winzer erzeugen gewiß nicht mehr den schwarzen Wein von ehedem. Die alte Tannat-Rebe, deren hartschalige Beeren von Gerbstoff nur so strotzen, verschwindet zusehends. Kein Mensch hat heute Zeit und Geld, um Weine Jahrzehnte im Faß reifen zu lassen. Berater aus Bordeaux gaben den Anstoß, daß neben der – ebenfalls klassisch-urigen – Cot-Traube der fruchtige Merlot eine ideale Ergänzung sei. So ist der Cahors-Wein heute ein Quentchen weniger dunkel, eine Idee geschmeidiger, aber immer noch langlebig. Im fünften Jahr schmeckt er ausgereift, von einem guten Bordeaux nicht mehr so weit entfernt wie früher, auch wenn der Geschmack von Schlehen und etwas Cassis doch eigen ist.

Die Gegnerschaft zu Bordeaux ist der einigende Trieb im sogenannten Sud-Ouest, der Region zwischen Toulouse und dem Atlantik. Das weitläufige, buntscheckige Land links und rechts des Garonne-Flusses wird stets als Einheit herausgestellt, obwohl es die unterschiedlichsten Weingebiete umfaßt. Was haben die leichten Weißweine des Jurançon mit dem üppigen Rosé von Bearn, was die weichen Roten von Marmande mit dem süßen Monbazillac zu tun? All die bunten Flecken auf der Karte des französischen Südwestens blicken zurück auf eine reiche Geschichte. Händler und Erzeuger der Gegend litten unter dem Diktat der Bordelaiser, die jedermann schröpften, der die Garonne oder Dordogne herabgesegelt kam. Gemeinsam war die Reblaus-Katastrophe um die Jahrhundertwende. Nach dem verlorenen Algerien-Krieg siedelte die Pariser Regierung dort ebenso wie im Midi »Pieds noirs« an, Nordafrika-Franzosen, tüchtige Bauern, die den Weinbau

Die Region Sud-Ouest ist kein einheitliches Anbaugebiet; die wichtigsten Bereiche sind Gaillac, Bergerac, Cahors, Jurançon und Madiran. Von den leicht-fruchtigen Weißweinen Bergeracs bis zu dem kernig-farbkräftigen Traditions-Rotwein aus Cahors entstehen hier sehr unterschiedliche Tropfen.

wieder in Gang brachten, aber von keiner Kultur geprägt waren. Es entstanden große Genossenschaften im Sud-Ouest, die zuerst einmal Mengen erzeugten, von denen aber einige heute führend in der Qualität sind, so die im Gaillac, im Marmandais oder in Buzet.

Gehen wir, wie üblich in diesem Buch, von Ost nach West, von Nord nach Süd. Der Sud-Ouest beginnt, weinbaulich betrachtet, im Gaillac nahe Toulouse. Die Winzer dort bezeichnen ihre Heimat gerne als »Mutter von Bordeaux«. Die netten Weinchen, die bis vor wenigen Jahren dort erzeugt wurden, werden dem vollmundigen Titel sicher nicht gerecht. Erst seitdem der junge, in Bordeaux geschulte Kellermeister Alain Boutrit bei der Genossenschaft von Tecou anheuerte, gibt es im Gaillac dichte, ausdrucksstarke Rotweine, die heute knapp unter 20 Mark kosten und in dieser Preisklasse fast allen Bordelaiser Gewächsen überlegen sind. Nordwestlich davon liegen das Cahors und weiter das Rebland von Bergerac, das in vergangenen Jahrhunderten am meisten unter dem Diktat Bordeaux zu leiden hatte. Bergerac-Weine sind eher leicht, fruchtbetont, meist nichts Großartiges, dafür preiswert. Einzig der edelsüße Monbazillac kann der gleichartigen Bordelaiser Konkurrenz, dem Sauternes und Barsac, contra bieten, kostet aber

SUD-OUEST
Zahlen und Adressen

Madiran:
Rebfläche: 1000 Hektar

Durchschnittliche Ernte: 50 000 Hektoliter

Weinbaubetriebe: circa 500

Hauptsorte: Tannat

Cahors:
Rebfläche: 3000 Hektar

Durchschnittliche Ernte: 150 000 Hektoliter

Weinbaubetriebe: circa 700

Hauptsorten: Cot, Merlot

Auskunft: Büro der »Seigneurs du Cahors«, Schneckenhofstraße 13 in 60596 Frankfurt (Tel.: 0 69 / 61 06 84)

Gaillac:
Rebfläche: 1100 Hektar

Durchschnittliche Ernte: 80 000 Hektoliter

Weinbaubetriebe: circa 800

Hauptsorten: Syrah, Cabernet-Sauvignon

Auskunft: CIVG Comité Interprofessionel des Vins du Gaillac, Maison de la Vigne in F-81600 Gaillac (Tel.: 00 33 / 63 57 15 40)

Bergerac:
Rebfläche: 13 000 Hektar

Durchschnittliche Ernte: 700 000 Hektoliter

Weinbaubetriebe: circa 5000

Hauptsorten: Cabernet-Sauvignon, Sémillon

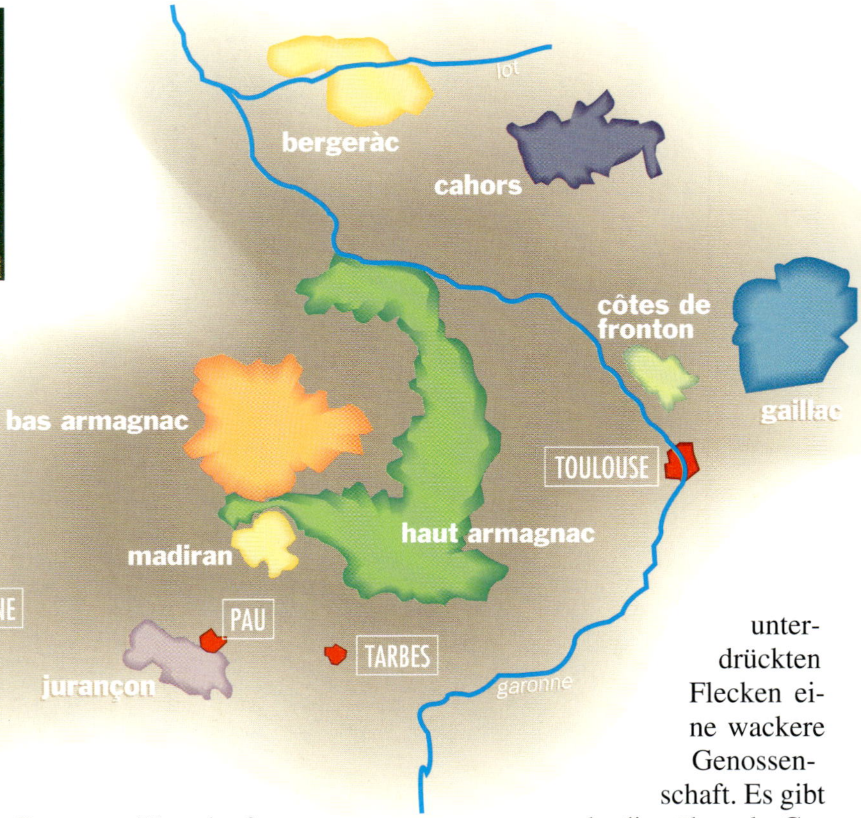

deutlich weniger. Buzet am Unterlauf der Garonne liegt fast vor den Toren von Bordeaux. Die Weinhändler der Metropole wußten stets zu verhindern, daß in ihrem Gebiet eine Flasche Buzet verkauft wurde. Ich möchte aber nicht wissen, wieviel Buzet-Wein früher, pur oder verschnitten als »Bordeaux« in den Handel ging. In den Siebzigern entstand in dem unterdrückten Flecken eine wackere Genossenschaft. Es gibt da die rührende Geschichte von einem ehemaligen Kellermeister des Bordelaiser Super-Château Mouton-Rothschild, der sich auf seine alten Tage einen Spaß daraus machte, die Winzer von Buzet zu beraten. Ergebnis: gute, handfeste Rotweine, die viel Qualität fürs Geld bieten. Im Süden umfaßt der Sud-Ouest das Land der Musketiere,

Gascogne und Baskenland. Bis in die Täler der nördlichen Pyrenäen reicht der Rebbau. Hierzulande finden sich öfter die Weißen aus dem Jurançon, ursprünglich süß, die heute auch trocken angeboten werden, frisch-fruchtig und gar nicht so teuer. Bedeutender erscheinen mir die gewichtigen Rotweine der benachbarten Madiran-Landschaft, die eine ähnliche Geschichte hat wie das Cahors, indem sie von der Tatkraft eines einzelnen geradezu reanimiert wurde: Alain Brumont, Jahrgang 1946, hatte zunächst den Ehrgeiz, der größte Mais-Bauer Südfrankreichs zu werden, bis die Preise für die gelben Kolben fielen und er sich mit gleicher Kraft auf die Erzeugung von Wein warf. Dafür holte er sich sein Wissen im Bordelais und machte deutlich Front gegen die Winzer-Funktionäre seiner Heimat, die alles auf einen leichten. gerbstoffarmen Schoppen setzten, mit allen kellertechnischen Tricks im Stahltank geformt. Brumont hingegen belebte das Handwerk der Väter, kaufte neue Holzfässer, Bordelaiser Barriques, pflegte die anderswo verschmähte Uralt-Sorte Tannat, wurde angefeindet und endlich – die Franzosen lieben solche Titel – vom Feinschmecker-Magazin »Gault/Millau« zum »Winzer des Jahrzehnts« ernannt. Brumonts Wirken hat im Madiran viele Nachahmer gefunden. Die besten Weine von dort sind deutlich teurer als Cahors-Weine, bieten auch noch ein Mehr an Wohlgeschmack.

Empfehlenswerte Betriebe

Cave de Tecou
in Gaillac (Boda)

Château de Chambert
in Cahors (Schlumberger)

Château Lagrézette
in Cahors
(Reidemeister & Ulrichs)

Château Quattre
in Cahors (Weinland Keiler)

Château Barrejat
in Madiran (Boda)

Château d'Aydie
in Madiran (Schlumberger)

Château Bouscassé
in Madiran (Die Französische Weinbotschaft)

Chapelle Lenclos Ducournau
in Madiran (Weinland Keiler)

Domaine de la Croix
in Buzet (Eggers & Franke)

Château de Padere
in Buzet
(Jacques' Wein-Depot)

Château La Jaubertie
in Bergerac
(Weinland Keiler)

Château le Raz
in Bergerac
(Jacques' Wein-Depot)

Benannt nach der gleichnamigen Hafenstadt an der Garonne und Metropole des Südwestens, entsteht im Bordeaux beinahe ein Viertel der gesamten französischen Qualitäts-Weinproduktion.

BORDEAUX

Der Wein-Adel

Die Gegend ist so aufregend wie ein Stück Pappe und sieht auch so ähnlich aus: platt, flach, eintönig. Die höchste Erhebung mißt 30 Meter. Die Kiefernwälder machen einen langweiligen Eindruck, die Dörfer bieten wenig Reize. Nur eine Erdöl-Raffinerie fällt schon vom weitem ins Auge. Nicht mal Radfahren macht dort Spaß; im Frühjahr weht ein strammer Wind vom Atlantik her und bringt viel Regen, im Sommer ist es stickend heiß. Weinkenner in aller Welt jedoch erwähnen den Namen dieser Landschaft nur mit Ehrfurcht: Médoc. Nirgendwo sonst hinieden entstehen so viele überragende Rotweine auf einem Fleck. Snobs kennen die Liste der Grands crus classés, der klassifizierten Hochgewächse, auswendig. Narren nehmen diese Aufstellung der besten Médoc-Adressen ganz wörtlich, obwohl sie aus dem Jahre 1855 stammt. Kaiser Louis Napoléon III. hatte damals bei der Weltausstellung in Paris Weinhändler von Bordeaux aufgefordert, eine Rangfolge der besten Gewächse des Médoc zu erarbeiten. Die Négociants, die Kellerei-Leute, taten das einzig Richtige, sie machten sich die Arbeit leicht, verglichen ihre Preislisten aus vielen Jahren und lieferten zuletzt 61 Namen von Weingütern, die schon immer die teuersten waren, alle säuberlich in fünf Gruppen geordnet. Die These, daß der kostspieligste Tropfen auch der beste sein muß, stimmt in Frankreich weitgehend, anders als in Deutschland. Diese Liste ist bis heute unverändert geblieben, mit einer einzigen Ausnahme: 1973 wurde das Spitzen-Château Mouton-Rothschild vom zweiten in den ersten Rang befördert. In den anderthalb Jahrhunderten hat sich selbstredend vieles im Médoc verändert. Besitzer wechselten, einige Betriebe gingen mehrfach bankrott, französische Versicherungen, englische und japanische Getränke-Konzerne übernahmen Güter, Weingärten wurden ver- und hinzugekauft. Bei kaum einem der ausgezeichneten Châteaux stimmen die Flurgrenzen noch mit denen aus dem vorigen Jahrhundert überein. Das widerspricht aber dem Grundgedanken des französischen Weinrechts, wonach die Lage mit ihren besonderen Böden, ihrem eigenen Kleinklima zuallererst die Qualität eines Weins bestimmt. Doch an der musealen Klassifikation mag niemand in Frankreich rütteln. Da könnte ja einer gleich den Eiffelturm abreißen lassen. Nur respektlose Wein-Journalisten haben immer wieder versucht, die alte Liste zu überarbeiten. Die Redaktion einer deutschen Verbraucher-Zeitschrift drehte endlich all die Vorschläge durch den Wolf und errechnete eine Über-Liste. Das Ergebnis macht staunen: Das meiste ist nach wie vor in Ordnung, nur 14 der 61 Châteaux sind nach überwiegender Meinung der Kritiker heute in der Rangordnung völlig falsch placiert, also stark über- oder unterbewertet. Sieben Güter müßten ausscheiden: Belgrave, Croizet-Bages, Dauzac, Ferrière, Lynch-Moussas, Pédescaux, La Tour-Carnet. Dafür sollten sieben wackere Häuser aus dem unteren Lager der bürgerlichen Gewächse die Chance bekommen, in die Klassifikation aufgenommen zu werden: Gloria, Lanessan, Meyney, de Péz, Phélan-Segur, Poujeau, Sociando-Mallet. Wenn es nach mir ginge, dürfte auch noch mein Liebling Chasse-Spleen aufsteigen, dazu auch noch Angludet. Dann wäre halt die Liste um zwei Namen länger. Wie ich die Franzosen kenne – und schätze – wird es die Médoc-Oberliga auch in den nächsten 150 Jahren unverändert geben. Es ist ja schon imponierend, daß in diesem hektischen Jahrhundert eine mehr zufällig entstandene Rangordnung nach so langer Zeit heute noch zu drei Vierteln stimmt. Das zeigt deutlich, wie sehr unsere traditionsbewußten Nachbarn an alten Werten festzuhalten verstehen.

Dieser lange Atem macht es, daß die Bordelaiser Weine eine so herausragende Stellung genießen. Im krassen Gegensatz dazu steht der Aufmarsch, den das Ländchen an der Gironde alljährlich im Frühling erlebt. Kein anderes Weinbau-Gebiet der Welt hat soviel Besuch von Händlern und Journalisten, die in tagelanger Arbeit

Bordeaux zählt zwar beileibe nicht zu den malerischsten Gegenden des Landes; seine Weine hingegen – vor allem aus dem Bereich des Médoc – nehmen auf der internationalen Rangliste immer noch vorderste Plätze ein.

Die Kellertechnik im Bordelais bewegt sich auf höchstem Niveau. Neben den kalifornischen Gütern zählen die renommierten Châteaux dort zu den ersten Adressen unter den »Lehrstellen« für angehende Kellermeister.

von Keller zu Keller ziehen, um den jeweils neuen Jahrgang zu verkosten. Hernach ist in den Gourmet-Blättern aller Länder nachzulesen, daß unter den Höchsten der Hohen diesmal Lafite um zwei Hundertstel besser ist als Mouton, daß Latour etwa um zwokommafünf Pünktchen weniger Schmelz bringt als die anderen Gestirne am Weinhimmel. Und es gibt genug wohlhabende Verbraucher, die, von eigener Meinung unbefrachtet, das Geschriebene für bare Münze nehmen und bei diesen Bordeaux-Subskriptionen im Frühsommer entsprechend ordern, ohne im geringsten zu wissen, wie die Weine später einmal schmecken werden. Einiger Snobismus ist wohl schätzenswert, doch diese Sorte Weinkauf ist nichts als Torheit. Einen großen Bordeaux sechs Monate nach der Lese zu probieren ist wie in einen grünen Pfirsich beißen. Alles ist hart, der Mund spürt nur Bittere und Säure, dazu den bissigen, ungeschliffenen Gerbstoff, der die Zähne angreift. Wie sich der Tropfen einmal entwickeln wird, läßt sich nur raten. Dazu kommt, daß die Weine später nie so gefüllt werden, wie die neugierigen Besucher sie vorab zu kosten bekamen. Erst nach zwei Jahren kommt erstklassiger Bordeaux in die Flasche. Zuvor hat er lange in neuem Eichenholz gelegen, ist mit Hühner-Eiweiß gereinigt worden. Vor der Füllung bereitet der maître de chai, der Kellermeister, die assemblage, stellt aus den geeigneten Fässerinhalten die rechte Cuvée zusammen, um endlich den für das Château typischen Geschmack zu erzielen.

Bordeaux läßt sich Zeit, also sollte sie sich auch der Weinfreund nehmen. Der Fachhandel bietet herrlich-ausgereifte Flaschen in allen Preisklassen an. Warum immer nach dem jüngsten Jahrgang gieren? Bei Lexika mögen Subskriptionen sinnvoll sein. Doch bei Bordeaux haben sie den einzigen Zweck, dem Erzeuger und dem Händler zu schnellem Geld zu verhelfen. Die Vorverkäufe, während die Weine noch rauh und schroh in den Fässern liegen, haben dem Verbraucher ein einziges Mal etwas gebracht: Als der 82er vorab angeboten wurde, waren die Preise noch günstig. Danach zogen sie rasch an und entschwanden in schmerzliche Höhen. Wer sich diesen legendären Jahrgang früh sicherte, machte ein Schnäppchen. Hernach brachten die Subskriptionen, wenn der Käufer die Zinsen ordentlich einrechnete, nur Verluste. Von 1990 an verzichteten seriöse Fachhändler auf das frühe Geschäft. Sie wußten, daß die Keller im Médoc und in St-Emilion wohlgefüllt sind, daß die Preise nachgeben müßten und empfahlen ihren Kunden lieber die älteren Jahrgänge. 1994 flatterten den Weinfreunden plötzlich wieder wortreiche Aufforderungen ins Haus, sich an Subskriptionen zu beteiligen. Viele Händler

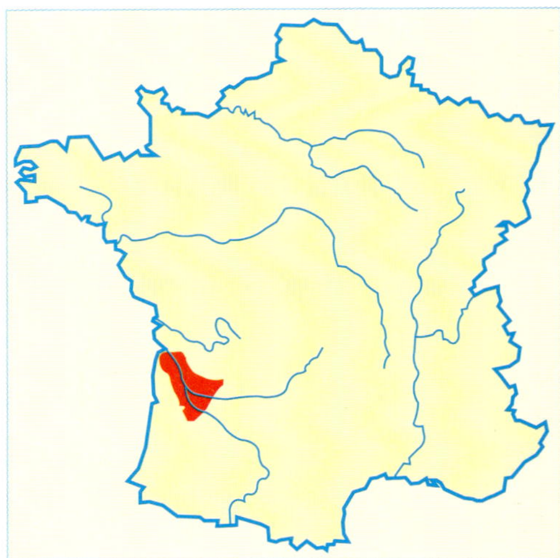

sagten mir, die Châteaux in Bordeaux drängten darauf. Die teure Lagerhaltung müßte entlastet werden, und der Vorverkauf sei die einzige Möglichkeit, Rabatte zu gewähren, ohne das Gesicht zu verlieren. Leider ist der gute Wein von der Gironde nicht nur ein Mittel zum Genuß, sondern auch zum Spekulieren. Der Markt – gesteuert von rund 400 Handelskellereien und Maklern, den négociants und courtiers – bewegt sich alles andere als gleichförmig. In den Siebzigern gab es schon einmal eine Preis-Hausse. Ein Skandal – Kontrolleure fanden spanischen Tinto im Médoc – ließ die Kurse über Nacht fallen. Ein paar Jahre war Ruhe im Markt. Zwei gute Jahrgänge hintereinander, 1975 und 1976, schoben die Preise wieder nach oben. Dann brachte der Herbst 1979 eine überreiche Ernte. Obwohl der Weinwirtschaftsverband CIVB durchsetzte, daß eine halbe Million Hektoliter fürs erste aus dem Verkehr gezogen und in die hinterste Reserve versteckt wurde, sackten die Preise wieder durch. Ein neuer Boom setzte 1984 ein, als der Dollar über drei Mark wert war und die Amerikaner billig in Europa kaufen konnten. Pendelt die US-Währung um den Kurs von 1,60 Mark, ist Bordeaux-Wein für die Yankees zu kostspielig. Producteurs und négociants im Bordelais versuchen, die Notierungen hoch zu

Der Nebel spielt für die Qualität der Trauben eine besondere Rolle, fördert er doch die – gewollte – Edelfäule. Manche Winzer, wie etwa die von Château d'Yquem, lassen die Beeren einzeln lesen; die Weine reifen jahrelang im Faß. Der Preis ist entsprechend immens.

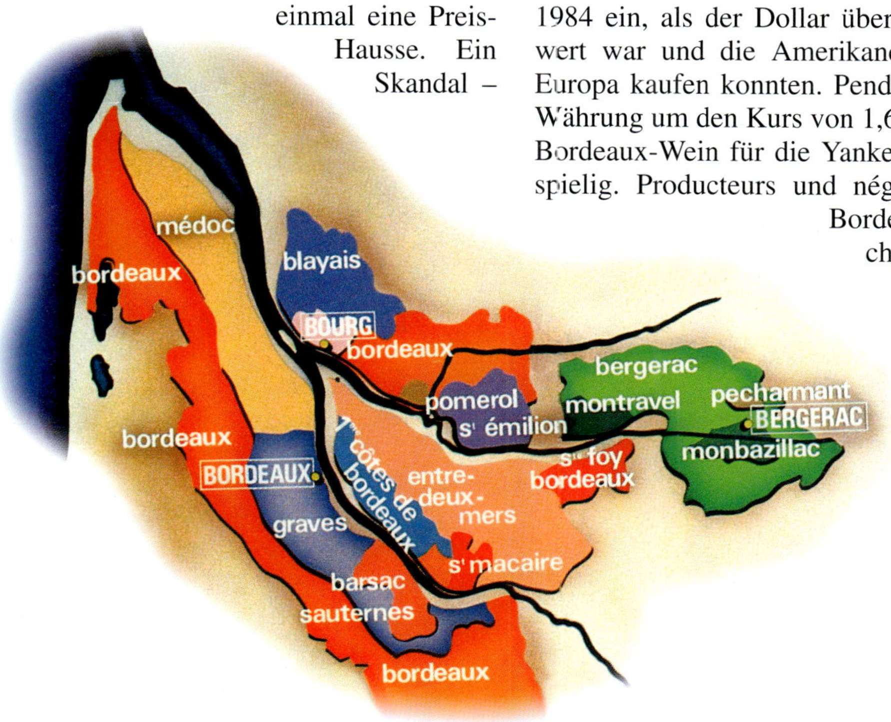

Das gesamte Bordeaux-Gebiet ist in über 50 Appellationen unterteilt, einzelne Herkunftsgebiete, die dem Genießer über die Qualität der dort erzeugten Weine bereits vieles verraten.

halten. Doch in Europa stagniert die Konjunktur um die Jahrhundertwende. Die Snobs, die reichlich und oft viel zu teuer die guten achtziger Jahrgänge kauften, haben ihre Regale im Keller gut gefüllt. Sie halten sich zurück, zumal die Beschaffenheit der Herbste nach dem großen 90er zu wünschen übrig läßt. Es ist tröstlich, wie die Zeit alle wilden Ausschläge der Tagesmärkte glättet. Wer abwarten kann, bis die Weine gereift sind, merkt von den Preissprüngen kaum etwas. Und er wird feststellen, daß der Markt zuletzt vernünftig urteilt. Jene Weine, die trotz Verbleibens in der Bordelaiser Oberliga nicht die beste Leistung zeigen, dürfen auch nicht soviel kosten. Es scheint, als zeichne sich eine Stabilisierung der Preise ab. Ein breites Angebot wartet auf Käufer, und angenehm daran ist, daß es in großer Breite gute Qualität gibt. An der Gironde tummeln sich annähernd 7000 Châteaux, also selbst abfüllende Weingüter, auf einer Fläche, die so groß ist wie Pfalz, Rheinhessen, Mosel und Baden zusammen. Der Stand der Kellertechnik ist dank der hervorragend wirkenden Weinbau-Fakultät an der Universität der Hauptstadt Bordeaux hoch. In den Siebzigern schuf der

große Weinforscher Emile Peynaud wertvolle Grundlagen für eine bessere Ausbildung der Kellermeister. Anders als in Burgund, wo es sich nur lohnt, die Spitzen zu kaufen, bietet Bordeaux auch in der

Mittelklasse mit Verstand gemachte Tropfen. Von 20 Mark an gibt es sehr gute, von 30 Mark an große Weine, die auf der Welt ihresgleichen suchen. Weniger Geld für eine Flasche Bordeaux auszugeben, ist allerdings nicht ratsam. Im Bereich unter 15 Mark sind die Weine aus dem Sud-Ouest und aus dem Languedoc, dort vor

allem von Minervois und den Corbières, fast immer besser. Schauen wir uns doch die interessante Gruppe der Weine zwischen 20 und 30 Mark näher an, in der Bordeaux unschlagbar ist. Das ist sicher auch eine Menge Geld für eine einzige Flasche, doch bieten diese bürgerlichen Gewächse dafür in der Regel einen sonntäglichen Genuß. Im vorigen Jahrhundert, als sich der klassifizierte Wein-Adel unverdrängbar festgesetzt hatte, sicherten sich emporgekommene Kaufleute die Weingärten in der Nachbarschaft der großen Güter. Die sogenannten Crus bourgeoises entstanden, die zwar nicht auf den allerbesten, von Kies und Sand bestimmten, gut entwässerten und daher leicht erwärmbaren Lagen sitzen, dies aber heute dank studierter Winzer-Kunst reichlich wettmachen. Während die Denkmäler der Crus classés meist von anonymen Handelsgruppen dirigiert werden, sind die Bürger-Weine von blutvollen Menschen gemacht. 1932 entstand eine Klassifikation der Crus bourgeoises als getreues Abbild der großen Liste. Auch darin waren feine Abstufungen zu finden in »Crus exceptionnels«, »Crus supérieures« oder »Grands crus bourgeoises«. Diese Titelchen, die gar nichts mehr besagen, finden sich immer noch auf den Etiketten, obwohl sie längst verboten sind. Der kluge Weinkäufer weiß, daß heute etwa 280 Güter im »Syndicat des Crus bourgeoises« zusammengeschlossen sind. Dieser Verein hat sich selbst strenge Regeln auferlegt; wer Mitglied sein will, muß gut sein. Natürlich gibt es Unterschiede, aber die kann der Weinfreund mühelos an den Preisen ablesen. Die besten, wie Chasse-Spleen, Gloria, Meyney oder Poujeau, dürfen halt ein bissel teurer sein.

Merkwürdig, mir ergeht es so, wie allen anderen Wein-Schreibern: Nun ist in diesem Kapitel seitenlang nur vom Médoc die Rede, als ob das Bordelais nicht mehr zu bieten hätte. Dies sind zweifellos Auswirkungen der Klassifikation von 1855; als sie geschaffen wurde, galten die Weine aus den anderen Bezirken um Bordeaux wenig. In der

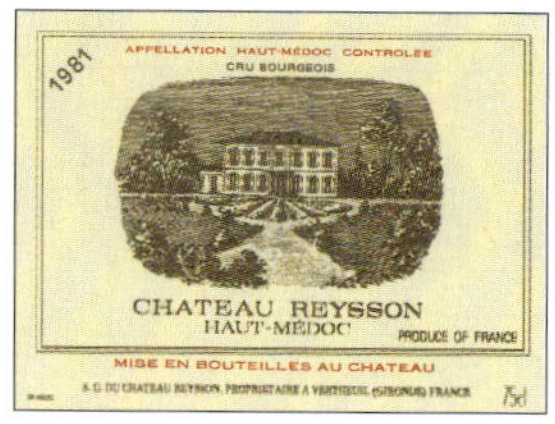

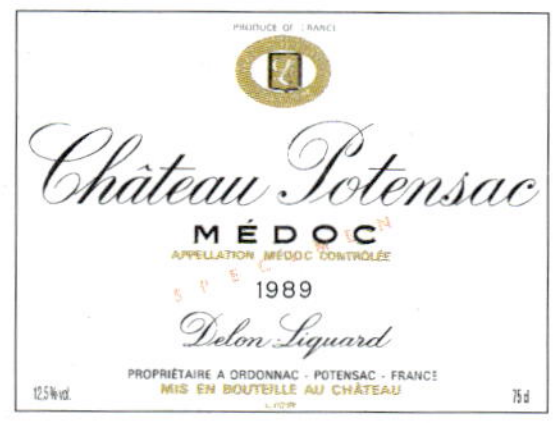

Die Klassifikationen der Bordeaux-Weine gehen auf eine weite Tradition zurück. Vom Premier cru supérieur bis zu den »bürgerlichen« Gewächsen tut sich eine teils verwirrende Vielfalt auf. Doch haben die alten Einstufungen immer noch ihren Orientierungswert.

Zahlreiche Preisschwankungen haben die Weine des Bordelais erlebt. Inzwischen hat sich der Markt stabilisiert, und die Käufer finden neben den hochrangigen Qualitäten, die immer schon deutlich teurer waren, viele gute Weine zu moderaten Preisen.

Bordeaux
Zahlen und Adressen

Rebfläche: 75 000 Hektar, davon 13 000 im Médoc

Ernte im Schnitt: 3,1 Millionen Hektoliter

Export nach Deutschland: 300 000 Hektoliter

Weinbaubetriebe: rund 10 000, darunter 400 Handelshäuser

Hauptsorten: Cabernet-Sauvignon, Merlot

Auskunft: CIVB Comité Interprofessionnel des Vins de Bordeaux, 1 Cours du XXX Juillet in F-33000 Bordeaux (Tel.: 00 33 / 56 00 22 66)

alten Liste ist als einzige Ausnahme der Spitzenbetrieb Haut-Brion aus dem Graves südlich der Hauptstadt enthalten. Heute gibt es auch viele überragende Weine von der anderen Seite der Gironde, aus St-Emilion und Pomerol. Das Médoc ist eben das Flaggschiff der Region; auf Landkarten sieht es wie der Rumpf eines Schiffes von oben betrachtet aus. Das Besondere sind die kiesigen Böden, die das reichliche Wasser der weiten Landschaft gut drainieren. Jenseits des Stromes sind die Böden schwerer, lehmiger, dadurch feuchter; sie werden von der Sonne nicht so stark aufgeheizt. Zwar ist die Landschaft dort hügeliger und viel hübscher, doch erreichen die Weine auch nicht annähernd die Klasse des Médoc. Die beiden großen Ausnahmen eben: St-Emilion und Pomerol.

St-Emilion ist, keine Frage, die schönste Stadt im Bordelais, enthält noch reiche Bausubstanz aus römischen Zeiten. Sie liegt am Bruch eines mächtigen Kalk-Plateaus mit mageren Böden, auf denen die Reben tief wurzeln müssen, um an Nahrung und Wasser zu gelangen. Die Weine sind etwas weicher, leichter zugänglich und auch früher reif als die von Médoc. Das liegt auch daran, daß um St-Emilion neben dem herben Cabernet-Sauvignon viel Merlot gepflanzt wird, der einen runderen Geschmack ergibt. Die Güter dort wollten auch so eine verkaufsfördernde Rangordnung haben wie die berühmten Wettbewerber vom anderen Ufer. Seit 1954 gibt es in dem Gebiet ebenfalls eine Klassifikation mit zwei Gruppen: 63 Grands crus classés und elf Premiers grands crus classés, unter letzteren die beiden unbezahlbaren »A«-Châteaux Ausone und Cheval blanc. Die Liste hat einen kleinen Nachteil, sie wurde nicht von unabhängigen Händlern aufgestellt, sondern vom lokalen Weinwirtschaftsverband zusammen mit dem Pariser Qualitätswein-Institut INAO. Es ist ein offenes Geheimnis in St-Emilion, daß einige wackere Güter nicht aufgenommen wurden, weil deren Besitzer in der falschen Partei saßen. Im großen und ganzen aber stimmt die Rangordnung, sie ist aktueller, damit genauer als die von Médoc. Nordwestlich von St-Emilion schließt sich das Pomerol-Gebiet an, das wiederum auf Kies- und Sand-Geröll liegt. Dort herrscht traditionell die Merlot-Rebe vor, die den Wein so schön rund und mollig macht. Ein guter Pomerol erinnert an den Duft von feinem Gänseschmalz. Vor 50 Jahren noch war die Landschaft ein Nichts unter Weinkennern, heute zählen die Gewächse zu den hochpreisigen im Bordelais. Viele Erzeuger dort wie Vieux Château Certan, La Conseillante, Trotanoy und allen voran Pétrus, der teuerste Rotwein-Produzent der Welt, haben hart an sich gearbeitet.

Auch hilft die Besonderheit der Merlot-Rebe, die früher trinkbare Weine liefert und, wenn Mai und Juni kalt sind, zum Verrieseln neigt. Dann fallen aus den Trauben-Ansätzen viele Beerchen heraus; es gibt wenig Most. Die Umgebung von St-Emilion, Bourg, Blaye, Libourne und Lussac liefert überwiegend anspruchslose Schoppen. Da kauft der Weinfreund im Languedoc - Roussillon günstiger ein. Nur in dem kleinen Landstrich Fronsac macht nun eine Gruppe jüngerer Winzer mit Ehrgeiz und Verkaufstalent von sich reden. Von dort kommen rasch besser werdende Rotweine, die noch preiswert sind. Ganz vorne stehen die Châteaux Moulin Haut-Laroque und du Pavillon. Deutliches Streben nach mehr Qualität ist auch im Flecken Premiers-Côtes-de-Bordeaux zu spüren, der unmittelbar gegenüber der Hauptstadt liegt. Von dort kommen neuerdings anständige Tropfen, die noch nicht soviel kosten. Jean-Jacques Lesgourges, der mit Saatzuchten reich geworden ist und wert darauf legt, daß er im Südwesten die meisten Steuern zahlt, hat sich an den Premiers-Côtes das Château Cadillac zugelegt. Mit Sicherheit macht er daraus etwas Großes. Bleibt noch zu erwähnen: Im Bordelais wird mehr roter als weißer Wein erzeugt. Die meisten Vins blancs kommen aus dem Entre-deux-mers, dem weiten flachen Land zwischen den Flüssen Dordogne und Garonne. Es sind meist anspruchslose, frische Schoppen, die nicht viel kosten. Eine höhere Klasse von trockenen Weißweinen ist im Graves-Gebiet zu finden, für meinen Geschmack nicht so schlecht, aber zu teuer. Da halte ich mich lieber an deutsche Erzeugnisse. Wer's mag, findet endlich in Barsac und Sauternes einige der besten edelsüßen Weißweine. Sie sind rar und kostbar, entsprechend unerschwinglich, dafür schier unbegrenzt haltbar. Liebhaber sammeln so etwas.

Empfehlenswerte Betriebe

Aus der Spitzengruppe* (bis 50 Mark):

Château d'Issan,
3e Cru classé, Margaux in Médoc

Château Canon-la-Gaffelière
in St-Emilion

Château Haut-Batailly,
5e Cru classé, Pauillac in Médoc

Château La Louvière
in Graves

Château Léoville Barton,
2e Cru classé, St-Julien in Médoc

Château Tertre-Roteboeuf
in St-Emilion

Vieux Château Certan
in Pomerol

Clos Labère, Sauternes
(edelsüß)

»Bürgerliche« Gewächse* (bis 30 Mark):

Château d'Agassac
Château Angludet
Château de Camensac
Château Chasse-Spleen
Château Cissac
Château Lanessan
Château Malescasse
Château Potensac

Nicht klassifizierte Güter (bis 20 Mark):

Château Bonnet
von André Lurton (Jacques´ Wein-Depot)

Château Cadillac
von Jean-Jacques Lesgourges (Biehl)

Château Candeley
von Henri Devillaire (Boda)

Château Grand Jour
(A&H Segnitz)

Château Mazeris
von Jean Pierre Moueix (A&H Segnitz)

*Die Grands Crus und die bürgerlichen Gewächse werden von vielen Händlern importiert und sind auch in allen besseren Fachgeschäften zu haben.

VENDEMMIA
1992
VINTAGE
CHIANTI CLASSICO
CONSORZIO
Z 9050904

Verführerisches Italien

Die Griechen der Antike besiedelten lange Zeit Italien und nannten es Oinotria, Land des Weins. Nirgendwo wird mehr »Rebenblut« erzeugt und in alle Welt vertrieben. Jede fünfte Flasche Wein, die in Deutschland getrunken wird, stammt von dort. Die Winzer in Bella Italia sind geniale Verkäufer. Auch die Sprache macht´s: Namen wie Soave klingen verführerisch, Pinot grigio spricht sich dreimal süffiger als das rauhe Wort Grauburgunder, obwohl es dieselbe Rebe ist. Und nicht zuletzt schmecken Italiens Weine so angenehm. Ein Glas davon ist wie Urlaub.

Alto Adige, wie Südtirol in der italienischen Amtssprache heißt, hat eine weit in die Historie zurückreichende Weinbautradition. Die Vernatsch-Rebe, dem württembergischen Trollinger identisch, bringt hier überwiegend einen leichten, unkomplizierten Schoppenwein hervor, der kaum Tannine aufweist und deshalb eine hell-rubinrote Farbe zeigt.

OBERITALIEN

Machtvoller Aufbruch

Haben Sie schon einmal vom Kalterersee gehört? Richtig, das war dieses süßliche, dünne Zeug, das ehedem auf Schüler-Parties ausgeschenkt wurde. Das ist eine ganze Weile her. Früher war dieses Weinchen, großzügig in Anderthalb-Liter-Buddeln gefüllt, der Renner in den hiesigen Supermärkten. Heute ist nur noch selten eine Flasche zu sehen. Die Bundesbürger, die dereinst nicht genug davon kriegen konnten, mögen den Kalterersee nicht mehr. Lediglich in die Schweiz gehen noch größere Mengen dieses leichten, hellroten, von Haus aus trockenen Weins. Die Eidgenossen haben aber schon immer die besseren Sorten bezogen und die süßliche Ware, mit der die Deutschen sich haben tränken lassen, niemals angerührt. Zur Ehre der Südtiroler, aus deren schönem Land der Kalterersee stammt, muß gesagt werden, daß sie diesen Wein nie so machten, wie er hierzulande ankam. Das war das Werk von Verschnitt-Kellereien, meist in Bayern beheimatet, die das Weinrecht lässig zu ihren Gunsten auszulegen wußten.

Die Südtiroler haben diese Mengereien verzweifelt angeklagt. Sie schufen Schutzgemeinschaften und erreichten, daß ihre Erzeugnisse zu kontrollierten DOC-Qualitätsweinen (Denominazione di Origine Controllata) erhoben wurden. Sie handelten mit den Deutschen aus, daß mit mehr Sorgfalt gefertigter Kalterersee den Zusatz »Auslese« tragen durfte. Es nutzte alles nichts. Ganz schuldlos daran waren die Winzer aber nicht. Als ihr Wein in Deutschland nachgefragt wurde, dehnten und streckten sie unablässig das Rebland, das ursprünglich nur die Weingärten um den Lago di Caldero umfaßte, bis es

sogar ins benachbarte Trentino reichte und dort 2000 Hektar bedeckte, das Zehnfache der ursprünglichen Größe. Zudem wußten die Bauern die Fruchtbarkeit der Sorte Vernatsch zu nutzen, die nichts mit der mittelitalienischen Vernaccia zu tun hat, vielmehr mit Württembergs Trollinger identisch ist. Sie banden die Weinstöcke zu ausladenden Pergolen hoch, bewässerten, düngten sie kräftig und durften reichen Erntesegens sicher sein. Doch wenn es einmal von einem Wein ständig mehr gibt, so lehrt die Erfahrung, dann mengen am Ende die großen Abfüller ungeniert mit, solange bis der Verbraucher plötzlich den Appetit verliert. Die Zeit, da ein Hofmedicus mit Namen Hypolitus von Guarinone schreiben konnte, die »Caldererseewein haben in Tyroll nichts daß ihnen möge verglichen werden«, liegt fast 400 Jahre zurück. Der weiche, leichte Rote, arm an Gerbstoff und Säure, wird von Urlaubern in Südtirol noch gerne getrunken. Am Ort ist er ein unkomplizierter Genuß, ein Jausenwein, zu Speck und Schüttelbrot aus einfachen Bechern zu schlucken. Dieser Durst reicht aber nicht mehr, den Ertrag ziellos ausgedehnter Vernatsch-Flächen zu vertilgen. Diese Sorte, die früher zu Südtirol gehörte wie ein Etikett zur Flasche, ist heute das drängendste Problem des Landes an der Etsch. Die Lage Kalterersee wird wieder verkleinert. Jene acht Dörfer im Trentino, deren Trauben früher willkommen waren, gehören nun nicht mehr dazu und sind vermutlich gar nicht unglücklich darüber. Die meisten der großen Kellerei-Genossenschaften, die zwei Drittel der Südtiroler Ernte aufnehmen, haben die Preise für Vernatsch jetzt so gestaffelt, daß es sich für die zuliefernden Winzer nicht mehr lohnt, große Mengen zu ernten. Die Chefs der Kooperativen wollen damit erreichen, daß die Schiava, wie die Sorte auch genannt wird, sich zurückzieht und dem Weißburgunder oder Chardonnay Platz macht, auf die Südtirol derzeit große Hoffnungen setzt. Es gibt ein beeindruckendes Foto von Luis Raifer, wie er aus dem Faßkeller steigt und ins gleißende Sonnenlicht blinzelt, ein Bild von hoher Symbolkraft. Raifer ist Pionier eines neuen Verständnisses von Wein-Qualität in Südtirol. Er war der erste in der Provinz, der die Abkehr von der Mengen-Erzeugung nicht nur predigte, sondern auch selbst betrieb. Die von ihm geführte Schreckbichl-Kellerei in Girlan hatte noch in den Siebzigern ungehemmt beim Kalterersee-Rush mitgemischt. Doch als der Chef sah, daß die Geschäfte magerer wurde, riet er, ja befahl er geradezu den Winzern, wo irgendwie möglich den Vernatsch/Schiava zu roden und dafür Sorten zu setzen, die beim europäischen Publikum besser ankommen: die weißen Burgunder-Spielarten und den Bordelaiser Cabernet. Sodann ermunterte er seinen Kellermeister Ignaz Niedrist, den bestmöglichen Wein herzustellen. Es entstand die deutlich an französischen Vorbildern geschulte »Linea Cornell«, benannt nach einem alten Winzer-

Südtirol und Trentino

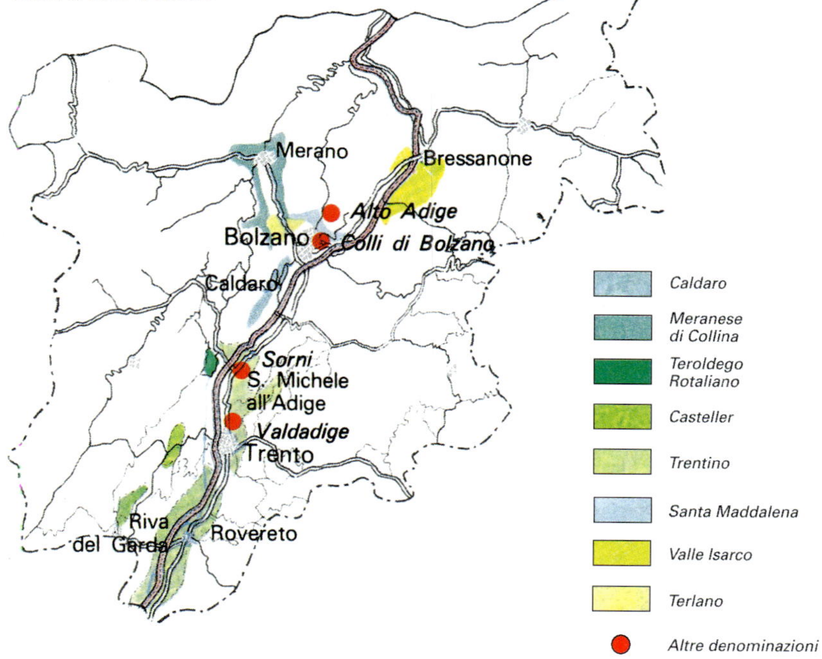

Die Winzer in Südtirol konzentrieren sich mehr und mehr auf An- und Ausbau gehaltvoller Qualitätsweine. Von der Vernatschrebe führt der Trend inzwischen geradlinig zu kostbareren Sorten.

Wo der Himmel voller Trauben hängt, läßt sich´s besonders angenehm genießen. Neben Südtirol und Trentino gehören auch weniger bekannte Weingebiete, etwa Veltlin, zu Oberitalien.

hof, der schon seit langem zu Schreckbichl gehört. Besonders die Rotweine dieser Serie erregten Aufsehen. Sie waren zwar mit 25 Mark pro Flasche nicht eben billig, aber genauso gut wie ausländische Weine dieser Preisklasse. Sogar die Italiener, die Südtirol bis dahin als wunderliche Fortsetzung von Deutschland ansahen und seine Weine ablehnten, begannen sich für die neue Klasse aus dem Etsch-Tal zu begeistern. Das kaum Glaubliche daran ist: Der machtvolle Aufbruch, den Norditaliens Weinbau seit einigen Jahren erlebt, ging nicht so sehr von tüchtigen Weinbauern aus. Schreckbichl ist eine von den großen Kellerei-Genossenschaften, auf die gerne alle Übel in der Weinwirtschaft geschoben werden. Der Dr. Luis Raifer mußte widerstrebende Winzer bekehren, deren Glaube bis dahin stets lautete, daß jener Bauer der beste sei, der die reichste Ernte einfährt. Bald fanden sich Nachahmer. Weitere Genossenschaften, wie die von Andrian und Eppan, viele private Kellereien, wie Franz Haas, W. & G. Walch, Franz Kupelwieser, Schloß Schwanburg oder Hans Rottensteiner, schränkten ihre Ernten ein, kauften nicht mehr – wie früher üblich – im benachbarten Trentino oder gar in Süditalien noch Most zu und brachten mit Ehrgeiz gemachte, nobelst ausgestattete Cuvées auf den Markt. Südtirols Star ist die Handelskellerei von Alois Lageder in Bozen, um deren »Löwengang«-Weine sich weltweit die Importeure streiten, die wie keine zweite den Ruhm des Südtiroler Weins mehrte und mit rund 300 Winzern Verträge hat. Mittelpunkt in Lageders Reich ist wohl das eigene Weingut, von dem die besten Flaschen kommen. Doch läßt sich – das aufstrebende Unternehmen beweist es – auch aus zugekauften Trauben ein hervorragender Wein fertigen. Lageder setzt bei seinen gehobenen Partien klar auf französische Sorten, Cabernet, Merlot, Chardonnay. Doch auch mit dem altgewohnten Vernatsch, der ja nun mal da ist, gibt er sich Mühe und geniert sich nicht, auch Kalterersee anzubieten, mit dem Zusatz »Auslese classico superiore«. Bei diesem Wein ist so viel Geklingel wohl nötig, damit die Kunden wissen, daß sie etwas Besseres bekommen, wofür sie denn auch ein paar tausend Lire mehr bezahlen müssen. Aus dem Vernatsch läßt sich durchaus ein ordentliches Stöffchen herstellen, wenn auf Ertrag verzichtet wird. Die Winzer, die ihre Weinberge rund um Bozen liegen haben und »St. Magdalener« anbieten, bieten den besten Beweis hierfür. Dieser früher klangvolle Name war leider auch etwas herabgewirtschaftet, doch die Erzeuger rafften sich zu Stärke auf und keltern nun wieder beachtliche Qualitäten. Sie schneiden ihre Reben kurz, bewässern sie nicht mehr, düngen sparsamst, entfernen da und dort im Sommer überschüssige Trauben. Noch warten sie auf den Lohn für ihr Streben. Der St. Magdalener, in Deutschland vor zehn Jahren hochbeliebt, findet jetzt nur noch wenige Abnehmer. Und den Italienern, die neuerdings für Südtirols frisch-herbe Weißweine schwärmen, klingt der zarte Rote aus Bozen (scusi: Bolzano) zu

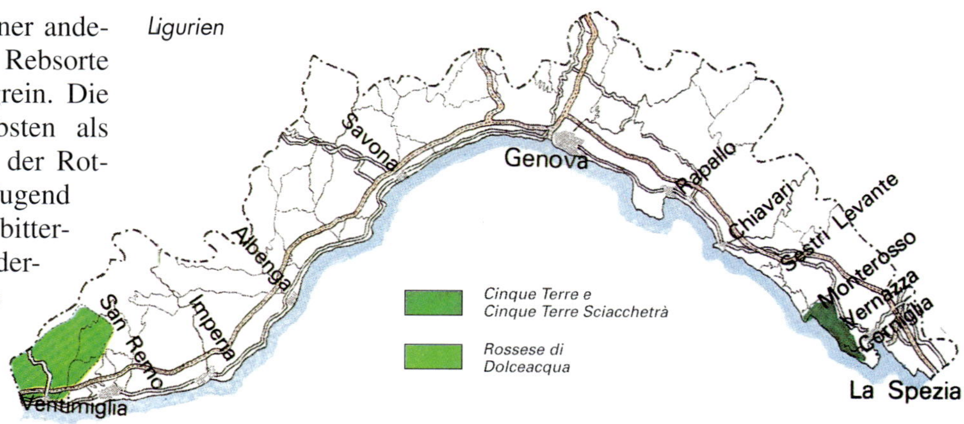

deutsch. Ähnlich geht es mit einer anderen uralten, grundsätzlich guten Rebsorte aus dem Norden, mit dem Lagrein. Die Touristen trinken ihn am liebsten als »Kretzer«, als Rosé. Besser ist der Rotwein Lagrein dunkel, in der Jugend reich an Gerbstoff und etwas bitterlich, mit den Jahren jedoch wundersam weich und rund. So etwas möchte einem Genießer in Mailand oder Rom wohl behagen, doch kann er mit der nordisch klingenden Bezeichnung rein gar nichts anfangen. Es ist das Schicksal der Südtiroler, weder deutsch noch italienisch zu sein. Die Suche nach der eigenen Identität ist noch nicht abgeschlossen. So sieht es auch Mario Pojer, Mitinhaber des Star-Weingutes Pojer & Sandri im Trentino. Und er fügt an: »Wir ernteten unsere Trauben immer nur für die anderen.« Bis 1990 gingen jährlich 22 Millionen Liter Schiava zum Kalterersee. Der rassige Trentiner Chardonnay ist in der oberitalienischen Sekt-Industrie begehrt, ergibt tatsächlich einen appetitlichen Spumante. Der Weißburgunder (oder Pinot bianco, wie er in der Gegend heißt) wird zum Teil in die Toscana gebracht, wo er den beliebten Galestro-Tafelwein ein wenig frischer macht. Die Kellerei in Lavis, die als die beste Genossenschaft weit und breit gilt, auch in Deutschland gut vertreten ist, füllt nur fünf Prozent der Erzeugung selbst ab. Der Rest wandert lose im Tank in andere Gegenden. Doch es ändert sich viel. Eher als die Südtiroler begannen die Trentiner, den nicht mehr gefragten Vernatsch/Schiava auszuhauen. Der Anteil an der gesamten Ernte ging in zehn Jahren von 50 auf 20 Prozent zurück. Dafür wird ständig Chardonnay gepflanzt. Insgesamt schrumpft die Trentiner Weinwirtschaft. Im Süden der Provinz, wo sich das Tal der Etsch zur weiten Ebene in Richtung Lombardei öffnet, geht der Rebbau zurück. Dort bringt er ohnehin nur Menge und wenig Qualität, stattdessen wird Obst angebaut. Trentinos Weinbau konzentriert sich auf die Hanglagen an der oberen Etsch, was einem Wunder gleicht, weil dort die Arbeit härter, der Ertrag geringer ist. Dafür kommt mehr Geschmack in die Flasche. Die Böden sind für die Reben ideal: eiszeitliche Geröllmoränen. Nur eine Ebene im Trentino, der Campo Rotaliano, bringt einen hervorragenden Rotwein hervor. Der Teroldego ist ein tiefdunkler, kraftvoller, in seiner Jugend etwas rauher Wein, der herzhaft nach Kirschen schmeckt. Eine weitere Rotwein-Spezialität ist der fruchtbetonte Marzemino, der auf Basalt wächst. Es gibt nur etwa 100 000 Flaschen davon im Jahr, die nicht reißend weggehen, obwohl Wolfgang Amadeus Mozart ihm im »Don Giovanni« ein kleines Denkmal gesetzt hat. Neben den weiter nördlichen Regionen Piemont und Venetien, die gesondert dargestellt werden, liegen in Oberitalien einige Weinbau-Gebiete, aus denen hierzulande

OBERITALIEN
Zahlen und Adressen

Südtirol:
Rebfläche: 5100 Hektar

Ernte im Schnitt: 500 000 Hektoliter

Export nach Deutschland: 80 000 Hektoliter

Weinbaubetriebe: circa 5000

Hauptsorten: Vernatsch, Weißburgunder

Auskunft: Südtirol-Information, Postfach 860 720 in 81634 München (Tel.: 0 89 / 45 50 37-0)

Trentino:
Rebfläche: 8700 Hektar

Ernte im Schnitt: 900 000 Hektoliter

Export nach Deutschland: 200 000 Hektoliter

Weinbaubetriebe: circa 8000

Hauptsorten: Vernatsch, Chardonnay

Auskunft: Trentino-Büro Jochen G. Bielefeld, Am Hechenberg 61 in 55129 Mainz (Tel.: 0 61 31 / 59 30 34)

Fortsetzung auf Seite 116

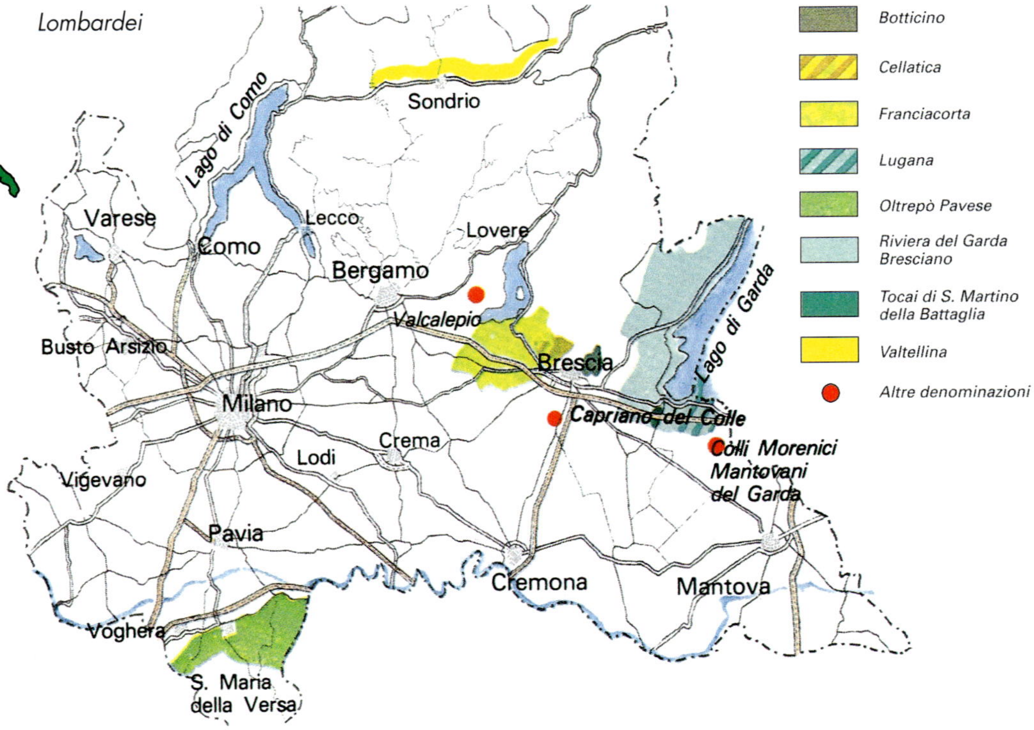

Empfehlenswerte Betriebe

Giorgio Grai
Südtirol (Harald Bremer)

Frans Haas
Südtirol (Griepenburg)

Karl Martin
Südtirol (vom Ende)

Clemens Waldthaler
Südtirol (Weinberger)

Bolognani
Trentino
(Kössler & Ulbricht)

Conti Bossi-Fedrigotti
Trentino
(Mövenpick, Weinberger)

Pojer & Sandri
Trentino
(Wein Wolf)

Armando Simoncelli
Trentino (Stella)

Nino Negri
Veltlin
(Weinland Keiler)

Cavalleri
Lombardei
(Tristano)

Doria
Lombardei
(Jacques' Wein-Depot)

Castello di Luzzano
Lombardei
(Kalmund & Juczyk)

kaum eine Flasche zu finden ist. Diese Landschaften sind klein, ihre Weine von besonderer Art. Da reicht die Erzeugung kaum, den Durst am Ort zu stillen. In der Valtellina (Veltlin), die an das schweizerische Engadin grenzt, wird an wenigen Orten wie Grumello, Sassella und Valgella ein nicht eben eleganter, aber glutvoller Rotwein erzeugt. Der Weinbau dort ist hoffnungslos veraltet und beschränkt sich auf steile, schwer zugängliche Terrassen. Oft muß nach Gewittern abgeschwemmte Erde wieder in Kiepen hochgeschleppt werden. Wichtigste Traube ist der piemontesische Nebbiolo, die dort Chiavennasca heißt. Veltliner Höhepunkte sind der »Inferno« und der »Sforsat«, Auslesen mit nicht selten 15 Grad Alkohol. Am ehesten werden hier noch Weine aus der Kellerei Nino Negri angeboten, recht ordentlich und gar nicht so teuer. Ähnlich abenteuerlich steil sind die Reben-Terrassen an der ligurischen Küste. Die reizvolle Landschaft um die Cinque Terre ist von Touristen überlaufen. Die wenigen Weißweine der Region, aus Vermentino- und Pigato-Trauben gewonnen, sind rasch weggetrunken. Da den Winzern alles aus den Händen gerissen wird, brauchen sie sich kellertechnisch nicht sonderlich anzustrengen. Doch nach langer Suche kann man fündig werden: zum Beispiel bei Piero Lugano in Chiavari. Die weite Ebene nördlich und östlich von Mailand ist ein einziges Industriegebiet, die einst liebliche Landschaft zerfressen von überproduzierenden Kombinaten. Und doch gedeiht in dieser Gegend manch guter Tropfen. Zwischen dem Stahl-Zentrum Brescia und dem Lago d'Isea liegt die Franciacorta, die für rassigen Vino bianco und – noch besser – für hochklassigen Spumante bekannt ist. Die beiden meistgenannten Häuser dort, Cavalleri und Ca'del Bosco, sind sowohl in Sekt wie in Weißweinen stark. Letzterer Betrieb ist teurer, zu teuer, ersterer besser. Vom Südufer des Lago di Garda kommt ein meist angenehmer bis sehr guter Weißwein, der Lugana, auch in Deutschland öfter zu finden. Als hierzulande kaum bekannter Höhepunkt des lombardischen Weinbaus gilt das Oltrepò Pavese, das Hügelland südlich von Pavia jenseits des Po-Stromes. Es wachsen dort granatrote, granatenschwere Rotweine mit Fantasienamen wie »Buttafuoco« (Flammenwerfer) oder »Barbacarlo« (Kaiser Karls Bart).

PIEMONT

Wein aus dem Nebel

Barolo – der Wein aus der gleichnamigen Region läßt Weinfreunde in höchsten Tönen schwärmen. Dieses Anbaugebiet bringt Tropfen hervor, die zu den bemerkenswertesten Rotweinen Italiens zählen. Einfacher Barolo muß drei, eine Riserva mindestens fünf Jahre gelagert sein, bevor ein weiteres, mehrjähriges Flaschenlager sich anschließt.

Nahe dem Städtchen Annunziata besitzt Lorenzo Accomasso – ein Winzer von der alten Sorte, ein recht knorriger, bäuerlicher Typ – ein kleines Weingut. Er schneidet seine Nebbiolo-Reben kurz. Aus der Nachbarschaft holt er sich Stallmist. Zum Glück ist im Umland der emsigen Industrie-Stadt Alba die Viehzucht noch nicht ausgestorben. Im Herbst wartet Accomasso, bis die späten Nebel die Hügel wie in Watte kleiden, dann erntet er. Die Trauben werden zu Maische vermahlen, wochenlang gärt der Brei vor sich hin, währenddessen frischer Alkohol die dunkle Farbe, aber auch reichlich Gerbstoff aus den Beerenschalen laugt. Nach dem Abpressen kommt der Most unbehandelt ins Faß, wo er bis zu drei Jahre lang ruht. Dabei nimmt der heranreifende Wein aus dem Eichenholz Lohe auf, also noch mehr Gerbsäure. Bevor der Winzer füllt, legt er Wert auf ein Zwischenlager in Damigiane – Flaschen, die etwa 50 Liter fassen. Dort können sich Trubstoffe absetzen, der Wein reinigt sich selbst. Geschwefelt wird kaum, zum Schönen reicht etwas Ei-Klar, wenn überhaupt nötig. Wird der Wein endlich im vierten, oft erst im fünften Jahr gefüllt, dann ist er rauh, bitterlich, hart und verschlossen. Erst nach langem Zuwarten wird er weich und bekommt sein charakteristisches Aroma von Brombeeren. Doch auch Düfte wie von moderndem Laub und von Trüffeln steigen auf. Accomassos Wein kann bequem 20 Jahre alt werden, und sein Erzeuger sagt, daß er dann eigentlich erst richtig schmecke.

Keine drei Kilometer davon entfernt in Castiglione Falletto liegt auf dem gleichnamigen Hügel die Cantina Bricco Rocche, ein wohlgestalteter, durch und durch zweckmäßiger Bau. Dies ist das Reich der Brüder Bruno und Marcello Ceretto, beide betont neuzeitlich eingestellte, bestausgebildete Weintechniker. Sie wirken wie smarte Geschäftsleute, die genau wissen, was sie wollen. Bei den Cerettos gärt der Most kurz auf der Maische, nur so lange

Neben dem Barolo, der ebenfalls aus der Nebbiolo-Rebe erzeugt wird, spielt der Barbaresco eine gewichtige Rolle im Piemont. Sein Ruf als »kleiner Bruder« hingegen ist nicht in jeder Hinsicht gerechtfertigt.

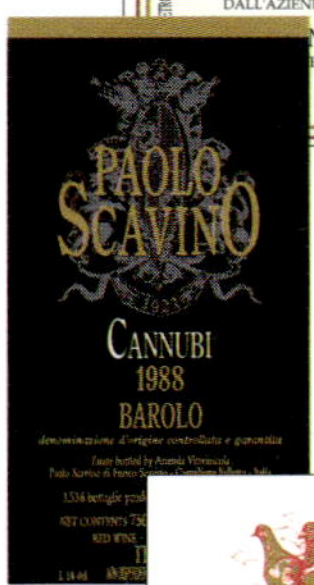

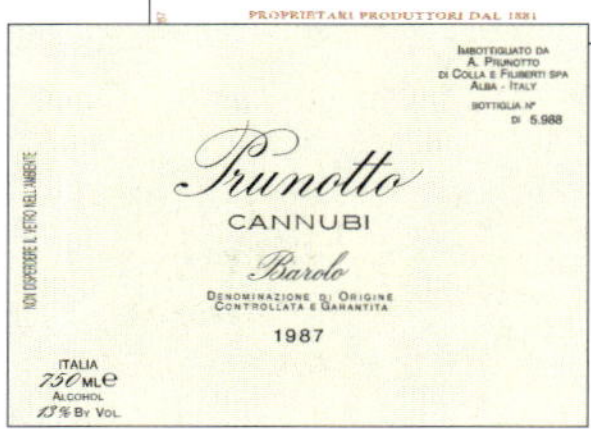

bis sich ausreichend Farbstoff gelöst hat. Nach dem Abpressen wird der junge Wein schonend gefiltert und in gekühlten Tanks aus Edelstahl gelagert, dabei mehrfach »abgestochen«, immer wieder in andere Tanks gepumpt, bis sich kein Trub mehr absetzt. Danach erst kommt er ins Faß, zum Teil auch ins Barrique aus neuem Eichenholz, wie in Bordeaux üblich. Wenn der Wein im vierten Jahr nach der Ernte amtlich zum Verkauf freigegeben wird, schmeckt er bereits reif, rund, betont fruchtig. »Warum sollen denn unsere Kunden noch jahrelang warten, bis sie den teuren Wein endlich trinken dürfen?« fragt Bruno Ceretto.

So unterschiedlich sie arbeiten – Lorenzo Accomasso und die Cerettos zählen gleichermaßen zu den großen Könnern des Barolo, des »königlich« genannten Spitzenweins aus dem Piemont. Der eine hält ehern fest am bäuerlichen Handwerk, so wie es in der Langhe, der herben Landschaft südlich von Alba, seit Generationen noch gepflegt wird. Und es ist nicht so, daß die anderen etwa hudeln. Auch sie gehen ruhig ans Werk, wollen nur nicht alles den Launen der Natur überlassen, sondern den Wein behutsam formen. Gemessen an all der Technik, wie sie heute in modernen Kellern eingesetzt wird – oft durchaus zum Wohle des Weins –, erscheinen die Brüder vom Bricco Rocche immer noch rückständig. Die Weine beider Häuser sind von hoher Klasse, zählen zu den raren, alles überstrahlenden Gewächsen dieser Welt. Auch der Barolo der Cerettos besitzt jenen einzigartigen Profumo morbido, den etwas morbiden Duft, dieses farbenreiche Spiel vom Wohlgeruch dunkler Beeren und Düften herbstlicher Wälder, frisch und welk zugleich. Nur ist deren Wein bereits ein Hochgenuß, wenn er endlich auf den Markt kommt. Ob er sich ebenso wenigstens 20 Jahre hält, wie die Erzeuger gern sagen, muß sich noch zeigen. Die neuen Formen der Barolo-Erzeugung begannen erst Mitte der Achtziger, begleitet von Debatten, wie sie zehn Jahre zuvor die Bordelaiser Weinwirtschaft erlebt hatte.

Treibende Kraft war Renato Ratti, Chef einer angesehenen Kellerei und damals Präsident des Barolo-Verbandes. Er sah's wirtschaftlich und rechnete vor, daß die Verbraucher auf Dauer die ständig steigenden Kosten der langen Lagerung nicht mehr bezahlen wollten. Es mache keinen Sinn, einen Rotwein mit Tanninen (Gerbsäuren) vollzupumpen und Jahre warten zu müssen, bis dieser herbe Stoff

vom Wein wieder ausgeschieden oder durch Alterung weich geworden ist. Ratti warb dafür, die gesetzliche Frist bis zur Freigabe des Verkaufs zu verkürzen; fünf Jahre seien zuviel. Die Kellereien in der Langhe, von denen es einigen trotz der Berühmtheit ihrer Weine gar nicht so gut ging, müßten rascher an Geld kommen. Ratti vermochte sich gegen die Beharrlichkeit der Piemonteser nur wenig durchzusetzen. In seiner eigenen Cantina experimentierte er mit schnellerer Reifung des Barolo, war zuletzt nicht zufrieden mit den Ergebnissen und ist heute wieder ein eigentlich konservativer Weinmacher.

In der Langhe braucht alles seine Zeit. Das Klima ist eher rauh, die Böden sind karg, wenn auch stark mineralisch. Der Nebbiolo, wichtigste Rebsorte, wird spät reif und das auch nicht immer. Die Winzer sagen, ihre Trauben müßten den ersten November-Nebel gesehen haben, damit sie mürbe werden. In einem Jahrzehnt, so die Piemonteser Erfahrung, gibt es zweimal einen großen Barolo, dreimal eine mittlere, annehmbare Qualität. In der restlichen Zeit sollte der Wein nicht unter dem königlichen Namen angeboten werden, sondern als einfacher Nebbiolo d'Alba in den Verkauf gehen. Die Rechnung erklärt zweierlei: erstens warum ein großer Barolo teuer sein muß, zweitens warum es unter diesem Namen oft enttäuschend blasse, dünn-säuerliche Weine gibt, die schon ausgezehrt schmecken, wenn sie gerade in den Handel kommen. Dies sind eben magere Jahrgänge ohne Fülle, die ein über dreijähriges Lager gar nicht durchhalten. Trotzdem hat sie der Erzeuger dann in den Handel gebracht, weil er nicht überlebt, wenn er dreimal hintereinander nur simplen Nebbiolo anbietet. Winzer und Händler schimpfen gerne über versnobte Kunden, die nur nach den vielgepriesenen Jahren greifen. Die Weinfreunde haben recht: Einen Barolo für weniger als 40 Mark zu kaufen, ist hinausgeworfenes Geld. So ein himmelstürmendes Gewächs trinkt der Normalverbraucher ja auch höchstens zweimal im Jahr. Für die Zwischenzeit gibt es

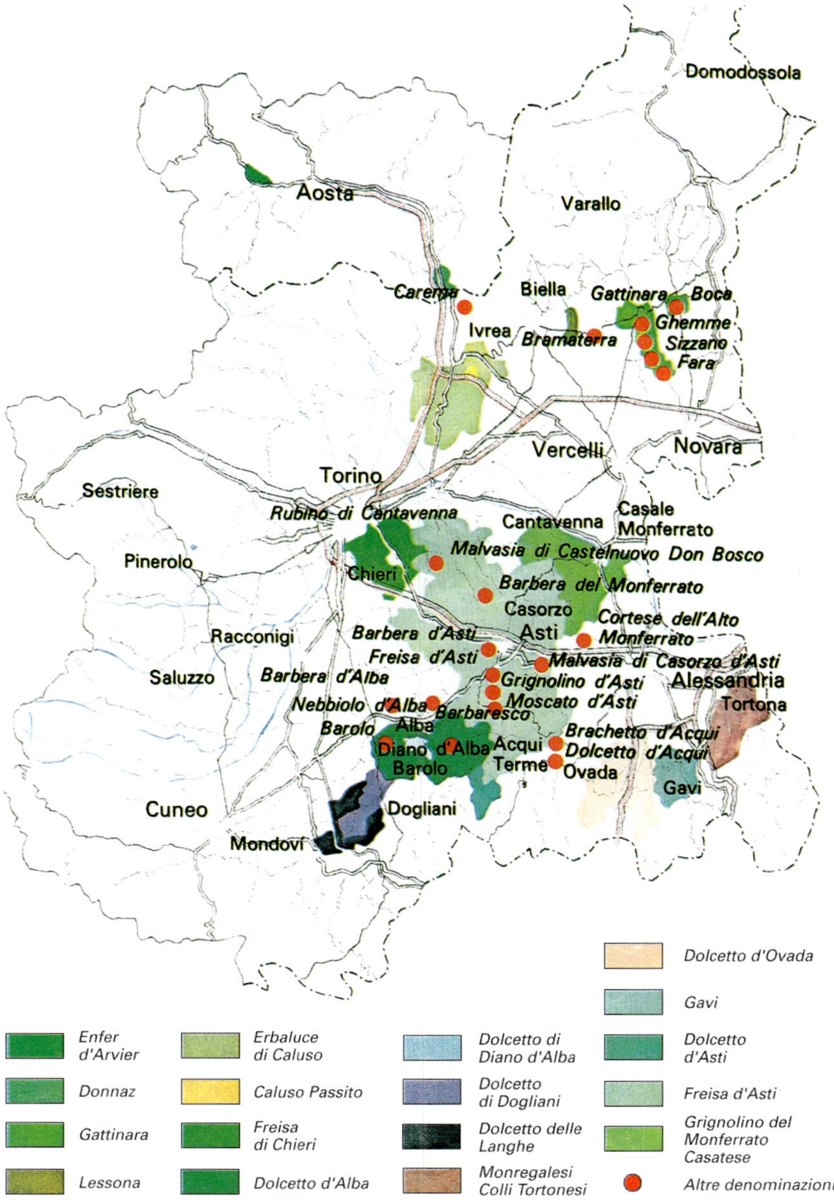

Barolo und Barbaresco dominieren im Piemont alles. Doch lassen sich in der Landschaft um Turin durchaus interessante Entdeckungen machen. Weine, die teils Raritäten geworden sind.

Ähnlich wie bei den Weinen der Bourgogne lohnt es nicht, zu einem preiswerten, einfachen Barolo zu greifen. Unter, sagen wir, 40 Mark bietet Italien eine Fülle anderer gediegener Gewächse.

PIEMONT

Zahlen und Adressen

Rebfläche: 50 000 Hektar

Durchschnittliche Ernte: 3 Millionen Hektoliter

Hauptsorten: Barbera, Nebbiolo

Auskunft: ICE, Italienisches Institut für Außenhandel in Düsseldorf (Tel.: 02 11 / 3 87 99-0)

Barolo:

Rebfläche: 1200 Hektar

Durchschnittliche Ernte: 50 000 Hektoliter

Weinbaubetriebe: 1200

Hauptsorte: Nebbiolo

Barbaresco:

Rebfläche: 460 Hektar

Durchschnittliche Ernte: 21 000 Hektoliter

Weinbaubetriebe: circa 500

Hauptsorte: Nebbiolo

wunderschöne, preiswerte Weine. Und wenn Barolo, dann auch am Essen nicht sparen: Sie nehmen beste Fettucine aus der Molise, lassen Butter aus und raspeln ein paar Gramm Trüffel dazu (es gibt auch gute eingelegte Ware im Glas), nur einen Hauch frischgeriebenen Parmesan daran geben. Dazu schlürfen Sie einen 82er aus gutem Hause und Sie erleben einen Genuß, schlicht und übersteigert zugleich, eben piemontesisch. Von fast gleicher Art ist der Barbaresco, der 15 Kilometer weiter östlich erzeugt wird. Er gilt als »kleiner Bruder des Barolo«, der nicht so schwer und wuchtig daherkomme, dafür einfacher und leichter zu trinken sei. Daran stimmt nur, daß dem Barbaresco das Gewichtige, das allzu Ernste fehlt. Bruno Ceretto erklärt den Unterschied italienisch-männlich: »Wenn mein letztes Stündlein naht, trinke ich Barolo. Wenn ich zu einer Frau gehe, nehme ich eine Flasche Barbaresco mit.« Der eine ist wie Bach, der andere wie Händel. Star des Barbaresco ist Angelo Gaja, ein Fanatiker der Qualität, ein ideenreicher Keller-Virtuose und ein genialer Verkäufer. Er reist jährlich viele Wochen in Europa herum, um für die Weine seines kleinen Anbaugebietes zu werben. Das erklärt, warum Gaja für seine besten Flaschen mehr als 100 Mark nehmen darf. Er ist der teuerste Winzer Italiens. Kennerinnen und Kenner der Langhe, zum Beispiel die Weinhändlerin Christa Klauke, wundern sich stets, daß es im Barbaresco kaum junge, ehrgeizige Winzer gibt, die sich von der Lokomotive Gaja mitreißen lassen. Solche Nachwuchs-Talente findet man dafür zahlreich im Barolo-Gebiet. Das erklärt, warum auch ein großer Barbaresco nie ganz so teuer ist. Also doch: kleiner Bruder. Die beiden gefeierten Gewächse machen nur zwei Prozent der Weinerzeugung im Piemont aus. Da gibt es einen großen Rest annehmlicher bis guter Weine, die roten Dolcetto und Grignolino zum Beispiel, kräftig, kirschfruchtig, jünger zu trinken. Und der Barbera: Die am meisten verbreitete Traubensorte im Piemont ist ein Problemkind – ähnlich wie in Deutschland der Müller-Thurgau. In den achtziger Jahren noch gab es drückende Übermengen vom Barbera. Weine bescheidensten Zuschnitts und zu niedrigsten Preisen störten seinen Ruf. Inzwischen sind mit Hilfe reichlich fließender Zuschüsse weite Flächen gerodet worden.

Auch hat sich Giacomo Borgogno mit seiner Braida-Kellerei in Rocchetta Tanaro einen Namen gemacht. Er wird als »König des Barbera« gefeiert, der mit dem gleichen Ehrgeiz, der gleichen Sorgfalt wie die großen Barolo-Häuser an die geschmähte Traube herangeht. Mit seinem besten Wein, dem Bricco dell' Ucellone, bewies er, daß auch der Barbera zu großen Auftritten fähig ist. Und längst geben sich auch die guten Adressen in der Langhe, die ja neben dem Nebbiolo auch Barbera stehen haben, mit dieser Sorte große Mühe. Das Problem des Barbera scheint wohl überwunden. Es sind kraftvolle, von satter Frucht begleitete Tropfen zu haben, die viel fürs Geld, etwa 15 Mark, bieten. Weißweine sind selten im Piemont. Der beste ist fraglos der Gavi aus der südöstlichsten Ecke der Region. Lange Zeit war er Modewein unter italienischen Feinschmeckern. Er ist gut und leider immer noch recht teuer. Des opernhaften Namens wegen wird auch gerne der Erbaluce di Caluso gekauft, der im Westen Piemonts wächst, schon gegen Turin zu. Der ist nichts Besonderes. Eher empfiehlt sich der Arneis aus dem ans Barolo angrenzenden Roero-Gebiet. Der weiche Tropfen schmeckt vorzüglich zu Piatti de verdure, den typisch italienischen Gemüse-Vorspeisen. Bleiben noch einige seltene Rotweine aus dem Norden des Piemonts zu erwähnen: Bova, Carema, Gattinara oder Ghemme. Es sind eigenwillige, immer etwas rustikale Tropfen, die völlig im Schatten von Barolo & Barbaresco stehen. Die Rebberge, überaus steil, liegen schon hoch in den Voralpen, die Arbeit ist beschwerlich, nur selten werden die Weine vollreif. Die Gefahr besteht, daß diese Raritäten aussterben.

Empfehlenswerte Betriebe

Azelia
Barolo/Barbaresco
(Weinberger)

Michele Chiarlo
Barolo/Barbaresco
(Mövenpick)

Domenico Clerico
Barolo/Barbaresco
(Weinland Keiler)

Cordero di Montezemolo
Barolo/Barbaresco (Stella)

Franco Fiorina
Barolo/Barbaresco
(Bovensiepen, FUB)

Moccagatta
Barolo/Barbaresco
(Kössler & Ulbricht)

Fratelli Oddero
Barolo/Barbaresco
(FUB)

G.u.L. Pelissero
Barolo/Barbaresco
(Kalmund & Juzcyk)

Prodottori di Barbaresco
(Harald Bremer, Vini del Piemonte)

G.D. Vajra
Barolo/Barbaresco
(vom Ende)

Renato Trincero
Asti (Vini del Piemonte)

Nicola Bergaglio
Gavi
(Griepenburg)

VENETIEN

Woran sich Romeo berauschte

Das »Wunder von Friaul« – dieser markante Ausspruch fällt häufiger, wenn es darum geht, die Entwicklung der Region Friuli-Venezia Giulia zu beschreiben. Denn was den Winzern hier seit den sechziger Jahren gelungen ist, nötigt einigen Respekt ab: Aus einem Schattendasein heraus gelingt ihnen inzwischen die Herstellung von Weinen auf internationalem Rang. Rund 45 Prozent der Erzeugung wird als DOC-Wein eingestuft.

Wenn es gilt, das sich 250 Kilometer ausbreitende Land zwischen Gardasee und der slowenischen Grenze zu beschreiben, dann ist es angebracht, ganz im Osten zu beginnen. Dort ist die Weinwelt in Ordnung – noch und auch schon wieder – beides stimmt. Was sich seit Ende der Sechziger in der Provinz Friuli-Venezia Giulia ereignet hat, wird weltweit das »Wunder von Friaul« genannt. Es ist sogar ein Wunder in Fortsetzungen. Vor 30 Jahren hatten die Weine in dem welligen, von Moränen-Hügeln geprägten Voralpen-Land nicht mehr als örtliche Bedeutung. Über das Friaul berichteten die Zeitungen damals nur im Zusammenhang mit einem schweren Erdbeben. Im Oktober 1975 wagten sich einige Winzer der Gegend zur Anuga-Messe nach Köln. Ziemlich hilflos standen sie dort herum und boten ihre Erzeugnisse zum Kosten an: alkoholisch, säurearm, abgestanden, wahrlich nichts Besonderes. Heute zählen Pinot bianco und Tocai, Chardonnay und Sauvignon di Friuli europaweit zu den guten und gewiß nicht billigsten Weißweinen. Dazwischen liegen Jahre unbändigen Strebens, an dem sogar Deutschland ein wenig beteiligt war. Es gibt alte Verbindungen zwischen der Weinbau-Hochschule im rheinischen Geisenheim und dem Friaul. Die Anstalt betreibt dort Rebzucht-Versuche. Freundschaften entstanden, junge italienische Winzer fühlten sich ermuntert, nach Deutschland zu gehen, um die dortige Art der Bereitung von Weißwein zu studieren. So lernten sie, ihre eigenen Vini bianchi frischer, leichter, frucht- und säurebetont herzustellen.

1979, nur vier Jahre nach dem ärmlichen Auftritt in Köln, wurde das Friaul im angesehenen Weinführer von Luigi Veronelli lobend erwähnt. Von 19 mit drei Sternen ausgezeichneten Weißweinen kamen sechs aus der Friuli-Venezia. Darunter

waren auch Gewächse von Mario Schiopetto, der heute als der erfahrenste Weinmacher, der beste Kellermeister weit und breit gefeiert wird. Der große, noch gar nicht so alte Mann des friulanischen Weinbaus besitzt kein Diplom, hat seinen Beruf nie studiert. Der Vater war Gastwirt, der Trauben von Winzern der Umgebung kaufte und daraus zwei Sorten Wein kelterte: bianco und rosso. Als von den Bauern einer nach dem anderen wegen Alters aufgab, mußte Sohn Mario für Nachschub sorgen, aufgekaufte Rebgärten bewirtschaften, neue anlegen. Zwischendurch versuchte sich der Junior in verschiedensten Berufen, verdiente sein Geld auch als Lkw-Fahrer, faßte endlich allen Mut zusammen und pachtete eine mit gutem Keller ausgestattete Villa aus ehemals bischöflichem Besitz, die er zu seinem heutigen Weingut ausbaute. Alles, was er jetzt weiß, hat er sich mit angeborenem Gespür für die Geheimnisse guten Weins selbst beigebracht. Zu Recht sind seine Schätze begehrt und dürfen teuer sein. Schiopettos Glück war sicherlich, der rechte Mann zur rechten Zeit gewesen zu sein. Sein Aufstieg fiel in eine Zeit, in der das Weinland Friaul voller Unruhe war. Eine neue Generation wollte alles ändern und haderte mit den beharrenden Vätern. Leuchteten früher die Augen der Winzer, wenn die Trauben überreif am Stock hingen und einen mächtigen Wein versprachen, so wollten es die Jungen lieber leichter, zarter. In die Geschichte der Region ging der Streit im Hause Jermann zu Villanova di Farra ein: Weil Vater Angelo nicht von der alten Weinbereitung lassen wollte – »Was 200 Jahre gut getan hat, kann heute nicht schlecht sein« –, packte Sohn Sylvio seine Tasche und wanderte nach Kanada aus. Es gebe in Nordamerika auch Rebbau, soll er zum Abschied geschrien haben, doch gottlob weniger Sonnenschein. Jahrelang ließ er nichts von sich hören, dann söhnten sich die Querköpfe aus und teilten sich die Arbeit: Angelo im Weinberg, Sylvio im Keller. Daraus erwachsen einige der schönsten Weißweine des Landes. Bald sprach die Fachwelt Italiens vom friulanischen Stil, den es nachzuahmen gelte, obwohl die Techniken ursprünglich aus Deutschland kamen. Heute ist es im Mittelmeer-Raum selbstverständlich, die Trauben früher zu ernten, sofort schonend zu pressen, den Most scharf zu filtern, zu kühlen und ihn bei Kälte, weitgehend ohne Zutritt von Sauerstoff gären zu lassen. »Reduktiver Ausbau« wird diese Machart

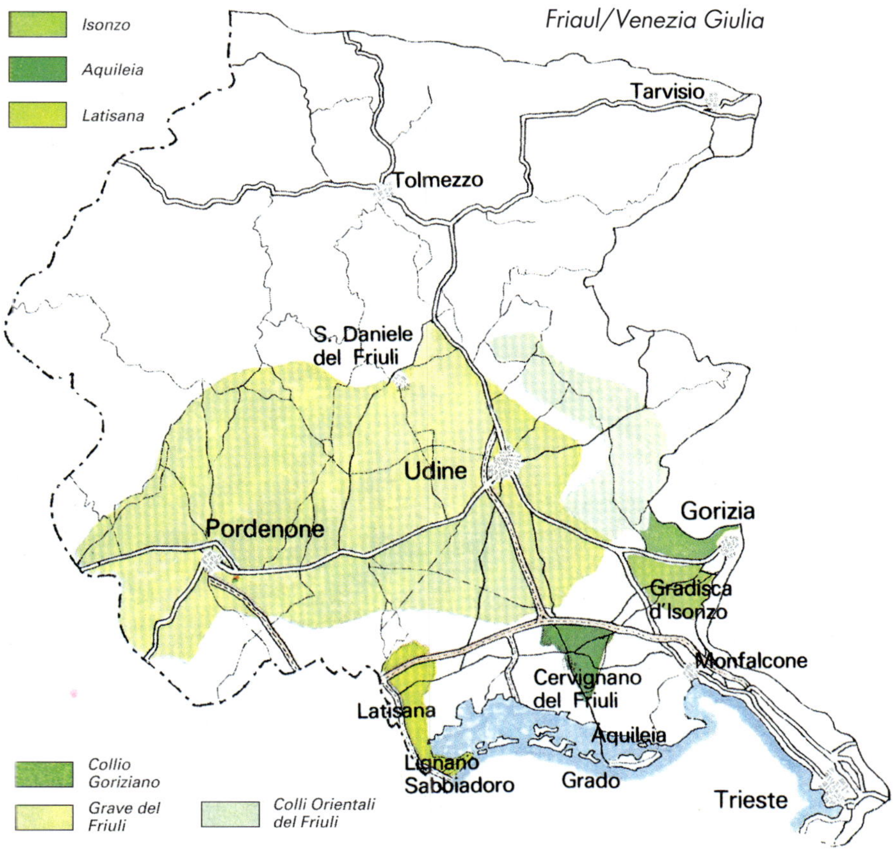

Die Linie der friulanischen Winzer führte über modernistische Umwege zu einer Synthese von Tradition und Neuerung: Von den einst fetten Weinen ging die Entwicklung ins andere Extrem, bis sich ein Standard herausbildete, der zu überaus bemerkenswerten Ergebnissen führte. Neben den renommierten Weißweinen werden hier auch ausgezeichnete rote ausgebaut.

genannt. Tanks von Edelstahl eignen sich dafür besser als Holzfässer. Ist in den ersten Stunden Eile geboten, so soll sich die Gärung möglichst langsam hinziehen, umso besser bleiben die Aromen der Traube erhalten. Bald schon begannen die technikverliebten Nachwuchs-Winzer im Friaul, sich ein wenig zu sehr den blinkenden Spielzeugen im Keller zu widmen. Die Weine wurden immer brillanter und eleganter, bis sie zuletzt alle Eigenart verloren, zu strahlenden Schönheiten wurden ohne inneren Wert. Ein schickes, nach

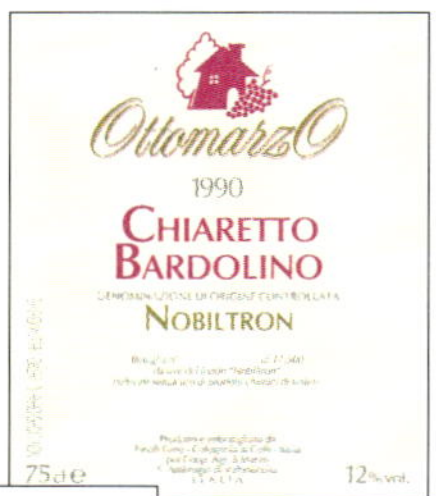

schnellen Genüssen haschendes Publikum spendete Beifall und wehrte sich nicht gegen die schwindelerregend schnell steigenden Preise. Harald Bremer, der als erster Händler die großen Gewächse Italiens nach Deutschland geholt hatte, schaute dem Treiben grimmig zu. Da seien ihm die fetten, oxydierten Weine von früher lieber gewesen: »Ich hatte wenigstens Geschmack im Mund, auch wenn er nicht immer ganz sauber war.« Es bildete sich, behutsam, aber nachhaltig, eine Gegenrevolution. Die älter gewordenen Pioniere begriffen, daß sie beim Metodo friulano in vielem zu weit gegangen waren. Sie schraubten den Einsatz der Technik zurück auf ein kluges Mittelmaß, filterten den Most nicht mehr steril, ließen den Wein von eigenen Hefen gären und gebrauchten nicht länger die völlig neutralen, im Labor gezüchteten Kulturen. Mario Schiopetto, Sylvio Jermann und die Freunde fanden wieder Spaß daran, die Eigenarten der Traube, des Bodens herauszuarbeiten. Paolo Rapuzzi vom Weingut Ronchi di Cialla kaufte zum Erstaunen der Kollegen wieder Fässer, nutzte Holz und Stahl nebeneinander, ließ auch vorsichtig zu, daß die Weine bei der Bereitung doch ein wenig mit Sauerstoff in Berührung kamen, gerade so weit, daß sich der Geschmack entfalten konnte, aber ohne daß Oxydation eintrat. Girolamo Dorigo von der gleichnamigen Azienda Agricola in Buttrio ging noch weiter und tat Dinge, die unter den modernen Oenologen im Friaul streng verpönt waren. Früher war es üblich, die Trauben nicht gleich abzupressen, sondern sie zu mahlen und die so entstehende Maische angären zu lassen. Das ergab extraktreiche, aber doch ziemlich grobe Weine. Die Beerenschalen enthalten neben vielen Geschmacksstoffen auch Gerbsäure, die beim Rotwein gern gesehen wird, Weißwein jedoch derb und ein wenig bitter macht. Dorigo verbindet neue und alte Technik, befreit die Trauben von den Stielen, preßt sie gleich ab und läßt den schonend gesäuberten Most gären. Ein Teil der Rückstände vom Pressen legt er in den Kühlkeller. Später läßt er den fertigen Wein mehrfach für wenige Minuten über die Schalen fließen, nur so lange, daß die guten Aromen herausgespült werden, ohne daß sich Gerbstoff löst. Das nenne ich wahre Kunst: neueste Technologie so zu nutzen, daß vom Althergebrachten das

Beste erhalten bleibt. Zu solchem neoklassischen Stil gehörte auch die Rückbesinnung auf historische Traubensorten, die nur im Friaul wachsen und zum Teil schon vergessen waren: Picolit, Verduzzo, Ribolla. Aus ihnen werden eigenwillige Weine gekeltert, von denen es aber nie für einen internationalen Vertrieb ausreichende Mengen geben wird. Sie bleiben Liebhabern vorbehalten, die sich von den hohen Preisen nicht abschrecken lassen. Der gute friulanische Normalfall sind die Burgundersorten Pinot bianco, Pinot grigio und Chardonnay, Hinterlassenschaften aus Zeiten, da Oberitalien zu Frankreich gehörte und von napoleonischen Truppen besetzt war. Dazu kommt der

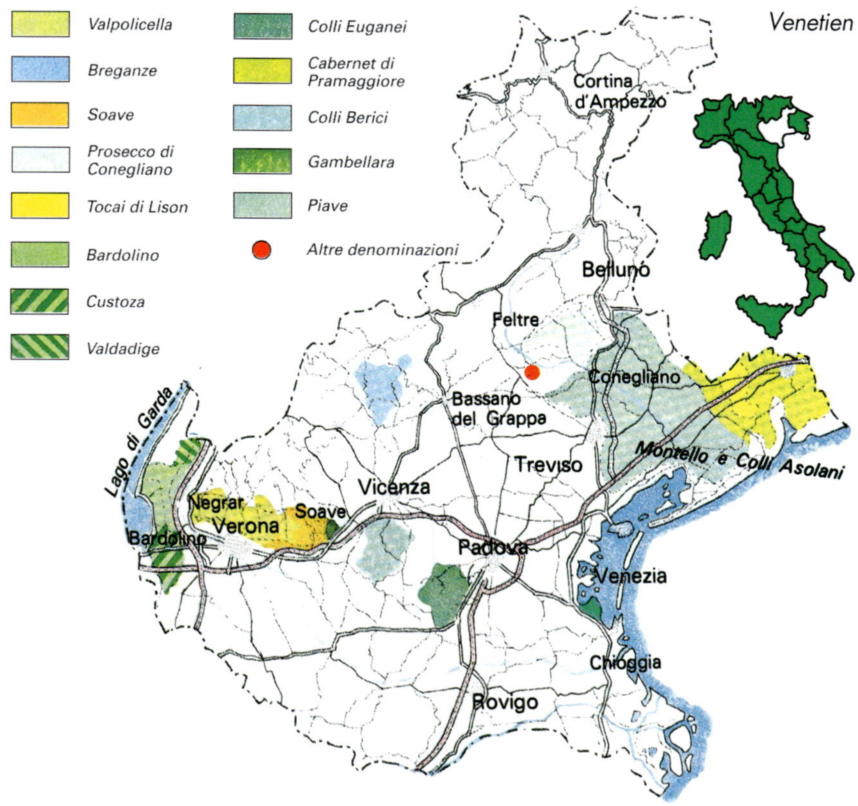

Tocai, eine eigenständige, uralte friulanische Sorte, die nichts mit der ungarischen Tokayer-Traube Furmint zu tun hat. Der Grigio, der Grauburgunder (mit dem badischen Ruländer identisch) ist zum Liebling von hiesigen Ristorante-Besuchern geworden. Ich bevorzuge den Bianco, den Weißburgunder, der etwas rassiger schmeckt. Am besten gedeiht er im Osten des Friauls entlang der Grenze zu Slowenien an den Colli Orientali und im Collio Goriziano. Die Rebberge liegen dort höher, es regnet viel, im Sommer kann es glühen. Insgesamt reifen die Trauben lang und werden dadurch gehaltvoll. Die größte Landschaft im Friaul ist das Grave, das nicht so hügelig ist. Die Weine werden dort kräftig, doch nicht ganz so elegant wie die im östlichen Teil. Das Weißwein-Land Friaul erntet, anderswo wenig bekannt, ein wenig mehr rote als weiße Trauben. Von den dunklen Sorten stammen die meisten aus Frankreich: Blauer Burgunder (Pinot nero), Merlot und der bordelaiser Cabernet-Sauvignon mit einigen Spielarten. Eine neue Generation von Winzern – die Revoluzzer aus den Siebzigern sind längst Väter mit grauen Schläfen – beschäftigt sich hingebungsvoll mit der Bereitung von Rotwein. Die Söhne studieren nicht mehr in Geisenheim, sondern in Bordeaux oder in Kalifornien.

Venetien, das westliche Hinterland Venedigs, hat neben den Klassikern Soave, Bardolino und Valpolicella vor allem Masse anzubieten. Zu viel Chemie ist behilflich, die Leseerträge auf ein Maximum zu treiben. Doch finden sich hier auch durchaus gute Weine.

Wenn man an die Vini rossi alten Stils zurückdenkt, die immer ziemlich grün, grob und gerbsig schmeckten, dann sind im Friaul erstaunliche Fortschritte erreicht worden. Dennoch schätze ich die Weißweine mehr. Der einzige Rote der Gegend, den ich immer mochte, ist der Refosco aus dem Pramaggiore-Gebiet, ein uriger, kraftstrotzender Tropfen, voller Farbe, Frucht und Gerbstoff, mit reichlich Alkohol ausgestattet, gekeltert aus einer der ältesten Rebsorten Oberitaliens, in seiner Jugend ein Wüstling, aus dem mit den Jahren ein Herr wird. Das Pramaggiore grenzt westlich ans Friaul und wird heute amtlich als Bindestrich-Land zusammen mit dem benachbarten Lison geführt, bekannt für guten Tocai, der nicht ganz die Ausdruckskraft des gleichnamigen friulanischen Weins erreicht, doch preiswerter ist. Wiederum weiter westlich breiten sich Reblandschaften aus, die angenehme, unkomplizierte, zudem preisgünstige Tropfen bieten, die jedoch nur regionale Bedeutung haben. Die Rot- und Weißweine aus dem breiten Tal der Piave ähneln denen des Grave di Friuli, sind dabei nicht ganz so schwer. Der helle, grünliche Verduzzo di Piave wird gerne in den Trattorie Venedigs getrunken, das ja nur 40 Kilometer entfernt liegt. Eine halbe Autostunde nördlich von Vizenca, schon in den Voralpen, liegt versteckt das kleine, viel zu wenig bekannte Weingebiet um Breganze. An den Hügeln, auch im flachen Tal wird ein schlanker Weißwein mit herzhafter Säure erzeugt, wunderbar zu Piatti di pesche passend, zu Fischgerichten. Die Ebene ist mit weißem Kies bedeckt, der früher nach Wien gekarrt wurde, um dort die Pfade in den kaiserlichen Schloßgärten zu verschönern. Auf solchen Böden wachsen keine fetten Weine. Der größte Teil der Ernte wird von der tüchtigen Bartolomeo-Genossenschaft verarbeitet, die sich mit einem berühmten Nachbarn, dem Weingut Fausto Maculan, gut verträgt. Aus dem mittleren Venetien gelangen wenige Flaschen nach Deutschland, obwohl ordentliche, wohl bezahlbare Erzeugnisse darunter sind. Doch was sollen sich die Händler hierzulande mit Begriffen wie »Colli Berici« oder »Colli Euganei« mühen, wenn doch die Bundesbürger bereit sind, für die guten Weine des Friauls eine Menge Geld zu bezahlen oder sich mit der Massenware aus dem Land um Verona abspeisen zu lassen.

Kommen wir zum Kern Venetiens. Als ich zum erstenmal durch die Ebene zwischen Verona und Gardasee fuhr, bekam ich Erstaunliches zu sehen: Die Winzer lassen beim Rebschnitt im Frühjahr vier Fruchtruten stehen, die sie in Mannshöhe zu einer Art Schirm spannen. Ein vernünftiger Weinbauer begnügt sich mit einem Bogen, aber dann hat er bei weitem nicht so viele Trauben. Reiche Ernten sind im Veroneser Land jedoch erwünscht, bei der in der Gegend üblichen Erziehung der Rebstöcke jedoch nur mit Großeinsatz von Spritz- und Düngemitteln möglich. Die Politik müßte eigentlich auf Stickstoff eine satte Strafsteuer schlagen, was aber aus Respekt vor der chemischen Industrie unterbleibt. Stattdessen erlaubt der Gesetzgeber großzügig Höchstmengen von 1,2 Liter pro Quadratmeter und schweigt, wenn wesentlich mehr geerntet wird. Die Ernten kommen unter den alten, einst ehrwürdigen Namen Bardolino, Soave und Valpolicella auf den Markt, zu kaum noch unterbietbaren Preisen. Wer den lokalen Großhandel umgeht und direkt bei Genossenschaften einkauft, erhält die Zwei-Liter-Bottiglia für zweifünfzig, umgerechnet. Beobachtet man anschließend, daß die daraus gefüllte kleine Karaffe in der Pizzeria um die Ecke fünf Mark kostet, dann drängt es sich geradezu auf nachzusinnen, wer denn wohl wieviel daran verdient haben mag. William Shakespeare läßt seinen Romeo von dem Duft des Soave schwärmen, den der Jüngling beim ersten Kuß auf Julias Lippen spürte. Den Wein genossen damals Veronas nobelste Familien. Heute fragen sich genießerische Besucher in der abgegrenzt, die sich anstrengen und unter anderem auch guten Soave anbieten: Anselmi, Bolla und vor allem Masi. Von den drei Klassikern des Veroneser Landes ist jener aus der Valpolicella noch der am wenigsten mißhandelte. Im Tal der vielen Keller, nördlich von Verona, finden sich die meisten der guten Erzeuger, darunter die Fratelli Tedeschi, die Gräfin Maria

Altstadt von Soave nach den »Weinen von Pieropan« durch. Der Erzeuger, Leonildo Pieropan, einer der wenigen Winzer, die dem Soave noch die alte Sorgfalt angedeihen lassen, wird bei solchen Anfragen traurig. Wenn es doch nur auf seinen Namen ankomme, klagt er, dann könne er auch Tafelwein anbieten. Er wolle aber »stolz auf den Soave sein und nicht nur auf Pieropan«. Von den großen Kellereien in Verona, die Millionen Liter aus den überdüngten Ebenen füllen, haben sich in den vergangenen Jahren drei Firmen Christina Guerreri-Rizzardi, die Brüder Giovanni und Gaetano Bertani, nicht zu vergessen Giuseppe Quintarelli, der Bescheidenste, Beste von allen. Endlich fehlt noch der Dritte im Bunde, der Bardolino, der zwischen Gardasee und Verona so üppig gedeiht. Es ist richtig, daß dort die Massen-Erzeugung alle Rekorde bricht. Zwei annehmliche Adressen will ich doch nennen: die Fratelli Poggi in Affi (in Deutschland von Bremer vertrieben) und die Azienda Agricola Gardoni von Gianni Piccoli (bei Tristano).

VENETIEN
Zahlen und Adressen

Friaul:
Rebfläche: 24 000 Hektar
Ernte im Schnitt:
1,3 Millionen Hektoliter
Hauptsorten: Pinot bianco, Pinot grigio, Cabernet, Merlot
Auskunft: ICE, Italienisches Institut für Außenhandel in Düsseldorf (Tel.: 02 11 / 3 87 99-0)

Soave:
Rebfläche: 7000 Hektar
Ernte im Schnitt:
700 000 Hektoliter
Hauptsorten:
Garganega, Trebbiano

Valpolicella:
Rebfläche: 6000 Hektar
Ernte im Schnitt:
600 000 Hektoliter
Hauptsorten:
Corvina, Rondinella

Empfehlenswerte Betriebe

Corte Gardoni
Garda (Kössler & Ulbricht)

Fasoli Gino
Verona (Il Nuraghe)

Pieropan
Verona
(Bremer, Griepenburg)

Pra
Verona (Stella)

Tedeschi
Verona (Mövenpick, Weinland Keiler)

Vini Maculan
Breganze (Bremer)

Bosco del Merlo
Pramaggiore (Il Nuraghe)

Vigna del Casa Brusa'
Pramaggiore (Tristano)

Enoteca Prof. Cescon
Friaul (Tristano)

Livon
Friaul (Stella)

Vigneti Pittaro
Friaul (Kalmund & Juczyk)

Tenuta Sant'Anna
Friaul (Bovensiepen)

TOSKANA

Großer, kleiner Chianti

Die Herren kommen aus den unterschiedlichsten Ländern und Berufen, doch sie haben eines gemeinsam, die Liebe zur Toskana. Der Schotte Norman Bain, früher Chef von Shell Italien, der Ungar Polo Farkas, Textildesigner von Haus aus, der Berliner Baulöwe Christian Rack oder Giorgio Regni, vor Jahren Verkaufsdirektor bei Pirelli, sie alle kauften sich kränkelnde Winzereien in den Hügeln zwischen Florenz und Siena, steckten viel Geld in ihre Erwerbung und leiten heute Vorzeige-Weingüter. Es lassen sich leicht noch mehr als hundert weitere solcher Karrieren auflisten, Geschichten erzählen von großstadtmüden Unternehmern und Managern, die einen neuen Lebensinhalt in der Herstellung von Wein fanden. Das Rebland Toskana gehört zu einem immer geringeren Teil den Toskanern. Es ist müßig darüber zu klagen, daß manches beschauliche Tal mit Villen zugebaut wurde, die nicht immer geschmackssicher den ländlichen Stil imitieren. Die Besitzer haben oft genug keine Ahnung von Wein. Sie lassen sich einen der gefragten Berater kommen wie Giacomo Tachis oder Franco Bernabei, kaufen sich nach deren Empfehlung eine sündteure Keller-Einrichtung und holen sich zuletzt einen tüchtigen Oenologen, einen Weinwissenschaftler, der für sie dann den Wein macht. Das Unternehmen muß sich nicht rentieren, es dient der Selbstverwirklichung des Besitzers und der Möglichkeit, anderswo auflaufende Gewinne abzuschreiben. Der alteingesessene Weinbauer hat gegen diese Zuwanderer wenig Chancen. Doch ohne die millionenschweren Investoren, von denen ja einige ernsthafte Winzer geworden sind, wäre der toskanische Wein heute ein Nichts. Bis zum Zweiten Weltkrieg gehörte die Gegend reichen Landbesitzern meist adeliger Abstammung. Sie bedienten sich eines Heeres von Halbpächtern, die den Padroni unentgeltlich dienen mußten. Nach dem Kriege wurde diese Quasi-Leibeigenschaft gesetzlich verboten. Die Gutsherren mußten nun ordentliche Löhne zahlen, ihre Fattorie unternehmerisch führen, was die wenigsten gelernt hatten. Der bornierte Landadel zehrte vom Vorhandenen, von wenigen respektablen Ausnahmen abgesehen wie zum Beispiel den Antinoris und Frescobaldis, deren Güter heute noch wacker im Markt stehende Unternehmen sind. Doch anderswo verkam die Toskana samt ihrem Wein. Der große Chianti wurde zum Liebling der Touristen. Die Tedeschi, wie die Deutschen in Italien heißen, kauften begeistert die Korbflaschen (die der geniale Michelangelo Buonarotti für den bruchsicheren Transport entwickelt hatte), um daheim Kerzenständer oder Lampenfüße daraus zu machen. Auf den Inhalt kam es gar nicht so an. Der berühmte Wein hat sich von seinen Mißhandlungen in den sechziger Jahren nie mehr ganz erholt. Daran konnten auch die ehrgeizigen Zugereisten aus den Großstädten nichts ändern. Es gibt heute gewiß großartigen Chianti, doch auch ein Meer unsäglicher Plörre, die unter dem vielbesungenen Namen vertrieben wird. Die rotfunkelnde Visitenkarte der Toskana hat eine wechselhafte Geschichte. Im ausgehenden Mittelalter war der Chianti meist süß und weiß, wie heute noch in dieser Provinz die weißen Trauben überwiegen. In der Renaissance bevorzugten Adel und reiche Kaufleute

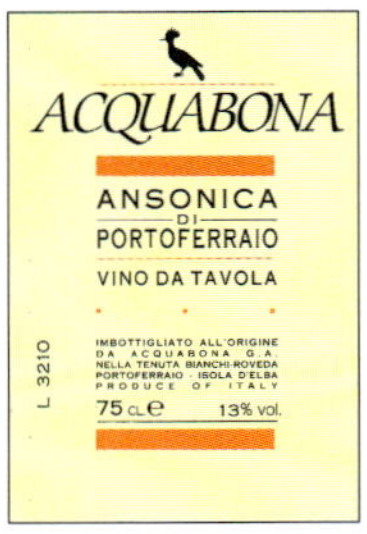

In der weltweit gerühmten Landschaft der Toskana mit ihrem milden Licht entstehen lediglich rund fünf Prozent der gesamten italienischen Weinproduktion. Doch der Anteil an Weinen, die mit dem Qualitätsprädikat DOC oder gar DOCG versehen sind, liegt bei fast einem Drittel.

Populärer Exportrenner der Toskana ist nach wie vor der Chianti. Oft als wenig bedeutsamer Massenwein abgefüllt, erreicht er aber – gerade in den Regionen des Chianti classico zwischen Siena und Florenz – überaus beachtliche Qualitäten. Chianti ist in Italien übrigens bei weitem nicht so verbreitet wie diesseits der Alpen.

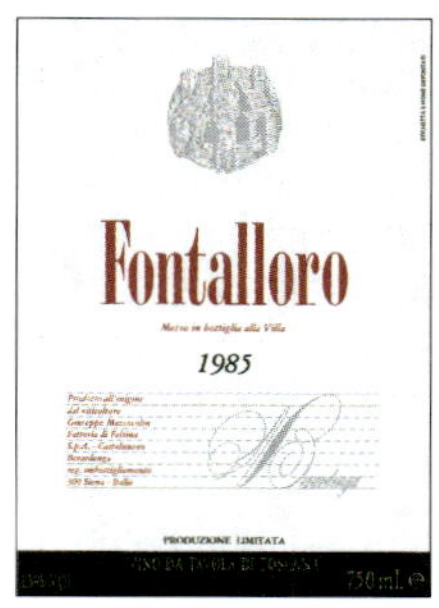

in Florenz einen feurig-herben Roten. Der »Rosso di Firenze« war bald so begehrt, daß Fälschungen auftauchten. Cosimo III., Großherzog der Toskana, schuf mit seinem »Bando« das erste Chianti-Gesetz, das Anbauweise, Rebsorten und vor allem die Grenzen des Gebietes festlegte; damals übrigens nur halb so groß wie das heutige Chianti-classico-Land. Cosimos Regeln wurden erstaunlich lange beachtet. Doch zwischen den Weltkriegen schmückten sich wieder Nie-sollst-du-mich-befragen-Cuvées aus ganz Europa mit dem noblen Namen des florentinischen Roten. 1927 gründeten führende Weingüter der Toskana ein »Consorzio Chianti classico«, das erneut Qualität und Herkunft festlegen sollte. Neun Jahre währte die Arbeit, ständig von Kompromissen bestimmt. Die ursprünglich ins Auge gefaßte Chianti-Fläche, die als klassisch gelten sollte, war am Ende fast doppelt so groß. Die Grenzen gingen später in das »Gesetz 930« ein über den kontrollierten Ursprung der italienischen Qualitätsweine. Diese »Denominazione di Origine Controllata« (DOC) entspricht exakt dem französischen AOC-Vorbild, funktioniert aber nicht so ordentlich. Das Gesetz tat anfänglich gut. Das Consorzio, dem fast alle maßgeblichen Winzereien des Chianti classico beitraten, führte eine strenge Selbstkontrolle ein. Bei mehreren Prüfungen fiel oft die Hälfte aller Weine eines Jahrgangs durch und durfte nur als einfacher Chianti verkauft werden. Der gestan-

Der Chianti hat im Laufe der letzten Jahrhunderte einen durchgreifenden Charakterwandel erlebt; viele Winzer orientieren sich inzwischen an Vorbildern aus dem Bordelais. Die Toskana bringt jedoch keineswegs nur den Classico hervor: Die übrigen Bereiche produzieren insgesamt mehr als das Doppelte der Menge, darunter einige superbe eichenfaßgelagerte Rotweine.

dene Rest wurde mit einem Bollino gekennzeichnet, einem kleinen Siegel, das den schwarzen Hahn zeigt, das Wappentier der Toskana. Der Gockel wurde eine Zeitlang zum Symbol für hohe Qualität und gab dem reformierten Winzerverband seinen neuen Namen »Consorzio Gallo nero«. Bald stritten sich kleine Weingüter, die an der hohen Qualität festhalten wollten, mit den großen Kellereien, die viele Millionen Bollini kauften und damit das Gremium in der Hauptsache finanzierten. Angewidert vom dem unablässigen Gezanke um die Anforderungen an die Qualität des Chianti traten mehrere angesehene Güter aus, darunter auch der Parade-Betrieb Antinori. Zusätzlich erhielt das Consorzio von unerwarteter Seite einen bösen Schlag: Ernesto Gallo, Chef der weltgrößten Weinkellerei in Modesto, California, zog wegen der Bezeichnung »gallo nero« vor die Gerichte. Was den damals 82jährigen Italo-Amerikaner dazu bewog, seine alte Heimat mit einem derart nutz- und sinnlosen Streit zu überziehen, wird sich wohl nie herausfinden lassen. Gallo verunglückte wenig später tödlich. Das Bildzeichen des schwarzen Hahns durfte wohl bleiben, aber das Consorzio mußte sich einen neuen Namen geben: »Marchio storico – Chianti classico«. Ermüdend waren auch die ständigen Debatten darüber, ob die Uralt-Regeln, nach denen der Chianti hergestellt wird, überhaupt noch zeitgemäß seien. Der Wein, so wie wir ihn heute kennen, geht auf Bettino Ricasoli zurück, »Eiserner Baron« genannt. Er war der bedeutendste Weintechniker Italiens im 19. Jahrhundert. Auf seinem Castello di Brolio nahe Siena tüftelte er die unterschiedlichsten Verfahren aus, um den von Natur aus oft rauhen, mitunter sauren Chianti weicher und fülliger zu machen. Er legte die heute sehr umstrittene Formel fest, wonach der Rotwein auch Anteile von den weißen Rebsorten Trebbiano und Malvasia haben muß. Diese Mischung, lange Zeit gesetzlich vorgeschrieben, macht den Chianti runder und früher trinkbar. Auch das sogenannte »Governo«-Verfahren geht auf Ricasoli zurück: Aussortierte Trauben werden im Herbst auf Strohmatten gelegt und zu Rosinen getrocknet. Der daraus gefertigte dicke Süßmost kommt zum halbfertigen Rotwein. Der Zucker löst eine zweite Gärung aus, die etwas Säure abbaut und den Alkohol erhöht. Der Governo wird heute noch vielfach angewendet, aber doch allzu oft in einer bequemen Form.

Der Mühe des Trauben-Trocknens unterziehen sich nur noch wenige Güter, die auf Tradition Wert legen. Die anderen kaufen sich industriell vorgefertigten Süßmost, der sogar aus Süditalien stammen und die Weinmenge um 15 Prozent erhöhen darf. Moderne, gut ausgebildete Oenologen verweisen überdies darauf, daß die Fortschritte in der Kellertechnik heute bessere Methoden kennen als die

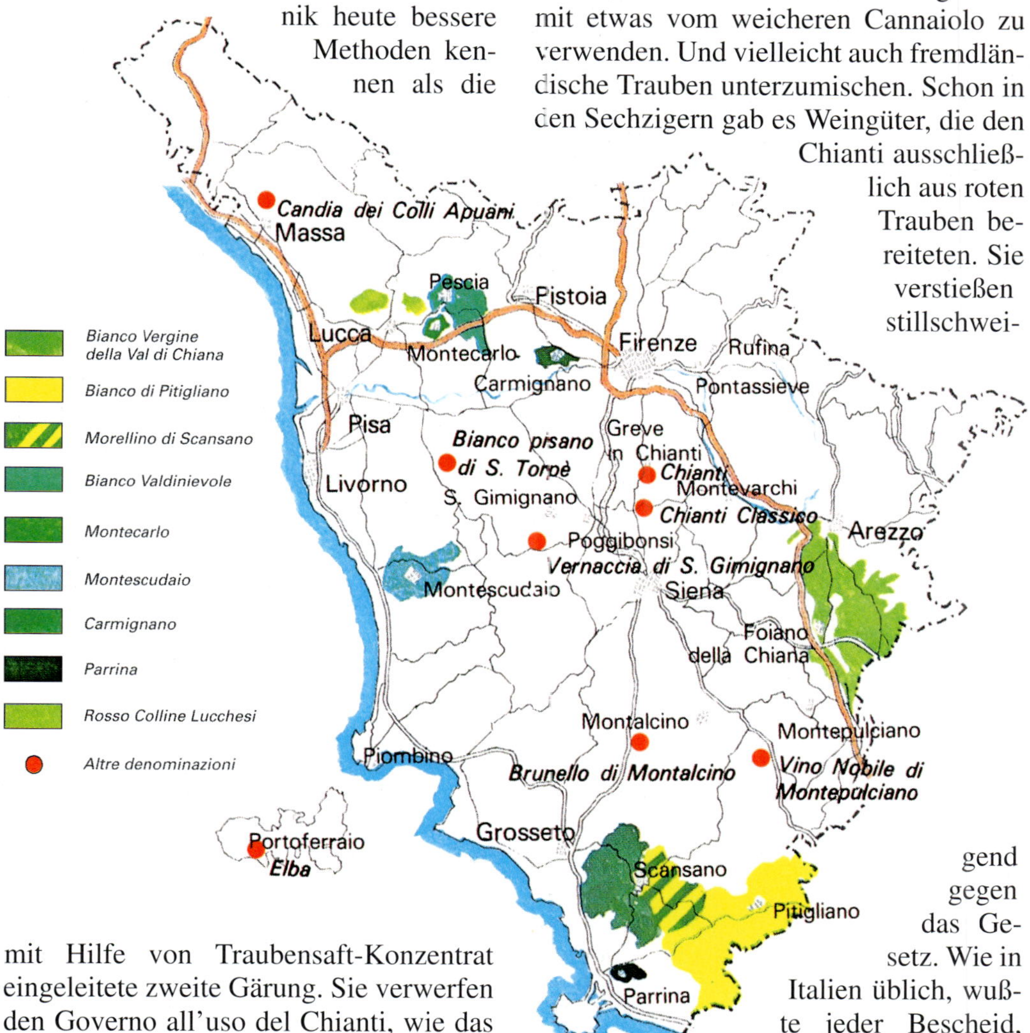

mit Hilfe von Traubensaft-Konzentrat eingeleitete zweite Gärung. Sie verwerfen den Governo all'uso del Chianti, wie das Verfahren genau heißt. Einen besonders heftigen Glaubenskrieg führt die toskanische Winzerschaft um die Frage, aus welchen Traubensorten ein guter Chianti gekeltert werden soll. Junge Oenologen, die ihr Handwerk in Bordeaux und in Kalifornien studierten, höhnen über den kauzigen Barone Ricasoli, der es liebte, bei Vollmond in schwarzer Kleidung auf einem Rappen auszureiten und die Bauern zu erschrecken. Sein Dictum, dem Rotwein den Most weißer Trauben beizumischen, sei längst überholt. Derartige Cuvées, wird argumentiert, seien nicht lagerfähig, weil der weiße Anteil rascher alt werde, als der rote reifen könne. Es entstehe so eine Mischung, die welk und unfertig zugleich schmecke. Der Schotte Norman Bain, der sich vor langer Zeit in die Tenuta La Masse in Panzano eingekauft hatte, beweist das Gegenteil, führt jahrelang gelagerte Riserva-Weine vor, die Weißwein enthalten und durchaus harmonisch schmecken. Die meisten der Spitzenbetriebe im Chianti classico bestehen jedoch darauf, nur die roten Sorten Sangiovese mit etwas vom weicheren Cannaiolo zu verwenden. Und vielleicht auch fremdländische Trauben unterzumischen. Schon in den Sechzigern gab es Weingüter, die den Chianti ausschließlich aus roten Trauben bereiteten. Sie verstießen stillschweigend gegen das Gesetz. Wie in Italien üblich, wußte jeder Bescheid, aber keiner redete darüber, weil die solchermaßen erzeugten Tropfen ja nicht schlecht waren. Alles änderte sich mit Marchese Mario Incisa della Rocchetta, der auf seiner Tenuta San Guido in Bolgheri mit der französischen Traube Cabernet-Sauvignon experimentierte. Er schwärmte für Bordeaux-Weine und wollte ähnliche Gewächse auf seinem Gut erzeugen. Da er keinen eigenen Keller besaß, sprach er mit Marchese Piero Antinori, dem er seit langer Zeit Trauben verkaufte. Der erklärte sich zu einem Versuch bereit. Barriques wurden herangeschafft,

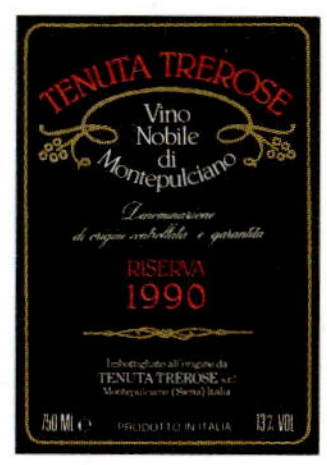

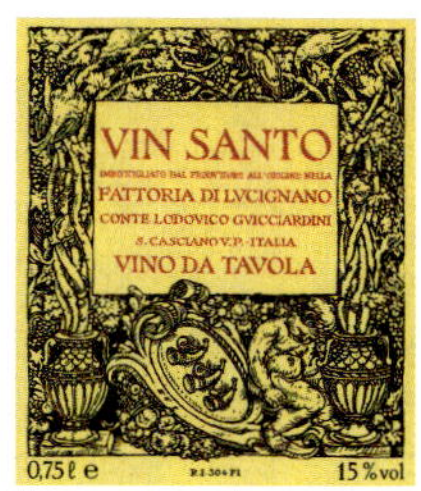

Weißweine spielen in der Toskana eine untergeordnete Rolle, wenngleich auch so klangvolle Namen wie Vernaccia die San Gimignano weltweiten Ruhm genießen. Das Gros der Qualitätswein-Produktion aber ist rot.

jene im Bordelais gebräuchlichen 225-Liter-Fässer aus neuem Eichenholz. Giacomo Tachis, der beste Kellermeister weit und breit, machte das Spiel mit, Wein à la française zu fertigen. Was dabei herauskam, schmeckte alles andere als übel. Die Herren überlegten, daß sich ein solches Tröpfchen gewiß für gutes Geld verkaufen ließe, doch müßten sie aber dann wohl oder übel auf die Bezeichnung Chianti classico DOC verzichten. Der neue Wein wurde als Vino da tavola, als simpler Tafelwein, angeboten und »Sassicaia« genannt nach dem Weinberg, auf dem die Cabernet-Reben standen. Piero Antinori trieb das Abenteuer weiter. Er wollte einen ähnlichen Barrique-Wein aus eigenen Trauben. »Auf Befehl des Marchese« zog Oenologe Tachis los, um die rechte Lage dafür auszugucken und entschied sich für den Tignanello-Weinberg nahe dem Antinori-Gut Santa Cristina, der mit besonders alten Sangiovese-Reben bestockt war. Gewiß nicht sehr glücklich sah er zu, wie der Fürst den legendären Oenologie-Professor Emile Peynaud aus Bordeaux um Beratung bat. Tachis hat selbst noch viel dabei gelernt. Niemand sonst in der Toskana beherrschte anschließend den Umgang mit dem jungen Eichenholz so gut wie er. Der erste Tignanello-Jahrgang war der 71er, ein Geniestreich. Die neuen Fässer hatten den Sangiovese wunderbar geformt, ihm alle Eigenart gelassen, niemals trat ein lauter Holzton hervor, wie sonst bei vielen Barrique-Weinen üblich. Sassicaia und Tignanello sind heute weltweit hofierte, sündhaft teure Marken. Ersterer kostet noch ein paar Zehn-Mark-Scheine mehr, doch ist mir der Tignanello immer lieber gewesen. Er ist – auch mit einem heute üblichen geringen Zusatz von Cabernet-Sauvignon – ein Italiener geblieben, wohingegen der Sassicaia für mich ein nobler Bastard ist, weder Toskaner noch Bordelaiser, ein Welt-Wein ohne Heimat.

Der Einfall der Herren Incisa und Antinori wurde zur Mode. Dutzende anderer Fattorie und Tenute pflanzten Cabernet-Sauvignon, auch gleich Merlot und Burgunder dazu, rüsteten den Keller mit Barriques und verkauften teure Vini da tavola. Endlich konnten sie die 10 000-Lire-Schwelle überschreiten, über die der mäßig beleumundete Chianti nie hinauskam, und wenn er noch so classico war. Es strömten Tafelweine auf den Markt mit Fantasie-Namen wie »Elegia«, »Grosso Senese«, »Sammarco«, »Vigorello« oder »Flaccianello«, in todschick gestylte Flaschen gefüllt und zu stolzen bis völlig übersetzten Preisen veräußert. Italiener verfügen ja über einiges Show-Talent. Die genannten Weine sind gewiß durchgängig gelungen, aber es gab und gibt auch Kretins, vor denen der große Peynaud immer warnte: nicht vom Holz geformt, sondern von ihm erschlagen. Die Vini da tavola waren zumeist darauf angelegt, es den Franzosen zu zeigen. Ich habe selbst eine der ersten Wettproben Toskana gegen Bordeaux organisiert und mich damals diebisch darüber gefreut, wie die überirdischen Wein-Barone von der Gironde dabei heruntergepunktet wurden. Doch dann war mitzuerleben, wie die toskanischen Weine zu Stars aufgejubelt wurden, wie die Preise ins Maßlose stiegen. Heute bin ich etwas schlauer und weiß erstens: daß ein guter Bordeaux-Wein schwer zugänglich ist und erst beim Vertiefen seine Größe zeigt, also bei raschen Vergleichsproben einen schweren Stand hat. Zweitens: daß die fashionablen Tafelweine der Toskana, so umwerfend gut sie auch mitunter schmecken können, zunehmend für ein internationales Publikum geschneidert und damit immer austauschbarer werden. Gleiche großartige Blender werden auch in Kalifornien und in Australien erzeugt. Nicht zuletzt sind die Vini da tavola ein

Verrat am Chianti classico. Der Cabernet-Sauvignon zählt gewiß zu den wertvollsten Rebsorten. Doch wird er nie das Klima der toskanischen Hügel, die Eigenart der Mergel- und Sandstein-Böden so wundersam widerspiegeln wie der gute alte Sangiovese. Ich bewundere den Sassicaia, aber auf Dauer ist mir zum Beispiel der einfache Annata, der Chianti des jüngsten Jahrgangs, aus dem konservativen, grundehrlichen Hause Felsina weit lieber. Die Experimente mit neuem Holz und fremden Reben, der Verzicht auf Governo und Trebbiano-Trauben haben fraglos den immer etwas zweifelhaften Ruf des toskanischen Weins gehoben. Der Gesetzgeber sah, daß die Umgehung der traditionellen DOC-Regeln mit Hilfe der Tafelwein-Bezeichnung jegliches Weinrecht auf den Kopf stellen und auf Dauer dem Chianti nur schaden werde. Also beugte sich das römische Parlament den neuen Entwicklungen, änderte die alten Paragraphen und hängte an das DOC noch ein G an. Zu dem »Controllata« kam ein »Garantita«. Das hört sich überzeugend an, doch letztlich ist die DOCG eine Verwässerung des alten Rechts. Die neue Regelung kommt nicht nur den ehrgeizigen Spielern unter den toskanischen Winzern entgegen, die jetzt ihre Experimente als Qualitätswein bezeichnen dürfen, sondern auch den Massen-Kellereien, weil eine gewisse Mengerei mit gebietsfremden Mosten zugelassen ist. Die DOCG wurde als höchste Auszeichnung gefeiert, die nur Weinen mit großer Tradition zukommen sollte. Tatsächlich prangte das noble Kürzel auch auf dem 2,99-Mark-Chianti, den Discounter lange Zeit verkauften. Der Stoff, staatlich kontrolliert und garantiert, war wohl trinkbar, schmeckte sogar besser, als der niedrige Preis vermuten ließ, doch mit einem Chianti hatte er nichts gemein.

Die neue Regel, die den zugelassenen Anteil der weißen Sorten im Rotwein stark eingrenzte, warf ein Problem besonderer Art auf: Wohin mit dem vielen Trebbiano, den Mengen von Malvasia? Gemeinsam fanden die großen Erzeuger der Toskana eine Lösung, die sie als Meister des Marketings auswies. Die besten Oenologen wurden beauftragt, einen neuen Weißwein-Typus zu entwickeln: leicht, frisch, fruchtig, etwas grün, als Sommer-Schluck bestens geeignet. Die Weintechniker ermittelten den günstigsten Zeitpunkt zur Lese, die ideale Mischung der Trauben. Werbe-Fachleute testeten lange den rechten Namen und einigten sich schließlich auf »Galestro«. So heißt ein besonderer Boden in den Weinbergen der mittleren Toskana. Dieses stets in gleicher Art von einem Dutzend großer Kellereien erzeugte Produkt war, mit einem Dollar pro Flasche beworben, rasch Liebling der Amerikaner. Der »Galestro« ist nun auch bei uns ein gängiger Schluck. Jährlich werden etwa zwei Millionen Flaschen verkauft zu einem Preis, den nicht mal bessere Spätlesen aus der Pfalz erzielen.

Das Chianti-classico-Gebiet, von dem nun die ganze Zeit die Rede war, ist gewiß das Herzstück der Toskana, doch auch nur ein kleiner Teil der weit dahinschwellenden Weinlandschaft, die sich von Nord nach Süd, von Ost nach West jeweils fast 150 Kilometer erstreckt. Sechs weitere Chianti-Regionen gibt es, von denen sich letztlich nur ein Name am Markt durchgesetzt hat: die Rufina nordöstlich von Florenz. Im wenig bekannten, engen Tal des Sieve-Flüßchens ist das Klima weniger mild, sind die Hänge steiler. Alles reift etwas später. In früheren Jahrhunderten galten die Rufina-

TOSKANA
Zahlen und Adressen

Rebfläche: 80 000 Hektar

Ernte im Schnitt:
4 Millionen Hektoliter

Export nach Deutschland:
circa 800 000

Weinbaubetriebe:
circa 75 000

Hauptsorten: Trebbiano, Sangiovese

Chianti classico:
Rebfläche: 6000 Hektar

Ernte im Schnitt:
300 000 Hektoliter

Weinbaubetriebe: 900

Auskunft: Consorzio des Marchio Storico Chianti Classico, Via Scopeti 155 in 50026 San Casciano (Tel.: 00 39 / 55 822 82 50)

Montalcino:
Rebfläche: 1000 Hektar

Ernte im Schnitt:
50 000 Hektoliter

Weinbaubetriebe: 100

Montepulciano:
Rebfläche: 400 Hektar

Ernte im Schnitt:
17 000 Hektoliter

Weinbaubetriebe: 40

Fortsetzung Seite 134

Empfehlenswerte Betriebe

Villa Dievole
Chianti classico
(Ludwig von Kapff)

Fattoria Felsina
Chianti classico
(Kössler & Ulbricht)

Castello di San Polo
Chianti classico
(Kalmund & Juczyk)

Fattoria Selvapiana
Chianti (Tristano)

La Torre alle Tolfe
Chianti (A&H Segnitz)

Roberto Bellini
Brunello (Tristano)

Chiacci Piccolomini
Brunello
(Kössler & Ulbricht)

Podere Boscarelli
Vino nobile (FUB)

Poliziano
Vino nobile
(Weinland Keiler)

Agricola Pietrafitta
San Gimignano (FUB)

Teruzzi & Puthod
San Gimignano
(A&H Segnitz)

Le Pupille
Morellino di Scansano
(Weinberger)

Weine wegen ihrer Langlebigkeit als die wertvollsten der Toskana. Heute werden sie, oft zu Unrecht, als zweitklassig gegenüber dem Classico angesehen. Es ist das Reich der Frescobaldis, des früher führenden Adelsgeschlechtes der Gegend. Die Fürsten wirken als tüchtige Wein-Manager, deren »Pomino« und »Nippozano« gehobene, viel Qualität für´s Geld bietende Markenweine sind. Mein Liebling in der Rufina ist Selvapiana, una fattoria tradizionale. Selten zu finden ist der Name Chianti Colli Senesi aus dem Süden der Toskana. Es wird viel Wein dort erzeugt, aber die meisten Abfüller schreiben nur »Chianti« aufs Etikett. Zwei besondere Rotweine ragen in dieser Unterregion heraus, der Brunello di Montalcino und der Vino Nobile di Montepulciano. Die beiden Berühmtheiten kämpfen um den ersten Platz in der Gunst der Genießer, wobei der Brunello, in den Achtzigern ein kaum bezahlbarer Modewein, ständig an Boden verliert. Der in früheren Jahrhunderten gefeierte »Edle Wein« aus der wunderschönen Stadt Montepulciano war nach dem Krieg zur Nichtigkeit verkommen. Dann schafften die Winzer dort unter Führerschaft des ebenso charmanten wie unnachgiebigen Conte Alamanno Contucci einen neuen Aufschwung. Der Vino Nobile wird auf breiter Front von Jahrgang zu Jahrgang besser und ist noch nicht ganz so teuer. Im Gegensatz dazu feierte der Brunello, aus einer Sangiovese-Spielart gekeltert, vor wenigen Jahren noch wahre Triumphe. Ich habe den Rummel nie begriffen, die Spezialität von Montalcino vielmehr für den meistüberschätzten Wein Italiens gehalten. Der Brunello strotzt nur so von Gerbstoff, auch das vorgeschriebene vierjährige Faßlager macht ihn kaum weicher. Erst wenn er angejahrt ist, kann er einen gewissen altmodischen Charme bekommen. Doch für das viele Geld bevorzuge ich einen guten Bordeaux. Ihren einfachen Wein, längst nicht so gerbsig und holzig, verkaufen die Brunello-Güter als »Rosso di Montalcino«, durchaus ein Genuß und noch bezahlbar. Am Anfang war schon die Rede davon, daß die Toskana mehr Weiß- als Rotwein hat. Montecarlo bianco oder Bianco di Pitigliano waren früher Schätze, heute sind's arg gewöhnliche, eher flache Tischweine. Dieses Schicksal könnte auch ein namhaftes Gewächs erleiden, das ich noch sehr schätze, die Vernaccia di San Gimignano. Gut gemacht ist dieser grüngelbe, ungemein weiche, doch dichte, fast nach Olivenöl duftende Wein eine herrlich altväterliche Kostbarkeit, ein Vino da meditazione, wie Liebhaber schwärmen. Mehr und mehr wird die Vernaccia modernen geschmacklichen Erfordernissen angeglichen, leichter, frischer, fruchtiger, bis sie von dem Reißbrett-Erzeugnis Galestro kaum noch zu unterscheiden ist.

MITTELITALIEN

Was die Römer trinken

Das Latium gilt als eine Art Naherholungsgebiet der Metropole Rom, und es ist die Heimat des Frascati – ein ausgesprochen populärer Wein, der jedoch immer mehr an Charakter und Ursprünglichkeit verloren hat.

Die modernen Römer halten es ebenso wie ihre antiken Vorfahren. Wenn die Sommerglut über der Hauptstadt lastet, dann fliehen sie. Ein Teil stürzt sich in das Gewimmel der Strände von Ostia, den Rest zieht es in die Albaner Berge. Was ein erfahrener römischer Genießer ist, der kennt dort einen Viticoltore, einen netten Winzer, der mit Liebe seine Trebbiano-Reben pflegt und in einer der vielen Tuffstein-Grotten einen urigen Hauswein herstellt. Die Gäste sitzen im Schatten auf langen Bänken, des Winzers Frau schenkt aus dem Foietta-Krug ein und reicht Porchetta dazu, Rollbraten vom jungen Schwein mit reichlich Knoblauch und Rosmarin gewürzt. Es herrscht eine ausgelassene Stimmung ähnlich wie in Pfälzer Straußwirtschaften. Der Wein, nicht gefiltert, nicht geschönt, kaum geschwefelt, muß vor Ort getrunken werden, lautet eine Regel. Die Fahrt nur bis nach Rom verträgt er nicht; in der Stadt angekommen, schmeckt er nicht mehr. Gewiß spielt dabei das Ambiente in der Kühle vor der Kellergrotte eine Rolle, das den Sommerschluck angenehmer macht als er tatsächlich ist. Die gelöste Stimmung läßt sich nicht transportieren. Das ist die eine, die schöne Seite des Frascati. Schon bald nach dem Kriege begannen deutsche Touristen, den Wein mit dem eingängigen, frech klingenden Namen zu lieben. Heute gehört der Trunk zum Standard einer jeder besseren Pizzeria zwischen Saar und Oder. Etwa zwei Millionen Flaschen Frascati kommen so im Jahr nach Deutschland. Das wenigste davon stammt von den Rebgärten der gleichnamigen Stadt, in der die Schriftsteller Marcus Cato und Marcus Cicero Villen besaßen, in der General Lucius Licinius Lucullus seine Gelage feierte. Damit der grenzenlose Bedarf an Frascati gedeckt werden kann, schaute der Gesetzgeber bei jeder Ausweitung der

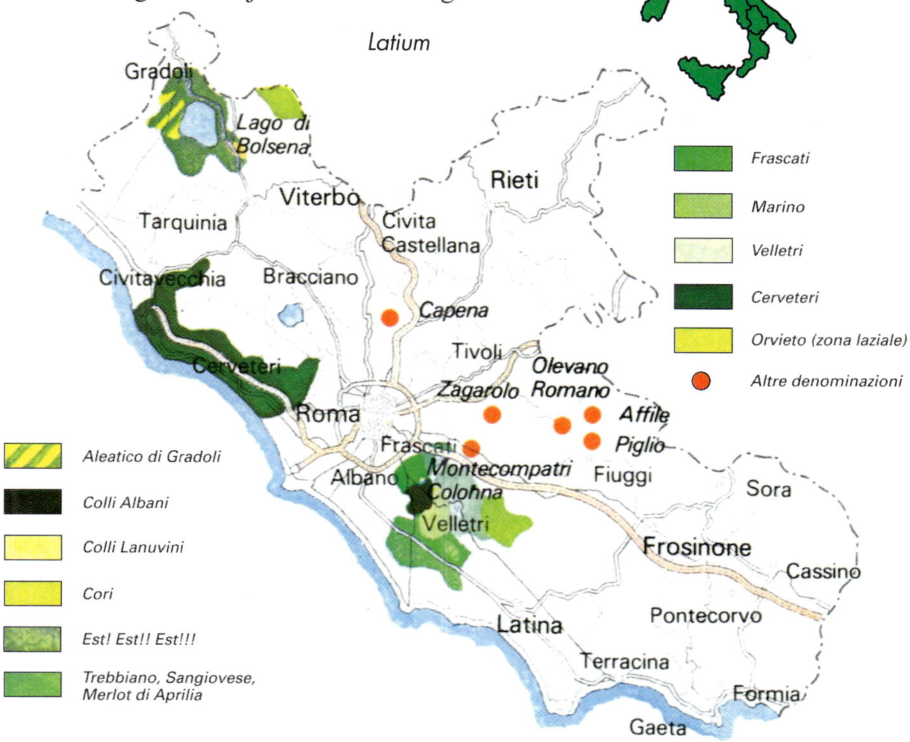

Colli di Trasimeno

Orvieto

Torgiano

Altre denominazioni

Rebfläche interessiert, aber tatenlos zu. Um die namengebende Stadt herum liegen, von der kontrollierten Ursprungsbezeichnung DOC großzügig erfaßt, rund 2000 Hektar Weinberge, soviel wie im Rheingau zwischen Wiesbaden und Rüdesheim. Doch auch noch Most aus dem 20 Kilometer entfernten Velletri darf zur Fertigung von Frascati genommen werden. Damit beschäftigen sich gut geschulte Techniker in großen, neuzeitlich ausgerüsteten Kellereien. Was die tüchtigen Enologi in Millionen Litern herstellen, ist nicht ungenießbar, doch völlig ohne Eigenschaften. Ein solcher Wein kann auch in der Camargue oder in Istrien gemacht werden. Eine Weile hieß es, der Marino, der ein paar Kilometer südlich der Stadt Frascati wächst, wäre eine gute Alternative. Das war er vielleicht einmal. Heute schmeckt – der eine wie der andere – nach gar nichts. Das Latium, wie die schöne bergige Landschaft um Rom genannt wird, lieferte in früheren Jahrhunderten einige der wichtigsten Weine Europas. Jetzt finden dort nur noch Eingeweihte einen guten Tropfen – oder Weinhändler mit Liebe zum Beruf wie die im hinteren Teil genannten, die nicht müde werden, nach dem unverfälschten Italien zu suchen. Ein wenig besser als Frascati ist der Weiße von Orvieto aus der sich nördlich an das Latium anschließenden Provinz Umbrien. In der Umgebung der wunderlichen Stadt, hoch auf einem Felsmassiv gebaut, finden sich einige Erzeuger, die sich weit über die auch dort übliche Mengen-Erzeugung erheben. In Umbrien machte eine Zeitlang Ferruccio Lamborghini von sich reden, der am Trasimenischen See eine Reben-Farm errichtete und der Welt verkündete, seine Weine seien so exklusiv wie seine Sportwagen. Über die Erzeugnisse des Gutes La Fiorita schrieb die Motor-Presse sicher mehr als die Feinschmecker-Magazine. Die herausragende Figur im Weinland Umbrien ist fraglos Dottore Giorgio Lungarotti, der nahe Perugia ein staunenswertes Reich aufbaute. Die kleine DOC Torgiano, eben mal 300 Hektar groß, gehört ihm allein. Sein Weingut ist schon eine mittelgroße Kellerei, die zwei Millionen Flaschen jährlich füllt, von einer durchgängig hohen Qualität, dabei nicht einmal so teuer. Ich bin sicher, daß in Umbrien noch manche Entdeckung möglich ist, zum Beispiel die herrlich rustikalen Rotweine von Montefalco, die ich in Italien mit Vergnü-

Gutturnio dei Colli Piacentini

Lambrusco di Sorbara

Lambrusco Grasparossa di Castelvetro

Lambrusco Reggiano

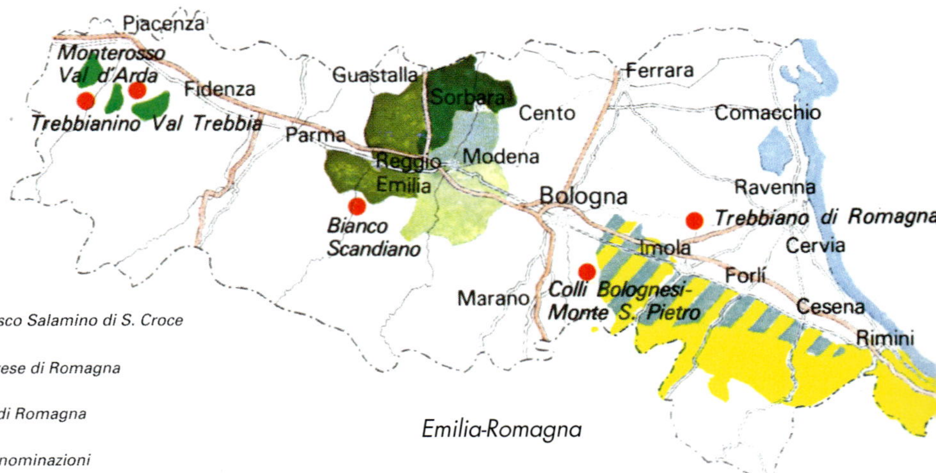

Lambrusco Salamino di S. Croce

Sangiovese di Romagna

Albana di Romagna

Altre denominazioni

Ob Emilia-Romagna, Marken oder Umbrien – wo Italien nicht allzu touristisch ist, haben Genießer immer wieder die Chance, interessante Wein-Entdeckungen zu machen.

gen probierte, doch in Deutschland nicht fand. Ein großer Schritt auf die adriatische Seite Mittelitaliens: Die Emilia-Romagna ähnelt in vielem dem Latium. Die Bürger von Bologna, einer Stadt der Feinschmecker, wissen nur zu genau, wo es in der Umgebung süffige Tröpfchen direkt ab Faß zu kosten gibt. Dort unten kann sogar der vielgeschmähte Lambrusco eine Köstlichkeit sein, gar nicht süß, gut zum Parma-Schinken zu schlürfen. Doch so etwas findet seinen Weg kaum in die Bundesrepublik. Rebfläche und Ernte in der Emilia-Romagna sind etwa so groß wie die von Deutschland. Der meiste Wein wächst auf unüberschaubaren Plantagen in der Ebene, immer entlang der Autostrada 14, die zu dem »Teutonen-Grill« von Rimini und Cattolica führt. Vieles davon kommt als Sekt-Grundwein zu uns und wird hier – zumindest auf dem Etikett – zum gehobenen Schaumwein geadelt. Dabei sind die Hügel um Piacenza, Parma und Bologna, beim Bacchus, wie geschaffen, hübschen Vino biancho und saftigen Vino rosso hervorzubringen. In der Landschaft sind die vergnüglichen Schoppen reichlich zu finden, gar nicht teuer. Bei uns sucht der Genießer vergeblich danach. Gutes ist aus der Gegend um Faenza zu erwarten, auf halbem Wege zwischen Bologna und Rimini gelegen. Dort gedeiht die anspruchsvolle Traube Albana, die einen gehaltvollen Weißwein ergibt. Er schmeckt meistens angenehm trocken, wird aber auch als edelsüßer »Passito« angeboten. Die Albana di Romagna erhielt die Super-Qualitätswein-Bezeichnung DOCG (Denominazione di Origine Controllata e Garantita, kontrollierte und garantierte Ursprungsbezeichnung). Die Winzer mußten sich dafür zu einer scharfen Selbstkontrolle durchringen; am Ende war nur die Hälfte ihrer Produktion gut genug, mit dem stolzen Titel ausgezeichnet zu werden. Birgt die Emilia-Romagna das Potential einer zukünftig guten Einkaufsquelle – die Marken

Marken

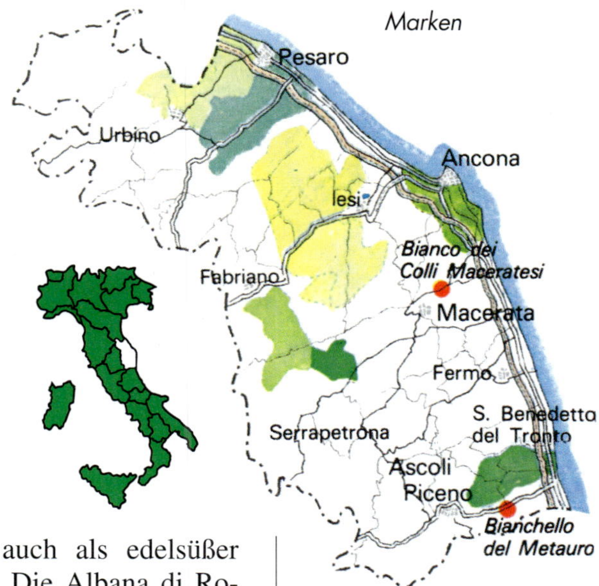

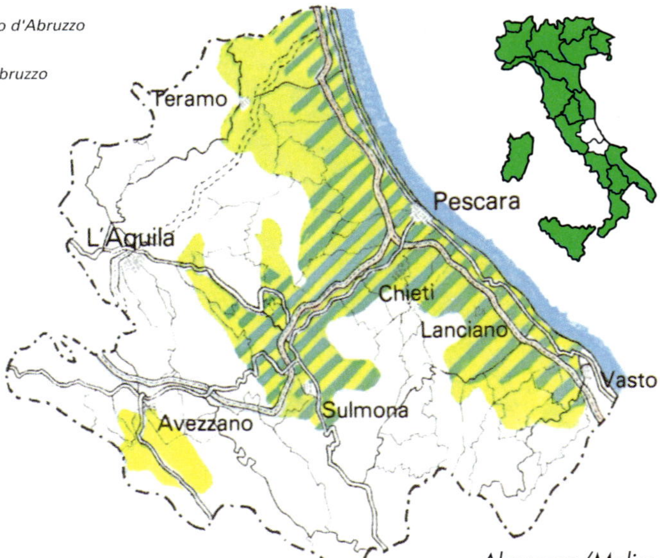

Abruzzen/Molise

(italienisch: Marche), das grüne Land um die Hafenstadt Ancona, sind es bereits. Spitzensorte dort ist der Verdicchio, aus dem ein nach Blüten duftender und leicht nach Bittermandeln schmeckender Weißwein gekeltert wird. Am besten gerät er in dem hügeligen Ländchen rund um die Stadt Jesi. Dieser unkomplizierte Tischwein wird traditionell in Flaschen gefüllt, die hohen Amphoren ähneln und arg touristisch aussehen. Deshalb lehnen viele Ästheten den Verdicchio ab. Mit Weinen ist es wie mit Büchern und mit Menschen: Ein kluger Kopf schaut nicht so sehr aufs Äußere, sondern erkundigt sich nach dem inwendigen Wert. Die Marken liefern auch mit dem Rosso Cònero und dem Rosso Piceno kräftige, noch preiswerte Rotweine. Ersterer ist häufiger anzutreffen und besser.

Südlich daran schließt sich die Doppel-Region Abruzzen und Molise an, für jeden italienischen Genießer zuerst einmal bekannt wegen der besten Nudeln überhaupt. Die Weinberge reichen hoch,

Mittelitalien
Zahlen und Adressen

Latium:
Rebfläche: 65 000 Hektar

Ernte im Schnitt:
5,2 Millionen Hektoliter

davon DOC-Qualitätsweine:
circa 300 000 Hektoliter

Hauptsorten: Malvasia, Trebbiano

Auskunft: ICE, Italienisches Institut für Außenhandel in Düsseldorf (Tel.: 02 11 / 3 87 99-0)

Emilia-Romagna:
Rebfläche: 75 000 Hektar

Ernte im Schnitt:
9,2 Millionen Hektoliter

davon DOC-Qualitätsweine:
circa 600 000 Hektoliter

Hauptsorten: Albana, Sangiovese, Trebbiano, Lambrusco

Auskunft: ICE, Düsseldorf

von westlichen Wetter-Unbilden durch das Gran-Sasso-Massiv geschützt. Nicht wenige erfahrene Genießer sagen, daß am östlichen Rand der Abruzzen grundsätzlich die besten Rotweine Italiens wachsen, ausgestattet mit überreichem Extrakt, mit viel Gerbstoff und Alkohol, der aber nie hitzig oder gar plump wirkt, weil er von einer herzhaften Säure umspielt wird. Dieser Rosso ist vollkommener Begleiter der kräftigen Küche des Landes, und er hat alle Anlagen, sehr alt zu werden. Wichtigste Rebsorte ist der Montepulciano, eine Spielart des toskanischen Sangiovese. Die Winzer der Gegend, bescheidene Menschen, geben sich leidlich Mühe, die Trauben ordentlich zu verarbeiten. Die Weine sind gediegen, doch mit einigem Ehrgeiz könnten wahrhaft große Gewächse entstehen. Als beste Großkellerei der Abruzzen gilt Casal Thaulero, die im Export erste Erfolge erzielt. Der Montepulciano wird, schnell abgepreßt, auch zu »Cerasuolo« verarbeitet. Aus der toskanischen Trebbiano-Traube bereiten die Winzer Weißwein. Für meinen Geschmack haben der Rosé und der Weiße zuviel Alkohol.

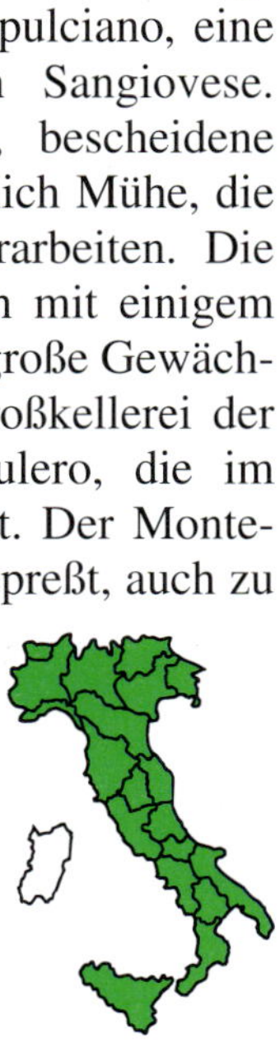

Zu Mittelitalien gehört auch die Insel Sardinien, deren Menschen sich um einen ruhigen Tourismus bemühen und lieber auf die schnelle Lira verzichten, bevor sie ihr Land zerstören. Es gibt anständige Weine zu günstigen Preisen. Am angenehmsten sind der weiße Vermentino, ein flüchtiger Genuß, und der rote Cannonau, der kräftig nach Pflaumen mit etwas Zimt schmeckt. Die Genossenschaften auf Sardinien haben einen hohen Stand. Das regionale Kreditinstitut Banco di Sardegna unterstützt Export-Versuche, weil es sich sagt, daß es der Bank gut geht, wenn die Winzer Geld haben. Der Nürnberger Richard Retsch, ein früherer Steuerfahnder, der seinen Job zunehmend öde fand und danach Weinhändler wurde, bemüht sich wacker um den sardischen Wein. Größere Mengen eines braven, preiswerten Weins verkauft die Kellerei Sella e Mosca in Calghera nach Deutschland.

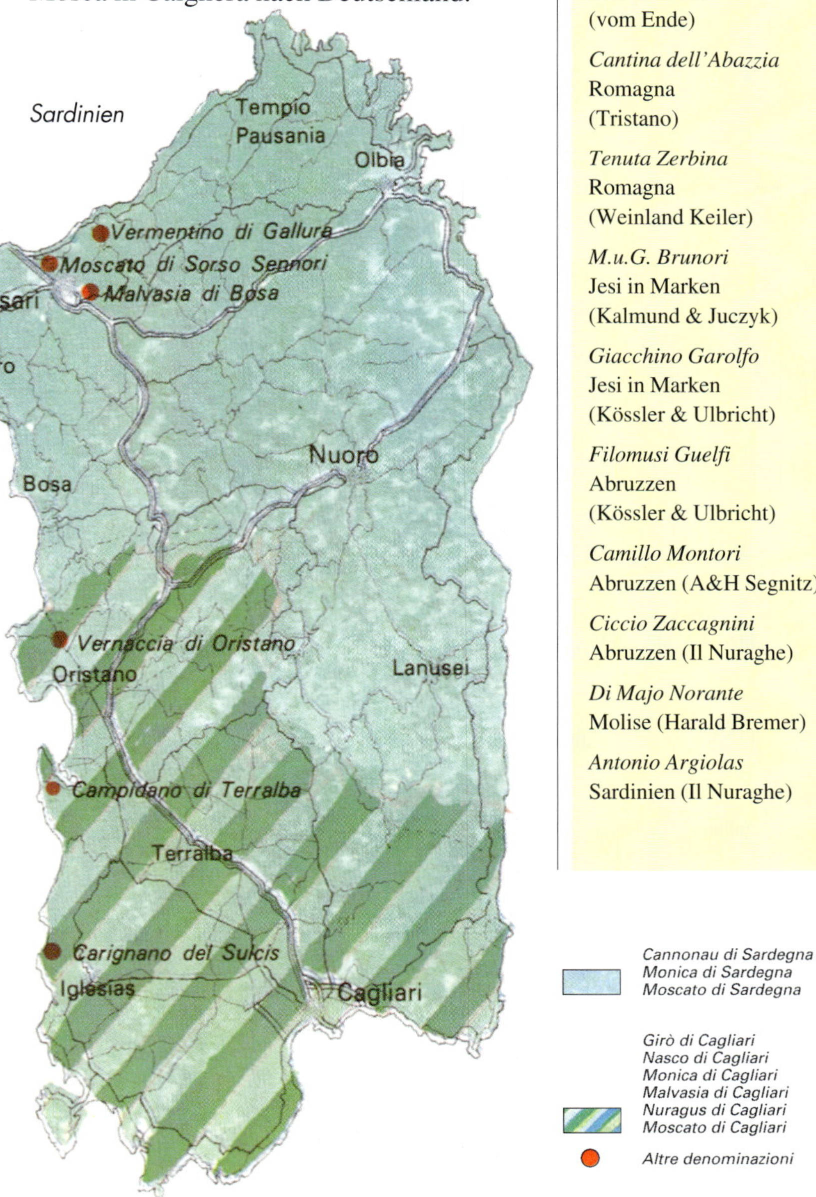

Empfehlenswerte Betriebe

Barbi
Orvieto in Umbrien
(Harald Bremer)

Le Velette
Orvieto in Umbrien
(A&H Segnitz)

Lungarotti
Torgiano in Umbrien
(Alpina, Weinland Keiler)

Piero Costantini
Frascati in Latium
(Tristano)

Conte Zandotti
Frascati in Latium
(Reidemeister & Ulrichs)

Paola Di Mauro
Marino in Latium
(Harald Bremer)

Il Cortile Dall'Asta
in der Emilia
(vom Ende)

Cantina dell'Abazzia
Romagna
(Tristano)

Tenuta Zerbina
Romagna
(Weinland Keiler)

M.u.G. Brunori
Jesi in Marken
(Kalmund & Juczyk)

Giacchino Garolfo
Jesi in Marken
(Kössler & Ulbricht)

Filomusi Guelfi
Abruzzen
(Kössler & Ulbricht)

Camillo Montori
Abruzzen (A&H Segnitz)

Ciccio Zaccagnini
Abruzzen (Il Nuraghe)

Di Majo Norante
Molise (Harald Bremer)

Antonio Argiolas
Sardinien (Il Nuraghe)

MEZZOGIORNO

Hellenische Erbschaften

Süditaliens Provinzen Kampanien, Kalabrien, Apulien und die Insel Sizilien verfügen über eine traditionsreiche Weinwirtschaft. Vom schweren Südwein bis zum knackig-leichten Rosé reicht die Angebotspalette.

Grausam war die Herrschaft einst im »Königreich beider Sizilien« aber nicht weniger blühend. Sein Territorium, das auch den Bereich von Neapel umfaßte, erstreckte sich von dort bis Ragusa und war berühmt für seine Früchte und seinen Wein. 1860 organisierte der Umstürzler Giuseppe Garibaldi, nachdem ihm bereits drei Aufstände mißlungen waren, endlich den »Marsch der Tausend«, jagte den Bourbonen-König samt Gefolge aus Sizilien und entmachtete die Padroni, die wohlhabenden Landherren. Der Mezzogiorno genoß seine hart erkämpfte Freiheit, doch bald gerieten die Menschen in eine neue, schleichende, nirgendwo zu packende Abhängigkeit. Süditalien zählt jetzt zu den ärmsten Regionen Europas, ausgesaugt von einem verbrecherischen Geheimbund. Die Regierungen in Rom schossen Milliarden in die »Cassa per il Mezzogiorno«. Die Gelder versickerten in Abgründe und wurden von Mega-Projekten verschlungen, die gewachsene Umgebungen zerstörten und nun als Fehlplanungen das Land verschandeln. Schlimm ist die Lage in der Provinz Kampanien. In Neapel wuchert die Arbeitslosigkeit, den Menschen geht das Geld aus für das Nötigste. Die Bauern im Umland lassen ihre Äcker liegen, weil sie von der Ernte nicht mehr leben können, und strömen in die Stadt, in der meist trügerischen Hoffnung, dort mehr zu verdienen. Das einst reiche Rebland hat heute zu wenig Wein, muß aus anderen Gegenden hinzukaufen, wodurch wiederum manches Geld abfließt, das in der Region dringend benötigt wird. Die Casa Vinicola Michele Mastroberardino war zu Beginn des Jahrhunderts eine von Dutzenden Kellereien in der Campania, die erste Adressen in aller Welt belieferten. Die meisten sind längst vergessen, nur Mastroberardino blieb wie ein gutes altes Möbelstück, der letzte der großen Namen in dem antiken Weinland südlich von Neapel. Dort gedeihen noch die gleichen Reben, die griechische Siedler vor 3000 Jahren pflanzten: Greco, Troia, Aglianico (die hellenische Traube). Die daraus gekelterten Weine sind dicht, fremdartig und schwer zugänglich, brauchen viele Jahre zum Reifen. Wer oberflächlichen Reiz sucht, kann mit diesem flüssigen Altgold gewiß nichts anfangen. Ein solcher Schatz will mit der ganzen Seele genossen werden, in winzigen Schlucken (wozu die Motetten des Erzmusikers Giovanni Palestrina wundersam passen). Mastroberardinos Urenkel, die Brüder Angelo, Antonio und Walter, halten unverrückbar am alten Stil fest, auch wenn sie ihre Kellerei gründlich modernisierten. Die Firma hat einen schweren Stand. Wer besitzt in einer Zeit, die nach schnellen, halbreifen Weinen giert, noch die Muße, sich in Klassiker wie den Taurasi oder den Greco di Tufo zu versenken? Die Nachfrage ist noch nicht einmal das größte Problem. Weit mehr Schwierigkeiten bereitet die Beschaffung der alten Trauben, die langsam

Kampanien

reifen und niedrigste Ernten liefern. Die in Kampanien zurückgebliebenen Winzer pflanzen lieber moderne, reichlich tragende Sorten, die letztlich mehr Geld bringen; für die Umstellung gibt es staatliche Zuschüsse. Die Mastroberardinos schlossen Verträge mit jedem Bauern, der die alten Reben behielt. Sie begannen, zum erstenmal in der Geschichte des Unternehmens, selbst zu pflanzen. Ein Drittel der Erzeugung stammt heute schon von eigenen Pflanzungen. Noch einige Italien-Importeure in Deutschland führen die Weine aus Ehrfurcht vor dem traditionsreichen Namen, doch sie lassen sich immer schwerer verkaufen. Die Campania ist ein siechendes Land. Ähnliche Armut grassiert auch in der sich südlich anschließenden Basilicata. Der Name kommt aus dem Griechischen und bedeutet: königliches Land. Die Menschen dort warten heute noch auf Hilfsgelder aus Rom, die nach einem schweren Erdbeben zugesagt worden waren. Die Summen sind wohl mafiös verronnen. Die bäuerliche Gegend ist zu weit von den Städten entfernt, als daß Landflucht einsetzen könnte. Auf 14 000 Hektar (so groß wie das Weinland Baden) werden rund 500 000 Hektoliter eines alkoholreichen, tiefdunklen Rotweins erzeugt, von dem einige Mengen nach Norditalien gehen, um dort schwachbrüstigem Bardolino oder Kalterersee aufzuhelfen. Grundsätzlich wachsen in der Basilicata großartige Weine, am besten an den bis zu 600 Meter hohen Hängen des Monte Vulture, eines erloschenen Vulkans. Dort hat sich Donato D'Angelo einen in Europa bekannten Namen geschaffen. Sein spät gelesener Aglianico, nicht ganz so konservativ gefertigt wie der von Mastroberardino, steht auf den Karten guter Ristoranti in

Deutschland. Ein 77er, den ich vor Beginn dieses Kapitels kostete, war noch längst nicht zuende gereift. Noch weiter südlich: Kalabrien am Golf von Tarent, noch ärmer als die benachbarten Regionen, erzeugt mehr als eine Million Hektoliter Wein, der oft 15 bis 16 Grad Alkohol besitzt und in Frankreich zur Abrundung von Tafelweinen begehrt ist. Einen guten Namen haben Rotwein und Rosé von den Weingärten der Hafenstadt Cirò, gekeltert aus der anderswo unbekannten Gaglioppo-Traube (auch ein griechischer Name). Einige Kellereien geben sich Mühe mit diesem wuchtigen Wein, allen voran die von Vincenzo Ippolito. Eine etwas frühere Lese und Kühlung in den Kellern, die den Most langsamer gären läßt, bringen heute elegantere Weine, die nicht mehr so von Alkohol strotzen. Im benachbarten Apulien, dem weiten Weinland am Absatz des italienischen Stiefels, ist der durchschnittliche Alkoholgehalt aller Weine seit den frühen achtziger Jahren von 15 auf 13 Grad gesunken. Auch dort wird immer zeitiger geerntet, um der Nachfrage nach leichteren, frischeren Weinen zu entsprechen. Die altgewohnten dicken Moste gibt es immer noch reichlich. Sie fließen meist in Richtung Norden, zum Verschneiden bestens geeignet. Ein großer Teil des apulischen Weins wird zu Konzentrat verkocht, mit dem Kellerei-

Ein Gutteil der Ernte aus dem Mezzogiorno geht als konzentrierter Dickmost zum Anheben schwachbrüstiger Tropfen in nördliche Gefilde – obschon ein gutes Geschäft, viele Winzer bedauern es.

MEZZOGIORNO
Zahlen und Adressen

Apulien:
Rebfläche: 180 000 Hektar

Ernte im Schnitt:
11 Millionen Hektoliter

davon DOC-Qualitätsweine:
200 000 Hektoliter

Export nach Deutschland:
10 000 Hektoliter

Hauptsorten:
Primitivo, Negroamaro

Auskunft: ICE, Italienisches Institut für Außenhandel in Düsseldorf (Tel.: 02 11 / 3 87 99-0)

Sizilien:
Rebfläche: 160 000 Hektar

Ernte im Schnitt:
8 Millionen Hektoliter

davon DOC-Qualitätsweine:
150 000 Hektoliter

Export nach Deutschland:
10 000 Hektoliter

Hauptsorten: Cataratto, Trebbiano, Calabrese

Auskunft: ICE, Düsseldorf

en im Veneto und im Piemont die nicht vollreif gewordenen Erzeugnisse anreichern. Anders als in Frankreich und Deutschland ist es dort verboten, den Alkohol mit Hilfe von Zucker zu mehren. Der Dickmost ist ein gutes Geschäft, mit dem sich die großen apulischen Genossenschaften am Leben erhalten. Die regionalen Politiker suchen nachhaltig Verbindung zu den EG-Behörden. Aus süditalienischer Sicht könnte nichts Besseres geschehen, als wenn der gesamte mitteleuropäische Weinbau das Konzentrat verwendete statt Zucker. Es gibt genug Marktordner in Brüssel, die gerne auf diese Forderungen eingehen. Sie sehen es als wohlfeile Möglichkeit, die nicht zu bändigenden Wein-Überschüsse teilweise abzubauen. Der Gedanke jedoch, in Mosel-Riesling apulisches oder sizilianisches Traubensaft-Konzentrat wiederzufinden, regt nicht eben den Appetit an. Geradezu wütend wird Piernicola Barone Leon de Castris, wenn er sich vergegenwärtigt, wie weit schon die Gewächse des klassischen Weinlandes Apuliens zu Verschnittweinen herabgewirtschaftet worden sind. »Uns gefällt es überhaupt nicht«, schimpft er, »unseren reichen Boden mit Mühe und Hingabe zu bestellen, um dann zu sehen, wie Menschen anderswo davon die Gewinne einstreichen.« Der studierte Ökonom leitet die angesehenste Kellerei der Region. Mit stolzer Unnachgiebigkeit verteidigt er die Traditionen des Hauses. Der Innenbetrieb ist wohl modern, um rationell und vor allem klinisch sauber wirtschaften zu können, doch am Stil der Weine hat sich seit den Zwanzigern wenig geändert. Der gewichtige rote Salice Salentino, benannt nach dem Sitz des Unternehmens nahe Brindisi, schmeckt heute noch genauso wie vor Jahrzehnten. Der Wein hat in Deutschland viele Freunde, die Bestellungen sind jedoch rückläufig. Nach wie vor gibt es bei Leon de Castris den Anfang des Jahrhunderts geborenen »Five Roses«, einen üppigen, schwermütigen Rosé, den die Vanderbilts, die Rockefellers, die Kautschuk-Barone in São Paulo früher schlürften, eine Berühmtheit wie Champagner. »Wenn die Menschen mehr der Weine Apuliens tränken, dann müßte kein Tropfen zum Verschneiden nach draußen gehen«, meint der junge Manager bitter. Sein Vater, Barone Salvatore, ein gelernter Rechtsanwalt, ist Präsident des Winzerverbandes im Salentino, dem besten Rebland in Apulien. Tapfer versucht er, den Ruf des Weins hochzuhalten. Doch gegen die Umtriebe anderswo in Apulien vermag er nichts auszurichten.

Apulien

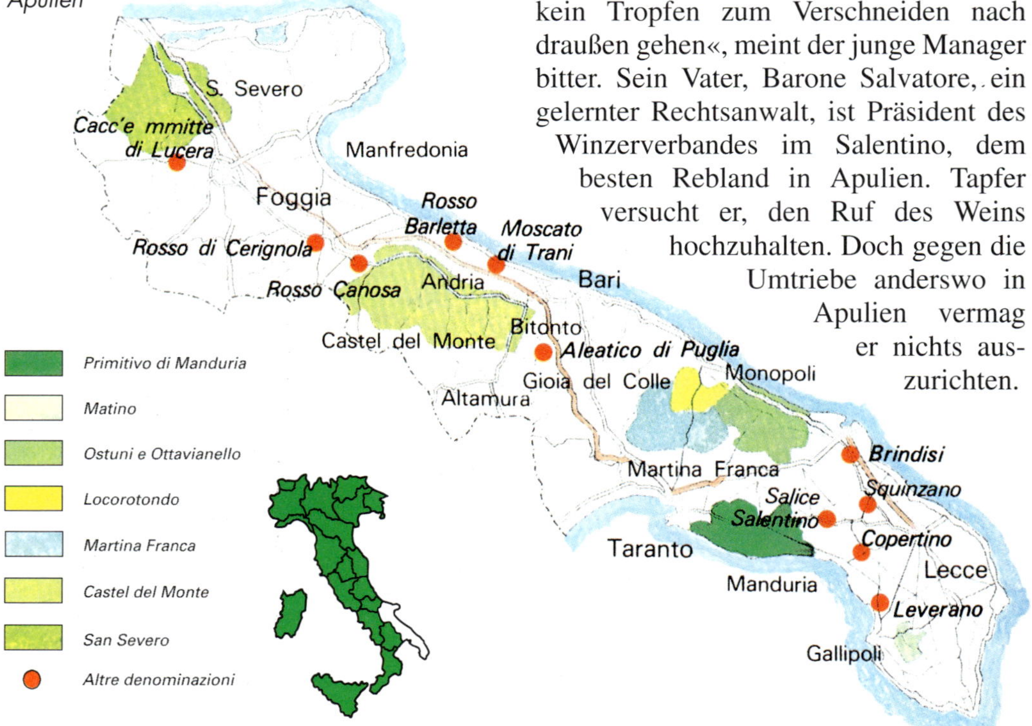

Dottore Cosimo Taurino, der in der Nachbarschaft eine kleinere Casa vinicola betreibt, bereitet der Trend ähnliches Kopfzerbrechen für die Geschicke der ganzen Region wie für seine eigenen Marktchancen. Doch an seinem berühmten Notarpanaro-Rotwein, der nach getrockneten Pflaumen und Rosinen schmeckt – großartiger Schluck zum festlichen Essen – hält er weiter fest. Das Weinland Apulien, das sich über 300 Kilometer erstreckt, besitzt fast doppelt so viele Rebgärten wie Deutschland. Die Ernten sind etwa so groß wie bei uns. Zu 98 Prozent sind dies Tafelschoppen und Massenware zur Weiterverarbeitung. Vieles wird im Land getrunken, doch auch in Süditalien hat sich in den vergangenen 20 Jahren der Verbrauch von Wein halbiert. Die Jugend, die Gewohnheiten der Väter ablehnend, trinkt lieber Bier. Das weite Reben-Reich wird in der Hauptsache von Genossenschaften beherrscht mit jeweils Tausenden von zuliefernden Winzern, großzügig aus Rom mit Geldern unterstützt, von denen private Kellereien nichts abbekommen. Einige dieser Kooperativen bemühen sich redlich, neben der Menge ein kleines Sortiment hochwertiger Weine zu pflegen. Ein gutes Beispiel dafür ist die Cantina sociale von Barletta. Sie verfährt bei ihren gehobenen Qualitäten zweigleisig: Da gibt es den verblüffend leichten, frischfruchtigen Markenwein Lèontine aus früh gelesenen Trauben, rosato und bianco. Daneben wird ein gravitätischer Rosso di Barletta geboten, ein Roter alten Stils, der bei einem Wettbewerb ausgerechnet im Piemont die höchste Auszeichnung errang. Im Museum von Siracusa auf Sizilien liegen Wein-Amphoren aus der Zeit 1500 vor Christus. Archäologische Funde belegen, daß es auf der Insel bereits vor 5000 Jahren Rebbau gab. Die Anbaufläche Siziliens war schon immer um einiges größer als die von Deutschland. Als dieses Reich noch von Königen regiert wurde, gab es keine Probleme mit dem Absatz des Weins, der auch in besten Pariser Häusern getrunken wurde. Heute sinkt der Export von Jahr zu Jahr; die Zeit der schweren Südweine ist vorbei. Giuseppe Conte Tasca d'Almerita, der die führende private Kellerei der Region leitet, kämpft auf zwei Wegen: Neben dem leichten Regaleali-Tischwein bietet er den erlesenen »Rosso di Conte« alter Schule, von dem es nur einige tausend Flaschen gibt, stets rasch ausverkauft. In jüngster Zeit viel von sich reden macht das Marsala-Haus Rallo, das ein längst vergessenes Weingut namens Donnafugata übernahm und dort mit Technik vom Allerneuesten knackigfrische Rosé- und Weißweine mit wenig Alkohol erzeugt. Die hocheleganten Flaschen sind derzeit ein Renner unter deutschen Liebhabern der Cucina italiana. Mit einem klassischen sizilianischen Wein haben diese schicken, schnellebigen Tröpfchen allerdings nichts gemein.

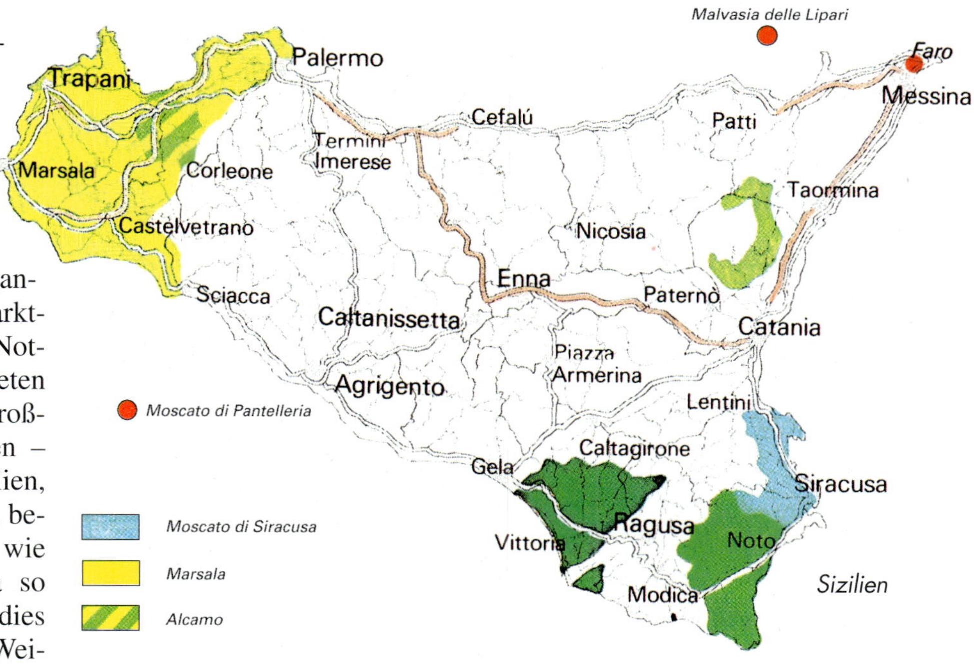

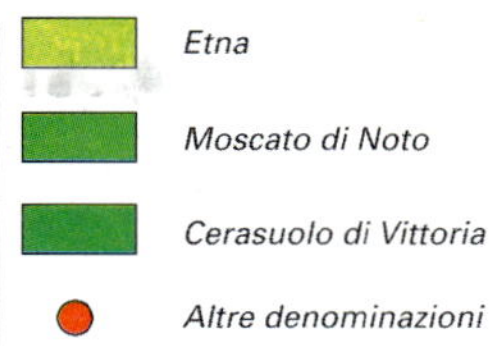

Empfehlenswerte Betriebe

Mastroberardino
in Kampanien
(Schelte, Schöler)

D'Angelo
in Basilicata (Kalmund & Juczyk, Il Nuraghe)

Cantina Fondiaria di Venosa
in Basilicata (Tristano)

Cantina Sociale di Barletta
in Apulien (Tristano)

Candido
in Apulien (Stella)

Taurino
in Apulien (Harald Bremer, Eggers & Franke)

Tenute Torrebianco
in Apulien
(Reidemeister & Ulrichs)

Agricole Vallone
in Apulien (Il Nuraghe)

San Francesco
Ciró in Kalabrien (Schöler)

Giuseppe Coria
auf Sizilien (Harald Bremer)

Donnafugata
auf Sizilien (Harald Bremer)

Conte Tasca d'Almerita
in Regaleali auf Sizilien
(Schelte)

75cl
VINHO BRANCO
ENGARRAFADO NA REGIÃO
BOTTLED AND SHIPPED BY
VINÍCOLA DO VALE DO DÃO, LDA.
VISEU-PORTUGAL
PRODUCE OF

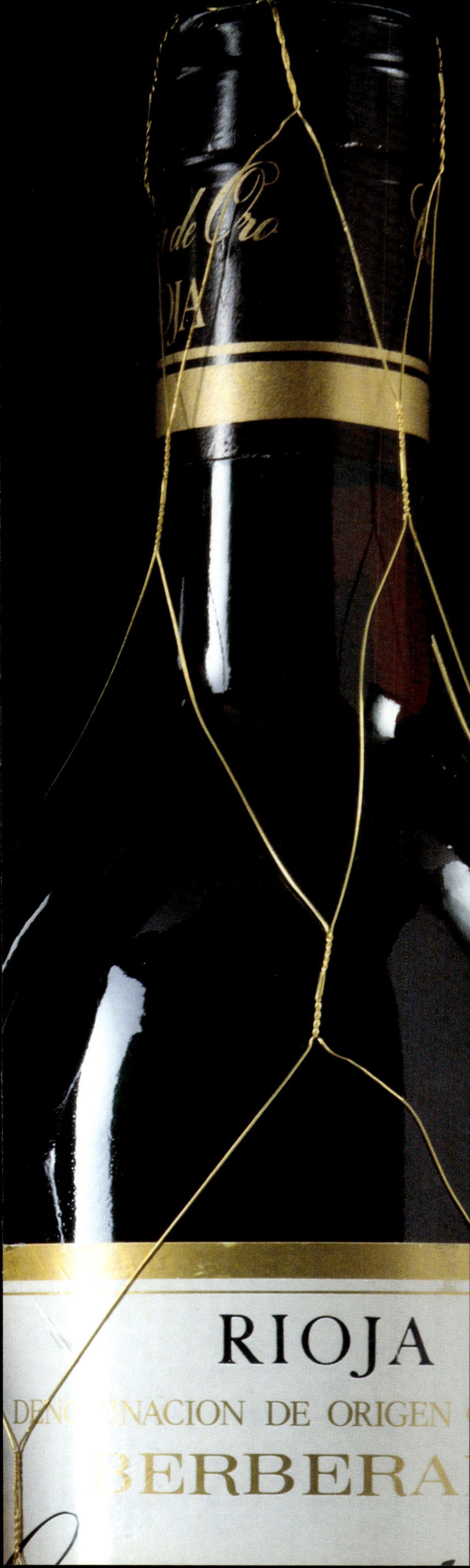

Iberiens Aufbruch

Iberien tat sich lange schwer mit Europa. Die Pyrenäen erschienen wie eine Mauer, zu Südamerika gab es stets innigere Beziehungen, allein wegen der Sprachen. Doch jetzt herrscht Aufbruch-Stimmung bei den Winzern in Spanien und Portugal. Gewaltige Summen fließen in den Bau neuer Bodegas, in die Modernisierung rückständiger Keller. Mehr denn je bemüht sich Iberiens Weinwirtschaft um hohe Qualität, um in den Wettbewerb mit dem restlichen Europa eintreten zu können. Aus Gegenden mit nie gehörten Namen kommen jetzt große Gewächse.

Spaniens Provinzen

Pioniere überall

Über 1,5 Millionen Hektar spanischen Bodens sind mit Reben bepflanzt. Hier entstehen Weine ganz unterschiedlichen Charakters, die weltweit immer mehr Liebhaber und Liebhaberinnen finden.

Ziehen wir von Spanien Rioja und Navarra ab (die beiden führenden Wein-Regionen werden eigens beschrieben). Was bleibt dann? Zum Beispiel die Mancha, glutheißer Mittelpunkt der iberischen Halbinsel: In der ständig staubenden, wehmütig machenden Steppe, gelegen auf einem 700 Meter hohen Plateau, verbreiten sich fünfmal mehr Rebgärten, als es in Deutschland gibt. Don Quijotes Heimat stillt die große Nachfrage nach Schoppen für den Alltag, meist bescheidene Weißweine, die dank vorgezogener Lese der Airen-Trauben heute nicht mehr gar so alkoholisch sind wie ehedem. Immer wieder ist zu hören, daß in der Mancha auch noble Weine wachsen, wenn sie denn mit Könnerschaft bereitet werden. Eher finden sich in der benachbarten Region Valdepeñas ab und zu ein paar vernünftige Flaschen, sehr preiswert. Spanien – das ist auch die Levante an der Ostküste, das Land um die geschäftige Hafenstadt Valencia. Von dort kommen meist tintige, schwere Rotweine ohne Eigenart, zum Verschneiden bestens geeignet. Früher kauften die Winzer an der Ahr, in der Pfalz und in Württemberg gerne den pechschwarzen Alicante, mit dem sie ihren eigenen bläßlichen Erzeugnissen etwas Farbe verleihen konnten, was heute verboten ist. Valencia ist Zentrum des levantinischen Weinhandels. Zu 90 Prozent verläßt die Ware lose im Tank den Hafen. Mitunter macht sie Umwege nach Rijeka, von wo sie dann als edler mazedonischer Kadarka nach Deutschland kommt (für 1,49 Mark im Sonderangebot).

Spanien – das sind auch einige Wein-Provinzen voller Unruhe und Ehrgeiz, deren tüchtige Winzer nicht länger zuschauen, daß alle Welt nur über die erhabenen Reservas der Rioja spricht, als ob das reiche Land nicht mehr zu bieten hätte. Folgen wir, wie stets in diesem Buch, dem Lauf der Sonne. Im Nordosten Iberiens, wo die Menschen Wert darauf legen, weder Spanier noch Franzosen zu sein, vielmehr Katalanen, machen die Weine aus dem Penedés ständig mehr von sich reden. Eigentlich ist das Gebiet südlich von Barcelona für seinen meist guten, handgerüttelten Cava-Sekt bekannt. Doch will sich Katalanien auch mit Stillweinen hervortun. Pionier des Penedés ist Miguel Torres, Begründer der gleichnamigen Großkellerei, 1991 verstorben. Wie ein fanatischer Sammler steckte er die vom Vater ererbten, aus Öl-Geschäften stammenden Millionen in bestes Rebland und bewies, daß dort Besseres gedeihen kann als nette Xarel-lo- und Macabeo-Trauben, die überwiegend in den Sekt gehen. Torres wollte Rotwein von der Bordelaiser Art, ließ sich aus Frankreich Cabernet- und Merlot-Reben kommen. Die Kellerei fertigt daraus heute gediegene Tropfen, die gottlob nie Franzosen geworden, sondern Spanier geblieben sind. Miguel Torres jun. führt den Besitz im Sinne des Vaters weiter, noch ehrgeiziger, mit noch mehr Freude am Versuchen. An den Hängen der Sierra Llacuna in fast 800 Metern Höhe pflanzte er rheinischen Riesling, den er nach seiner aus Frankfurt stammenden Ehefrau »Waltraud« nennt. Torres zeigt, daß ein weitgreifender Betrieb mit 600 Hektar Reben – mehr, als am Mittelrhein stehen – nicht unbedingt Masse fertigen muß. Auch die Weine für den Alltag sind ordentlich, und vom besten Rebhang, Mas de Planta, ausschließlich mit Cabernet-Sauvignon bestockt, erzeugt Torres Spitzengewächse, die nicht unter 80 Mark zu haben sind. Sein Vorbild macht Schule.

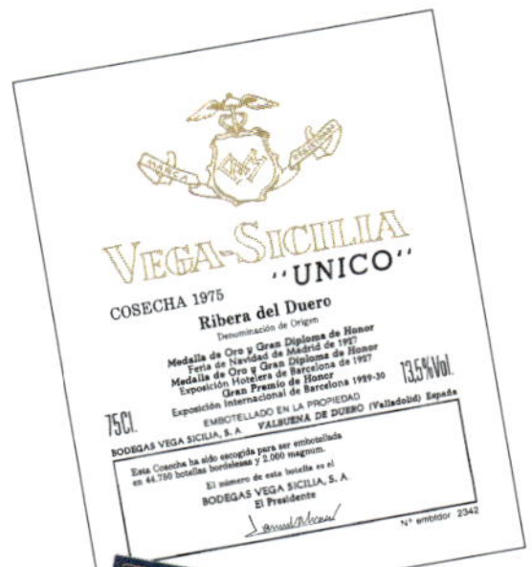

Im Sog des Markterfolges von Rioja ziehen auch die übrigen Anbaugebiete nach: Ob Penedés, Ribera del Duero, Rueda, Terra Alta oder Valdepeñas – die Winzer verbinden die Erkenntnisse ihrer 3000jährigen Weinbautradition mit neuesten oenologischen Standards und liefern inzwischen oft Hochklassiges.

Die Sektkellerei Codorníu bietet über ihre Tochter Masía Bach gute Rotweine an. Ein Zugereister, Jean León, erregt Aufsehen mit seinem auf Flaschen gefüllten Feuer. Zu loben ist auch das kleine Priorato-Gebiet südlich des Penedés. Dort gibt es einen Ort mit dem bezeichnenden Namen Scala Dei (Gottestreppe). Die örtliche Genossenschaft erzeugt den wohl wuchtigsten Wein Spaniens, am besten zu schlürfen, wenn's draußen friert. Überspringen wir die Rioja und folgen dem Flusse Duero, der in Portugal Douro heißt und in den Atlantik mündet. Drei staunenswerte Wein-Regionen liegen dort aufgereiht. Die Ribera del Duero am Oberlauf fiebert in schöpferischer Unruhe. Ständig werden neue Bodegas gegründet, alle zum Zweck errichtet, die bestmöglichen Weine zu erzeugen. Jahrzehntelang ruhte dieses Ländchen abgeschieden. Nur ein Mann machte unter Kennern ständig von sich reden, Don Jesús Anadón Vega-Sicilia. Was er aus der Rioja-Traube Tempranillo

Von den Likörweinen, wie Sherry oder Málaga, bis zu den oft hervorragenden Schaumweinen, den Cavas, reicht das Spektrum spanischer Erzeugnisse aus Trauben. Jede junge Ernte wird kritisch geprüft (oben).

zaubert (in der Ribera »Tinta del País« genannt), gehört zu den bedeutendsten Rotweinen der Welt und den teuersten Spaniens. Die Schätze von Vega-Sicilia (wörtlich: Wiese der Cäcilia) gingen lange Zeit als simple Tafelweine in die Welt. Don Jesús brauchte keinen besonderen Titel. Als benachbarte Bodegas darauf drängten, die Ribera del Duero zum Qualitätswein-Gebiet zu erklären, zeigte er anfänglich kein Interesse. Seit etwa sechs Jahren hat Vega-Sicilia einen ernsthaften Konkurrenten, Alejandro Fernandez, dessen Pesquera-Weine kaum weniger Glanz verbreiten, aber noch längst nicht so teuer sind. Fernandez' Auftreten war gewiß der Auslöser für die ungehemmten Investitionen, die derzeit in die Ribera fließen. Flußabwärts, im Toro-Gebiet, bemühen sich immer mehr Erzeuger, mit dem Ehrgeiz der Kollegen am Oberlauf Schritt zu halten, ohne allerdings die Eleganz derer Erzeugnisse zu erreichen. Toro-Weine sind die schwersten in Spanien, 15 Grad Alkohol sind nicht ungewöhnlich. Seit einiger Zeit aber beweist Manuel Fariña Lopez, daß es dort auch einen weniger bulligen Schluck geben kann, alles nur eine Frage des

Die enorme Produktion von 35 Millionen Hektolitern jährlich umfaßt viele einfache Landweine. Doch der Trend zu Spitzenerzeugnissen – und das Preisgefüge – entwickeln sich nach oben.

SPANIENS PROVINZEN

Zahlen und Adressen

Rebfläche:
1,5 Millionen Hektar

Durchschnittliche Ernte:
35 Millionen Hektoliter

Export nach Deutschland:
700 000 Hektoliter

Auskunft: Spanisches Generalkonsulat, Handelsabteilung, Jägerhofstraße 30 in 40479 Düsseldorf (Tel.: 02 11 / 45 48 20)

Fortsetzung Seite 150

Penedés:
Rebfläche: 25 000 Hektar

Ernte im Schnitt:
1,7 Millionen Hektoliter

Bodegas: 320,
davon 200 Sekt-Hersteller

Hauptsorten: Xarel-lo, Paralleda, Macabeo, Tempranillo

Export nach Deutschland:
14 000 Hektoliter

Ribera del Duero:
Rebfläche: 8 000 Hektar

Ernte im Schnitt:
180 000 Hektoliter

Bodegas: 80

Hauptsorte: Tempranillo

Export nach Deutschland:
500 Hektoliter

Auskunft: Dr. Friedhelm Mühleib, Seestraße 2 in 53909 Geich (Tel.: 0 22 51 / 25 26)

Empfehlenswerte Betriebe

Can Feixes
Penedés (Iberica)

Can Ráfols dels Caus
Penedés (VinEspa)

Conde de Caralt
Penedés (von Kapff)

Miguel Torres
Penedés (Eggers & Franke)

Enate
Somontano
(Weinkontor Freund)

Fariña
Toro
(Iberica, Weinland Keiler)

Alejandro Fernandez
Ribeira del Duero
(Weinland Keiler)

Casa de la Viña
Valdepeñas (Hawesko)

Los Llanos
Valdepeñas
(Weinkontor Freund)

Palacio de Arganza
León
(Reidemeister & Ulrichs)

San Valero
Cariñena (von Kapff, Reidemeister & Ulrichs)

Piqueras
Almansa (VinEspa)

rechten Lese-Zeitpunkts, wobei manchmal wenige Stunden entscheidend sind. Drittes Gebiet am Duero ist Rueda, Spaniens Weißwein-Land schlechthin. Verbesserter Kellertechnik ist es zu danken, daß die beliebten Vinos Blancos nicht mehr so feist sind wie früher, vielmehr knackig, apfelfruchtig und leicht. Noch weit besser sind die aus der Albarinho-Traube erzeugten Weißweine in den galicischen Rias Baixas. Sie vereinigen die Spritzigkeit der Mosel mit der Reife Badens. Zu den Fischen des Atlantiks gibt es kaum angenehmere Tropfen. Nach Süden hin, wie gesagt, erstrecken sich über Hunderte Kilometer die Wein-Steppen der kastilischen Mancha und des Hinterlandes von Valencia, alles in allem das größte Reben-Meer der Welt. Einen kleinen Flecken im tiefsten Südosten möchte ich noch erwähnen: Die Almansa ist für ihre guten Schuhe und für Mengen-Wein bekannt. Die große Ausnahme stellt Mario Bonete dar, einer der führenden Oenologen Spaniens, der 1978 in die Bodega der Familie Piqueras einheiratete und heute mit seinem nach allen Regeln neuzeitlicher Weinmacher-Kunst bereiteten »Castillo del Almansa« ständig beweist, daß es im öden Mittelspanien durchaus großartige Tropfen geben kann.

Der Rio Oja (oben), ein Nebenfluß des Ebro, ist der Namensgeber des wichtigsten Anbaugebietes in Spanien. Während die Weißwein- und Rosé-Produktion hier immer weiter rückläufig ist, wächst der Erfolg mit den roten Sorten. Aus der Tempranillo-Traube, vor allem im Rioja-Alta- und Rioja-Alavesa-Bereich, werden Weltklasse-Weine gekeltert.

RIOJA

Ruhe nach dem Sturm

Rund 200 Bodegas gibt es in der Rioja, eine überaus bunte Mischung von Kellereien, mit und ohne Weingärten, mit und ohne Abfüllung, industriell oder auch handwerklich arbeitend. Die Zahl erscheint kaum glaublich, doch sie stimmt. 1989 wurden erst 90 Unternehmen gezählt. Innerhalb von nur fünf Jahren hat sich dieser von Traditionen gefügte Wirtschaftszweig im Tale des Rio Oja mehr als verdoppelt. Es sind ja nicht nur in jedem Monat durchschnittlich zwei neue Betriebe gegründet worden, viele der bestehenden Bodegas haben sich zudem erheblich vergrößert. Das Börsenblatt »Cinco Dias« errechnete allein für das Jahr 1990 Investitionen von mehr als neun Milliarden Peseten, damals rund 150 Millionen Mark. Banken und Versicherungen, internationale Getränke-Konzerne, südspanische Sherry-Häuser stürzten sich hungrigen Wölfen gleich in das Geschäft mit Rioja-Wein. Zu der Zeit befand sich Spanien in einem Rausch des Aufbruchs. Nach Jahren einer sich selbst genügenden Muße erwachten die alten Conquistadores: Europa begann sich zu öffnen, es galt einen riesigen Markt zu erobern. Geld spielte dabei keine Rolle, es lockten ja beachtliche Einnahmen. Winzer und Kellerei-Besitzer sahen, wie eine internationale Schickeria sich um die Hochgewächse von Bordeaux und aus der Toskana riß, wie teurer Cabernet aus Kalifornien in Mode kam. Mit solchen Weinen konnte sich La Rioja wohl messen, das hatten Aufsehen erregende Proben mehrfach bewiesen. Also sprangen die Preise nach oben. Die besten Weine, die Reservas, verdoppelten ihren Preis. Die Bodegas verdienten daran gar nicht einmal soviel. Vielmehr forderten die Cosecheros, die straff organisier-

In Háro und Logroño liegen die Zentren des Weinhandels der Rioja. Nach der Reblaus-Katastrophe um die Jahrhundertwende ließen sich dort zahlreiche Bordelaiser Winzer nieder, um einen neuen Start zu wagen. Der Weinbau Riojas wurde durch sie nachhaltig geprägt.

ten Trauben-Bauern, ihren Anteil an den in Aussicht stehenden Gewinnen. Prompt kippten mühsam aufgebaute Exportmärkte; die beiden wichtigsten Abnehmer, Schweiz und Bundesrepublik, kauften von heute auf morgen um ein Drittel weniger Rioja. Nun herrscht erst einmal Ruhe nach dem Sturm, Riojas Weinwirtschaft befindet sich, wie es in der Prosa der Betriebswirte heißt, in einer Phase der Konsolidierung. Die Bodegas versuchen derzeit nur, wo sie können, eigenes Rebland zu kaufen, um aus der Abhängigkeit von den Cosecheros herauszukommen. Teilweise weichen sie in die Nachbar-Region Navarra aus, wo Weinberge noch billig, aber auch nicht so gut sind. Die Weinpreise bleiben derzeit stabil, sind da und dort sogar wieder etwas gesunken. Die Einkäufer der deutschen Supermarkt-Ketten freuten sich schon auf billige Beschaffung. Doch da können die Bodegas untereinander noch so zerzankt sein, die Spanier sind zu stolz, sich gegenseitig zu unterbieten. Anders als Chianti classico gibt es hierzulande Rioja nicht im Sonderangebot, auch nicht den einfachen Vino jóven vom Vorjahr, den die Deutschen bevorzugt trinken. Die besseren Sachen, die im Holzfaß gereiften Crianzas, die erst im dritten Jahr nach der Ernte in den Verkauf kommen dürfen, sind den Bundesbürgern offenbar zu teuer. Davon werden hier nur wenige Flaschen verkauft. Wenn die hiesigen Weinfreunde bereit sind, mehr als zehn Mark auszugeben, dann greifen sie doch lieber zu den ihnen vertrauten Gewächsen aus Frankreich oder Italien. Umfragen in verschiedenen Großstädten brachten immer das gleiche Ergebnis: Die meisten Deutschen schätzen Rioja-Wein hoch ein, aber getrunken haben sie ihn noch nicht. Dabei ist doch in diesem Lande zum erstenmal vorgeführt worden, daß die reifen Roten vom Rio Oja international zur Spitze gehören. Im November 1982 kam es im Wiesbadener Sterne-Restaurant »Ente vom Lehel« zu einem denkwürdigen Wettstreit.

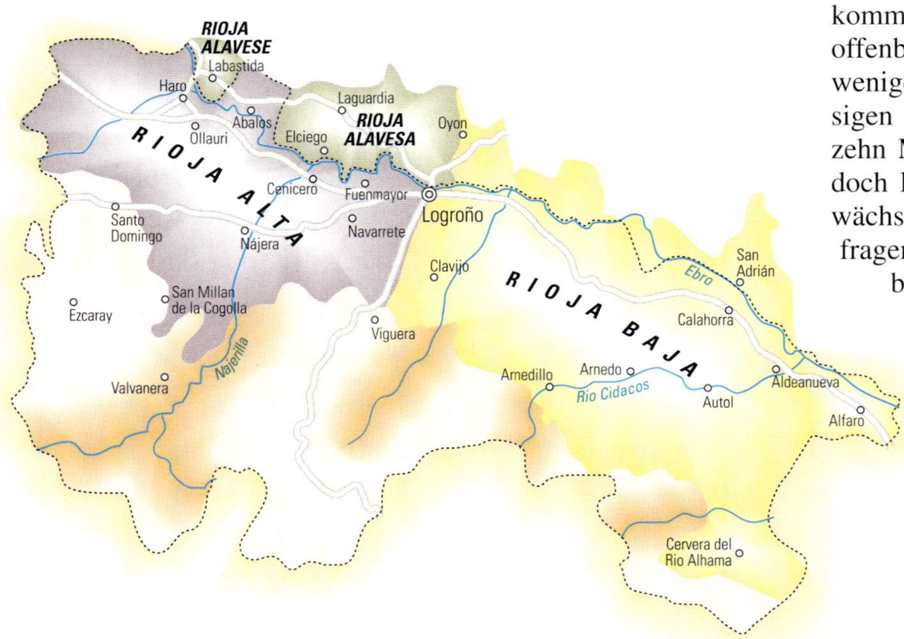

Jeweils 20 Weine aus der Rioja und von Bordeaux wurden blind verkostet und bewertet. Die Spanier trugen einen glanzvollen Sieg davon, der in der Presse gebührend ausgebreitet wurde. Ganz fair ist es damals nicht zugegangen. In der Jury saßen nur wenige Fachleute, dafür probierte zahlreich die lokale Prominenz mit, von Erfahrung im Umgang mit Wein nur wenig belastet. Zudem hatten die Veranstalter eine Obergrenze von 30 Mark pro Flasche festgelegt. In diesem Rahmen trat Rioja, damals noch sehr preiswert, mit ihren Spitzen, Bordeaux hingegen nur mit der zweiten Garde an. Die Spanier stellten durchweg ältere Jahrgänge in die Probe, Frankreich war mit jüngeren, oft zu jungen Weinen vertreten. Wer Rioja zum erstenmal trinkt, ist berauscht von den verführerischen Düften nach Veilchen und Johannisbeere. Bordeaux hingegen erschließt sich nicht sofort, will begriffen werden wie eine alte Orgelfuge. Die anwesenden Fachleute durchschauten bald die Ungleichheit des Wettstreits und gaben den Bordeaux-Weinen, die meist leicht zu erkennen waren, bewußt höhere Noten. So war die Niederlage für Frankreich nicht gar so schmerzlich. Selbstverständlich wurden in der »Ente« zum Streicheln schöne Reservas aus der Rioja eingeschenkt, aber sie hatten es zu leicht. Bordeaux ist den spanischen Winzern seit jeher das große Vorbild, von den Franzosen haben sie all ihr Wissen. Es gibt Verbindungen, die mehr als 200 Jahre zurückreichen. Bordelaiser Händler kauften früher gerne in Spanien ein, wo sie kräftigere Weine mit reichlich Alkohol fanden. Als Ende des vorigen Jahrhunderts die Reblaus die meisten Weingärten im Südwesten Frankreichs vernichtete, zogen Gutsbesitzer aus Bordeaux in die Rioja, um dort ihr Glück zu versuchen. Sie brachten einen hohen Stand der Kellertechnik mit und führten die Rebsorte Cabernet-Sauvignon ein. Wohlstand kam auf, bald wurde eine Bahnlinie gebaut. Doch die Blüte währte nur ein paar Jahre. 1899 wütete die Reblaus auch in der Rioja. Glück im Unglück für die Spanier war, daß die Franzosen inzwischen herausgefunden hatten, wie sie dem Parasiten begegnen konnten: Sie pfropften die Rebe auf das Wurzelholz amerikanischer Sorten, das den gefräßigen Schädlingen nicht behagte. Der einzige Punkt, in dem die Rioja-Winzer dem Vorbild Bordeaux nicht folgten, war die Wahl der Reben. Der Cabernet-Sauvignon spielt in Spaniens führender Wein-Region keine Rolle, vielmehr beherrschen die roten Sorten Tempranillo und Garnacha das Feld.

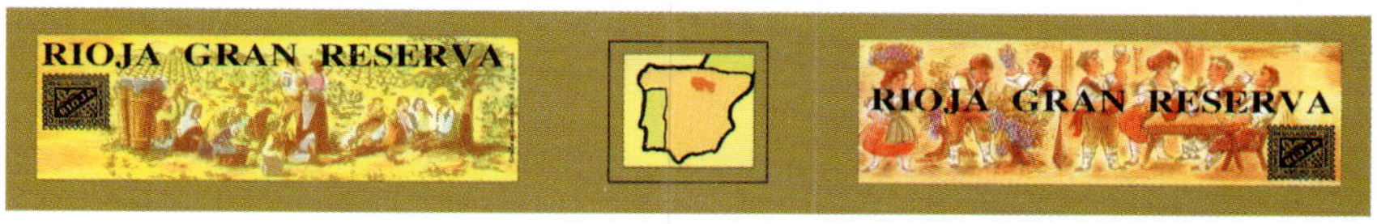

Die säurebetonte Tempranillo und die weiche, schwere Garnacha – die wichtigsten Rebsorten in der Rioja – verstehen die Kellermeister der führenden Bodegas auf das Beste zu verschneiden.

Von Sin crianza über Crianza, Reserva bis zu Gran reserva reichen die Qualitätsstufen riojanischer Weine. Ein Gran-reserva-Spitzenwein kann noch nach 50 Jahren ein Genuß sein. Die großen Jahrgänge, zum Beispiel 1964, '68, '70, '73 oder '76, haben jetzt einen ausgezeichneten Reifegrad erreicht, wenn sie richtig gelagert wurden.

Zwei sehr unterschiedliche Reben: Der Tempranillo fühlt sich auf den porösen Kalkböden des oberen Rioja-Tales wohl, liebt es etwas kühler und braucht Regen zwischendurch. Er reift früh, schon Ende September haben die Trauben genug Zucker, um einen ausreichend alkoholischen, farbkräftigen Wein zu ergeben, der zudem sehr haltbar ist. Dies liegt vor allem an der herzhaften Säure. Die Garnacha hingegen mag es heiß und trocken,

gedeiht am besten in der Rioja Baja, auf den tiefer gelegenen Schwemmböden des Unterlandes im Osten des Gebietes. Die hellroten Weine sind weich, schwer, säurearm, ideal zum Verschneiden, wenn der Tempranillo einmal zu mager geraten ist. Sie halten nur nicht lange, neigen zum Oxydieren, wobei sie ins Bräunliche umfärben und zunehmend nach Sherry schmecken. Dazu kommen, mit nur geringen Anteilen, zwei uralte bodenständige Sorten, der betont fruchtaromatische Graciano und der robuste, vom Gerbstoff bestimmte Marzuelo. Beide werden gerne zum Abrunden einer guten Crianza genommen. Es gibt auch Weißwein am Rio Oja, teilweise sogar sehr guten, doch spielt der nur eine geringe Rolle.

Wie bei Bordeaux oder Chianti auch ist der Wein aus der Rioja stets eine Mischung mehrerer Traubensorten (die Spanier gebrauchen dafür das französische Fachwort »Coupage«). Auch verschiedene Herkünfte dürfen kombiniert werden. Es ist seit alters her üblich, zum Beispiel einen fetten Garnacha-Most aus der hitzigen Rioja Baja mit einem zarten, frucht- und säurebetonten Tempranillo aus der Alavesa, dem kühlsten und höchstgelegenen Teil der Landschaft, zu verschneiden. Dazwischen liegen mehr als 100 Kilometer. Die Kunst des Capataz, des Kellermeister, besteht nun darin, die einzelnen Partien so aufeinander abzustimmen, daß nicht nur ein angenehmer und ein für die Bodega typischer Geschmack entsteht, sondern auch Haltbarkeit erreicht wird. Guter Rioja kann Jahr-

zehnte altern. Bei preiswerten, jüngeren Weinen, die spätesten im zweiten Jahr nach der Ernte weggetrunken sein sollten, ist der Anteil der Garnacha hoch. Für die höherwertigen Crianzas, besonders für die wertvollen Reservas und Gran Reservas, die oft viele Jahre im Faß reifen, wird überwiegend Tempranillo genommen. Die Tatsache, daß der Anbau von Garnacha zurückgeht und dafür mehr Tempranillo gesetzt wird, zeigt deutlich, wohin die Weinwirtschaft in der Rioja marschiert: zu noch mehr Qualität.

Die Lager der Bodegas gleichen oft Kirchenschiffen, in verwegener Backstein-Architektur gestaltet. Nicht enden wollende Reihen von dreifach übereinander gestapelten Barricas, den typischen 225-Liter-Fässern, füllen die Hallen. Dies ist die Kinderstube (so heißt »Crianza« wörtlich) guter Weine. Der Streit darüber, wie lange die Cuvées im Eichenholz liegen sollen, wogt schon seit Jahrzehnten. Die großen Abfüller wie Campo Viejo oder AGE, die mit hohen Zinsen übermäßig belastet sind, drängen ständig darauf, die für die Lagerhaltung vorgeschriebenen Mindestzeiten zu verkürzen. Nach deren Meinung könnte eine Reserva schon ein Jahr früher an den Markt gehen und damit etwas eher Geld bringen. Auch ist deutlich ein Wandel des Geschmacks zu spüren. Heute werden Weine, die zu stark vom Holz geprägt sind und allzu vorlaut nach Vanille duften, meist abgelehnt. Der Genießer heute sucht mehr das Aroma frischer Trauben. Wenn aber ein älterer Stoff so riecht wie ein Bauernschrank aus dem vorigen Jahrhundert, dann liegt dies nicht immer am langen Faßlager, sondern auch an der Sauberkeit in den Bodegas, am

Wo Weine in Barricas ausgebaut werden, finden auch Küfer noch ausreichend Beschäftigung. Daß in Wingert und Keller später alles mit rechten Dingen zugeht, darüber wacht in Spanien der Consejo Regulador, die Wein-Aufsichtsbehörde, die auch die Banderolen (unten) an die Bodegas vergibt und damit den Genießern ein Stück Qualitätssicherheit vermittelt.

Rioja
Zahlen und Adressen

Rebfläche: 45 000 Hektar

Ernte im Schnitt:
1,7 Millionen Hektoliter

Bodegas: circa 200

Hauptsorten:
Tempranillo, Garnacha

Export nach Deutschland:
55 000 Hektoliter

Auskunft: Rioja-Büro
Dr. Muth, Oberstraße 14b
in 20144 Hamburg
(Tel.: 0 40 / 4 20 67 52)

Empfehlenswerte Betriebe

Berberana (Hawesko)

Marqués de Cáceres
(Reidemeister & Ulrichs)

Luis Cañas (Wolfram Berge)

Marqués de Murrieta
(Weinland Keiler)

Marqués de Riscal
(Eggers & Franke)

Cosecheros Alavesas
(VinEspa)

La Rioja Alta (Iberica)

López de Heredía
(von Kapff, Weinland Keiler)

Maese Joan (VinEspa)

Martinez Bujanda (Hawesko)

Olarra
(Weinwelt Mack & Schühle)

Viña Salceda (A&H Segnitz)

Können des Kellermeisters. López de Heredía in Háro zum Beispiel, die gewiß altmodischste Kellerei der Rioja, rückt keinen Tropfen heraus, der nicht wenigstens drei Jahr in Barricas reifte. Die Spitzenmarke dieses Hauses, Viña Tondonia, die nicht vor dem achten Jahr nach der Ernte verkauft wird, ist ein gewaltiger Wein von noch erstaunlicher Frische. Die meisten der Rioja-Kellereien investieren verstärkt in ihre Reserven, bewundernswert in einer Zeit, in der doch Lagerhaltung allgemein als antiquierter Luxus angesehen wird. Es ist also nicht zu erwarten, daß sich an den Vorschriften über die Mindest-Reife auch nur ein Buchstabe ändern wird. Da ist schon der Consejo Regulador davor, die im Städtchen Háro amtierende Wein-Aufsicht. Diese Organisation untersteht zwar dem Staat, ihr gehören auch Beamte der regionalen Regierung an, doch versteht sie sich auch im siebten Jahrzehnt als Selbstkontrolle der Kellereien untereinander. In der Werbung wird die Rioja gerne als die am strengsten überwachte Wein-Provinz der Welt hingestellt. Ich habe keine Anhaltspunkte dafür, daß dem nicht so ist. Jede Partie Wein wird erfaßt und auf ordentliche Beschaffenheit hin geprüft. Wer im Herbst zu viele Trauben aus seinem Rebgarten herausholt, muß damit rechnen, daß ihm die Ernte weggenommen und vernichtet wird. Ständig sind Kontrolleure unterwegs und ziehen Proben. Besonders zu Jahresbeginn, wenn die Coupages abgestimmt werden, müssen die Bodegas täglich mit Besuch des Servicio de Inspeccion rechnen. Die Winzer, die Trauben verkaufen, führen nicht selbst Buch. Das nimmt ihnen schon der Consejo ab, damit sie erst gar nicht in die Versuchung kommen, etwa Eintragungen zu frisieren. Ist eine zur Füllung bestimmte Partie Wein endlich über jeden Zweifel erhaben, erhält die Bodega abgezählte, numerierte Banderolen für jede Flasche; in Spanien funktioniert also reibungslos, was in Deutschland angeblich wegen technischer Schwierigkeiten nicht machbar ist. Der Consejo Regulador ist, Dionysos sei Dank, so stockkonservativ, daß er gegenüber jeglichen Wünschen nach Lockerung der alten Regeln taub bleibt. In Anerkennung dieser Sorgfalt ließ die Regierung in Madrid der Rioja eine besondere Ehre zukommen. Als erste Wein-Provinz Spaniens erhält sie den Titel »Denominación de Origen Calificada« (D.O.Ca.), zu deutsch: anerkanntes Weinbaugebiet mit besonderer Qualifikation. Dafür wurden die Anforderungen an die Weine noch etwas verschärft. Unter anderem liegt jetzt die Ernte-Obergrenze bei 0,55 Liter pro Quadratmeter. Kein Problem: Im Schnitt erzeugen die Riojaner 0,35 Liter. Die D.O.Ca. entspricht auf den ersten Blick der DOCG-Bezeichnung in Italien, nur daß dieser Titel bereits heruntergewirtschaftet worden ist. Ich denke, die Spanier werden mit ihren Auszeichnungen etwas vorsichtiger umgehen.

NAVARRA

Aus dem Schatten heraus

Corella, in der Ebene des mittleren Ebro gelegen, ist ein wenig ergötzliches Nest, im Winter naßkalt, im Sommer staubig. Das Museum für sakrale Kunst neben der Kirche San Miguel scheint noch das Aufregendste in der kleinen Stadt zu sein. Doch es rumort in dem Ort, neue häßliche Hallen werden hochgezogen. Namhafte Wein-Erzeuger der Rioja lassen sich dort im Südwesten Navarras nieder. Der mächtige Abfüller AGE errichtete einen Zweigbetrieb. Der Stahl-Industrielle Luis Olarra, der in der Rioja bereits eine hochmoderne Kellerei besitzt, gründete in Corella die Bodegas Bardon und hat Großes damit vor. Aus Rioja-Sicht besitzt der Ort zwei unschätzbare Vorzüge: Er ist per Bahn und über die Autopista 68 schnell zu erreichen. Und es gibt noch preiswert Rebland zu kaufen. Es ist im Sommer wohl zu trocken, die Böden sind schwer, gewiß nicht dazu geeignet, große Weine hervorzubringen. Doch die genügsame Garnacha-Rebe fühlt sich dort wohl. Aus ihren Trauben läßt sich ein guter Rosé fertigen, der zurzeit europaweit gefragt ist. Navarra ist im Aufbruch. Das spanische Wirtschaftsblatt »Marco Real« errechnete, daß jährlich 25 bis 30 Millionen Mark umgerechnet in den Weinbau investiert werden. Auch alteingesessene Familien in Corella haben sich von der optimistischen Stimmung anstecken lassen. Vicente Malumbres machte früher sein Geld mit Karden, stacheligen Rollen aus Distel-Kolben, die in der Textil-Industrie zum Kämmen von Stoffen gebraucht werden. Zum Betrieb gehörten stets Weingärten, mit denen sich niemand viel Arbeit machte; die Trauben wurden an die nächstbeste Bodega verkauft. Vicente Malumbres' Kinder bedrängten den Vater, selbst Wein zu erzeugen. Der Alte zögerte lange, doch als er sah, daß die Begeisterung des Nachwuchses mehr als nur Strohfeuer war, beschloß er, »etwas Rich-

Aus dem Schatten, der auf der traditionsreichen Provinz Navarra lag – der Erfolg der Region Rioja – sind die Winzer inzwischen herausgetreten. Doch der Weg, den man einschlagen will, beginnt sich erst langsam abzuzeichnen: Setzt man eher auf den Vino jóven, den jungen Wein, der aus der Garnacha-Rebe hergestellt wird? Oder eifert man dem Nachbarn Rioja nach und verlegt sich weiter auf den Ausbau großer Rotweine in Barrique-Fässern?

Die Region Navarra grenzt im Norden an Frankreich. Das Zentrum des Weinbaus bildet jedoch der Abschnitt südlich der Provinzhauptstadt Pamplona. Hier liegt auch das DO-Gebiet, aus dem die Weine mit der Ursprungsbezeichnung »Denominatión de Origen« stammen.

tiges zu machen«. Er steckte mehr als 1,5 Millionen Mark umgerechnet in eine blinkende Kellertechnik. Alle Gerätschaften und Tanks sind aus Edelstahl. Das Wasser zum Reinigen wird eigens entkalkt, Kühlung ist selbstverständlich. Anders läßt sich in der heißen Ribera Baja, wie der Süden Navarras genannt wird, kein frischer Wein erzeugen. Im Herbst kommen die Trauben von der Sonne aufgeheizt herein. Wenn sie gekeltert werden, muß es kalt im Keller sein. Sonst braust der Saft sofort los, ist in wenigen Stunden vergoren, und alle feinen Aromen verfliegen. Der Keller duftet tagelang, aber der Wein wird schal. Bei niedrigen Temperaturen jedoch läßt sich die Gärung hinauszögern, der frische Geschmack der Traube bleibt erhalten. Die 1987 gegründete Malumbres-Bodega bietet heute den besten Rosé der Gegend. Die Herstellung verlangt hohes Können. Bei der Ernte kommt es oft auf einen Tag an. Wird nur etwas zu früh gelesen, dann ist der Wein später dünn und sauer, verpaßt der Winzer den besten Zeitpunkt der Reife, hat er am Ende einen zu dicken, faden Stoff. Um einen besonders feingliedrigen Rosado zu erhalten, wird beim Pressen der Mosto lágrima genommen, nur jener Saft, der durch den Eigendruck der Trauben aus der Kelter rinnt. Javier Malumbres, studierter Wirtschaftsingenieur, hat auf seinen vielen Verkaufsreisen in Europa erfahren, daß sich ein solch zarter Tropfen international verkaufen läßt, weil »Frische inzwischen gefragt ist«. Ganz sicher ist man sich jedoch nicht, ob der Vino jóven, der jugendliche Wein aus dem Edelstahl, auf Dauer als wirtschaftliche Grundlage für den Betrieb reicht. Denn um das Gut Malumbres hauen ehrgeizige Bodegas die Garnacha aus und setzen stattdessen den Tempranillo, die Star-Traube der Rioja, dazu französische Sorten wie Merlot und Cabernet-Sauvignon. Sie kaufen Barricas, 225-Liter-Fässer aus frischem Eichenholz nach dem Bordelaiser Vorbild. Typisch dafür ist das Weingut Magaña in der benachbarten Gemeinde Barillas, ursprünglich das Hobby zweier Brüder, die nie mit Wein zu tun hatten. Juan Pio Magaña brachte sich das Winzer-Handwerk selbst bei und wollte »Wein wie in Frankreich« machen. Bruder Luis arbeitet in Madrid als Werbetexter und kann so einiges für die Bekanntheit der Bodega tun. Die Weine sind die berühmtesten, aber auch teuersten in Navarra. Der Erfolg der Magaña-Brüder beeindruckt Javier Malumbres mächtig. Er kaufte nun ebenfalls Barricas, will auch mit faßgereiften Crianzas, später mit langgelagerten Reservas nach Rioja-Vorbild Erfolg haben.

Toni Barrero hingegen sieht die Zukunft Navarras in anderen Gleisen verlaufen: »Reservas sollen die Kollegen in der Rioja machen, das können sie am besten. Wir haben den Vino jóven, den kriegen wir besser hin.« Barrero ist Exportleiter der Cenalsa in Pamplona, einer halbstaatlichen Organisation zu Förderung der Ausfuhr von Wein. Zahlreiche Genossenschaften sind Mitglieder, auch die regionale Sparkasse engagiert sich. Eine besondere Spielweise hat die Cenalsa mit der kleinen Cooperativa in Murchante. Dort wird mit den unterschiedlichsten Rebsor-

ten und Kellertechniken experimentiert. Bestes Ergebnis dieser Versuche ist der »Basiano« – benannt nach einem in Navarra wohlgelittenen Maler – ein im Edelstahl ausgebauter, unverschämt traubenfruchtiger Rotwein aus Tempranillo und Cabernet, die jugendliche Antwort auf die vom Eichenholz betonten, hochreifen Crianzas der Rioja. Toni Barreros Ansicht über den künftigen Weg Navarras wirkt klar und überzeugend. Dennoch: der Zwiespalt durchzieht die ganze Navarra. Zu mehr als 90 Prozent liefert die Region junge Weine und ist damit auch ganz gut im Geschäft, selbst wenn das meiste Massenware ist, was bei einigen Anstrengungen nicht sein müßte. Javier Malumbres beweist ja, daß es auch anders geht. Den

mäßigen Ruf der Vinos jóvenes und den Ruhm des großen Nachbarn Rioja ständig vor Augen, gehen immer mehr Bodegas in dem alten Königreich dazu über, auf Faßlager und Reife zu setzen. Herausragendes Beispiel dafür sind die Bodegas der Familie Chivite in Cintruénigo, von der Größe und der Bedeutung führend in der Provinz. Dort gibt es hübschen Rosado, der in Deutschland einigen Erfolg hat, doch füllen auch schier unendliche Reihen von Barricas die Kellerei. Die ganze Liebe von Julián Chivite Marco und seinen Geschwistern gilt den üppigen, holzgereiften Rotweinen, die nicht schlecht schmecken, aber noch im riojanischen Schatten stehen. Die Chivites steckten in den vergangenen Jahren gut 100 Millionen Peseten (zu dieser Zeit etwa 16 Millionen Mark) in das alte Landgut Señorio de Arinzano im Norden Navarras. 300 Hektar stehen jetzt dort unter Reben, bestockt vor allem mit Tempranillo und Cabernet-Sauvignon. Eine auf das modernste eingerichtete Kellerei wurde fertiggestellt, ebenfalls mit langen Reihen von Barricas. Dort im Norden ist das Klima kühler als in der Ribera Baja. Julián Chivite Marco ist sicher, dort Weine zu erhalten, die sich mit der Spitze von Rioja messen können. All dieser Wagemut machte keinen Sinn, wenn die Investoren nicht sicher wären, daß Navarras Weine im Kommen sind. Es bleibt abzuwarten, auf welchem Weg.

Navarra
Zahlen und Adressen

Rebfläche: 16 000 Hektar

Ernte im Schnitt: 500 000 Hektoliter

Bodegas: 50

Export nach Deutschland: 7000 Hektoliter

Hauptsorten: Tempranillo, Garnacha

Empfehlenswerte Betriebe

Chivite (Schlumberger)

Guelbenzu (Weinkontor Freund)

Luis Gurpegui Muga (Weinkontor Freund)

Malumbres (VinEspa)

Marco Real (Wehber)

Nuestra Señora del Romero (Vinos de Reula)

Ochoa (VinEspa)

Principe de Viana (Mövenpick)

Señorio de Sarría (Hellriegel)

Eine lange Geschichte prägt den Weinbau Portugals. Und die Historie ist in vielen der Winzer-Produkte auch heute noch sinnlich zu erfahren: Gehaltvolle Garrafeiras, die überaus alt werden können.

PORTUGAL

Wo der Mensch noch Zeit hat

Die Portugiesen sind bedächtige Menschen, die jeden ihrer Schritte genau überlegen, sich nicht aus der Ruhe bringen lassen. Entsteht irgendwo in der Welt eine mächtige Brücke, dann ist es wahrscheinlich, daß der Bauherr für die Arbeiten in schwindelnder Höhe Portugiesen einsetzt. Bei ihnen darf er sicher sein, daß nichts passiert. Die Fähigkeit, sich Zeit zu lassen, ist das wesentlichste Merkmal der Menschen in Europas südwestlicher Ecke. Wer alte Weine sucht, vielleicht seinen eigenen Jahrgang, der findet sie am ehesten in Lissabon. Dort werden Flaschen angeboten, die 40 Jahre und älter sind, und deren Inhalt durchaus noch mundet. In den altertümlichen Kellern der Häuser Dom Teodósio oder Carvalho, Ribeiro & Ferreira ruhen gewaltige Stapel von Flaschen, die mitunter zehn Jahre und länger lagern, bevor sie in den Verkauf kommen (vorgeschrieben sind nur drei Jahre). Sie werden »Garrafeiras« genannt, was soviel heißt wie: Flaschenkeller.

Für diese langlebigen Schätze kaufen die Hersteller meist Moste aus dem Ribatejo-Gebiet östlich der Hauptstadt. Dort wächst die kleinbeerige, hartschalige Periquita-Traube, deren konzentrierter Saft schwarzviolett und voller Gerbstoff ist. Da die Winzer es oft gar nicht anders kennen, wird das Lesegut samt den Stielen gekeltert und vergoren. Das Ergebnis ist ein tintiger Stoff, im Geschmack Feuerholz ähnlicher denn Wein und adstringierend wie Gurgeltropfen gegen Halsschmerzen, kurzum: erst einmal ungenießbar. Auch längeres Faßlager macht den Wein kaum milder. So kommt er in große Flaschen, in denen er jahrelang ruht, bis sich ein Teil des bitter-herben Gerbstoffs (auch Tannin genannt) als schwärzlicher Schlick absetzt. Ist der Stoff einigermaßen ausgereift, wird er in normale Flaschen umgefüllt, meist noch von Hand. Das fertige Erzeugnis, mit Extraktstoffen dicht gefüllt, kann noch Jahrzehnte aufgehoben werden, ohne daß jemals ein Milligramm Schwefel nötig war. Das überreichliche Tannin, das im Alter endlich weich schmeckt, ist ein natürliches Mittel zum Konservieren. Bei Caves Dom Teodósio in Lissabon ruhen noch Flaschen aus den fünfziger Jahren, bei denen auch die ältesten Mitarbeiter nicht mehr wissen, woher die Grundweine kamen. José dos Santos, Inhaber des noblen Hotels Buçaco in Lusa im Nordwesten des Landes, serviert Tinto von eigenen Reben, der noch wie im vorigen Jahrhunderten gekeltert wurde: mit den bloßen Füßen. Jetzt sind die Weine aus den Sechzigern trinkbar. Jüngere Oenologen in Portugal halten die Garrafeiras für einen alten Zopf. Einige von ihnen haben ihr Handwerk in Bordeaux studiert, und dort lernten sie andere Techniken: Wenn die Trauben nur entrappt, also von den Stielen befreit werden und nicht zu lange mit ihren Schalen gären, dann erhält der Wein mehr Frucht, wird feiner, eleganter. Gerbstoff hat er dann immer noch genug. Und nicht zu Unrecht verweisen die Modernisten darauf, daß viele Garrafeiras heute nicht mehr reifen, sondern gemacht werden.

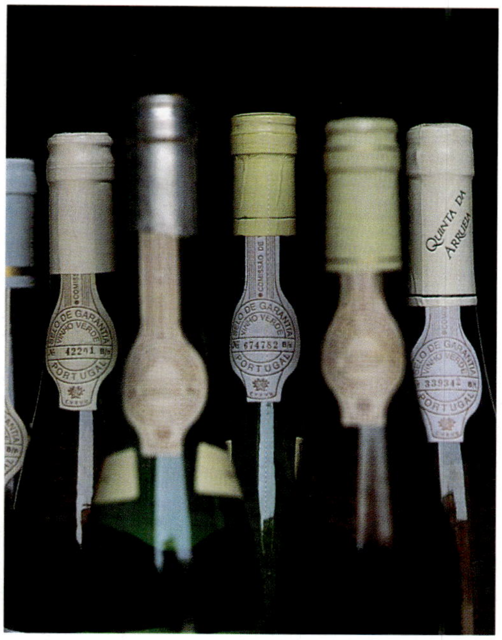

Der Kellermeister muß nur den Most scharf filtern und später dem Jungwein einen Kälteschock verpassen, schon flockt das Tannin aus. Auch hält die Chemie wohlfeile Schönungsmittel bereit, die den gleichen Zweck erfüllen. Diese jungen selbstbewußten Weintechniker, sie beweisen ja ständig, daß portugiesische Gewächse nicht so antiquiert zu sein brauchen, daß sie brillieren können wie die Stars aus Spanien oder Kalifornien. Das heißt aber auch, daß die besten Weine die

International betrachtet nimmt Portugal in Sachen Wein noch immer die Stellung einer »terra incognita«, eines unbekannten Landes ein. Gleichermaßen unverdient wie unverständlich, da der Weinbau hier aus einer langen Tradition bei weitem nicht nur den vielgerühmten Portwein, sondern weitere, überaus beachtenswerte Tropfen von höchster Qualität hervorbringt.

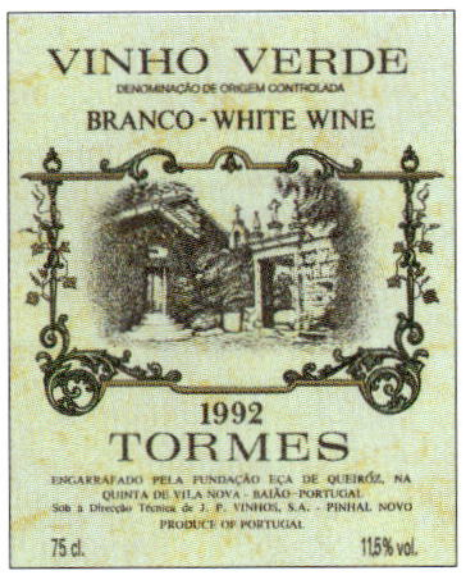

eigene Art des Landes verleugnen, daß sie international und damit austauschbar werden, auf höchstem Niveau selbstverständlich. Diese neuen Schönheiten, die bei jeder Fachprobe drei Punkte mehr einheimsen, können aber nicht so hübsch erzählen wie die angejahrten, angestaubten Altertümchen. Wenn Sie so einen Schatz zu fassen bekommen, pfeifen Sie auf die drei Punkte, und versenken Sie sich in den Wein. Er stammt vielleicht aus den frühen Siebzigern und wird Sie an die Revolution der Nelken erinnern. Dann bewundern Sie die Portugiesen, die einen Umsturz ohne Blutvergießen schaffen, die den Stier nach dem Kampf wieder laufen lassen und die sich die Geduld nehmen, den Dingen einfach ihre Zeit zu geben.

Wer weiß, wie lange es die Garrafeiras noch geben wird? Ihnen droht Gefahr von einer anderen Seite, von einem auf Ordnung versessenen Gesetzgeber. Die staatliche Aufsicht meint es ja gut, will die Qualität fördern, indem sie Herkunftsgebiete für hochwertige Weine schafft und beste Lagen heraushebt, wie in Frankreich üblich. Das kommt den ehrgeizigen Winzer-Söhnen entgegen, die nicht mehr nur Trauben ernten wollen für die Caves und Agedas Cooperativas, sondern eine eigene Quinta gründen, ein Weingut. Und sie wollen eine besondere Lage aufs Etikett drucken und nicht nur den Namen eines 15 000-Hektar-Anbaugebietes wie Bairrada oder Alentejo. Bei einer solchen Unterscheidung müssen Flaschen, auf denen nichts weiter steht als der Jahrgang und »Garrafeira«, verdächtig erscheinen. Sicher, die Kellereien sind gehalten, bei den Lagerweinen über jede Partie Buch zu führen. Doch wer südländische Ordnungsliebe kennt, wird sich denken, daß es so genau schon nicht sein muß.

Ich baue bei den Portugiesen auf Dreierlei: Beharrung, Bescheidenheit und Liebe zum Wein. Es hat sie niemand dazu bringen können, sich eingehender mit dem international geschätzten Cabernet-Sauvignon zu befassen. Sie bleiben bei ihrem herrlichen Chaos von mehr als 500 verschiedenen Reben, in jedem Ort eine andere. Nur wenige Sorten, wie der hochwertige Tourigo Nacional, finden sich vom Douro bis in die Estremadura. Fast jeder Portugiese hat entweder selbst Reben oder einen Winzer in der Familie. Ein Sechstel der Bevölkerung lebt ausschließlich vom Weinbau. Einen alten Stock auszuhauen, fällt schwer. So sind mehr als die Hälfte aller Reben im Lande älter als 50 Jahre, bringen nur wenig, dafür besonders gehaltvollen Wein, auch wenn er nicht immer nach neuestem oenologischen Stand gekeltert und halt ein wenig rustikal ist.

Der durchschnittliche Ertrag liegt bei 0,2 Liter pro Quadratmeter, dreimal niedriger als in Frankreich, fünfmal niedriger als in Deutschland. Düngen und Spritzen sind in vielen Gegenden Fremdwörter. Der Verbrauch im Lande ist mit mehr als 70 Litern pro Kopf und Jahr hoch. Bei knappen Ernten, die es immer wieder gibt, muß Wein eingeführt werden. Trotzdem schauen die Eurokraten, die Kämpfer wider alle Überproduktion, mißtrauisch auf Portugal, das im Welt-Weinbau an sechster Stelle steht, dessen Rebfläche viermal größer ist als die der Bundesrepublik. Was ist, fragt sich Brüssel, wenn die portugiesischen Winzer die alten Stöcke roden und neue, ertragssichere Reben setzen, was, wenn sie nur ein wenig mehr düngen? Davon sind erst nur Ansätze spürbar und dies bislang auch nur im Alentejo im Südosten des Landes, wo große Genossenschaften sich seit einiger Zeit gegenseitig darin überbieten, den Weinbau neu zu erfinden.

Ähnlich wie in anderen Gegenden, wo Weinbau schon seit Jahrhunderten kultiviert wird, treibt auch Portugals Winzer die Frage nach Beharrung oder Fortschritt um: Zwischen dem traditionellen Zwischenlager in Großflaschen und gekühlten Stahltanks liegen kellertechnische Welten. Doch wird auch der europäische Binnenmarkt Konsequenzen zeitigen.

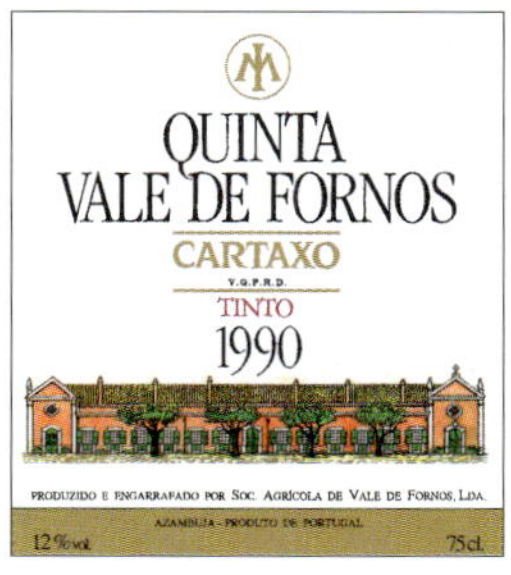

Wer hingegen das Dão bereist, Portugals angesehenste, älteste Reben-Provinz, der wird feststellen, daß sich dort in den vergangenen hundert Jahren nicht allzuviel geändert hat. Derzeit macht das Land mit einem Wein auf sich aufmerksam, der in der Welt einzig ist. Er stammt aus dem kühleren, regenreichen Norden und heißt Vinho Verde, der »Grüne Wein«, der heftig den sonstigen portugiesischen Winzer-Traditionen widerspricht. Grün ist er keineswegs (er kann sogar rot sein), der Ausdruck bezieht sich vielmehr auf die frühe Lese. Meist schon im August werden die Trauben geerntet, wenn sie noch eine hohe Säure haben. Der Most wird zweimal vergoren, einmal normal wie jeder andere Wein auch, indem Hefe den Traubenzucker in Alkohol verwandelt. Dann schließt sich die malolaktische Gärung an, wie sie sonst nur bei Rotwein üblich ist: Milchsäure-Bakterien – just jene, die Milch sauer werden lassen – machen sich über die harte Apfelsäure des unreifen Weins her und spalten sie auf, mildern sie und erzeugen gleichzeitig Kohlensäure. Das Ergebnis ist ein extrem leichter, prickelnder Stoff, ein veritabler Durstlöscher im Sommer, der appetitlich zu Fisch und Schalentieren schmeckt, sofern er nicht, was häufig geschieht, mit Süße versetzt wird. Der Vinho Verde hat meist nicht mehr als sieben Grad Alkohol, weshalb eine Ausnahme vom europäischen Weinrecht notwendig war; normale Qualitätsweine müssen wenigstens neungrädig sein. Einzigartig auch, wie in dem Gebiet beiderseits des Minho-Flusses Weinbau betrieben wird: Das Land ist waldreich, Ackerboden rar, so ranken die Reben, meist der Sorte Alvarinho, platzsparend an Bäumen oder an hohen Spalieren. Geerntet wird nicht selten von Leitern aus in zehn Metern Höhe. Südlich an die Provinz Minho schließt sich das Douro-Gebiet an: Im engen Flußtal ragen die Weingärten, meist in Terrassen geformt, in schwindelerregende Höhen. Ein Großteil der Trauben geht in die Erzeugung von Portwein, eine Berühmtheit für sich. Doch zunehmend verkaufen die Kellereien dort auch herbe Rotweine ins Ausland. Sie sind weich, nicht so schwer und weniger vom Gerbstoff geprägt. Eine große Rolle spielt im Douro-Tal die Rebsorte Tinta Roriz, nichts anderes als der gefeierte Tempranillo in der spanischen Rioja. Allgemein besser, kräftiger sind die Rotweine aus der Dão-Region südlich des Douro-Tals. Das hügelige Land dort ist von Zweitausendern umschlossen, ebenfalls waldreich. Die Weingärten liegen oft an steilen Hängen, die mit verwittertem Granit bedeckt sind. Die wichtigste Rebe ist der Tourigo Nacional, Portugals beste rote Sorte. Westlich des Dão zum Atlantik hin liegt die Bairrada, die vor allem für die Herstellung von Sekt bekannt ist. Die dafür bestgeeignete Rebe trägt einen Mädchennamen, Maria Gomes, was etwa unserem Lieschen Müller entspricht. Gehaltvoller ist die dunkle Sorte Baga, aus der in jüngster Zeit einige der besten Rotweine des Landes erzeugt werden. Als Spitze des portugiesischen Weinbaus gilt die Landschaft um Lissabon. Leider frißt sich die Hauptstadt immer weiter in das

Nur ein Drittel der Weinproduktion Portugals entfällt auf Weißwein, der große Rest verteilt sich auf Roten und Rosé, der nicht nur vor Ort geschätzt, sondern auch in Mengen exportiert wird.

Rebland hinein, auch dem Ferien-Betrieb von Estoril fallen immer mehr Weingärten zum Opfer. Einzigartig sind die Anlagen von Colares: Durch Strohmatten vor dem Atlantik-Wind geschützt wachsen die Reben dort auf Sanddünen, nicht wie üblich an Stöcken, vielmehr kriechen sie am Boden. Aus der Ramisco-Traube werden wuchtige, von Gerbstoff strotzende Weine erzeugt, die jahrelang in Fässern von Mahagoni reifen, bis sie endlich weich geworden sind. Die Gewächse von Colares sind rar und teuer. Zuletzt eine Beschreibung, die all dem bislang Gesagten heftig widerspricht. In einer bestimmten Sparte sind Portugals Weinmacher alles andere als beharrend und selbstgenügsam. Mit einigen Markenweinen treten sie welterobernd auf wie ihre seefahrenden Ahnen: Sogrape, Portugals führendes Wein-Unternehmen, hält mit dem »Mateus Rosé« den internationalen Rekord: Fast 50 Millionen Flaschen gehen in alle Welt. Seit einiger Zeit holt die Fonseca-Kellerei, die auch hervorragende Weine füllt, mit der Rosé-Marke »Lancers« auf. Auch der »Gatão« (zu deutsch: Kater) von Borges & Irmão zieht mit Siebenmeilen-Schritten nach. Portugal hat Besseres zu bieten. Die Marken-Renner werden in Flaschen gefüllt, die den fränkischen Bocksbeuteln ähnlich sind. In deutschen Supermärkten stehen die Portugiesen, Ordnung muß sein, häufig neben den Frankenweinen, was die Winzer vom Main besonders schäumen läßt.

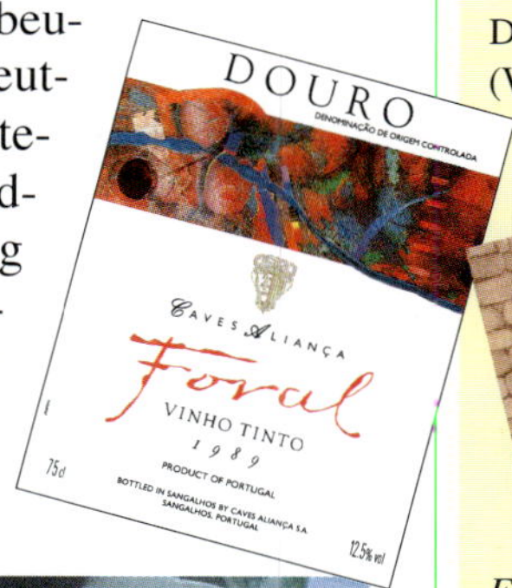

PORTUGAL
Zahlen und Adressen

Rebfläche: 390 000 Hektar

Ernte im Schnitt:
14 Millionen Hektoliter

Weinbaubetriebe:
circa 180 000

Export nach Deutschland:
80 000 Hektoliter

Hauptsorten:
Tourigo Nacional,
Tinta Roriz, Alvarinho

Auskunft: ICEP
Portugiesisches Handelsbüro,
Kreuzstraße 34
in 40210 Düsseldorf
(Tel.: 02 11 / 8 49 12)

Empfehlenswerte Betriebe

Caves Aliança
(Reidemeister & Ulrichs)

Caves do Barrocão
Dão
(Wein aus Portugal)

Ferreira
Douro (Giesinger)

J.M. Fonseca
(Schlumberger)

J.P. Vinhos
(Rheinische Weinhandels GmbH)

J. Lopes Baeta
Colares
(Wein aus Portugal)

Luis Pato
Bairrada (Wein-Cabinet)

Quinta do Abrigada
Alenquer
(Casa do Vinho)

Quinta do Carmo
Alentejo (von Kapff)

Caves São João
Bairrada (Rheinische Weinhandels GmbH)

Ö·P·L·E·
1991
RÜNER VELTLINER
BINETT - TROCKEN
ODAPHNE
PATRAS
SCHER LIKÖRWEIN

Noch mehr Schätze in Europa

Österreich hatte noch nie so ausgezeichnete Weine wie heute. Die Schweizer Kellermeister haben einiges dazugelernt: Die Weine sind längst nicht mehr so kreuzbieder und austauschbar, vielmehr kecke Persönlichkeiten. In Ungarn tut sich viel seit dem Umbruch. Griechenland wartet auch mit noblen Gewächsen auf. Und wer sucht, findet auf dem Balkan hochanständige Flaschen. Deutschland, Frankreich, Italien, Spanien – gut und schön. Europa hat noch mehr Schätze zu bieten. Sie wollen gehoben werden.

ÖSTERREICH

Besser als je zuvor

Das Bild des Weinlandes Österreich hat sich seit Mitte der achtziger Jahre kolossal gewandelt: Ein strenges Weinrecht, eine Neuordnung der Regionen sind nur die äußeren Kennzeichen.

Es ist leider nicht möglich, über Österreich zu schreiben, ohne daß die Rede auf den Skandal kommt. Die Geschichte fand zwar Anfang der achtziger Jahre statt, aber immer noch wird den Winzern des Alpenlandes das Diethylenglykol vorgehalten, als sei dies der schlimmste Sündenfall in der Weltgeschichte des Weinbaus gewesen. Ich bin mir sicher, daß die Österreicher selbst am meisten erschrocken waren, als sie erfuhren, welche Essenzen da in ihrem Wein gefunden wurden. Sie haben für die üble Geschichte, die ihnen ein paar Ganoven vom Neusiedlersee einbrockten, bitter büßen müssen. Aus heutiger Sicht hatte der Skandal für die Österreicher auch viel Gutes. Entsetzt darüber, daß alle Welt mit Fingern auf sie zeigte, räumten sie schnell und gründlich auf. Die Glykol-Geschichte wurde im April 1985 ruchbar. Im August trat der Nationalrat in Wien zu einer Sondersitzung zusammen, um über ein neues Weinrecht zu befinden. Im Oktober 1985 wurde das Gesetz, eines der strengsten und klarsten der Welt, ohne Abstriche verabschiedet. Es enthält nichts als Pluspunkte für Austrias Wein: Erntemengen so niedrig wie in Bordeaux, hohe Anforderungen an die Reife der Trauben und an die Reinheit des Weins, Verbot von zugesetzter Süße, nur eindeutige Aussagen auf dem Etikett, Kontrolle jeder einzelnen Flasche mit Hilfe einer numerierten Banderole (dagegen ist das deutsche Weingesetz ein Wust von windelweichen Paragraphen). Was das Wiener Parlament in wenigen Wochen durchgepeitscht hatte, war mehr als nur ein neues Weinrecht, vielmehr Niederschlag eines heißen, gemeinschaftlichen Ansporns, der Welt zu zeigen, was ein reeller Tropfen ist. Die Winzer vom Weinviertel bis Südburgenland wurden von einer Welle sportlicher Begeisterung erfaßt, jeder wollte noch besser sein als der Nachbar, mochte höchstpersönlich den Schutt wegräumen, den der Skandal hinterlassen hatte. In einzelnen Weinbaugebieten wurden Selbstkontrollen gegründet, die über die Anforderungen des Gesetzes noch hinausgingen. Allmählich kommen wirtschaftliche Erfolge. Der Export nach Deutschland, der im zweiten Halbjahr 1985 bei Null lag, steigt jährlich mit mehr als 20 Prozent, auch wenn der einstige Ausfuhr-Rekord von 325 000 Hektolitern wohl so bald nicht erreicht wird. Der Unterschied ist nur: Damals ging Minderwertiges hinaus, heute liefern die Österreicher Weine nach Deutschland, auf die sie stolz sein können und die gute Fachgeschäfte hierzulande zu Preisen zwischen zehn und zwanzig Mark feilbieten. Grundsätzlich trinken die Deutschen, denen es früher nicht lieblich genug sein konnte, heute nur noch trockene Weine aus Österreich. Noch hat die Weinwirtschaft an der Donau ihre Krise nicht überwunden. Es wird erheblich mehr geerntet als sich verkaufen läßt. Mit Prämien versucht die Wiener Regierung, Winzern die Aufgabe von Weingärten zu vergolden. Die Rebfläche wird kleiner, besonders im Burgenland. Zudem wurde 1993 eine strikte Begrenzung der Most-Erträge festgeschrieben. Wer pro Hektar auch nur ein Schöppchen über die erlaubten 6750 Liter hinaus erntet, muß die gesamte Menge abstufen und darf sie nur noch als simplen Tafelwein verkaufen. Österreich schrumpft sich gesund. Selbstredend soll dies zuallererst den Markt regeln, doch steigt dadurch die Qualität steil an, auch werden Rebstöcke und die Umwelt geschont.

Eine völlig neue Klasse von Wein entsteht, kraftvoll und elegant zugleich, an großen französischen Vorbildern geschult, dennoch uröstereichisch. Grundsätzlich ist der Geschmack resch, wie es dort heißt, also ohne Süße. Die »Zuckerl« von ehedem stellt heute kaum noch jemand her, es sei denn einen edelsüßen Ausnahme-Wein wie den legendären »Ausbruch« von Rust. Wilhelm Schwengler, der große alte Mann des Wachauer Weinbaus, der die »Freie Weingärtner Wachau« genannte Winzergenossenschaft von Dürnstein zu einer ersten Adresse machte, freut sich über den frischen Ehrgeiz ringsherum. »Die positive Entwicklung der letzten fünf Jahre hätte ohne den Skandal 50 Jahre gedauert«, sagt er und fügt an: »Wenn es überhaupt dazu gekommen wäre.« Am deutlichsten fällt der revolutionäre Wandel bei den roten Sorten auf. Noch in den achtziger Jahren konnte niemand so recht nachvollziehen, wieso denn Otto von Bismarck, ein ausgewiesener Feinschmecker, sich ständig große Mengen Vöslauer schicken ließ. Was der Eiserne Kanzler im vorigen Jahrhundert goutierte, hatte wohl – einzig denkbare Erklärung – nichts gemein mit jenem blassen, immer etwas süßlichen Weinchen, die Bad Vöslaus Winzer in der jüngeren Vergangenheit anboten. Der Ungeschmack ist überwunden, es gibt heute Vöslauer voller Kraft und Herrlichkeit, mit einer angenehmen Gerbstoff-Note, satter Frucht und einem überaus geschickt eingesetzten Hauch von neuem Eichenholz. Noch mehr legen sich die burgenländischen Winzer bei Rotwein ins Zeug. Sie haben neue Flächen mit der besten Sorte Blaufränkisch (dem Lemberger in Württemberg) angelegt und wissen

Die österreichischen Winzer sind sich einig in dem Bemühen um gehaltvolle, aromatische Tropfen. Rebflächen wurden neu bestockt, die Erträge zugunsten der Qualität heruntergeschraubt.

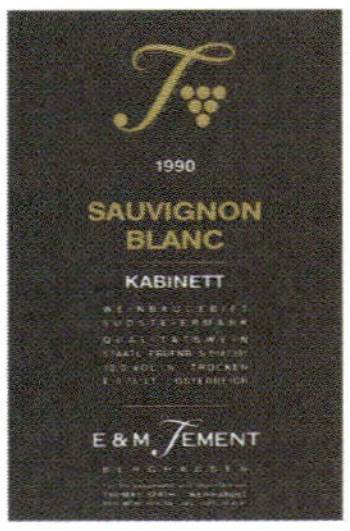

die dunkelblaue Traube mit Können und Anstand zu verarbeiten. Oft mischen sie ein wenig vom Bordelaiser Cabernet-Sauvignon darunter, was zusätzlich Rasse bringt. Führend sind die Orte Horitschon und Deutschkreutz. Dort im Mittelburgenland wurde ein Blaufränkisch-Verband gegründet, dessen Mitglieder sich gegenseitig in kellertechnischen Dingen beraten, die vor allem auf einen Typus Rotwein hinarbeiten, der sicher als Weltkind in der Mitten gefragt sein dürfte: nicht so weich wie der deutsche Spätburgunder, nicht so herb wie Bordeaux, nicht so schwer wie die Spanier, dafür reich an Fruchtigkeit von Kirschen und Pflaumen. Noch vor zehn Jahren kam aus dem Burgenland ein Blaufränkisch, der entschieden mehr an Himbeer-Pudding denn an Rotwein erinnerte.

Einen entscheidenden Anteil an dem Wandel hat die Wiener Zeitschrift »Falstaff«, die seit Jahren einen Rotwein-Preis auslobt und damit die Winzer herausfordert, vor allem im mißachteten Burgenland. Die Genießer in Österreich schätzen die neuen, sanft glühenden Cuvées. Rotwein, früher eine Nebensache, ist heute schnell ausverkauft, da geht selten eine Flasche außer Landes. Die Nachfrage verändert das Rebland, es verschwindet Müller-Thurgau (auch Riesling x Sylvaner genannt), dafür kommen rote Reben wie Zweigelt, Saint-Laurent, Spätburgunder und natürlich Blaufränkisch. Nur ein Bei-

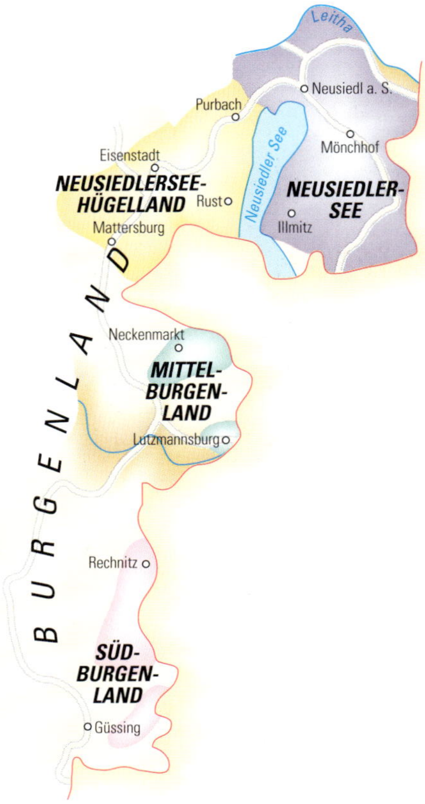

spiel von vielen: Josef Stiglmar, Besitzer eines angesehenen Gutes in Gols am Neusiedlersee, der bislang immer zwei Drittel Weißwein anbot, will das Verhältnis zugunsten der roten Sorten ändern. Bis aber ein neuer Rebgarten im Ertrag steht und die Stöcke kraftvollen Most geben, vergehen Jahre. Der Golser kann warten, den Sohn schickte er derweil nach Bordeaux. Noch beträgt das Verhältnis Weiß- zu Rotwein vier gegen eins. Es wird sich in den nächsten Jahren deutlich hin zu den dunklen Sorten verändern. Für das Burgenland, die zweitgrößte Reben-Region der Republik und nach Meinung der übrigen Österreicher schon der Anfang vom Balkan, ist die Neubesinnung auf den gediegenen Rotwein vermutlich der einzige gangbare Weg, um wieder einen guten Leumund zu erhalten. Mit ihren alten Schätzen, den Beerenauslesen und Ausbruch-Weinen, haben die Burgenländer derzeit kaum Chancen, obwohl bei europäischen Feinschmeckern durchaus ein Bedarf für edelsüße Spezialitäten festzustellen ist. Doch Lieblichkeiten aus Österreich gelten nach wie vor als verdächtig. Schade drum: Am Neusiedlersee, vor allem an seinem westlichen Ufer, herrscht ein einzigartiges feuchtwarmes Klima, das Trauben schnell reifen läßt. Schon früh im Herbst legt sich Edelfäule über die

Weingärten, Mikro-Pilze der Gattung Botrytis cinerea bohren sich durch die Schalen der Beeren und entziehen ihnen Wasser. Der Saft wird immer stärker konzentriert, oft hängen im Oktober nur noch Rosinen am Rebstock. Edelsüßer Wein, den die Winzer an Rhein und Mosel der Natur nur unter großen Anstrengungen und Verlusten abtrotzen, ist am Neusiedlersee erheblich leichter zu erzeugen. Früher waren diese goldfarbenen Tröpfchen in der Welt begehrt, nur Edelleute und reiche Bürger konnten sich den »Ausbruch« aus dem Storchen-Städtchen Rust leisten. Der Wert dieser Spezialitäten ist allerdings gesunken, seitdem mit Hilfe von pasteurisiertem Traubensaft, »Süßreserve« genannt, in jedem Keller liebliche Weine hergestellt werden können. Wer natursüße Gewächse schätzt, sollte sich nicht scheuen, sich unter den Angeboten vom Neusiedlersee umzuschauen. Dort ist für 30 bis 40 Mark zu haben, was anderswo das Doppelte und Dreifache kostet, dabei nicht unbedingt besser ist. Die Orte Oggau, Rust und Mörbisch sind zu empfehlen. Wenn die Flasche den rot-weiß-roten Kontrollstreifen trägt, ist der Inhalt über jeden Zweifel erhaben. Es gibt rund um den Neusiedlersee selbstverständlich auch trockene Weißweine, doch sind sie üppig und schwer, haben schon einen annähernd ungarischen Charakter. Zwar versuchen die Winzer, ihren Welschriesling und Weißburgunder früher zu ernten, um einen leichteren Schoppen zu erzeugen, doch wird das Ergebnis sich nie mit dem reschen Veltliner von der Donau messen können. Also wird selbst in der Ausbruch-Stadt Rust Blaufränkisch gepflanzt, wie schon im Osten des Neusiedlersees, in Gols und in Podersdorf oder in Neckenmarkt, Horitschon und Deutschkreuz im Mittelburgenland südlich des Sees, das schon immer Rotwein-Zentrum war.

Weißwein steht traditionell im Mittelpunkt der österreichischen Weinproduktion. Doch der Trend geht immer stärker zu den roten Sorten: Blaufränkisch etwa erlangt zunehmende Beliebtheit.

Der Wandel zum Ausbau hochwertiger, gehaltvoller Weine in Österreich ist auch Ergebnis einer reformierten Kellertechnik: Zunehmend und mit wachsendem Erfolg setzen die Winzer Barriques ein – Lagerung im Eichenfaß.

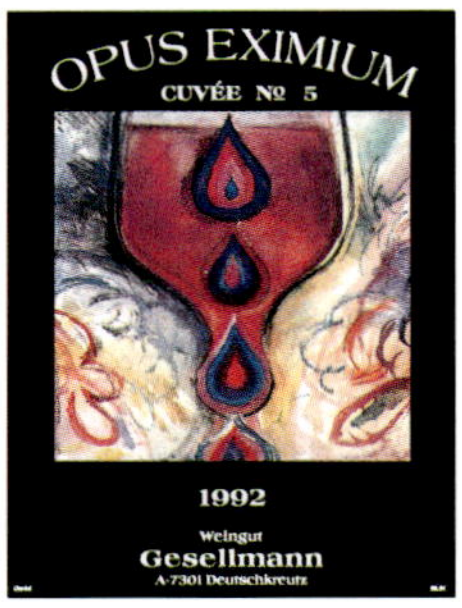

Größte Reben-Region Austrias ist das Bundesland Niederösterreich, das mehr als die Hälfte der gesamten Rebfläche einnimmt, beiderseits der Donau. Dies ist das Reich einer höchst eigenständigen Sorte, die in keinem anderen Land zu finden ist. Gemeint ist der Grüne Veltliner, dessen frische Art und vor allem die Eigenschaft, Aromen des Bodens zu speichern, ein wenig dem deutschen Silvaner ähnelt. Dem Wein, der wohl nichts mit dem norditalienischen Veltlin gemein hat, wird ein »Pfefferl« nachgesagt, ein Duft, der an einen Rostbraten frisch vom Herd erinnert. Aufgeteilt ist Niederösterreich in sieben Weinbau-Gebiete, von denen einige hart um einen gewissen Grad der Bekanntheit kämpfen müssen. Oder haben Sie schon einmal etwas von Carnuntum (liegt südöstlich von Wien) gehört? 1993 wurden einige Bereiche neu geordnet und umbenannt, daran muß sich die Welt erst noch gewöhnen. Aus den nicht unbekannten Begriffen Klosterneuburg und Traismauer wurde das Donauland westlich der Hauptstadt. Einige Dutzend Winzer dort am linken Ufer des Stroms versuchen, mit einer »Wagramer Selektion« streng ausgesuchter Weine auf sich aufmerksam zu machen. Sie haben sich dafür ein verwe-

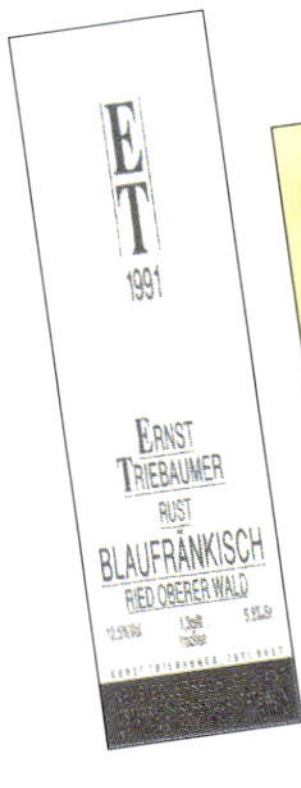

genes Zeichen entwerfen lassen, einen zu einem Kelch verzweigten Rebstock, in dem sich ein junges Weib mit einem Stiere tummelt, frische Schönheit und Mächtigkeit zugleich verkörpernd. Weiterhin wurde aus Langenlois, in Deutschland wohlbekannt, jetzt das Kamptal. Das Gebiet ist für schlichten, preiswerten Veltliner in der Literflasche ebenso bekannt wie für seine Spitzengewächse, allen voran aus dem Haus Wilhelm Bründlmayer. Unter seiner Führung wurde der »Verein Österreichischer Traditionsweingüter« gegründet – vorerst noch am Anfang, aber mit ehrgeizigen Zielen. Der Schriftsteller Rudolf Steurer, als »Wein-Professor« im Lande hochverehrt, wurde gewonnen, den Grundstein zu legen für eine Klassifizierung der besten Rieden (Weinlagen) nach Bordelaiser Vorbild. Steurer sammelte mit Bienenfleiß Zehntausende von Daten und ließ endlich den Computer entscheiden. Der Verein beschränkt sich noch auf die Gebiete Kamptal und Donauland, möchte sich aber über die ganze Republik ausbreiten.

Größtes Gebiet innerhalb Niederösterreichs ist das Weinviertel zwischen Donau und Landesgrenze im Norden, ein etwas schwer überschaubares Sammelbecken unterschiedlichster Herkünfte. Das meiste geht als Schoppen in die Supermärkte. Wohlgelitten ist das Retzer Becken entlang der Grenze zu Böhmen, eine Landschaft mit »pannonischem«, also ungarisch-hitzigem Klima. Dort, in Mailberg und Haugsdorf gedeihen kraftvolle Rotweine. Östlich davon grüßt das Falkensteiner Land mit kräftigem, säurebetontem Veltliner. In Deutschland weitgehend unbekannt ist der Begriff Thermen-Region, die Kurbäder-Landschaft um Baden südlich von Wien. Mollige Rotweine gedeihen dort wie der schon erwähnte Vöslauer, auch üppige Weißweine wie der Gumpoldskirchner, früher eine Berühmtheit, die so häufig gefälscht wurde, bis sie niemand mehr mochte. Heute gehen die vernünftigen Winzer von der lange gepflegten, überzuckerten Art ab. Den originalen Gumpoldskirchner, immer ein Verschnitt aus den seltenen Sorten Rotgipfler und Zierfandel, trinkt der gelernte Weinfreund tunlichst vor Ort. Der Wein wird dort meist im Freien ausgeschenkt und zu deftigen Paprika-Speisen ungarischer Art gereicht, ein wichtiger Genuß. Es ist anzuraten, unter der Woche dorthin zu fahren, am Wochenende tummelt sich dort halb Wien.

Österreich

Zahlen und Adressen

Rebfläche: 58 000 Hektar

Ernte im Schnitt:
2,6 Millionen Hektoliter

Weinbaubetriebe: 45 000

Export nach Deutschland:
84 000 Hektoliter

Auskunft:
Informationsbüro Österreich,
Kreuzberger Ring 56
in 65205 Wiesbaden
(Tel.: 06 11 / 74 42 80)

Fortsetzung Seite 174

Niederösterreich:
Rebfläche: 33 000 Hektar

Ernte im Schnitt:
1,6 Millionen Hektoliter

Weinbaubetriebe: 26 000

Hauptsorten: Grüner Veltliner, Müller-Thurgau

Auskunft: Niederösterreichische Landwirtschaftskammer, Löwelstraße 12 in A-1014 Wien (Tel.: 00 43 / 1-53 44 10)

Burgenland:
Rebfläche: 19 000 Hektar

Ernte im Schnitt:
1 Million Hektoliter

Weinbaubetriebe: 14 000

Hauptsorten:
Grüner Veltliner, Welschriesling, Blaufränkisch

Auskunft: Burgenländische Weinakademie, Hauptstraße 31 in A-7071 Rust (Tel.: 00 43 / 26 85-64 31)

Empfehlenswerte Betriebe

Herbert Guttmann
Burgenland (Dr. Müssig)

Ludwig Neumayer
Donauland
(Kössler & Ulbricht)

J.u.M. Nigl
Kremstal (Griepenburg)

Rudolf Pichler
Wachau (Schlumberger)

Franz Prager
Wachau (A&H Segnitz)

Johann Stadlmann
Thermen-Region
(Weinland Keiler)

Weingut Stadt Krems
Kremstal (Eggers Sohn)

Sonnhof Jurtschitsch
Kamptal (Frankhof)

Undhof Salomon
Kremstal (Schlumberger)

Manfred Tement
Südsteiermark
(Thomas Späth)

Josef Umathum
Burgenland (Thomas Späth)

Freie Weingärtner Wachau
(Frankhof, Weinland Keiler)

Winzer Krems
(Winzer Krems Deutschland)

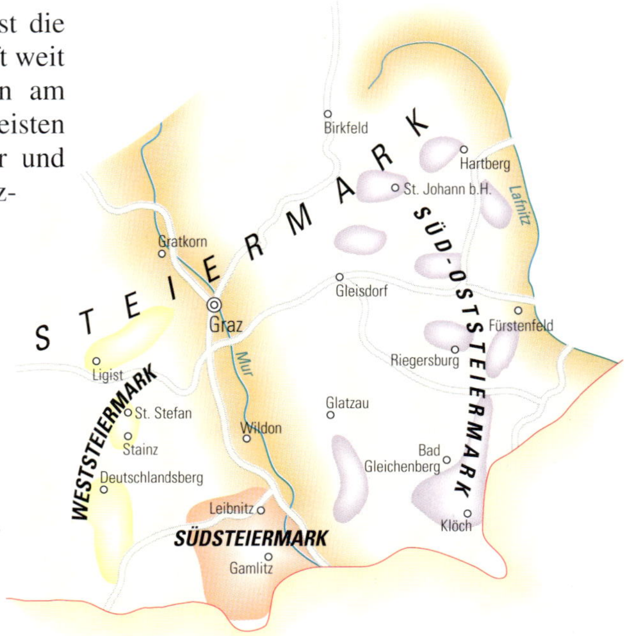

Die gute Stube Niederösterreichs ist die Wachau, die schönste Flußlandschaft weit und breit. Auf nur 35 Kilometern am Strom finden sich konzentriert die meisten der guten Winzer-Adressen, Prager und Jamek, Freie Weingärtner und Hirtzberger, um nur die bekanntesten zu nennen. Der Grüne Veltliner dort ist gut und schön, weitaus besser jedoch der Riesling, der auf steilen Löß-Terrassen wächst und sich mit nobelstem Rheingauer messen kann. Unter Franz Prager entstand 1983 der Schutzverband Vinea Wachau, heute eine Vereinigung zur Pflege guter Weinbau-Traditionen. Die Gruppe schuf eigene Güteklassen, die längst im Bundesgesetz verankert sind: die leichte »Steinfeder«, ein nicht angereicherter Qualitätswein, sodann »Federspiel«, ein gehobener Tropfen der Stufe Kabinett, endlich »Smaragd«, die hochwertige Spätlese. Nur mehrfach geprüfte Weine, nicht verbessert, nicht gesüßt, dürfen einen dieser Namen tragen. Sie sind das Vornehmste, das Österreichs Weinbau zu bieten hat. Zu beschreiben sind noch die beiden anderen Bundesländer, die Rebland besitzen. Da ist einmal Wien, die einzige Hauptstadt der Welt mit größerem Besitz an Weinbergen – immerhin 700 Hektar, mehr als am Mittelrhein. Im Nordwesten und im Süden der Metropole werden aus unterschiedlichsten Trauben, häufig zusammen verarbeitet, frische, jung zu trinkende Schoppen gekel-

tert. »Heuriger« heißt die Spezialität, die Winzer in eigenen Schänken zu deftigen Speisen in großen Gläsern kredenzen. Die Steiermark endlich, deren Weine früher nur im Lande getrunken wurden, meist leicht gesüßt, macht neuerdings mit hochfeinen trockenen Gewächsen auf sich aufmerksam. Sauvignon blanc, Weißburgunder und Chardonnay (am Ort Morillon genannt) erinnern sehr an Friauler Weine, Norditalien ist ja nicht weit, nur daß sie deutlich besser und auch noch teurer sind. Im Westen der Steiermark gibt es eine Spezialität, so begehrt, daß kaum eine Flasche nach draußen geht: Aus den Trauben der Sorte Blauer Wildbacher wird der Schilcher-Rosé gepreßt, mit der Farbe von Zwiebelschalen und herzhaft säuerlich. Das ist nichts Großes, trotzdem nur schwer zu bekommen.

SCHWEIZ

Ein gediegenes Land

Nur wenig Wein aus der Schweiz verläßt das Land der Eidgenossen. Nicht zuletzt der hohe Eigenverbrauch der Schweizer kommt als Ursache dafür in Frage. Mit weniger als fünftausend Hektolitern liegt Deutschland noch an der Spitze der Importeure.

Die eidgenössischen Weine sind von ganz unterschiedlichem Gepräge. Spitzenreiter unter den Reben ist der Chasselas, aus dem zum Beispiel der Fendant, auch Dorin oder Perlan genannt, gekeltert wird. Pinot noir, die zweite Hauptsorte, steht für glutvolle Rotweine, wenn die Lage entsprechend ist.

Für das Jahr 1993 vermeldeten die eidgenössischen Weinwirte stolz, daß sie ihre Ausfuhren in die deutsche Bundesrepublik nach Jahren des Stillstandes endlich wieder um zwei Prozent steigern konnten. Dieser Erfolg macht aber längst nicht so viel her, rechnet man in absoluten Zahlen. Wenig mehr als 600 000 Flaschen schaffen die Schweizer im Jahr nach Deutschland, was eben mal 0,027 Prozent des hiesigen Weinverbrauchs entspricht. Bei Dionysos, das trinken allein die Hamburger in einem Monat aus. Die Bundesrepublik ist dabei der weitaus wichtigste Abnehmer von Schweizer Wein, in andere Länder fließt noch viel weniger. Die schmalen Erfolge im Export haben verschiedene Ursachen. Der hohe Eigenverbrauch läßt für eine Ausfuhr nicht viel übrig. Sodann ist der zumeist arg weiche, gleichförmige Geschmack nicht jedermanns Sache. Endlich verhindern die hohen Preise ein nachhaltiges Interesse an den Weinen von der oberen Rhône und vom Genfer See. Selbst ein simpler, denkbar unaufregender Fendant aus dem Wallis ist hierzulande nicht unter 15 Mark zu haben, und der ist nichts anderes als der schlichte Gutedel aus Südbaden. Die Schweizer sind wohlhabende Leute, für gutes Essen und Trinken geben sie viel Geld aus, da ist denn auch der Wein nicht billig. Zudem sorgt ein marktordnendes Recht, daß ja nicht zuviel erzeugt wird. Endlich verteuert der hohe Kurs des Franken die Ausfuhr. Stolz sagen die Eidgenossen, daß ihre Weine wie ihre Uhren seien, gewiß nicht preiswert, aber zuverlässig. Das ist wahr: Eine wirk-

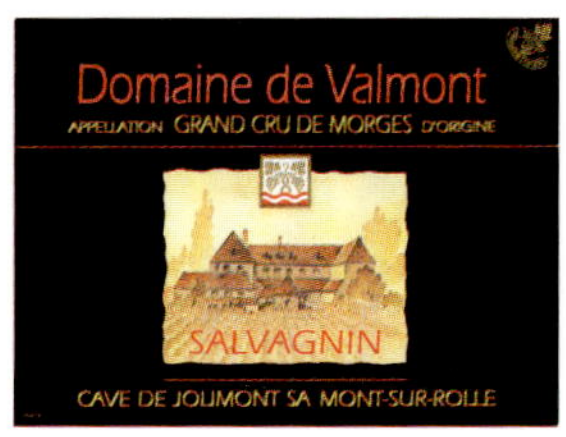

Schweizer Weine erfüllen hohe Qualitätsanforderungen. Das ist eidgenössische »Eigenart« – kritisches Verbraucherverhalten, das sich sehr zum Vorteil der Weine auswirkt.

lich schlechte Flasche gibt es in der Schweiz nicht. Soviel Gediegenheit muß bezahlt werden. Das Weingesetz des Landes ist streng und klar. Es umfaßt nur wenige Seiten, eingebunden in das Lebensmittelrecht. Es fehlen jene Hunderte Ausnahme-Regelungen, die anderswo das Leben so kompliziert machen. Und nichts steht in den Paragraphen, was sich nicht auch überwachen läßt. Die besten Kontrolleure sind dabei die Verbraucher selbst. Die Schweizer verehren ihren Fendant und Dorin, ihren Dôle und Salvagnin. Sie verstehen viel von Wein, trinken ihn grundsätzlich völlig durchgegoren. Das Gesetz schreibt vor, daß mehr als vier Gramm Restzucker pro Liter auf dem Etikett als »leicht süß« gekennzeichnet werden müssen. Und ohne schmeichelnde Abrundung fällt auch einem Laien jeder geschmackliche Fehler gleich auf. Der Winzer, der Händler, der nicht sauber arbeitet, bekommt dies bald am Umsatz zu spüren.

Alles Schweizerische hat den Ruf, grundzuverlässig, aber auch ein bissel altväterlich zu sein. Das gilt auch für den Wein. Die konservative Haltung des Landes gebietet, an allem festzuhalten, was einmal für gut befunden wurde. Es ist nicht schicklich, jeder Mode nachzulaufen, ständig Neues zu probieren. Die mit Abstand führende Rebe ist der Chasselas, dessen Wein neutral ist und verläßlich wie der Schweizer selbst. Die zu beachtlicher Fruchtbarkeit neigende Sorte, vor 5000 Jahren schon in Ägypten bekannt, gilt in Frankreich als drittrangig. In Baden liefert sie als Gutedel liebenswerte Schoppen. In der Schweiz jedoch, wo sie je nach Region Fendant, Dorin oder Perlan heißt, läßt sich daraus bei guter Lage und Winzer-Ehrgeiz manch hochrangiges Gewächs erzeugen. Da der Wein selbst wenig Eigenart zeigt, nimmt er stark die Aromen der Erde an, aus der er stammt. Da nun an den Ufern der Rhône und des Genfer Sees der Boden alle 50 Meter wechselt, kann so eine überraschende Vielfalt an Geschmack entstehen.

All die raffinierten Unterschiede werden jedoch oft verwischt durch eine in der Schweiz weitverbreitete kellertechnische Besonderheit, genannt Biologischer Säure-Abbau (BSA), hervorgerufen durch Milchsäure-Bakterien, jenen Keimen, die aus Milch Quark und aus Weißkohl Sauerkraut machen. Bei jungem Wein können sie eine zweite Gärung in Gang setzen. Dabei spalten sie die spitze Apfelsäure auf und wandeln sie in die weiche Milchsäure um. Bei schwerem Rotwein ist dies erwünscht. Doch bei den weißen Sorten verhindert der Winzer lieber diese »malolaktische Gärung«, die den Wein arg mild macht und manchmal einen etwas käsigen Geruch verursacht. Die Bakterien sind leicht fernzuhalten. Meist genügt es schon, die Kellertüren aufzureißen und die winterliche Kälte hereinzulassen. Die Schweizer mögen jedoch ihren Chasselas extrem weich, auch wenn er mitunter so wenig Säure aufweist, daß er nicht mehr den EG-Bestimmungen entspricht und nicht ausgeführt werden darf. Und an den leichten Yoghurt-Duft haben sie sich so gewöhnt, daß sie ihn für ein Merkmal besonderer Qualität halten. Bedauerlich ist, daß der Biologische Säure-Abbau dem Wein soviel von seiner Eigenart nimmt. Gazetten von Basel bis Genf bekritteln schon seit längerem den übermäßigen Gebrauch des BSA. Es gibt auch in der Schweiz weltläufige Genießer, die Riesling vom Rheingau oder Pinot bianco aus dem Friaul kennen und sich den eigenen Chasselas wohl etwas temperamentvoller vorstellen könnten. Viele Winzer sind der gleichen Meinung, aber sie getrauen sich nicht, wenigstens ein Faß vor der malolaktischen Gärung zu retten, aus Angst, die Kunden könnten es übel nehmen. Erst die Provins-Kellerei in Sion, die führende Walliser Genossenschaft, wagte 1990, einen Wein nach anderer Art zu bereiten. Der öffentliche Beifall war überraschend groß. Seitdem finden sich ständig Nachahmer. Mehr Winzer, vor allem im Wallis, gehen von der Übermacht des Chasselas ab, entdecken uralte, lang verdrängte Reben wie Humagne und Arvine, die zart-fruchtige Tropfen mit frecher Säure hervorbringen. Auch der Silvaner, der an der oberen Rhône Johannisberg genannt wird, weil er in dieser Gegend einem Riesling vom Rhein ähneln kann, kommt zu neuen Ehren. Verstärkt wird der rote Spätburgunder (Pinot noir) angebaut, der längst nicht mehr so überweich daherkommt wie ehedem. Die jungen Kellermeister haben sich in Frankreich umgesehen und wissen, wie feurige Weine gemacht werden. 1993, bei einem alemannischen Drei-Länder-Wettkampf, bei dem Spätburgunder aus Baden, dem Elsaß und aus der Eidgenossenschaft verkostet wurden, belegten die Schweizer von den ersten zehn Plätzen gleich sieben, was niemand für möglich gehalten hätte. Erstaunlicher noch: Einige der Besten kamen aus der Ostschweiz. Was ein rechter Winzer aus Graubünden oder vom Zürisee ist, der hat das schon immer gewußt. In der Herrschaft, wie die Landschaft um Chur heißt, werden erstaunlich glühende Spätburgunder-Weine erzeugt. Wo Vorderrhein und Hinterrhein zusammenkommen und so etwas wie einen Fluß bilden, sollte eigentlich kein Wein mehr wachsen. Die Rebgärten liegen halb in den Alpen, Davos ist gleich um die Ecke. Ein Geheimnis der Reife ist der Föhn, der dort oft hitzig von Italien herüberbläst und im Spätherbst die Trauben köchelt. Der warme Wind nützte

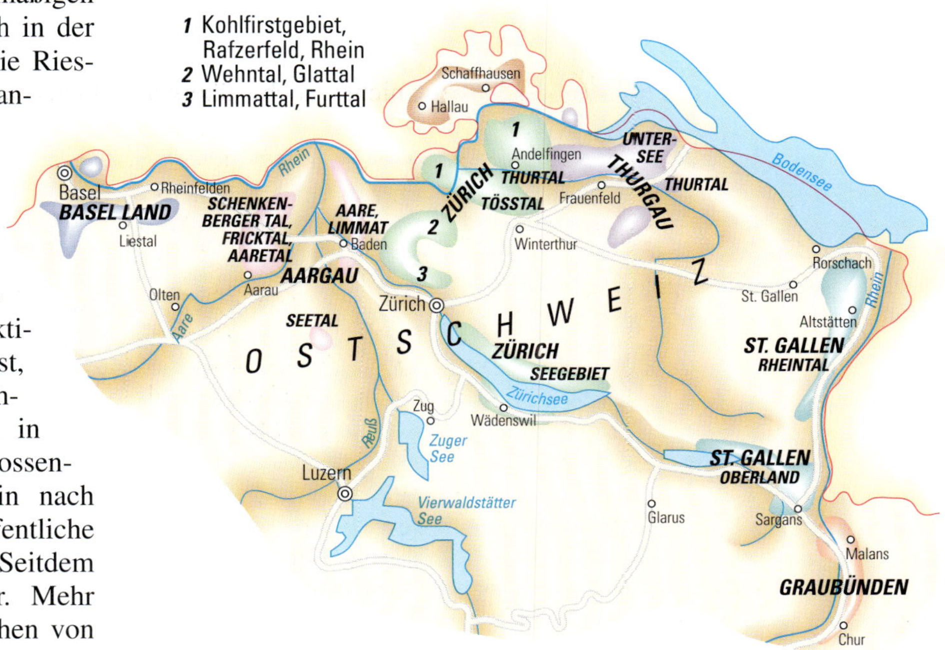

aber wenig, wollten die Winzer Mengen erzeugen, wie sie in der Westschweiz üblich sind. Die Bündener können nur lächeln, wenn sie hören, mit welch geringen Öchsle-Graden die Kollegen im berühmten Wallis zurechtkommen. Bei dem Wenigen, das am Hochrhein geerntet wird, bringt sogar der vielgeschmähte Müller-Thurgau hochfeine Tröpfchen. Die Traube ist ja für diese hochgelegene Landschaft gezüchtet worden, ihr Schöpfer, der Rebforscher Hermann Müller, war Ostschweizer. Daher ist es wunderlich, daß die Sorte dort nicht seinen Namen trägt wie in Deutschland, sondern fälschlich »Riesling *x* Sylvaner«. Im Gegensatz zum Wallis, wo Überernten nicht selten sind, gibt es in der Ostschweiz, auf 2000 Hektar in Graubünden, Zürich, Winterthur, Bern und Basel, immer zu wenig Wein. Um die Jahrhundertwende war die Anbaufläche fünfmal größer, doch die Reblaus vernichtete den größten Teil der Weinberge. Erst in den vergangenen Jahren wurden wieder neue Rebgärten angelegt. Sogar am unbezahlbaren Herrliberg in Zürich entstand ein neuer Wingert. All dies geschieht unter den kritischen Blicken der schweizerischen Wein-Aufsicht, die den Markt knapp halten möchte. Das Mißtrauen ist in der Ostschweiz unbegründet. Fast die gesamte Erzeugung wird am Ort ausgetrunken. Ein Fremder, der ein paar Fläschli Malanser Herrschaft oder Aargauer Klevner ergattern kann, sollte sich glücklich schätzen.

Wenn Wein aus der Schweiz zu uns kommt, dann ist es fast immer Walliser. Auf 70 Kilometern Länge zwischen Brig und Martigny wird im Tal der Rhône fast die Hälfte des schweizerischen Weins geerntet, überwiegend Chasselas alias Fendant. Es gibt himmelstürmende Wein-Terrassen dort, die sich bis in Höhen über 1000 Meter aufschwingen, aber auch die fast endlosen Rebflächen im fruchtbaren Schwemmland direkt am Fluß. Der Besitz

Während manche schweizer Winzer ihre Rebflächen in Flußtälern vergleichsweise bequem bearbeiten, sind viele Weingärten in Gebirgsregionen gelegen. Boden und Mikroklima bestimmen hier in hohem Maße Qualität und Charakter der Weine. Der Großteil der eidgenössischen Weine entsteht jedoch in der Westschweiz. Wallis, Waadt und die sanfte Jura-Landschaft stehen insbesondere für qualitätsstabile Weißweine.

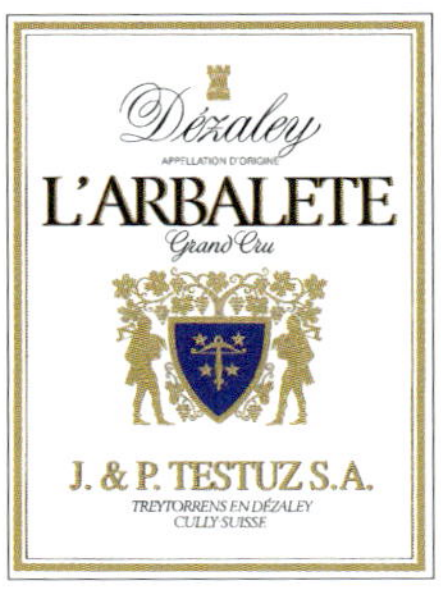

dort ist hoffnungslos zersplittert durch Realteilung, eine Hinterlassenschaft Napoleons, die im Falle einer Erbschaft gleichmäßige Berücksichtigung aller Nachkommen vorschreibt. Etwa 22 000 Winzer erzeugen Trauben, im Schnitt hat jeder nur einen Viertelhektar, nicht wenige leben davon. Die Versuchung, Mengen zu erzeugen, ist groß. Zwei Jahre hintereinander, 1982 und 1983, wurde so viel geherbstet, daß die Kellereien Swimming-Pools anmieteten, weil sie anders den Segen nicht unterzubringen wußten. Als 1988 wieder ein überreicher Wimmet (schwyzerisch für Weinernte) anfiel, griff der Landwirtschaftsminister durch und befahl strikte Begrenzung der Mengen. Viele Walliser Bauern waren dagegen, weil sie ein Gesetz fürchteten, das niemand überwachen könnte. In nur drei Jahren wurde ein Kataster von rund 122 000 Reben-Parzellen erstellt, per Computer läßt sich nun genau kontrollieren, welcher Winzer wieviel ernten darf. Auch das ist typisch für die Alpen-Republik: Wird etwas als falsch erkannt, dann sind die sonst so behäbigen Schweizer zu erstaunlichem Tempo fähig, um Ordnung zu schaffen. Eine Appellation contrôlée nach französischem Vorbild soll das Streben nach Qualität fördern. Nur die besten Weine erhalten diese Auszeichnungen. Zwei Orte haben sich den Titel Grand cru (Hochgewächs) verdient: In Salgesch gibt es nur ökologischen Weinbau, die Winzer von Vétroz geloben, ohne Zucker auszukommen. Übermengen gibt es nicht mehr, der Fendant ist erheblich besser geworden. Ebenso sind die Ansprüche gestiegen an den aus Pinot noir und der Beaujolais-Traube Gamay gekelterten Rotwein. Nur die besten Flaschen gehen als »Dôle« in den Markt. Der Rest wird als einfacher »Goron« ist den Gastwirtschaften ausgeschenkt.

Bei Martigny schwenkt die Rhône nach Nordwesten und strebt dem Genfer See zu. Das Chablais dort ist eine wilde Landschaft mit steilen, kaum begehbaren Terrassen. Der Wein, kernig und erdbetont – sofern er nicht im Keller allzu verweichlicht wird – entspricht der Umgebung. Ein klassischer Aigle oder Yvorne ist zur Berg-Forelle ein Hochgenuß. Unmerklich schließt sich das satte, stattliche Waadtland an; das gesamte Nordufer des Genfer See ist mit Reben bestockt, mit Blick auf die französischen Dreitausender. Schlösser liegen dort zuhauf, ein Paradies könnte die Gegend sein, wenn nur die Autobahn nach Genf nicht wäre, die das Rebland zerschneidet. In Villeneuve hoffen die Winzer immer noch darauf, daß sich die

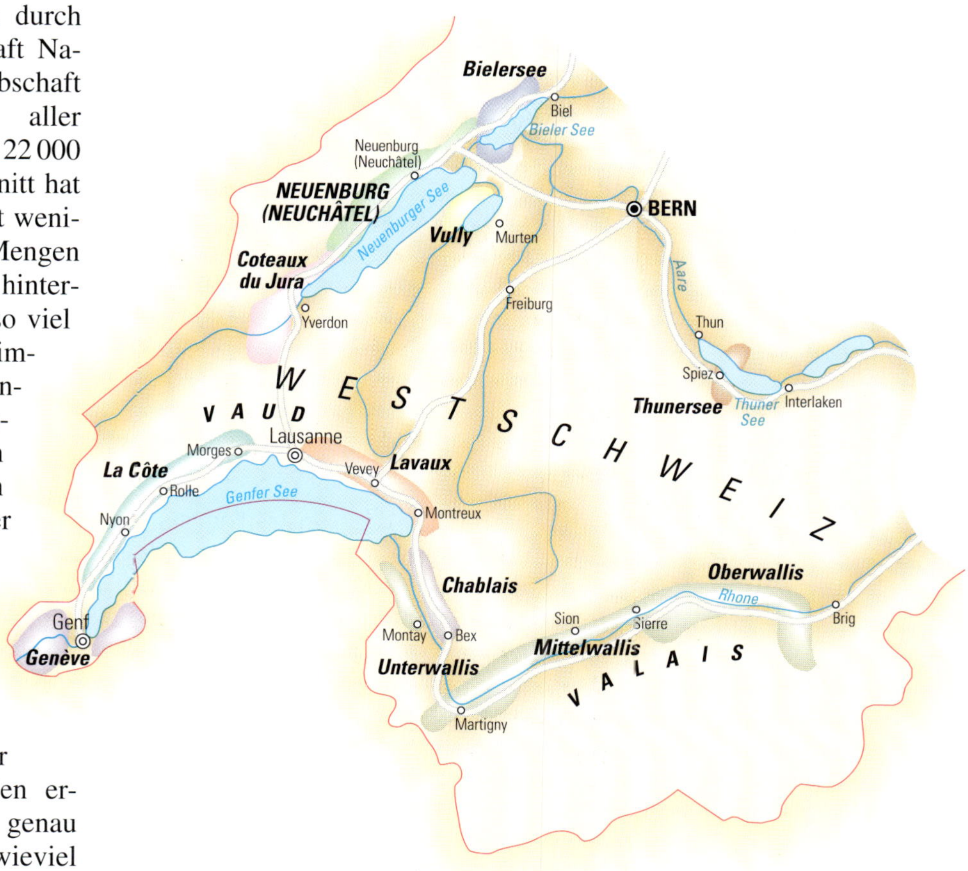

Aus dem Lavaux am Genfer See stammt einer der besten Weißweine der Schweiz: der füllige Dézaley. Insgesamt ist diese Rebregion klimatisch begünstigt, weshalb die Winzer stets die Erträge reduzieren müssen, wollen sie die Qualität halten.

SCHWEIZ
Zahlen und Adressen

Rebfläche: 14 000 Hektar

Ernte im Schnitt:
1,3 Millionen Hektoliter

Weinbaubetriebe:
circa 35 000

Export nach Deutschland:
4700 Hektoliter

Hauptsorten:
Chasselas, Pinot noir

Auskunft: Swiss Wine Deutschland, Eisgasse 5 in 76865 Rohrbach (Tel.: 0 63 49 / 34 66)

Empfehlenswerte Betriebe

Jacques Germanier Cave du Tunnel
Wallis (Wehber)

Caves Mövenpick
Wallis
(Mövenpick Deutschland)

Bernhard Rouvinez
Wallis (FUB)

Robert Gilliard
Wallis (von Kapff)

Château La Bâtie
Waadtland (A&H Segnitz)

Château d'Auvernier
Neuchâtel (Frankhof)

Domaine La Grillette
Neuchâtel (Boda)

Château Barillet
Genf (Wolfram Berge)

Césare Valsangiacomo
Tessin (Boda)

Piste als Fehlkonstruktion erweisen und in den See rutschen möge, natürlich ohne dabei das alte Château Chillon zu treffen. Aus dem Lavaux genannten Stück zwischen Vevey und Lausanne kommen die besten Weißweine der Schweiz, der Villette und Epesses, Pully, Cully und Lutry, allen voran der füllige Dézaley, der bei uns, wenn überhaupt, nicht unter 35 Mark zu haben ist. Es gibt seit langem Appellationen nach Burgunder Vorbild, eingeteilt in Bereiche, Dorf- und Schloß-Lagen. Doch auch in der Vaud, wie die Landschaft französisch heißt, hat das strenge Recht Mengen-Erzeugung nie ganz verhindern können. Die Weine vom Genfer See sind begehrt, da schneidet schon mal der Winzer die Reben etwas großzügiger. Hohe Erträge fallen an, die einen dünnen, nur mit reichlich Zucker zu füllenden Wein ergeben. Doch dann muß die »Schweizerische Handels-Zeitung« nur kurz bellen, und im Jahr darauf bemühen sich die Waadtländer um Ordnung.

Ein völlig anderes Bild bietet das Tessin (oder Ticino, wie es am Ort heißt). Dort schrumpft die Rebfläche ständig. Um die Jahrhundertwende gab es dort einmal 6500 Hektar Reben, mehr als im Frankenland stehen. Das war allerdings vor der Reblaus. Später machte der Tourismus von Millionären dem Weinbau zu schaffen. Ein nicht zu steiler Wingert kann auch Grund für eine Villa mit unverbaubarer Aussicht sein. Und der Zuzug betuchter Rentner, die ohnehin lieber Bordeaux trinken, läßt Dienstleistungen entstehen, die einträglicher sind als die Schufterei im Rebberg. So zog sich der Tessiner Weinbau, jetzt 800 Hektar groß, aus den hohen Alpentälern zurück in die leichter zu bewirtschaftenden Ebenen des Mendrisotto südlich des Luganer Sees. Wurden früher dort arg bieder Weine erzeugt, so geben sich die Winzer seit ein paar Jahren immer mehr Mühe und keltern aus der Stammsorte Merlot erstaunlich glutvolle, geschliffene Rotweine. Ab und zu kommen auch einmal ein paar Flaschen nach Deutschland. Die besten von ihnen tragen das Gütezeichen »Viti«. Für meinen Geschmack kommen die angenehmsten Weine der Schweiz vom Neuenburger See. Der Chasselas von Neuchâtel ist frisch, leicht, spritzig, eine Köstlichkeit zu den Fischen des Sees. Die Kellermeister dort beherrschen die malolaktische Gärung perfekt, lassen zudem den Wein lange auf der Hefe liegen, was die natürliche Kohlensäure bewahrt. Sternli-Wy wird der Trunk dort genannt, weil beim Einschenken winzige Bläschen an die Oberfläche sprudeln und, wenn das Licht in einem bestimmten Winkel einfällt, einen Stern bilden sollen. Drei Wirte haben versucht, mir das vorzuführen. Es klappte nie.

BALKAN

Die preiswertesten Weine der Welt

Umstürze, Kriege, Zusammenbrüche ganzer Staaten können einen wackeren Kaufmann nicht erschrecken. Händler haben immer noch Wege durch die Fronten gefunden. Vom Balkan kommen nach wie vor weit mehr als 100 Millionen Liter Wein jährlich nach Deutschland, Tendenz zunehmend. Anders gerechnet stammt jede 15. Flasche, die der Deutsche entkorkt oder aufschraubt, aus Ungarn, dem ehemaligen Jugoslawien, aus Rumänien und Bulgarien, aus Griechenland, auch wenn der Südosten Europas wie von einem Erdbeben erschüttert wird. Der Balkan ist für den Markt der Preiswert-Weine in Deutschland die Einkaufsquelle schlechthin, ein unversiegbares Sammelbecken schlichtester, billigster Tropfen mit reichlich zugesetzter Süße und beliebten Namen. Das nennt sich Donautaler oder Rosentaler, Kadarka oder Königliche Mädchentraube und darf möglichst nicht mehr als 2,99 Mark kosten. Von dieser Summe machen allein die Einfuhr-Abgaben ein Drittel aus, ein weiteres Drittel entfällt auf das Abfüllen in Flaschen. Die Fuhre im Tanklastzug über eine Strecke von 2000 Kilometern kostet auch einiges, und endlich wollen Erzeuger und Händler verdienen. Ob der Inhalt immer mit dem Etikett auf der Flasche übereinstimmt, kann kaum nachgeprüft werden. Es sei denn, es taucht einmal, wie im Herbst 1993 geschehen, ein irregeleitetes Fax-Schreiben auf, aus dem klar ersichtlich ist, daß ein samtiger Kadarka gar nicht aus Mazedonien, sondern aus Valencia stammt. Offensichtlich werden bei solchen Geschäften um drei Ecken ungerechtfertigt Zuschüsse aus der EG-Kasse eingestrichen, die den allzu niedrigen Preis dann doch wieder nachvollziehbar erscheinen lassen. Die wenig erfreuliche Qualität dieser Weine ist bitter zu vermerken, denn grundsätzlich besitzen Länder wie Bulgarien, Rumänien und die Landschaften des ehemaligen Jugoslawiens alle klimatischen und geologischen Vorzüge, um große Weine wachsen zu lassen. Sicher konnten dort würdevolle Traditionen nicht entstehen;

Der Balkanraum bildet ein riesiges Rebenreservoir. Doch gelangt von dort hauptsächlich preiswerte Massenware auf den zentral-europäischen Markt, obwohl durchaus Klasse-Weine produziert werden.

Insgesamt haben die Weine der Balkanländer ein Imageproblem: Die Konsumtropfen erfreuen sich enormer Beliebtheit, die Spitzenweine hingegen werden den Winzern oft nicht zugetraut, sie lassen sich zu angemessenen Preisen nicht absetzen. Auch die politischen Umwälzungen zeigen starke Auswirkungen auf den Weinbau.

Jahrhunderte hatten die Türken das Sagen, und ihr Glaube verbietet nun einmal jeglichen Alkohol. Doch zumindest Ungarn kann auf eine Geschichte der Trink-Kultur verweisen. Zu Zeiten der Kaiserin Maria-Theresia hieß es: »Nullum vinum nisi hungaricum – kein Wein außer ungarischem«. Im 18. Jahrhundert exportierten die Magyaren mehr als zwei Millionen Liter in alle Welt. Sie hatten den Vorteil des heißen Klimas, vermochten einen schweren, milden Stoff zu erzeugen, wie dies damals in Deutschland oder Frankreich kaum möglich war. Dazu kam der konzentriert-süße Tokajer, »Wein der Könige« genannt.

Sicher schmeckten Kékfrankos und Leányka damals völlig anders als die heutigen, mit chromblitzender Technik und äußerster Hygiene hergestellten Abfüllungen. Einen »reduktiven Ausbau« unter völligem Luft-Ausschluß gab es nicht. Die Weine mußten also oxydiert gewesen sein und wie Madeira angemutet haben. Doch waren sie robust, wurden im Pferdekarren wochenlang durch Europa transportiert und ließen sich dann immer noch viele Jahrzehnte aufheben. Es liegen ja noch in geheimen Kellern Ungarns oder Rumäniens vereinzelt Flaschen aus der Zeit vor dem Kriege, als der real existierende Sozialismus sich der Weinwirtschaft noch nicht bemächtigt hatte. Händler Hardy Rodenstock, Sammler solcher Antiquitäten, lädt gelegentlich zu Proben seiner Schätze ein, und es erstaunt immer wieder, wie raffiniert diese Museumsstücke bei aller Oxydation noch munden, welche Fülle feinster Säuren und Fruchtaromen sie besitzen. Finden wir uns damit ab, daß es solche Weine heute nicht mehr geben kann. Selbst wenn sich ein Kellermeister den Spaß machte und einen Debröer oder Soproner so herstellte wie ehedem – die alte Fachliteratur ist ja noch vorhanden –, er hätte gar nicht mehr das Trauben-Material von damals. Die Reben sind doch sämtlich auf sicheren Ertrag hin um- und umgezüchtet worden. Doch muß deshalb der Egri Bikavér, das Erlauer Stierblut, angeblich Ungarns bester Rotwein, so labbrig schmecken, wie das bei vielen der heutigen Füllungen üblich ist? Eger, das alte Erlau, am Südrand der Bükk-Berge gelegen, ist eine barocke Stadt mit einem Labyrinth uralter, tief in den Tuff getriebener Kellerstollen. Die Kommune ist ein Zentrum großer Kellereien, die in den Siebzigern von den damaligen Machthabern reichlich mit Technik ausgestattet wurden, um Devisen bringende Mengen zu erzeugen. Hauptbetrieb ist Egervin, inzwischen mit Hilfe der Bank Crédit Lyonnais privatisiert. Was sich unter den neuen Besitzern ändern

wird, bleibt abzuwarten. Bislang war es so, daß jeder Einkäufer aus dem Westen bekam, was er forderte. Und die Abgesandten der Handelskellereien in Deutschland wollten meist nur eins: lose Ware, möglichst billig und leicht süß. Egervin belieferte jeden Großkunden nach Wunsch, fertigte vom Stierblut die unterschiedlichsten Füllungen, geschickt komponiert aus Blaufränkisch, Kadarka, Portugieser und Merlot. Ungarns Weinwirtschaft ist im Umbruch wie das ganze Land. Die Rebfläche wird kleiner, die frühere staatliche zentrale Handelsgesellschaft Monimpex wurde zerschlagen. Reste existieren noch mit Büro in Bremen, über das einige der klassischen ungarischen Weine zu beziehen sind, unter anderem mein Liebling, der schwere, schwermütige Debröi Hárslevelü, der Lindenblättrige aus Debrö am Matra-Gebirge. Private Kellereien entstehen, westliche Investoren scheinen auf eine bessere Zukunft des Reblandes zu setzen. Ein Konsortium European Wine Producers, an dem das große Chianti-Haus Antinori und die Wein-Holding Bömers in Bremen beteiligt sind, kaufte sich in die Genossenschaft Völgység Népe in Möcsény im Süden des Landes ein, investierte dort einige Millionen Dollar, um Domäne und Keller herzurichten. Das Weingut von Franz Keller am Kaiserstuhl erwarb gemeinsam mit dem Bordelaiser Wein-Unternehmer Jean-Michel Arcaut das Gut Pajzos in Sarospatak nahe Tokaj, erzeugt dort Tokajer nach alter Art, aber auch einen herrlichen trockenen Furmint. In Zukunft sind gewiß große Weine aus Ungarn zu erwarten. Und sicher werden völlig anspruchslose Weine weiterhin in Strömen vom Donautaler Kadarka fließen, der im Süden des Landes auf Sanddünen wächst; und auch der Soproni Szürkebarát, der Oedenburger Graue Mönch, läßt irgendwie die Assoziation »auf Flaschen gefüllter Grießpudding« entstehen. Südlich Ungarns schließt sich jenes Völker-Gemenge an, von dem es früher hieß: Sieben Nationen, sechs Provinzen, fünf Sprachen, vier Hauptstädte, drei Religionen, zwei Schriften – und das soll ein Mensch regieren. Als Josip Broz Tito dahinging, der Jugoslawien zusammenhalten konnte, begann man, sich gegenseitig zu zerfleischen. Der Krieg tobte derart, daß selbst die härtesten Kaufleute nicht mehr durchkamen. Das Binger Unternehmen Racke mußte einen mit viel Geld und Sorgfalt in Jahrzehnten aufgebauten Markt drangeben. In besten Zeiten wurden fast 40 Millionen Flaschen »Amselfelder« aus dem serbischen Kosovo verkauft. Als Nachschub und Mindest-

Jugoslawien stand bis zu den Auseinandersetzungen seit 1991 für eine Fülle teils unterschätzter Weine. Slowenien mit seinem wohl berühmtesten Weinberg Jerusalem (Seite 185 oben) hat mit dem »Rizling« eine Vorreiterrolle im Export eingenommen.

Balkan
Zahlen und Adressen

Ungarn:

Rebfläche: 140 000 Hektar

Ernte im Schnitt:
5 Millionen Hektoliter

Export nach Deutschland:
150 000 Hektoliter

Hauptsorten: Blaufränkisch, Welschriesling, Kadarka

Qualität beim besten Willen nicht mehr zu garantieren waren, warf Racke das Handtuch. Jetzt heißt Europas meistverkaufter Markenwein »Amselkeller« und kommt aus dem Raum Valencia. Auch Franc Šoba in Augsburg, dessen Lebenswerk es über 40 Jahre war, gute Weine aus Jugoslawien nach Deutschland zu holen, beginnt zu resignieren. Der aus der Herzegowina stammende Zilavka, ein angenehmer, trockener Weißwein, von dem Šoba früher fast eine Million Flaschen verkaufte, wurde immer noch geliefert, als rund um die Hepok-Kellerei, 25 Kilometer von Mostar entfernt, die Granaten flogen. Doch die Chefs wechseln ständig, niemand weiß wohin. Noch kommen die beiden besten Rotweine des ehemaligen Jugoslawien, Postup und Dingač, aus Dalmatien fast regelmäßig nach Deutschland, noch in hoher Qualität. Es sind wuchtige, tiefdunkle Weine, der Dingač mit einem Hauch natürlicher Süße, ideal zu scharfen Balkan-Speisen. Doch sieht Franc Šoba, daß bei den beiden Genossenschaften ständig die Mannschaft wechselt. »Es fühlt sich niemand mehr verantwortlich, und das ist nicht gut für den Wein«, fürchtet der Importeur. Er baut jetzt engere Beziehungen zu seiner ehemaligen Heimat in Slowenien auf, der an Österreich und Italien grenzenden Provinz, die sich schon immer am Westen orientierte und sicher vom benachbarten Friaul noch eine Menge lernen wird. Von dort kommen angenehme Chardonnays und Weißburgunder, mit acht Mark im Laden preiswert. Von Bulgarien kennen die Bundesbürger nur den Rosentaler Kadarka aus dem westlichen Teil der Weinregion Sub-Balkan. Im weiten Tal um die Stadt Karlovo gedeihen wohl die namengebenden Rosen, die einen begehrten Grundstoff für die Parfüm-Herstellung liefern, jedoch längst nicht so viele Kadarka-Reben, als daß sie die Mengen Wein liefern könnten, die in Deutschland verkauft werden. Die Exportfirma Bulgarian Vintners mit Sitz in London hatte für kurze Zeit auch ein Büro in Frankfurt und vertrieb von dort sehr ordentliche, im Holzfaß gereifte Cabernet-Rotweine zu sehr bürgerlichen Preisen. Die Niederlassung besteht nicht mehr, der bulgarische Händler Simeon Vatzkov in Frankfurt bemüht sich nun um Nachschub. Fast schwarz und schwer wie ein Südspanier, aber zur Balkan-Küche wohlschmeckend ist der Rote aus Melnik an der Grenze zu Griechenland. Und in Rumänien, so wird mir immer wieder berichtet, gäbe es die besten Weine des ganzen Balkans. Das Klima in den Karpaten-Tälern sei so ausgewogen, daß durchaus Bordelaiser Qualität erzeugt werden könnte. Mir sind diese Schätze noch nicht begegnet. Die Deutschen werden vielmehr mit Millionen Flaschen der Fetească regală, der zur Marke gewordenen »Königlichen Mädchentraube«, verwöhnt: in weiß, rot und als Sekt, alles kräftig gesüßt. Im Sommer 1994 hatten sich die im Bundesausschuß für Weinforschung zusammengeschlossenen Techniker der Chemischen Untersuchungsämter bei der Kellerei Dr. Stefan Spernatz in München eingeladen. Geschäftsführer Dr. Willi Seiler hatte dafür eigens aus den Anbaugebieten nördlich von Bukarest allerbeste trockene Rotweine und Edelbeeren-Auslesen einfliegen lassen. Die Gäste waren beeindruckt. Auf die Frage, warum denn das auf Rumänien spezialisierte Unternehmen nicht solche Weine ständig einführe, antwortete Seiler: »Wir haben es versucht, aber der Handelsbereich, den wir bedienen, machte nicht mit. Die Weine waren unbekannt und dafür zu teuer. – Aber wir werden es wieder versuchen.« Das alte Hellas, Heimat von Dionysos, liefert von allen Ländern des Balkans den meisten Wein nach Deutschland, mit zunehmender Tendenz. Das sind zu 99,9 Prozent einfache Schoppen, die in die Gyros-Gastronomie hierzulande strömen: der trockene Retsina, ein geharzter Weißwein, sodann der süßliche Kokineli-Rosé und endlich der Imiglykos, eine allgemeine Bezeichnung für liebliche Tröpfchen, weiß, rosé und rot. Fünf mächtige Kellereien teilen sich den größten Teil des griechischen Marktes, allen voran Kourtakis, der in Deutschland den meisten Retsina vertreibt, Konkurrent Cambas hat den weitaus besseren, aber auch deutlich teureren Harzwein. Von Tsantalis und Achaia Clauss (Hauptmarke: Demestika) kommen Fluten einfachster Tischweine. Die beste Adresse unter den großen Fünf ist Boutaris in Thessaloniki. Sein Naoussa aus Makedonien ist ein gediegener, betont herber Rotwein. Wie die überwiegend bäuerliche, arg gleichförmige Küche Griechenlands sind auch die Weine schlicht und preiswert. Es gibt da und dort Bestrebungen, nach den Sternen zu greifen. Achaia Clauss bietet mit »Château

Clauss« und »Danielis« an französischen Vorbildern geschulte Weine. Der »Cava Cambas« und der »Porto Carras«, der »Kouros« und »Calligas« von Kourtakis, auch der »Agioritikos« von Tsantalis sind vornehme Marken, doch in Deutschland schwer abzusetzen. Sie kosten zwischen 13 und 20 Mark, eine Preisklasse, bei der sich bundesdeutsche Weinfreunde lieber in anderen Ländern umschauen. Griechen-Wein muß billig sein, sonst läuft er nicht. Die ehrgeizige Kauffrau Nikoleta Argita versuchte in Karlsruhe, hellenische Spitzenweine zu importieren. Sie scheiterte schnell.

Rumänien:
Rebfläche: 300 000 Hektar
Ernte im Schnitt: 9 Millionen Hektoliter
Export nach Deutschland: 70 000 Hektoliter
Hauptsorten: Schwarze und weiße Mädchentraube, Welschriesling

Bulgarien:
Rebfläche: 140 000 Hektar
Ernte im Schnitt: 5 Millionen Hektoliter
Hauptsorten: Kadarka, Mavrud, Cabernet-Sauvigon
Export nach Deutschland: 120 000 Hektoliter

Griechenland:
Rebfläche: 90 000 Hektar
Ernte im Schnitt: 4,5 Millionen Hektoliter
Hauptsorten: Roditis (weiß), Agiorgitiko (rot)
Export nach Deutschland: 280 000 Hektoliter

Empfehlenswerte Betriebe

Domäne Bátaapáti
Ungarn
(Reidemeister & Ulrichs)

Château Pajzos
Ungarn (Schwarzer Adler)

Monimpex
Ungarn
(Monimpex Deutschland)

Genossenschaft Postup
Dalmatien (Franc Šoba)

Vipava-Kellerei
Slowenien (Franc Šoba)

Melnik-Kellerei
Bulgarien (Furmina Vatzkov)

Boutaris
Griechenland
(Weinhaus Gröhl)

Cambas
Griechenland (Berg-Import)

Achaia Clauss
Griechenland
(G. Papachristou)

Porto Carras
Griechenland (Kyriakis)

Minos-Kellerei
Kreta (Ino-Weinhandel)

1989
ESTATE BOTTLED
Renaissance®
SAUVIGNON BLANC
NORTH YUBA
PRODUCED & BOTTLED BY
RENAISSANCE VINEYARD & WINERY
RENAISSANCE, CA 95962 ALC. 12.5% BY VOL.

ENTDECKUNGEN IN ÜBERSEE

Im Oktober 1979 veranstaltete die Redaktion eines Schlemmer-Führers in Paris eine aberwitzige Probe. 330 Weine aus aller Welt wurden verkostet. Ergebnis: Die vorderen Plätze belegten Kalifornier vor dreimal teureren Grands Crus aus Bordeaux. So fragwürdig solche Vergleiche sind, die Probe löste in Europa einen Run aus auf Weine aus Übersee. Händler beschafften Flaschen auch aus China und Kanada, fast immer mindere Ware für viel Geld. Das Publikum verlor bald das Interesse. Jetzt schäumt die zweite »Exoten-Welle«, diesmal mit Spitzen-Gewächsen.

KALIFORNIEN

Die Herausforderung

Die Jahre der allzu kraftstrotzenden Weine Kaliforniens sind vorüber. Alkohol, Aromen – von allem nahmen die Winzer ein wenig zurück; die Qualität stieg beachtlich.

Die erste Bekanntschaft mit kalifornischem Wein machte ich im Januar 1973. In einem New Yorker »Wine & Spirit Store« entdeckte ich einige Flaschen und kaufte aus Neugier. Der Händler beriet mich aufmerksam. Zum Abschied sagte er mir: »You must come again. The californian wines are good, but I think they will get better every year.« Er hatte recht, die Weine damals waren okay, und was ich später probierte, wurde in der Tat ständig besser. Im Oktober 1979 sorgten Chardonnay und Cabernet-Sauvignon aus der Neuen Welt für helle Aufregung in Europa: Bei der Welt-Wein-Olympiade der Pariser Gourmet-Kritiker Henri Gault und Christian Millau belegten sie reihenweise die vorderen Plätze. Das französische Fachblatt »Revue Vinicole« sprach von einer »kalifornischen Herausforderung« (Anspielung auf das damals vieldiskutierte Buch »Die amerikanische Herausforderung«). Teile der historischen Probe von Paris habe ich mehrfach nachgestellt und kam immer wieder zu dem gleichen Ergebnis: Die Kalifornier beeindruckten mit unbändiger Kraft, besaßen dabei durchaus Eleganz. Athleten im Smoking sozusagen, drängten sie die nicht so alkoholreichen, vornehmen Crus aus Frankreich nach hinten. Doch wenn ich mit Freunden hernach zusammensaß und die besten der angebrochenen Flaschen leerte, dann wurden wir, je länger der Abend sich hinzog, der allzu muskulösen Geschöpfe überdrüssig und freuten uns zuletzt über einen federleichten Kabinett-Riesling von der Saar. Spätere umfangreiche Fachproben mit jeweils fünf Dutzend Kaliforniern wurden zur Schwerstarbeit. Die meisten Weine besaßen hohe Klasse, keine Frage, aber hatten von allem zuviel: Alkohol, Extrakt, Würze. Es war wie drei Wagner-Opern hintereinander. Mitte der achtziger Jahre spielten die Kellermeister aus dem Goldenen Westen noch zu gerne mit neuen Eichen-Fässern und übertrieben oft damit. Wenn die 50. Flasche verkostet wurde, schmeckte ich nur noch Vanille, Zimt und Cardamom, als hätte ich mich an Lebkuchen übergessen. Doch die Amerikaner lernten schnell und überwanden die Kinderkrankheiten. Sie ließen die Trauben nicht mehr bis zur Überreife hängen. Die Alkohol-Schallmauer wurde von 14 auf 13 Grad gesenkt, die Weine erschlugen nicht mehr mit exotischer Wucht. Die Kellermeister mischten die doch etwas vordergründige Sorte Cabernet-Sauvignon mit Merlot und Malbec, wie in Bordeaux üblich. Auch wurden die Reben älter. So kam mehr Finesse, mehr »Spiel« in den

Geschmack. Vor allem gebrauchten sie die neuen Eichenfässer, Barriques genannt, viel vorsichtiger. Die früher so vorlauten Holz-Aromen wurden dezent, sie untermalten den Wein, unterstrichen ihn nicht mehr. Heute bieten die ersten Adressen im Umland von San Francisco große, vornehme Gewächse, prunkende Begleiter eines festlichen Essens, die erstaunlich gut altern können und mit 30 bis 50 Mark wohl teuer, aber nicht überbezahlt sind. Auch wenn sich die Kalifornier ihren französischen Vorbildern anglichen, sie mit Bordeaux oder Burgund zu vergleichen, ist müßig, dazu sind die klimatischen Unterschiede viel zu groß. Die Weine von der West Coast sind eher zum großzügigen Genießen da, nicht so sehr zum Philosophieren, werden wohl immer ein wenig Hollywood ausstrahlen (wobei anzumerken ist, daß von dort blitzgescheites Kino kommt). Von den erwähnten ersten Adressen gibt es etwa hundert, und eine gleichgroße Anzahl ehrgeiziger Vintners drängt nach, erstaunlich viele für insgesamt 800 Betriebe mit eigenem Keller im ganzen Lande. Manche der in der internationalen Feinschmecker-Presse gefeierten Estates sind noch keine 20 Jahre alt, gegründet oft von city-müden Aussteigern wie Bruce Firestone, Erbe aus dem gleichnamigen Gummi-Konzern, oder Cecil de Loach, der Anthropologie studierte und lange als Feuerwehr-Hauptmann gearbeitet hatte. In den Achtzigern verdoppelte sich die Zahl der Weingüter und Kellereien, herrschte in Kalifornien ein Rush wie 150 Jahre zuvor in der Goldgräber-Zeit. Zu einem Fünftel gehört der Weinbau internationalen Investoren, aus Frankreich, aus der Schweiz, aus Japan und Deutschland. Das Land kann nicht mit reicher Geschichte aufwarten, die ersten Reben hatte der aus Mexiko zugewanderte Franziskaner Junipero Serra anno 1756 in der Nähe von San Diego gepflanzt. Es gab wohl schon einmal Ende des vorigen Jahrhunderts eine blühende Weinkultur, die aber von Prohibition und Wirtschaftskrise abgewürgt wurde. So wie sich Wein-Kalifornien inzwischen darstellt, ist es eben

Der Weinbau Kaliforniens ist hochtechnisiert, die Rebflächen oft gigantisch. Viele, bereits renommierte Weingüter wurden erst Anfang der siebziger Jahre gegründet. Ein Gutteil der Weinwirtschaft ist in Händen internationaler Investoren, die schnell einen hohen Qualitätsstandard erreichten.

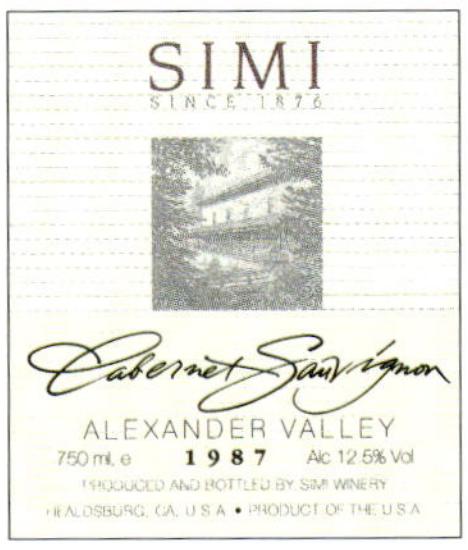

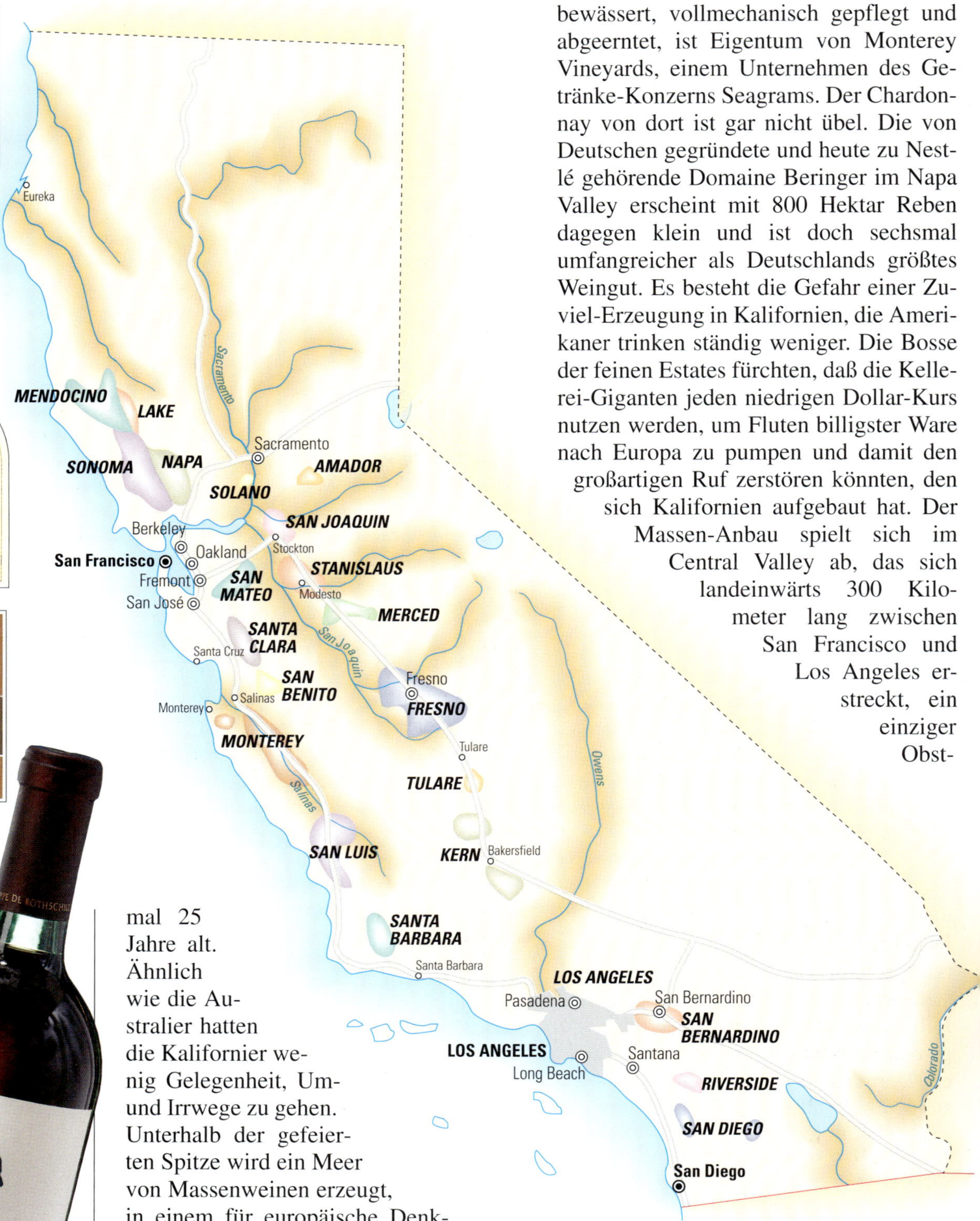

mal 25 Jahre alt. Ähnlich wie die Australier hatten die Kalifornier wenig Gelegenheit, Um- und Irrwege zu gehen. Unterhalb der gefeierten Spitze wird ein Meer von Massenweinen erzeugt, in einem für europäische Denkweise unvorstellbaren großindustriellen Maßstab. Die Kellerei der Brüder Ernesto und Julio Gallo in Modesto, aus der Luft gesehen einer Raffinerie nicht unähnlich, kann bequem soviel lagern, wie die Deutschen insgesamt ernten. Gallo vermarktet fast die Hälfte des gesamten kalifornischen Weins. Der größte geschlossene Weingarten der Welt, mit eigenem Flugplatz, umfaßt 3000 Hektar, was der Rebfläche des Rheingaus entspricht. Der unüberschaubare Wingert, vollautomatisch bewässert, vollmechanisch gepflegt und abgeerntet, ist Eigentum von Monterey Vineyards, einem Unternehmen des Getränke-Konzerns Seagrams. Der Chardonnay von dort ist gar nicht übel. Die von Deutschen gegründete und heute zu Nestlé gehörende Domaine Beringer im Napa Valley erscheint mit 800 Hektar Reben dagegen klein und ist doch sechsmal umfangreicher als Deutschlands größtes Weingut. Es besteht die Gefahr einer Zuviel-Erzeugung in Kalifornien, die Amerikaner trinken ständig weniger. Die Bosse der feinen Estates fürchten, daß die Kellerei-Giganten jeden niedrigen Dollar-Kurs nutzen werden, um Fluten billigster Ware nach Europa zu pumpen und damit den großartigen Ruf zerstören könnten, den sich Kalifornien aufgebaut hat. Der Massen-Anbau spielt sich im Central Valley ab, das sich landeinwärts 300 Kilometer lang zwischen San Francisco und Los Angeles erstreckt, ein einziger Obst- und Gemüsegarten, sonnengetränkt und dank Bewässerung ungemein fruchtbar. Den Reben kommt dort eine ähnliche Bedeutung zu wie Tomaten oder Grapefruits. Auf 210 000 Hektar, der doppelten Rebfläche Deutschlands, stehen vor allem die Sorten Colombard, die reich tragende Cognac-Traube, und der feinere Chenin blanc, von der Loire her bekannt. Die Hälfte der Ernte geht als Tafelware in den

Obsthandel, die andere Hälfte liefert immerhin noch 85 Prozent des gesamten kalifornischen Weins. Das restliche Sechstel gedeiht in den Distrikten weiter nördlich und ist um ein Vielfaches besser. Im Hinterland von und an der Küste bei San Francisco regiert ein gemäßigteres Klima, ideal für den Chardonnay, den Cabernet-Sauvignon und für den Zinfandel, jene Sorte, die so typisch für die Gegend ist, und von der heute noch niemand genau weiß, woher sie eigentlich kommt. Eine Mehrheit unter den Ampelographen, den Trauben-Forschern, vermutet, daß es sich um den Primitivo aus Süditalien handelt. Denkbar wär´s, denn aus dem Mezzogiorno, später aus Deutschland, kamen die ersten Weinbauern Kaliforniens. Als beste Reblandschaften gelten die Täler von Napa und Sonoma nördlich von San Francisco. Dort finden sich konzentriert die besten Güter, allen voran die Vineyards von Robert Mondavi, der als Pionier des kalifornischen Spitzenweins gefeiert wird. Ihm leistete Philippe Baron de Rothschild auf ganz eigene Art Abbitte für eine früher häufig geäußerte Kritik. Der Herr des Bordelaiser 1a-Château Mouton pflegte zu sagen, die Weine von der Westküste seien »zu reif, zu gleichmäßig, so ein bißchen wie Cola«. 1974 tat sich der Franzose mit Mondavi zusammen. Vereint bepflanzten sie einen 35 Hektar großen Weingarten nahe Oakville mit Reben aus Bordeaux und stellten zehn Jahre später gemeinsam ihren Erstling »Opus one« vor, einen der teuersten Cabernets der Welt. Längst ist der Weinbau Kaliforniens in Neuland vorgestoßen, hat die Foothills an den Ausläufern der Sierra Nevada entdeckt und das Mendocino zur Grenze nach Oregon hin, wo übrigens auch Weinbau betrieben und manch gelungener Pinot noir erzeugt wird. Die Burgunder-Traube gedeiht in den kühleren Regionen besser und ist für junge Winzer eine neue Herausforderung, weil sie schwieriger zu behandeln ist als die Sorten aus Bordeaux. Der aus dem Rheingau stammende Kellermeister Walter Schug, der sich 1980 mit einem Weingut in St. Helena selbständig machte, gehört dazu. »Guten Cabernet-Sauvignon gibt´s überall in Kalifornien«, erklärt er, »die guten Pinots noirs kann man an den Fingern einer Hand abzählen, und ich will einer von den Fünfen sein.« Der Burgunder paßt in die Richtung weg vom hohen Alkohol, ist mehr Genuß- als Rauschmittel und ein Argument gegen die vielen Stimmen in den USA, die Wein völlig verbieten wollen. Nichts fürchten die Kalifornier mehr als eine Wiederholung der Prohibition von 1919 bis 1933. Damals konnten sie nur Traubensaft-Konzentrat verkaufen, das sie mit der Warnung versahen: »Nicht mit Hefe oder Zucker in Verbindung bringen. Sonst droht eine alkoholische Gärung.«

Kalifornien
Zahlen und Adressen

Rebfläche: 350 000 Hektar

Ernte im Schnitt:
18 Millionen Hektoliter

Weingüter und Kellereien:
circa 800

Export nach Deutschland:
58 000 Hektoliter

Hauptsorten: Colombard, Chardonnay, Chenin blanc

Auskunft: California Wine, Buchenweg 16-18 in 66620 Sitzerath/Saar (Tel.: 0 68 73 / 6 42 60)

Napa Valley:

Rebfläche: 8 900 Hektar

Weingüter und Kellereien:
circa 200

Sonoma:

Rebfläche: 13 400 Hektar

Weingüter und Kellereien:
circa 125

Empfehlenswerte Betriebe

Cuvaison
Napa Valley (FUB)

Edna Valley Vineyard
Edna Valley (Mövenpick)

Laurel Glen
Sonoma (Kössler & Ulbricht)

Glen Ellen
Sonoma
(Reidemeister & Ulrichs)

Fetzer
Mendocino (FUB)

Flora Springs
Napa Valley (Mövenpick)

Kenwood
Sonoma (California Wines)

Robert Mondavi
Napa Valley (Weinland Keiler, Wein Wolf)

Newton
Napa Valley (A&H Segnitz)

Joseph Phelps
Napa Valley
(California Wines)

SÜDAMERIKA

Frankreich stand Pate

Zwar umfaßt Argentiniens Rebfläche gegenüber Chile die doppelte Größe, dennoch gehört dem schmalen Staat an der Westküste Südamerikas der höhere Ruhm und die breitere Marktpräsenz: Chile tritt in und gegen Europa an, mit Weinen, die französisch geprägt, von erstaunlicher, bisher wenig bekannter Qualität und derzeit noch günstigen Preisen sind.

Hernán Cortés, genannt der Schlächter, hatte eine eigene Art, sich ein fremdes Land gefügig zu machen. Nachdem er 1521 Mexiko endgültig erobert hatte, befahl er, für jeden Indianer, der sich nicht taufen lassen wollte und deshalb getötet wurde, zehn Reben zu pflanzen. Drei Jahre später setzte er diese Form der Missionierung in Chile fort. Der Weinbau gedieh dermaßen, daß König Felipe II. von Spanien die Siedler anwies, den größten Teil der Reben wieder auszuhauen, weil Lieferungen südamerikanischer Weine zur Konkurrenz für die Erzeugung im Mutterlande wurden. Doch der Monarch war weit und ein Brief monatelang unterwegs. So wurde das Dekret nicht allzu wörtlich genommen, der Weinbau blieb erhalten. Jahrhundertelang bedienten die Winzer in Mexiko, Chile, Argentinien und Brasilien nur die eigenen Märkte. Jetzt schicken sie sich an, erneut in den Wettbewerb mit Europa zu treten. Der Erfolg ist geteilt, einzig Chile erregt derzeit mit gediegenen, erstaunlich preiswerten Weinen in der Bundesrepublik Aufsehen. Der Weinbau dort erlebt seit einigen Jahren eine Welle von Gründungen neuer und Übernahmen aufgegebener Kellereien. Namhafte europäische Erzeuger wie Eric Baron de Rothschild von Château Lafite in Bordeaux oder William Fêvre, erste Adresse in Chablis, traten als Investoren an. Lange vor ihnen war schon Miguel Torres dort, einer der bedeutendsten Weinmacher Spaniens. Sie alle setzen darauf, daß die Erleichterung, die nach Jahren der Diktatur das Land durchzieht, einen raschen wirtschaftlichen Frühling

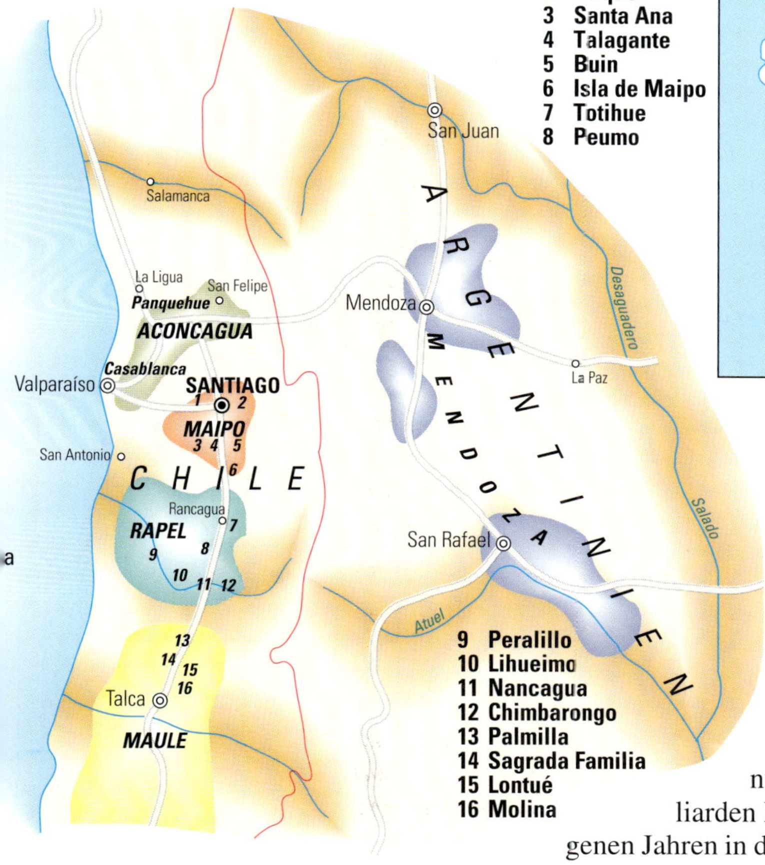

bringen wird. Chile, viele Jahre lang verfemt, gilt der Welt nun wieder als guter Partner. Erschienen die Weine vor noch nicht allzu langer Zeit als fragwürdige Exoten, so werden sie nun in der europäischen Genießer-Presse bejubelt. (Die Tatsache, daß die Berichte vielfach Ausflüsse eines gewieften PR-Feldzuges sind, soll nicht das neue Ansehen der chilenischen Weine schmälern). Der Absatz auf dem deutschen Markt steigt seit 1990 stetig mit zweistelligen Raten. Von allen Weinbau-Ländern in Südamerika hatte Chile bislang den besten Ruf – zu Recht. Bei Rebbau und Kellertechnik ist der Pate Frankreich unübersehbar. Die größten Weinbau-Unternehmen in Chile, Concha y Toro und Santa Rita, beide im besten Rebland gelegen, im Tal des Rio Maipo südwestlich von Santiago, empfehlen sich schon seit Jahrzehnten mit Weinen der gehobenen Klasse. Bislang tröpfelte der Export nach Europa, doch nun wachsen die bestellten Mengen stetig. Santa Rita vergrößert ihr Reich; aus 500 sollen 1000 Hektar Reben werden. Die Nummer eins, Concha y Toro, ist längst größer; zum Vergleich: 1000 Hektar Reben liegen an der Saar. Selbstverständlich werden auf solchen Flächen nicht nur Spitzen erzeugt; der größte Teil ist gängige Konsum-Ware. In den Export gehen nur die besseren Erzeugnisse, mit guten Rhône-Weinen der 20- bis 30-Mark-Klasse zu vergleichen, doch nur halb so teuer. Die Milliarden Pesos, die in den vergangenen Jahren in die Verbesserung der Kellerwirtschaft gesteckt worden sind, werden sich gewiß in noch mehr Qualität niederschlagen. Gewiß aber auch bald in den Preisen: Die Zeiten, da ein chilenischer Traubenpflücker am Tag so viel verdiente wie sein französischer Kollege in einer Stunde, sind vorbei. Chiles Rebbauern genießen unschätzbare natürliche Vorzüge. Die Böden sind voller Mineralien und Salpeter, brauchen kaum gedüngt zu werden.

Rote Tafelweine bilden den Schwerpunkt der argentinischen Weinproduktion; nur knapp 20 Prozent der Erzeugung sind Qualitätsweine, die durchaus interessant und überdies preiswert sind.

SÜDAMERIKA
Zahlen und Adressen

Chile:
Rebfläche: 110 000 Hektar

Ernte im Schnitt:
6 Millionen Hektoliter

Bodegas: rund 100

Export nach Deutschland:
10 000 Hektoliter

Hauptsorten: Cabernet-Sauvignon, Merlot, Chenin blanc

Argentinien:
Rebfläche: 209 000 Hektar

Ernte im Schnitt:
17 Millionen Hektoliter

Bodegas: rund 2000, darunter 30 Hersteller von Vinos finos

Export nach Deutschland:
5 300 Hektoliter

Hauptsorten: Criolla, Cabernet-Sauvignon, Malbec

Empfehlenswerte Betriebe

Cousino Macul
Chile (Schlumberger)

Discover Wine
Chile (Diepold)

Viña Errazuriz
Chile
(Reidemeister & Ulrichs)

Santa Helena
Chile (Max Piehl)

Santa Rita
Chile (Heinz Eggert)

Miguel Torres
Chile (Eggers & Franke)

Los Vascos
Chile (Hawesko)

Bodegas y Viñedos Lopez
Argentinien (Heinz Eggert)

Finca los Almos
Argentinien (Max Piehl)

Die Reblaus ist nie über die Anden vorgedrungen. Mehltau tritt in dem trockenen Klima selten auf, was chemischen Pflanzenschutz weitgehend überflüssig macht. Bei der Bewässerung der weiten Rebfelder können sich die Winzer ein ausgeklügeltes System von Gräben nutzbar machen, das zum Teil auf die Inkas zurückgeht. Nachts kühlt es stark ab, was die Weinbeeren aromatisch macht. Ähnliche Verhältnisse herrschen auch in der Region Mendoza in Argentinien, auf der anderen Seite der Anden. Doch die Weinwirtschaften beider Länder könnten unterschiedlicher nicht sein. In der schier endlosen Ebene beiderseits des Rio Mendoza standen noch vor wenigen Jahren doppelt so viele Reben wie in Deutschland. Unmengen eines schlichten Vino común werden dort erzeugt und unter vielbeworbenen Namen verkauft, ähnlich wie Biermarken. Die meisten Argentinier sind es so zufrieden, doch ist ihr Durst längst nicht mehr so groß wie noch vor 30 Jahren, als 100 Liter pro Kopf und Jahr selbstverständlich waren. Heute wird nur noch die Hälfte getrunken, die Jüngeren bevorzugen Whisky-Cola. Der Rebbau ist seit zehn Jahren um mehr als ein Drittel zurückgegangen, die Bauern reißen die Weinstöcke aus und setzen statt dessen Zwiebeln und Knoblauch, woran sie mehr verdienen. Die Übermengen gehen zu nicht mehr unterbietbaren Preisen nach Mexiko und belasten den dortigen Weinbau, der in einer ähnlichen Krise steckt. Das Landwirtschaftsministerium in Buenos Aires versucht tapfer, die Erzeugung höherer Qualitäten zu fördern. Der Anteil der Vinos finos steigt und beträgt jetzt etwa 20 Prozent, wobei die Anforderungen an diese höchste Güteklasse strenger sein dürften. Nach Deutschland kommen nur die besten Erzeugnisse Argentiniens, zu beachtlich niedrigen Preisen. Der Export ist nicht hoch, aber beständig. Die noblen Versender hierzulande, die soeben Chile entdeckten, übersehen die kräftigen, zuverlässigen Rotweine des Nachbarlandes. So kümmern sich große Importeure darum, die vor allem Steak-Bratereien damit beliefern. Für Ketten-Restaurants ist die Qualität beachtlich.

Bis ins 17. Jahrhundert reichen die Wurzeln des südafrikanischen Weinbaus zurück. Seit den politischen Veränderungen erlebt der Außenhandel am Kap jetzt einen enormen Aufschwung, von dem auch die Weinwirtschaft miterfaßt ist. Vor allem aus den etwas milderen Regionen, die übrigens auf demselben Breitengrad wie die Weinbauflächen von Chile, Argentinien und Australien liegen, kommen mehr und mehr gehaltvolle Tropfen zu uns.

SÜDAFRIKA

Wein zweier Meere

Im Mai, wenn es hierzulande sprießt und grünt, kommt der frühe Herbst zu uns. »Early Autumn« ist der Name eines spritzigen, jungen Weißweins aus Südafrika. Am Kap beginnt, verkehrte Welt, die Weinlese schon im Februar. Da brauchen die Kellermeister noch gar nicht einmal zu hudeln, um zwei Monate darauf einen trinkbaren Wein zu vertreiben, der gewiß nichts Großes ist, doch ein Vergnügen zur Begrüßung des Frühsommers bei uns, wenn auf der anderen Seite des Globus´ der Winter Einzug hält. Auch die kalte Jahreszeit ist dort vergleichsweise mild. Südafrika ist umgeben von zwei Meeren, von Atlantik und Indischem Ozean, die ein ausgeglichenes Klima schaffen und auch in den heißen Tagen ab und zu für eine angenehme Brise sorgen. Bei der Lese im Februar herrschen oft noch 30 bis 35 Grad Celsius. Die Trauben kommen aufgeheizt herein, was Probleme bei der Verarbeitung schafft. Das gilt vor allem für Weißwein, der fünf Sechstel der gesamten Ernte ausmacht. Inzwischen ist es in allen Kellereien selbstverständlich, schon das Kelterhaus zu kühlen. Einige Weingüter stellen Scheinwerfer in die Rebgärten und lassen nachts lesen. Es wirkt ungewohnt, wenn schwarze Traubenpflücker mit Grubenhelmen im Halbdunkel ihrer Arbeit nachgehen. Der erste, der den südafrikanischen Winzern beibrachte, den Most bei niedrigen Temperaturen allmählich vergären zu lassen, damit nicht gleich alle Aromen verfliegen, war Johann Georg Graue, ein Braumeister aus Deutschland. Auf Gut Nederburg bei Paarl benutzte er statt Fässern große Stahltanks, die er ständig mit kaltem Wasser besprühte. Seine Weißweine waren von einer bis dahin nicht gekannten Frische und Fruchtigkeit. Der Stand der Weinbau-Technik heute ist hoch. Viele junge Südafrikaner studierten an den Hochschulen in Bordeaux oder in Geisenheim am Rhein. Der aus Rumänien zugewanderte Julius Laszlo, viele Jahre Kellermeister bei der Weingüter-Vereini-

Die Kellertechnik der südafrikanischen Winzer hat inzwischen einen hohen Standard erreicht.

Doch längst nicht die gesamte Traubenproduktion fließt in die Faßlager: Rund die Hälfte der Erzeugung wird zu Essig, Schnaps, Sekt oder Industriealkohol weiterverarbeitet.

gung Bergkelder und wegen seiner Kenntnisse als »Wein-Doktor« Südafrikas verehrt, sagt voller Stolz: »Wir sind oenologisch keinen Zentimeter hinter Kalifornien zurück.« Zum Wissen kommt jetzt auch das Wollen, große Gewächse zu erzeugen. Seitdem die Republik am Kap nicht mehr international geächtet ist, genießen die Winzer den Ehrgeiz, in den Wettbewerb mit den wichtigen Weinen der Welt zu treten. Die Befreiung läßt den uralten Pioniergeist wieder aufleben. Viele neue Wineries und Estates entstehen. Erschöpfte Weinberge werden gerodet und mit dem besten verfügbaren Reben-Material bepflanzt. Die Betriebe erneuern ihre Keller, stecken viel Geld in das Marketing. »Es macht wieder Spaß, in Südafrika Winzer zu sein«, strahlt Norma Ratcliffe, Chefin des Warwick-Weingutes in Muldersvlei bei Stellenbosch. Der Optimismus, so scheint es, teilt sich den Kap-Weinen mit, die doch vor wenigen Jahren arg mittelmäßig und gleichförmig schmeckten, jetzt aber stetig besser werden. Dazu sind sie – noch – ungemein preiswert. Die deutschen Importeure verdienen nicht schlecht daran, und doch bekommen die Weinfreunde viel Qualität fürs Geld. Nach Jahren der Ablehnung greifen sie nun gerne zu Pinotage aus dem Franschoek oder Sauvignon aus der Land-

schaft um Paarl. Der Export in die Bundesrepublik hat sich innerhalb von drei Jahren verdoppelt. Das große Vorbild der südafrikanischen Weinmacher sind seit jeher die Franzosen. Wohl waren Niederländer die ersten Winzer. Staatsgründer Jan van Riebeeck pflanzte 1656 persönlich einen Rebgarten am Fuße des Tafelbergs und schuf damit die Grundlage für den heutigen Weinbau. 32 Jahre später erreichten Hugenotten das Kap der Guten Hoffnung. Die Franzosen besaßen Weinbau-Erfahrung und hatten auch Reben ihrer Heimat dabei. Ihre ersten Weinberge entstanden im Franschhoek, in der französischen Ecke, deren Böden denen von Burgund stark ähneln. Heute gehören zu den wichtigen Sorten des Landes der weiße Sauvignon blanc von der Loire und der rote Cabernet-Sauvignon aus Bordeaux. Einige Jahrzehnte versuchten die Winzer die Burgunder-Rebe Pinot noir heimisch zu machen, doch dafür ist es in Südafrika zu heiß. Erst eine speziell für das südliche Klima gezüchtete Kreuzung aus Pinot noir und der südfranzösischen Cinsault-Traube brachte Erfolg. Die Pinotage bringt einen fülligen, runden Wein nach Art der Côtes-du-Rhône (der zweite Wortteil steht für Hermitage an der Rhône). Südafrika ist dreimal größer, hat aber nur halb so viele Menschen wie die Bundesrepublik. Rebfläche und durchschnittliche Ernte entsprechen denen von Deutschland, der Verbrauch ist geringer. Daraus ist leicht zu errechnen, daß die Republik in den Jahren der Isolation ständig zuviel Wein erzeugte. Für die Entsorgung der Übermengen ist die KWV Koöperatieve Wijnbouwers Vereniging van Zuid-Afrika zuständig, eine der größten Kellereien der Welt und im Lande selbst ein weinpolitisches Monstrum. Die KWV wird gemeinhin als halbstaatliche Zentralgenossenschaft bezeichnet, was das Wesen dieser Institution nur unzulänglich beschreibt. Das Unternehmen verwaltet und verarbeitet auch zum großen Teil drei Viertel der Ernte, darf aber nichts im Lande verkaufen, sondern nur im Export tätig werden. Die KWV legt für das ganze Land die Trauben-Preise fest und bestimmt, welcher Teil der Übermengen in die Brennblasen wandert. Denn mehr als die Hälfte der jährlichen Ernte geht in die Weiterverarbeitung zu Essig, Sekt, Schnaps oder Industriealkohol. Südafrika ist auf der südlichen Halbkugel die Nummer eins bei Spirituosen. Das Weingesetz aus den dreißiger Jahren ist von der KWV mitgeschrieben worden. Es ist ein unkompliziertes Recht, das auch dem Verbraucher dient. Alle Qualitätsweine, nichts

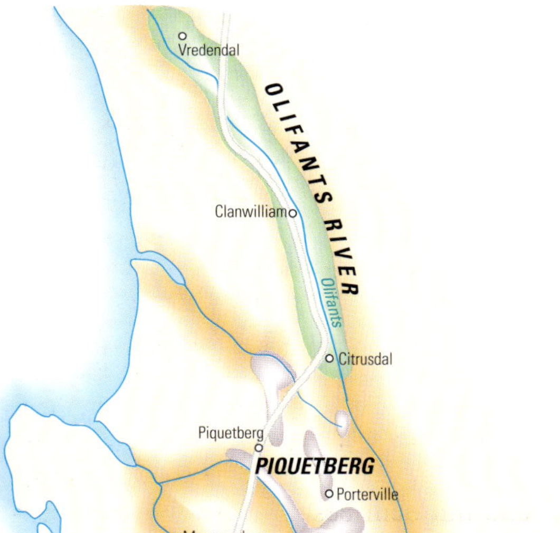

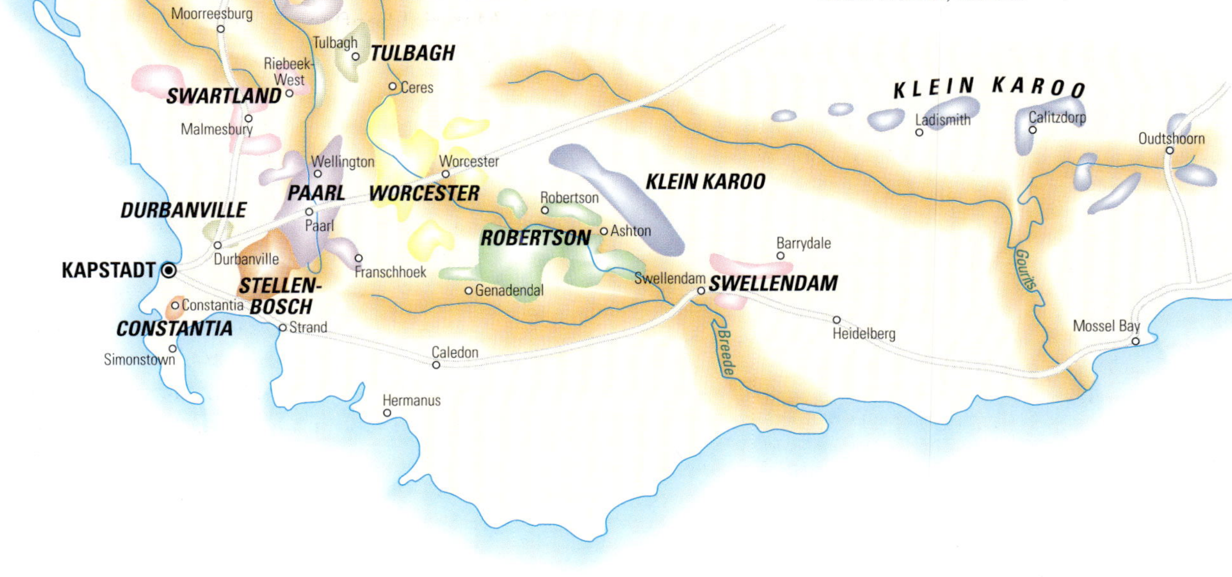

SÜDAFRIKA
Zahlen und Adressen

Rebfläche: 100 000 Hektar

Ernte im Schnitt: 10 Millionen Hektoliter

Weinbaubetriebe: rund 5 000, davon 100 Weingüter

Export nach Deutschland: 20 000 Hektoliter

Hauptsorten: Sauvignon blanc, Pinotage

Auskunft: South African Wine and Spirit Exporters Association, P.O.Box 236 in 7599 Stellenbosch (Tel.: 00 27 21 / 8 87 01 17)

Empfehlenswerte Betriebe

Allesverloren (Schlumberger)

Bellingham (Weinland Keiler)

Delheim (Kauffmann)

Fairview (Wein Wolf)

Kanonkop (Weinland Keiler)

Klein Constantia (Tesdorpff)

Louisvale (Kauffmann)

Meerlust (Schlumberger)

Neethlingshof (Max Piehl)

Thelema (von Kapff)

Villiera (Hawesko)

De Wetshof (Hawesko)

anderes geht in den Export, tragen am Flaschenhals eine Banderole mit bis zu drei farbigen Streifen. Blau bedeutet, daß der Inhalt garantiert aus dem auf dem Etikett angegeben Gebiet stammt. Jahrgang (rot) und Traubensorte (grün) müssen zu 75 Prozent stimmen. Die damit erlaubte Beimischung von einem Viertel anderer Weine ist nicht zu tadeln. Oft schmeckt der Cabernet mit einer Abrundung durch Pinotage besser, tut es einem jungen Most gut, wenn ihm ein Schuß eines älteren Weins beigegeben wird. Obwohl der Koloß von Paarl unter Winzern wenig gutes Ansehen genießt, sind ihm doch die meisten Weinbaubetriebe angegliedert. Sogar vornehme Estates nutzen die Möglichkeiten des KWV-Vertriebs, um ihre Erzeugnisse im Ausland abzusetzen.

Als Gegengewicht zu der zentralen Genossenschaft entstand 1967 die Firma Bergkelder Ltd, ein Zusammenschluß von 20 Weinfarmen, von denen jede selbständig arbeitet, doch Beratung, Lager und Vertrieb der Dachfirma überläßt. Die meisten der Mitglieder lassen auch ihre Trauben bei Bergkelder verarbeiten. Das Unternehmen verfügt über einen Keller, der mehrere hundert Meter tief in den Papegaaiberg bei Stellenbosch gegraben wurde. Dort herrscht eine ständig gleichbleibende Temperatur, ideal für den Ausbau der Weine. Die Technik ist auf dem neuesten Stand, ein Labor berät die Winzer. Da aber die Kellerei-Dienste fast allen Mitgliedern gleichermaßen zur Verfügung stehen, ist eine Verwischung der Stile nicht zu vermeiden. Doch die Zeiten, da bei Bergkelder ein Wein wie der andere schmeckte, sind längst vorbei. Einige angeschlossene Güter wie Meerlust oder Allesverloren, beide sehr gut, legen Wert darauf, die Trauben selbst zu verarbeiten. Die Entstehung neuer selbstbewußter Wineries schwächt den Stand der einst allmächtigen Kooperatieve in Paarl. Auch das ist Politik der Befreiung. Die KWV galt früher als Hort alter Buren-Herrlichkeit. Natürlich denkt kein vernünftiger Mensch in Südafrika daran, die alte Zentrale abzuschaffen. Im für das Land so wichtigen Export ist sie nämlich unschlagbar. Von ihr stammt auch der »Early Autumn«, der uns das Frühjahr noch etwas frischer erscheinen läßt.

AUSTRALIEN

Die zweite Entdeckung

Anno 1606 betrat J. Lodewycksz van Roosengin als – vermutlich – erster Europäer australischen Boden; ganz eindeutig ist die Situation nicht. Zum zweitenmal, und zwar weingeographisch und eindeutig, wurde der fünfte Kontinent von Roland Wirz aus dem Mosel-Dörfchen Valwig entdeckt. Im Frühjahr 1978 besuchte er mit Freunden und der Weinprinzessin seines Ortes das Rebland im Barossa Valley nahe der Stadt Adelaide. Er war angetan von den Rotweinen, die er dort trank, kam mit einer genossenschaftlichen Kellerei ins Geschäft, ließ 18 000 Liter Shiraz und Cabernet-Sauvignon nach Deutschland schippern, füllte in Valwig alles auf Flaschen und machte so die Bundesbürger zum erstenmal mit Rebenblut von der anderen Seite der Welt bekannt. Das Geschäft war wenig mehr als eine Eintagsfliege, doch Wettbewerber folgten. Ein Jahr später führten schon acht Importeure von der Heide bis in die Voralpen australische Weine. 1980 gab es in Deutschland einen Mini-Boom für Flaschen aus Übersee. Doch war dies oft mäßige Ware, dank Exoten-Zuschlag zu teuer verkauft. Die Verbraucher machten da nur kurzzeitig mit. Da die australischen Winemaker nicht nur ihr Handwerk verstehen, sondern auch gute Verkäufer sind, riß jedoch der Faden, den der Moselaner geknüpft hatte, nicht ab. Seit 1990 erlebt der deutsche Weinhandel eine zweite Exoten-Welle, diesmal mit gediegenen Weinen. Die Fachpresse berichtete aufgeregt, als der Frankreich-Spezialist Jacques´ Wein-Depot Australier ins Programm nahm. »Wir haben es nicht nötig, einer Mode nachzulaufen«, erklärte Einkäufer Hervé Robert, »doch wir stellten fest, daß es im Bereich zwischen 10 und 20 Mark im Moment keine besseren Weine gibt.« Eine groß angelegte Fachprobe im Februar 1994 in Stuttgart mit Chardonnay und Cabernet-Sauvignon aus aller Welt bestätigte dies: Australien auf den vorderen Plätzen. Dabei bestellen die hiesigen Händler durch-

Nicht einmal 200 Jahre liegen zwischen der Pflanzung der ersten Reben auf dem fünften Kontinent und der beginnenden Marktpräsenz australischer Weine im hiesigen Handel; erstaunliche Ergebnisse in einer kurzen Spanne.

Nach teils schmerzlichen Rückschlägen hat die Weinwirtschaft Australiens inzwischen einen hohen Standard erreicht. Die Entwicklung scheint jedoch längst nicht abgeschlossen; Interessantes steht zu erwarten.

weg nur Weine der sehr ordentlichen Mittelklasse. An die großen und teuren Gewächse trauen sie sich noch nicht heran, mit einer Ausnahme: Penfolds. Dies ist zuerst einmal ein gestandener Konzern, der ein Viertel des australischen Weinmarktes beherrscht. Namhafte Erzeuger wie Lindemans, Seppelt und Wynns gehören dazu. Aus dieser Firmengruppe ist alles zu haben, vom einfachen Schoppen im Karton bis zu den legendären Grange-Gewächsen, die hier weit über 100 Mark kosten. Penfolds ist aber auch ein anschauliches Beispiel dafür, wie zielstrebig Australiens Winzer die Märkte der Welt

erobern. Bis gegen Ende der vierziger Jahre war die 100 Jahre alte Winery vor den Toren der Stadt Adelaide Lieferant schlichter, vor allem kräftiger Weine für den großen Durst der »Aussies«. Dann entwickelten die Penfolds-Erben Ehrgeiz und stellten mit Max Schubert einen tüchtigen Kellermeister ein, der seine Chefs davon zu überzeugen wußte, daß auch in Südaustralien durchaus Weine vom Format der großen europäischen Gewächse erzeugt werden könnten. Schubert bereiste ein Jahr lang die Alte Welt, war Praktikant in großen Bordelaiser Châteaux und Gasthörer verschiedener Wein-Hochschulen. Er kehrte zurück mit einer großen Kiste Fachliteratur und der festen Absicht, 20-Dollar-Weine herzustellen wie die Rothschild-Barone im Médoc auch (damals kostete in Australien der teuerste Wein noch keine zwei Dollar). Fünf Jahre später präsentierte Penfolds den ersten Jahrgang vom Spitzen-Erzeugnis »Grange Hermitage«, bis heute unschlagbar Australiens bester Wein.

Max Schubert, 1994 verstorben, war gefeiertes Vorbild einer Generation von Oenologen, die zu den bestausgebildeten der Welt gehören. Nirgendwo sonst, nicht einmal in Kalifornien, werden das Wachstum der Rebe und das Werden des Weins so gründlich erforscht. Innerhalb von 20 Jahren arbeitete sich Australien zur Führung vor. »Unser Vorteil ist, daß wir von Traditionen unbelastet sind«, sagt Bob Oatly, Chef des Rosemount-Estates im Upper Hunter Valley nördlich von Sidney, »wir hatten keine Chance, all die Fehler zu machen, mit denen sich die Europäer seit 300 Jahren das Leben beschweren.« Junge Weintechniker reisen, wenn bei ihnen Winter und nichts zu tun ist, nach Südfrankreich und bieten ihre Dienste als Berater an. Sie sind gerne gesehen, weil sie gelernt haben, auch in einem Steppen-Klima frische Weine zu erzeugen. Gewiß

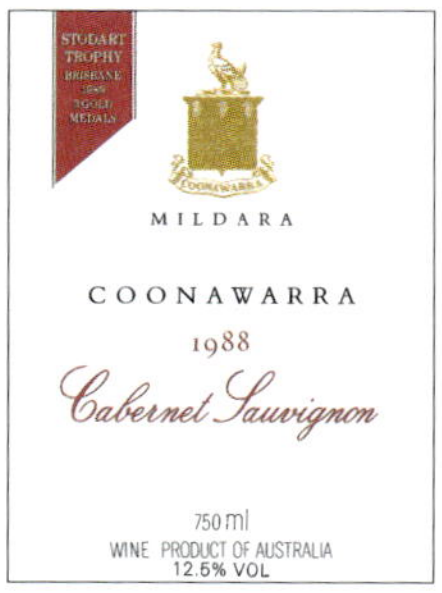

ist der größte Teil des australischen Weins Konsumware, doch auch selbst die einfachsten Schoppen sind mit Anstand gemacht. Warm genug ist es, die Trauben reifen immer. Sie werden meist frühzeitig gelesen, üblicherweise mit Maschinen, und in den großen Kellereien mit hohem technischen Aufwand verarbeitet. Die Australier haben mit Begriffen wie »Wine making« oder »Wine industry« keine Probleme. Sie bringen es fertig, daß ein in riesigen Tanks erzeugter Cabernet so schmeckt, als käme er aus dem Faß. Da mußten sie nur ein wenig mit Eichen-Spänen nachhelfen. Verschneiden gilt als Kunst, es ist keineswegs unschicklich, Weine aus dem heißen Barossa Valley mit solchen von der kühlen Insel Tasmanien zu mischen, auch wenn rund 1000 Kilometer dazwischen liegen. Was zählt, ist das Endprodukt, das in jeder Preisklasse mit vergleichbaren europäischen Erzeugnissen mithalten kann, wenn nicht sogar besser ist. Das australische Weingesetz ist so locker wie die Weinmacher selbst, die Mißbrauch schon in eigenem Interesse unterlassen.

Anfang der achtziger Jahre litt die Weinwirtschaft an zu hohen Lagerbeständen. Inzwischen ist mehr als die Hälfte der Massensorten ausgehauen und gegen beste Reben aus Frankreich und Deutschland ausgetauscht worden. Vor allem die Rhône-Traube Syrah wurde gepflanzt, die im Land der Kängurus Shiraz heißt und dort die besten Ergebnisse bringt. Australiens Winzer, immer auch geschickte Kaufleute, wissen Kunden in aller Welt. Sie haben sich das Ziel gesetzt, bis zum Jahre 2000 ihren gesamten Umsatz zu verdreifachen und die Eine-Milliarde-Dollar-Marke zu erreichen. Sie wissen, daß sie die gleiche Summe bis dahin investieren müssen. Derzeit werden Süden und Westen des Kontinents systematisch nach guten Reblagen abgesucht. Wo heute noch Schafe grasen, sollen demnächst Top-Weine wachsen. Den Beweis, dazu imstande zu sein, haben die Australier geliefert. Da hinken ihre Kollegen in Neuseeland noch weit abgeschlagen hinterher. Das Klima ist trotz der Lage im hohen Süden mild, Weinbau gibt es seit fast 200 Jahren. Mehr als die Hälfte der Rebfläche, die der von Rheingau und Franken zusammen entspricht, ist mit Müller-Thurgau besetzt. Daraus ließe sich dort gewiß ein zarter Tropfen keltern, doch werden die Trauben meist zu süßlicher Massenware verarbeitet und in die Schlauch-Box gefüllt. Es gibt Ansätze, guten Pinot noir und eleganten Chardonnay anzubieten. Es lohnt sich, Neuseeland im Auge zu behalten.

AUSTRALIEN
Zahlen und Adressen

Australien:

Rebfläche: 60 000 Hektar

Ernte im Schnitt: 4,5 Millionen Hektoliter

Weinbaubetriebe: 4700

Hauptsorten: Shiraz, Cabernet-Sauvignon, Chardonnay

Export nach Deutschland: 2000 Hektoliter

Auskunft: Austrade, Gutleutstraße 85 in 60329 Frankfurt (Tel.: 069 / 27 39 09-0)

Neuseeland:

Rebfläche: 7000 Hektar

Ernte im Schnitt: 600 000 Hektoliter

Hauptsorten: Müller-Thurgau, Chardonnay, Cabernet-Sauvignon

Empfehlenswerte Betriebe

Lindemans
Padthaway, Australien (Bell)

Mitchelton
Victoria, Australien (Bell)

Mount Adam
South Australia (Hawesko)

Mount Pleasant
New South Wales, Australien (Jacques´ Wein-Depot)

Penfolds
South Australia (Schlumberger)

Rothbury
Hunter Valley, Australien (Tesdorpf)

Château Tahbilk
Victoria, Australien (Weinland Keiler)

Tyrells
Hunter Valley, Australien (Heinz Eggert)

Seifried Ltd
Neuseeland (Herber)

Selaks Marlborough
Neuseeland (Weinland Keiler)

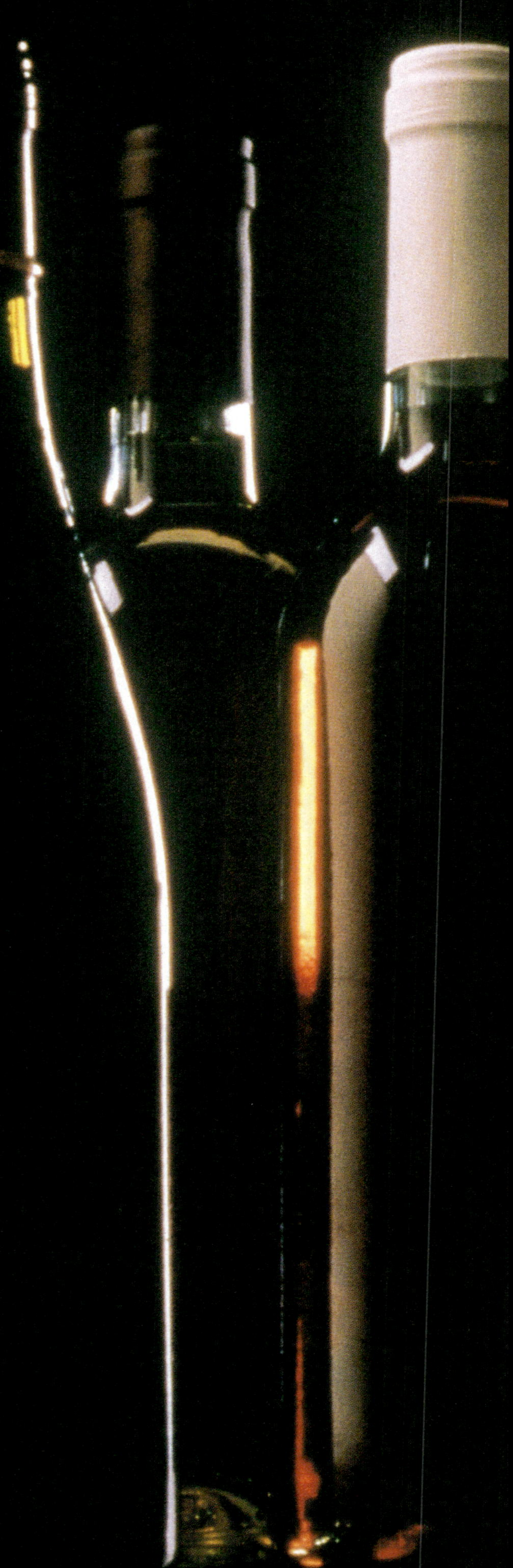

Vom Entstehen zum Genuss

Ungelernte Weinfreunde erklären gerne: »Ich verstehe nichts von Wein, aber ich kann Ihnen sagen, ob er mir schmeckt.« Mit Verlaub, das ist ein bißchen wenig. Solche Menschen wissen ja gar nicht, ob es nicht andere Tropfen gibt, die ihnen noch besser munden. Einige Kenntnisse über die Entstehung von und den Umgang mit Wein vermögen den Genuß durchaus zu steigern. Zumindest helfen sie, verständiger einzukaufen und dadurch einige Enttäuschungen zu vermeiden. Außerdem: Wer Ahnung von Wein hat, braucht Mangel an Gesprächsstoff nicht zu fürchten.

Wenn das Lesegut des Herbstes verarbeitet ist, beginnen für die Winzer die ersten Arbeiten im Wingert: Dem Rebschnitt kommt dabei eine zentrale Bedeutung zu. In den kalten Monaten werden die Rebstöcke »in Form gebracht«, denn nur so kann der Weinbauer gewiß sein, daß die Stöcke einem möglichst langen und ertragreichen Leben entgegensehen. Hier werden bereits die Weichen gestellt, wieviel im kommenden Herbst geerntet werden soll. Will der Winzer Spitzenwein, läßt er dem Stock nur etwa acht bis zehn Augen, aus denen sich im Frühjahr die Triebe entwickeln. Der Rebschnitt richtet sich auch danach, ob zum Beispiel Pergola-, Vertiko- oder Pfahl- »Erziehung« des Rebstocks üblich ist, was wiederum von regionalen Gewohnheiten und Sortenanforderungen abhängt.

WEINBERG UND KELLER

Zeit der Reife

Rund 8000 Rebsorten werden weltweit gezählt. Deutsche Winzer haben die Auswahl unter 50 verschiedenen zugelassenen Sorten. Die Rebzucht ist längst Gegenstand wissenschaftlicher Bemühungen: Forschungsanstalten versuchen, durch Kreuzungen ein Optimum zu erreichen – nicht immer mit bestem Erfolg bei der Geschmackskomponente.

Wenn die sparsame Hobbygärtnerin neues Grün für die Wohnung heranziehen will, dann besorgt sie sich Ableger einer vorhandenen Pflanze, stellt den Trieb in ein Glas mit Wasser, wartet, bis er Wurzeln zieht und setzt ihn endlich in die Erde. Ein Klon ist entstanden, ein getreues Abbild des ursprünglichen Gewächses. Botaniker sprechen von vegetativer Vermehrung. Nichts anderes geschieht, wenn ein neuer Weinstock geboren wird. Dafür stehen Original-Reben zur Verfügung, die in Forschungsanstalten unter Zehntausenden Pflanzen auf besondere Eigenschaften hin ausgewählt wurden. Sie sollen möglichst resistent sein gegen Pilz-Krankheiten und tierische Schädlinge, dazu ertragsicher, frosthart und überdies einen schmackhaften Wein liefern. Wie sonst im Leben auch sind alle Vorzüge auf einmal nicht erreichbar. So gibt es Klone für die unterschiedlichsten Anforderungen, jeder letztlich unvollkommen. Rebschulen entnehmen dem ausgesuchten Pflanzmaterial Triebe und vermehren sie. Ist nun ein neuer Reben-Sprößling herangewachsen, wird er auf das Wurzelholz von wilden Weinstöcken aus Amerika aufgepfropft. Dies ist der einzig sichere Schutz gegen die gefräßige Reblaus, die den Geschmack der Urpflanzen nicht mag. Wenn der Winzer Jungreben kauft, hat er die Auswahl zwischen 50 verschiedenen, in Deutschland zugelassenen Sorten von Aria bis Zähringer (die wichtigsten werden auf den Seiten 210 bis 213 beschrieben). Es gibt Klassiker, seit Jahrhunderten bewährt, wie den spätreifenden Riesling oder den urwüchsigen Silvaner, den würzigen Traminer oder den fruchtbaren Blauen Portugieser. Eigentlich ist für alle Bedürfnisse der Winzer, für jeden Geschmack der Weinfreunde etwas dabei. Dennoch bemühten sich staatliche Forschungsanstalten in den vergangenen Jahrzehnten um die Züchtung vieler neuer

Sorten. Oberstes Ziel war es, besonders frühreife Reben zu erhalten, deren Trauben auch auf schlechteren Lagen, in kühleren Jahren soviel Zucker enthalten, daß Spät- und Auslesen geerntet werden können. Benachteiligte Winzer sollten ebenfalls Weine mit stolzen Prädikaten anbieten können. Wie häufig in der Forschung dachten die Tüftler keine Sekunde lang über ihre Arbeit hinaus und richteten nichts als Unheil an. Die kostbare Ausnahme wurde zum billigen Normalfall, die Preise für Prädikatsweine verfielen, Spät- und Auslesen haben heute einen schlechten Ruf, der gesamte deutsche Weinmarkt ist aus dem Lot. Zudem gelang es den Forschern nicht, ihren Wunderreben einen ordentlichen Geschmack hineinzuzüchten. Die Weine der neuen Sorten wie Bacchus, Optima, Ortega oder Reichensteiner riechen entweder nach Apotheke oder nach Friseur, was sich nur mit reichlich zugesetzter Süße übertünchen läßt. Eine der Neuzüchtungen, der aus weißem Riesling und rotem Trollinger gekreuzte Kerner, ist im deutschen Reben-Sortiment die Nummer vier, noch vor dem wesentlich wertvolleren Silvaner oder Grauburgunder. Ich denke, der Kerner wird in den nächsten Jahren an Boden verlieren; er neigt zu Krankheit, und der leichte Lakritz-Ton seiner Weine ist auf Dauer unangenehm. Zwei der neuen Sorten werden wohl als Spezialitäten bleiben: die Scheurebe, deren Cassis-Parfüm mit einen Hauch Süße recht reizvoll sein kann, und die Huxelrebe, die hervorragende Beerenauslesen liefert. Der Winzer, der einen neuen Weinberg anlegt, war gewiß so vernünftig, den Boden zuvor zwei Jahren ausruhen zu lassen, bis sich neuer Humus gebildet hat und bis all jene Nematoden-Würmchen verhungert sind, die sonst an den Rebwurzeln nagen und dabei Krankheiten übertragen. Der Weinbauer rigolt, so heißt das Fachwort, im Frühjahr den Wingert, pflügt das Unterste nach oben und setzt die neuen Reben, die ein Jahr alt sind, 20 bis 30 Zentimeter tief in die Erde. Am steilen Hang geht dies nur von Hand, in der Ebene erledigen Maschinen die Arbeit. Drei bis vier Mark pro Quadratmeter kostet die Anlage eines neuen Rebgartens. Die jungen Pflanzen werden mit Plastik-Geflecht umgeben, um sie vor dem Appetit der Kaninchen zu schützen. Im dritten Herbst nach Pflanzung kommen die ersten Trauben. Wird der Weinstock gepflegt und nicht überfordert, kann er 50 Jahre und älter werden, wobei der Wein zunehmend besser schmeckt. Die Rebe wurzelt dann immer tiefer, um an Wasser zu gelangen und holt dabei mehr Geschmacksstoffe aus dem Boden. Auch trägt sie im Alter weniger, dafür bessere Trauben. Beim Schnitt im

Weinlese ist vielerorts noch Handarbeit. Gerade für qualitativ hochwertige Tropfen kann nur der Mensch beurteilen, ob eine Traube oder gar die einzelne Beere zur Weiterverarbeitung taugt. Doch inzwischen bringt auch die maschinelle Lese durchaus überzeugende Ergebnisse.

Die Arbeit im Weinberg ist ebenso vielgestaltig wie anstrengend. Immer mehr Winzer gehen dazu über, auf den Chemie-Einsatz weitgehend zu verzichten. Der Lebensdauer der Rebe kommt dies ebenso zugute wie der Weinqualität.

Reifepunkt und Witterungslage sind die ausschlaggebenden Faktoren, nach denen in Deutschland für jeden Weinort und jede Sorte individuell der Lesezeitraum festgesetzt wird. Abweichungen werden gestattet, wenn die Trauben durch ungünstiges Wetter in Gefahr sind; eine sogenannte Vorlese wird anberaumt. Überdies besteht die Möglichkeit der Spätlese, die hier den Erntezeitpunkt nach der Hauptlese meint. Das Ergebnis: süßere Moste, höherer Alkoholgehalt.

Bis die jungen Trauben Lesereife erlangt haben, bestimmten viele Faktoren ihre Qualität: Lage und Witterung, aber auch das Ausbrechen überschüssiger Triebe, damit sich in den verbleibenden Beeren der Gehalt konzentriert.

Frühjahr kann der Winzer die Ernte schon im voraus beeinflussen. Will er Qualität statt Menge, stutzt er die Rebe beherzt zurück, damit sich nur wenige Triebe bilden. Der Stock kann nur eine begrenzte Anzahl von Trauben ausreichend mit Zucker und Geschmacksstoffen versorgen. Die Faustregel gilt, daß der Wein umso besser gerät, je geringer der Behang ist. Im Herbst wird längst nicht mehr alles von Hand gelesen, schon weit über 1000 Erntemaschinen sind beispielsweise in Deutschland im Einsatz, die alles in allem – ich habe mich überzeugen lassen – keine schlechte Arbeit leisten. Helfer sind immer schwerer zu bekommen, obwohl die Lese doch Spaß machen sollte. Der Vollernter holt das Lesegut zehnmal schneller und doppelt so kostengünstig herein. Für den Winzer hat die Maschine den wichtigen Vorteil, daß er die Ernte bis in die letzten Stunden hinauszögern kann, wenn im Herbst eine Schlechtwetter-Front naht. Natürlich ist auf Handarbeit nicht zu verzichten, wenn Trauben besonders ausgelesen werden sollen oder wenn die Weinstöcke am steilen Hang reifen. In früheren Jahrhunderten galt die Regel, daß dort, wo der Pflug noch gehen kann, keine Reben stehen sollen. Dies hatte zuallererst den Grund, die Nahrung sicherzustellen. Doch wird auch der Wein am Berg besser als in der Ebene. Am steilen Südhang scheint abends die Sonne länger, der Regen läuft rascher ab. Zudem ist der Boden karger, die Rebe wird gezwungen, in die Tiefe zu wurzeln, wo sie mit dem Wasser eben auch Mineralstoffe sammelt und in den Trauben ablagert. Ergeht es doch dem Weinstock wie dem Menschen: Ab und zu Hungern erhält die Gesundheit und fördert die Leistung. Die Arbeit am Steilhang ist beschwerlich, Einsatz von Maschinen kaum möglich. In der Ebene erzeugt der Winzer mit einem Viertel des Aufwandes um die Hälfte mehr Trauben. Und hat er eine der frühreifen Neuzüchtungen gesetzt. gelingen ihm sogar Spätlesen, die am Ende für zweifünfzig im Laden stehen können. Da das Weingesetz zwischen dem hochfeinen Riesling am Berg und der plumpen Optima auf dem Rübenacker keinen Unterschied macht und für beide Sorten gleichermaßen Prädikate vergibt, gerät der Winzer, der am Hang schuftet, immer mehr in Nachteil. Also werden die steilen Reben-Terrassen aufgegeben, Kulturlandschaften an der unteren Mosel, am Mittelrhein und an der Nahe verwildern. Der deutsche Gesetzgeber fördert die Neuanlage von Weingärten in der Ebene ausdrücklich, »zur Erhaltung der Qualität«, wie es wörtlich heißt. Gedient ist damit weder dem Winzer, der auf dem platten Acker Mengen erntet und fürs Kilo Trauben vom Großhandel nur noch Groschen bekommt, noch dem Chef eines Weingutes, der sich um Qualität müht und dafür keinen zum Überleben ausreichenden Lohn sieht, noch dem Verbraucher, der mit minderer Ware abgespeist wird. Parlamentarier, die solche Kulturlosigkeit beschließen, und Weinbau-Funktionäre, die sie nicht zu verhindern wissen, sollten schleunigst abgewählt werden. Die Lese ist die erfüllteste, doch auch arbeitsreichste Zeit im Jahr des Winzers. Allgemein wird heute früher geerntet, solange die Trauben noch gesund und nicht von der

Edelfäule überzogen sind. Dieser besondere Mikro-Pilz, Botrytis cinerea, entzieht den Beeren Wasser und konzentriert den Saft, die Weine werden wuchtiger. Doch so dick mag es heute niemand mehr, Leichtigkeit und Frische sind vielmehr gefragt. Es ist heute selbstverständlich, die geernteten Trauben von den Stielen zu befreien. Bei den weißen Sorten werden sie so rasch wie möglich gekeltert. Die Presse ist die wichtigste Maschine im Keller des Winzers. Arbeitet sie nicht schonend, quetscht sie auch die bitteren Traubenkerne, wird der Geschmack gleich von Anbeginn beeinträchtigt. Das gilt auch für den Fall, daß ein auf Menge versessener Winzer den letzten Liter herauspressen will. Der Saft, auch Most genannt, wird rasch gereinigt. Größere Kellereien benützen dafür Zentrifugen. Dabei werden auch die Hefen herausgeschleudert, die später die Gärung in Gang setzen sollen. Der Kellermeister muß dann eigens gezüchtete Kulturen zusetzen. Es geht auch schonender: Im Tank kann sich über Nacht der Schmutz absetzen, am nächsten Morgen wird der Most vorsichtig in einen anderen Behälter umgepumpt, abgestochen, wie es im Winzer-Deutsch heißt. Rote Trauben kommen nicht sogleich in die Kelter, sondern werden erst eingemaischt, schlicht gemahlen, wodurch ein schmutzig-rosagrauer Brei entsteht, der nach einer Weile zu gären beginnt. Der dabei entstehende Alkohol löst den dunkelroten Farbstoff aus den Beerenschalen, laugt auch etwas Gerbstoff aus, was gewollt ist. Werden rote Trauben sogleich gekeltert, gibt es Rosé. Bei der Gärung spaltet die Hefe den Traubenzucker auf in Alkohol und Kohlensäure. Waren die Beeren nicht süß genug, soll der Wein aber etwas kräftiger werden, wird dem Most Zucker zugesetzt. Der Winzer spricht von »Anreichern«, »Verbessern« oder – ganz vornehm – von »Chaptalisieren« (nach Jean Antoine Chaptal, dem Erfinder dieser Methode). Das ist weder verboten noch anrüchig. Auch die nobelsten Gewächse aus Bor-

Gerade in Mitteleuropa wird es für die Winzer immer schwieriger, Helfer für die Lese zu finden. Sind die reifen Trauben jedoch von den Rebstöcken entfernt und in das Weingut transportiert, beginnt die Kunst des Kellermeisters.

Bei der Weiterverarbeitung der Trauben kommt es auf handwerkliche Akkuratesse an: Werden Stengel und Kerne beim Pressen zerquetscht, gelangt – in aller Regel unerwünscht – bitterer Beigeschmack in den Most, der sich oft erst nach langer Lagerung abbaut. Deshalb werden inzwischen meist die Beeren von den Stielen entfernt: Abbeeren oder Entrappen heißt das in der Fachsprache.

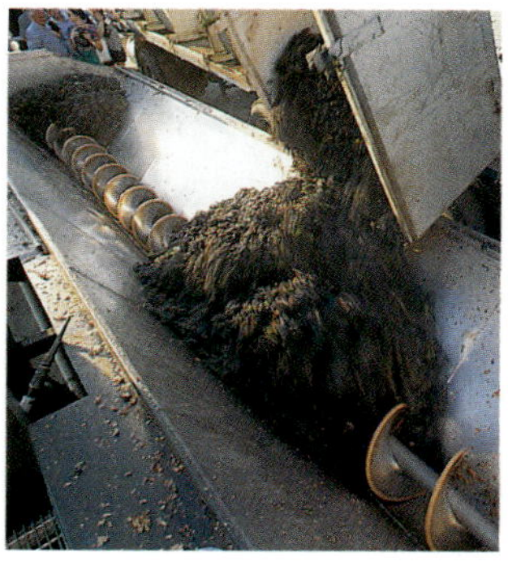

Traditionen beherrschen den Weinbau: Wenn auch die Maschinerie des Château d´Yquem (rechts und unten) eher den Geist der Vergangenheit repräsentiert – neben den Relikten aus der Historie hat hier ebenfalls längst die Moderne Einzug gehalten – die Prozesse im Keller, zum Beispiel das Keltern, haben sich im Grunde nicht fundamental verändert.

Selbstverständlich haben sich die Arbeiten der Kellermeister im Verlaufe der Jahrhunderte wesentlich verfeinert. Lief früher die Gärung – Zucker wandelt sich in Alkohol und Kohlensäure, aus Most wird Wein – eher unkontrolliert, wird heute jede Entwicklungsphase überwacht und, beispielsweise durch Kühlung, beeinflußt. Auch der Reifeprozeß der Jungweine wird ständig beobachtet (unten).

deaux, die Grands crus aus dem Elsaß werden regelmäßig verbessert. In Deutschland erhalten angereicherte Weine allerdings kein Prädikat wie Kabinett oder Spätlese, sie kommen als Qualitätswein bestimmter Anbaugebiete (QbA) in den Handel. Noch vor zehn Jahren ließ sich zugesetzter Zucker, einmal vergoren, im Wein nicht mehr nachweisen. Diese Tatsache war auch den Winzern wohlbekannt, weshalb es in sauren Jahren oft unerklärlich viele Spätlesen gab. Inzwischen wurden Geräte entwickelt, die auch nach der Gärung natürliche Traubensüße und die Beigabe aus dem Zuckersack voneinander unterscheiden können. Um die Anreicherung wird nach meiner Meinung in Deutschland viel zu viel Aufhebens gemacht, in Frankreich spricht kein Mensch darüber. Die verbesserten QbA-Weine aus nicht so sonnenreichen Jahren schmecken oft reicher als die nach heißem Sommer geernteten Spätlesen. Bei Rotwein ist das Chaptalisieren eigentlich die Regel. Burgunder, Portugieser oder Cabernet brauchen Alkohol, sonst schmecken sie nicht. Die Frage, ob der Jungwein im Tank oder im Faß reifen soll, hat schon Generationen von Kellermeistern entzweit. Die meisten weißen Sorten werden oft im Edelstahl frischer und spritziger. Dem spätreifenden Riesling tut das Holz gut, das immer Spuren von Luft an den Most läßt. Der Wein wird so runder. Bei den roten Sorten ist das Faß eigentlich ein Muß, um einen geschmeidigen Tropfen zu erzeugen. Weltweit ist es heute Mode, nicht große, längst ausgelaugte Behälter zu verwenden, sondern kleine »Barriques« aus frischem Eichenholz, wie in Bordeaux üblich. Der Wein riecht hernach wie ein Bauernmöbel, hat auch einen deutlichen,

mitunter aufdringlichen Vanille-Ton, der erst mit längerer Reife in der Flasche vergeht. Verursacher ist das Lignin, ein Stoff im Eichenholz, das sich leicht in Vanillin umwandelt. Mit dem frischen Faß wird hierzulande viel Unfug getrieben. Bei Rotwein lasse ich mir einen dezenten Holz-Geschmack gefallen. Deutsche Weißweine sollten jedoch nach Traubenfrucht und nicht nach Eiche munden. Vor dem Abfüllen wird der – hoffentlich ausgereifte – Wein mit etwas Schwefeldioxyd konserviert, gefiltert und notfalls geschönt. Der Kellermeister setzt zum Beispiel Bentonit zu, eine Feinerde, die aufquillt und beim Absetzen Trubstoffe bindet. Geschmackliche Fehler können mit Aktivkohle ein wenig korrigiert werden. Ist die Säure zu stramm, läßt sie sich mittels harmlosem Kohlenkalk (das auch im Trinkwasser enthalten ist) abmildern. Alle die Mittel nehmen auch Farbe und Geschmack weg. Bedenklich ist der Einsatz des Blutlaugensalzes, um aus dem Wein Eisen herauszuholen, das Trübungen erzeugen könnte. Wenn dieses Gift nicht wieder sauberst herausgefiltert wird, bleibt ein unangenehmer Geschmack von Bittermandeln zurück. Bei Weinen, die vor dem Verkauf im hellen, warmen Regal stehen, sind diese Behandlungen wohl unumgänglich. Der sorgfältig arbeitende Winzer, der das Lesegut kennt, der seinen Wein selbst ausbaut und vermarktet, braucht diese Mittel kaum. Endlich die Süße: Bei hochwertigen Auslesen stammt sie aus der Traube, die so viel Zucker enthält, daß die Hefe ihn gar nicht völlig verarbeiten kann. Mit Kälte oder mit etwas Schwefel läßt sich die Gärung vorzeitig beenden, so daß »Restzucker« bleibt. Der Kellermeister kann auch gleich nach der Lese ein wenig unvergorenen Traubensaft beiseite stellen und pasteurisieren. Diese »Süßreserve« wird dem fast fertigen Erzeugnis mehr oder weniger reichlich zugegeben. Hier gilt die Faustregel, daß der Wein umso mehr Abrundung braucht, je geringer er ist. Umgekehrt muß ein Tropfen frei von Fehlern sein und viel Geschmack besitzen, wenn er trocken ausgebaut, also ohne Süße angeboten wird.

Wenngleich die blitzenden Stahltanks nicht die Anmut eines Holzfaß-Kellers verströmen – ihr Einsatz ist längst Standard und keine Frage von Ideologien. Vielmehr richtet sich die Entscheidung »Holz oder Stahl« nach dem Ergebnis, das schließlich in die Flaschen gelangen soll: Frische und Spritzigkeit lassen sich im Tank eher erzeugen, ein runder Rotwein hingegen wird vornehmlich im Holzfaß ausgebaut.

Hat der Wein Flaschenreife, ist also das Stadium des Faßlagers abgeschlossen, wird er auf Flaschen gefüllt, in aller Regel maschinell. Im Laufe der Zeit haben sich verschiedene Flaschenformen entwickelt, die jedoch keinen Einfluß auf die Lagerbarkeit des Inhalts haben. Anders sieht es mit der Glastönung aus: Je dunkler, desto langsamer verläuft die Alterung.

Eiswein (oben) ist eine Spezialität Deutschlands und Österreichs. Hierbei müssen die Trauben zum Lesezeitpunkt bei mindestens sieben Minusgraden gefroren sein.

Der Riesling (unten) wird längst nicht nur in Deutschland, wo er wahrscheinlich seinen Ursprung hat, angebaut: Österreich, Schweiz, Elsaß, Italiens Norden, Jugoslawien und in den Übersee-Ländern – überall wird aus der Riesling-Traube bemerkenswerter Wein erzeugt. Doch nicht alles, was seinen Namen trägt, ist auch ein Produkt dieser Rebe: Welschriesling und andere Pseudo-Rieslinge sind mit dem echten nicht verwandt.

Die wichtigsten weißen Trauben

Chardonnay Die mit Weiß- und Grauburgunder eng verwandte Rebe ist weltweit in Mode. Sie wird heute in fast jedem Weinbau-Land angebaut, nicht immer mit bestem Erfolg. Der verführerischste Chardonnay kommt aus Kalifornien und, besser noch, aus Australien. Oft wird vergessen, daß die großen Weißweine der Bourgogne, Chablis, Meursault, Montrachet, aus dieser Traube gekeltert sind. Viele deutsche Winzer stürzen sich auf diese Sorte. Der Weißburgunder, ein Bruder des Chardonnay, wird bei uns besser.

Chenin blanc Die wichtigste Sorte im Tal der Loire, die dort angenehm fruchtige Weine bringt, ist auch in Übersee stark verbreitet. Die Kalifornier machen daraus einen meist anspruchslosen Tischwein. Die Australier wissen mit dem Chenin, auch Pineau de la Loire genannt, wesentlich besser umzugehen: Vornehme, frische Weißweine kommen von dort. In Südafrika heißt die Sorte Steen und ist dort die wichtigste weiße Traube.

Grauburgunder Im Jahre 1711 entdeckte der Speyerer Kaufmann Johann Seger Ruland in einem verwilderten Weinberg eine Rebe mit grauvioletten Trauben. Als Ruländer trat die Sorte einen Siegeszug am badischen Kaiserstuhl an. Die fetten, immer etwas süßlichen Weine waren lange beliebt. Dann stockte der Absatz. Die Badener begannen, die Trauben etwas früher zu ernten und bekamen einen wesentlich schlankeren Wein, der ohne Süße ein trefflicher Begleiter guter Küche ist. Der Wein wurde – völlig korrekt – Grauburgunder genannt. Die Rebe entstammt der weitverzweigten Pinot-Familie. Der beliebte Pinot grigio aus dem Friaul ist mit dem Ruländer identisch.

Müller-Thurgau Der aus dem schweizerischen Thurgau stammende Züchter Professor Hermann Müller hinterließ vor einem Jahrhundert eine Rebe, die heute noch Rätsel aufgibt. Lange Zeit wurde sie fälschlicherweise für eine Kreuzung aus Riesling und Silvaner gehalten. Der Müller-Thurgau ist heute Deutschlands meist angebaute Rebe und wegen ihrer unbändigen Fruchtbarkeit ein Problemfall. Die Mengen sind nicht mehr zu verkaufen. Dabei lassen sich aus der als »Ackersegen« verspotteten Traube bezaubernde Weine mit zartem Muskat-Aroma erzeugen. Nur braucht die Rebe dafür eine gute Lage und muß ständig zurückgeschnitten werden. Die besten Standorte sind Höhenlagen, an der Tauber, am Steigerwald, am Bodensee und im Trentino.

Riesling Zuviel Sonne verträgt das Kind des Nordens nicht. Der Riesling, Deutschlands beste Rebe, braucht wohl Wärme und viel Licht, aber auch Kühle zwischendurch. Keine andere Sorte reift so spät, oft erst im November. Die besten Standorte hat er an den steilen Schiefer-Hängen an Mosel und Rhein. Dort erhalten die Weine ein einzigartiges Pfirsich-Aroma, eingebunden in eine herzhafte Säure. Bei hoher Reife, vor allem im Rheingau, duftet der Riesling nach Aprikosen. In den südlichen Weingebieten Deutschlands, in der Pfalz, in Rheinhessen, in Franken und Württemberg, werden die Weine kräftiger, längst nicht mehr so zart wie an der Mosel. Das gilt auch für das Elsaß. Zwei Ausnahmen: In der badischen Ortenau und in der Wachau gedeiht der eleganteste Riesling überhaupt. Der in Österreich verbreitete Welschriesling ist mit dem deutschen Star nicht verwandt.

Sauvignon Die aus dem französischen Sud-Ouest stammende Sorte hat sich zum

Weltbürger entwickelt, ist auch in Australien, Neuseeland, Südafrika, Kalifornien und Chile zu finden, wo der Wein wegen seines fruchtig-säuerlichen Geschmacks gerne »Rheinriesling« genannt wird. Der Sauvignon blanc braucht windgeschützte Lagen. Werden die Trauben zu früh geerntet, haben sie ein mitunter lautes Muskat-Parfüm. Im reifen Zustand ist ein rauchiger Ton typisch. Im Bordelais liefert der Sauvignon einige der besten Weißweine, vor allem im Untergebiet Graves. An der Loire, in Pouilly und Sancerre, erreicht er als Blanc fumé seine beste Form. In der Steiermark, in Slowenien, im Trentino und Friaul bringt der Sauvignon blanc frisch-fruchtige Weine.

Silvaner Dies war vor 50 Jahren noch die meistverbreitete Rebe in Deutschland, nur wurde sie damals auf Masse getrimmt und lieferte einen ziemlich groben Wein. In den Sechzigern mußte der Silvaner vielerorts dem Müller-Thurgau weichen, findet heute endlich wieder mehr Interesse. Am besten gedeiht er in Franken und, feiner noch, in Rheinhessen. Die Weine sind an sich neutral, doch spiegelt der Geschmack deutlich den Boden wider, auf dem der Silvaner (im Elsaß Sylvaner) wächst. Bei hoher Reife ist ein Honig-Ton typisch.

Traminer Das berauschende Parfüm von Wildrosen läßt die Winzer aller Welt am Traminer festhalten, obwohl er launisch ist und nur wenig trägt. Seine Heimat ist wahrscheinlich Südtirol, wo er noch sehr verbreitet ist. Auf dem Balkan heißt er Traminac. In der Spielart Gewürztraminer, noch üppiger duftend, ist er die Parade-Sorte im Elsaß. Der hocharomatische, dichte, goldgelbe Wein schmeckt am besten zu würzigem Käse.

Trebbiano Die meistverbreitete weiße Rebsorte Italiens taucht in vielfältiger Form auf, mit unterschiedlichsten Namen, samt und sonders Mutationen einer Ur-Traube, die im alten Rom Trebulanum hieß. Die Sorte ist robust, reichlich tragend, geschmacklich neutral bis nichtssagend. Die kecke Säure macht den Wein frisch. Soave und Frascati sind hauptsächlich aus Trebbiano gekeltert, ein klassischer Chianti muß einen kleinen Anteil davon haben. Die Rebe findet sich auch in Spanien und Portugal wieder, auch in Südamerika. In Frankreich heißt der Trebbiano Ugni blanc und ist die wichtigste Sorte bei der Herstellung von Cognac.

Weißburgunder Allmählich entdecken die deutschen Winzer den Wert dieser Rebe, durch mehrere Mutationen aus dem Spätburgunder entstanden. Überall dort, wo es in Deutschland für den Riesling schon zu warm ist, in Südbaden, im Wonnegau und in der Südpfalz, findet der Weißburgunder ideale Bedingungen. Der Wein wird vernünftigerweise meist in der Geschmacksrichtung »trocken« angeboten und eignet sich so ideal als Begleiter eines guten Essens. Typisch ist ein zartes Nuß-Aroma. In seiner französischen Heimat ist der Pinot blanc wenig beliebt. In Norditalien bringt der Pinot bianco einige hervorragende Tropfen.

Der Silvaner (oben), der im Elsaß Sylvaner heißt, erlebt eine Renaissance: Seine Eigenschaft, die Charaktere der jeweiligen Anbau-Böden widerzuspiegeln, macht ihn interessant. So hat ein Franken-Silvaner ganz andere Aromen als ein elsässer, schweizer oder jugoslawischer.

Der Sauvignon (links unten) hat inzwischen weltweite Verbreitung gefunden, wobei ihm ein gewisser Mode-Touch nicht abzusprechen ist – gleichwohl: In Frankreich etwa liefert der Sauvignon blanc einige beachtliche Tropfen.

Noch dem Licht entgegen wächst die Jung-Traube (unten), bis sie Fruchtfleisch und -zucker angesetzt hat.

Die wichtigsten roten Trauben

Cabernet-Sauvignon (oben): Keine andere Rebsorte auf dem gesamten Globus steht für ein solches Quantum herausragender Weine.

Lemberger (rechts) reift wie Cabernet spät und bringt gehaltvolle bis tanninige Weine.

Die Trauben der Merlot-Rebe (unten) reifen recht früh und ergeben einen weichen Wein.

Masse und Klasse: beides kann aus der Grenache (ganz unten) entstehen, die vor allem in Spanien häufig als Verschnitt-Sorte verwendet wird.

Cabernet-Sauvignon Die alte Bordeaux-Traube, in der Antike schon als Biturica bekannt, ist heute unter den Reben der Weltbürger Nummer eins. Vom Kap bis Kalifornien, von Australien bis Argentinien wird die robuste Sorte angebaut. In der Toskana, im Burgenland, in Navarra tritt sie als Konkurrent zu heimischen Reben auf, was schade ist. So bringt der Cabernet-Sauvignon einen Typus Wein, der rund um die Welt immer gleich anmutet. In der Jugend schmeckt er, vom Gerbstoff betont, rauh und bitter, riecht stark nach frisch geschlagenem Holz. Im Alter prunkt er, wenn wohlgeraten, mit einer Vielfalt von Aromen schwarzer Beeren, kann aber auch arg lakritzig daherkommen. Cabernet-Sauvignon wird fast nie pur angeboten, vielmehr meist mit weichen Sorten wie Merlot, Syrah oder seinem kleinen Bruder, dem Cabernet franc, verschnitten. Unschlagbar bleibt die Rebsorte in ihrer Heimat, in Bordeaux.

Grenache Ihre Heimat ist Spanien, wo sie als Garnacha weit verbreitet ist. Die Traube liefert bei Vollreife einen starken, betont weichen, oft faden Wein, der sich aber hervorragend zum Verschneiden mit säurebetonten Mosten eignet, in Spanien mit dem Tempranillo, an der Rhône mit der Syrah. Um etwas Säure zu erhalten, wird die Grenache möglichst früh gelesen. Dann läßt sich aus ihr ein süffiger Rosé keltern, so in Navarra und in der Provence üblich.

Lemberger Die auch Limberger genannte Traube gilt als beste rote Sorte in Württemberg. Wenn der Wein gelingt, dann ist er füllig, rund und angenehm mit ein wenig Gerbstoff gefüllt. Früher diente der Lemberger dazu, im Verschnitt manch saurem und magerem Trollinger aufzuhelfen. Heute geben sich die Winzer mit dieser Traube doch mehr Mühe und bieten sie reinsortig an. Heimat und wichtigstes Anbaugebiet ist Österreich, dort vor allem das Burgenland, wo die Winzer entdecken, daß bei geringem Ertrag und Ausbau in kleinen Eichen-Fässern großartige Weine entstehen können. Der Lemberger heißt dort Blaufränkisch.

Merlot Im südfranzösischen Dialekt bedeutet der Name soviel wie kleine Amsel. Der Vogel nascht gerne an den Trauben, die einen eher weichen, molligen Wein mit kräftiger Farbe bringen. In seiner Bordelaiser Heimat wird der nach Pflaumen schmeckende Merlot grundsätzlich dem härteren Cabernet-Sauvignon beigemischt. In Norditalien und auf dem Balkan kommt er pur in die Flasche. Die Kalifornier freunden sich derzeit mit dieser Sorte an, die auch in Südamerika seit über 200 Jahren heimisch geworden ist.

Portugieser Der Name ist irreführend; die frühreife, reichlich tragende Rebe ist nie in Portugal gefunden worden, stammt vielmehr aus dem Raum Österreich-Ungarn. Ende der siebziger Jahre war sie

noch Deutschlands führende Rotwein-Sorte, macht aber mehr und mehr dem wesentlich besseren Spätburgunder Platz. Bei nicht so hohem Ertrag kann der Portugieser einen angenehmen, süffigen Tropfen liefern, der an Heidelbeeren erinnert. In der Pfalz wird er meist als Rosé angeboten. Der Portugieser ist noch stark in der Gegend vor Wien und in Ungarn verbreitet.

Sangiovese Italiens am weitesten verbreitete rote Traube ist auch die beste Sorte des Landes. Ihre Heimat ist die Toskana, sie gibt dem klassischen Chianti das saftige Kirsch-Aroma. Aber auch in der Romagna bringt sie dichte, fleischige Weine. Es gibt zahlreiche Mutationen: Als Brunello ist der Sangiovese Grundlage für die großen Weine von Montalcino, als Prugnolo nobile für den Vino Nobile di Montepulciano verantwortlich. Unter dem Namen Montepulciano endlich erreicht er in den Abruzzen-Tälern und in den Marken bei Ascona (als Rosso Cònero und Rosso Piceno) eine großartige Form.

Spätburgunder Die Rebe mit den violett-blauen Trauben war schon im antiken Rom als Allobroga bekannt. Sie ist Stammvater der großen Pinot-Familie, von der heute mehr als ein Dutzend verschiedener Sorten in Europa bekannt sind, wie Weißburgunder, Chardonnay, Ruländer, Müllerrebe, St. Laurent oder Auxerrois. Der Pinot noir, wie die Sorte in ihrer burgundischen Heimat heißt, liefert ohne Frage die elegantesten Rotweine. Typisch ist ein zarter Brombeer-Ton. Kaiser Karl der Große ließ die Rebe nach Deutschland bringen, wo sie heute mit 6500 Hektar die am stärksten verbreitete Rotwein-Sorte ist. Der Spätburgunder paßt sich geschickt an seine Umgebung an, ist am Schiefer der Ahr ebenso heimisch wie auf dem Löß des Kaiserstuhls, fühlt sich auch im trockenen Klima Südafrikas oder Kalifornien wohl. Höchstform erreicht der Pinot noir an seinem Stamm-Platz Burgund, wo er Grundlage für einige der nobelsten Rotweine der Welt ist.

Syrah Bewiesen ist nichts, es gilt dennoch als sicher, daß diese älteste Rotwein-Traube schon mit phönizischen Seefahrern nach Südfrankreich gekommen ist. Der Name kommt von der persischen Shiraz. So wird die Sorte auch in Australien genannt, wo sie, pur ausgebaut, hervorragende Weine gibt, voller Fleisch und Saft. Im französischen Midi und vor allem an der Rhône gilt die Syrah als wertvollste Rebe, wird aber fast immer mit anderen, weicheren Sorten wie Grenache oder Carignan verschnitten.

Tempranillo Temprano heißt: früh. Die meistverbreitete und fraglos beste Rotwein-Traube Spaniens wird vor allen anderen roten Sorten reif. Entgegen der Regel, nach der ein schnellfertiger Wein auch rasch altert, sind Tempranillo-Gewächse ungemein haltbar. Die kräftige Säure, die dem Wein einen einzigartigen Geschmack von Johannisbeeren verleiht, bewirkt die Stabilität. Früher wurde der Tempranillo, der im Penedés Ull de Llebre, in der Mancha Cencibel, im Duero-Tal Tinta de País und in Portugal Tinta Roriz heißt, häufig mit der weichen Garnacha verschnitten, wird heute aber zunehmend pur ausgebaut.

Trollinger Die zu hohem Ertrag neigende Rebe bringt in der Regel einen blaßroten Schoppen, arm an Gerbstoff und an Inhalt. Wenn der Wein vom Trollinger (eigentlich Tirolinger) gelungen ist, besitzt er feine Erd-Aromen und eine hübsche Säure. In Württemberg und in seiner Südtiroler Heimat, wo sie Vernatsch heißt, ist die Sorte bei Winzern wie bei Genießern hochbeliebt.

In Österreich, wo auch aller Wahrscheinlichkeit sein Ursprung liegt, stellt der Portugieser (links) die wichtigste rote Rebsorte dar. Er ist sehr ertragreich, bringt aber durchaus auch hochwertige Weine. In Deutschland weicht der Portugieser mehr und mehr dem Blauen Spätburgunder (oben), aus dem die verzweigte Pinot-Familie hervorgegangen ist. In Frankreich heißt die Rebe Pinot noir und liefert dort Spitzenweine. Auch in Deutschland haben die Winzer begonnen, sich auf einen qualitativ hochwertigen Ausbau des Spätburgunders zu verlegen.

Spanien, Portugal und Argentinien sind die Hauptanbaugebiete der Tempranillo (oben). Berühmt sind die Weine aus der Rioja Alavesa, zum Teil pure Tempranillo-Tropfen, die lange reifen sollten und dabei eine eindrucksvolle Geschmacksfülle entwickeln.

Oft sind die Weinetiketten eine Ansammlung schwer nachzuvollziehender Angaben. Es gehört eine gewisse Beschäftigung mit den Abläufen der Weinherstellung und dem Weinrecht dazu, um aus den Bezeichnungen eine Einschätzung entwickeln zu können.

WEINRECHT

Kleine und große Geheimnisse

Als der Deutsche Bundestag im März 1994 nach anderthalb Jahren quälend sich hinziehender Beratungen ein überarbeitetes Weinrecht verabschiedete, kam die lauteste Kritik erwartungsgemäß von den Winzern. Das Kuriose daran aber war, daß ihnen die neuen Paragraphen nicht etwa zu streng waren. Im Gegenteil: Der VDP Verband Deutscher Prädikatsweingüter, die Elite unter den Weinbauern, rügte das Gesetz als eine »Bündelung von verpaßten Chancen«, als »Irreführung der Verbraucher«. Es bringe »weder eine Verschärfung der Qualitätsmaßstäbe, noch mehr Klarheit im Bezeichnungsrecht«. Es war, als beschwerten sich Schüler über ihren allzu nachsichtigen Lehrer. Sie haben ja recht, die wackeren Damen und Herren des VDP. Und daß sie sich längst eigene, vielfach schärfere Vorschriften gegeben haben, ist hoch zu loben. Mit den seit Ernte 1994 gültigen Regeln wollten sie nicht leben. Tatsächlich hat es in der hundertjährigen Geschichte des deutschen Weinrechts noch nie so schwammige, irreführende Bestimmungen gegeben. Sie kommen der Massen-Erzeugung weit entgegen und lassen zu, daß auch das magerste Weinchen noch als gestandene Qualität verkauft werden darf. Der Verbraucher liest beim Studium eines Flaschen-Etiketts eine Menge klingender Begriffe, die ihm allesamt herzlich wenig über die Beschaffenheit des Inhalts erzählen. Ihm bleibt eigentlich nur die Einsicht, wenn er sie sich denn angeeignet hat, daß er bei Preisen zwischen 2,48 und 3,99 Mark keine hohe Qualität erwarten kann, sondern nur ein aus Trauben industriell gefertigtes Getränk mit etwas Alkohol. Gewiß, Erzeugnisse einfachster Beschaffenheit zu tiefsten Preisen muß es geben, aber sie sollen – bittschön – mit den ihnen gemäßen Bezeichnungen in den Handel gehen und

Größtes deutsches Weinbaugebiet. Höchst-Ertrag: 105 hl/ha.

Großlage, die 13 Orte umfaßt. Eine von 165 Großlagen in Deutschland.

Sehr gutes Jahr.

Keine Angabe über den Geschmack, also wohl lieblich süß.

Wein mit Prädikat. Darf nicht mit Zucker verbessert worden sein.

Amtliche Prüfnummer.

Keine Angabe über die Rebsorte, also eine Mischung verschiedenster Trauben.

Größte, moderne Weinkellerei Deutschlands.

Angabe zu Alkoholgehalt und Füllmenge, beides Pflicht.

Tafelwein genannt werden. Statt dessen gelten 98 Prozent all dessen, was aus deutschen Trauben gekeltert wird und hier auf den Markt kommt, als »Qualität«. Mehr als die Hälfte aller deutschen Weine vom Jahrgang 1993 bekamen ein Prädikat wie Kabinett, Spät- oder Auslese. Das Außergewöhnliche wird zum Normalfall gemacht, als ob der Landesvater jedem Bürger einen Orden umhängt, worüber sich am Ende nur einer freut: der Hersteller des nobilitierenden Blechs. Die Weingüter, die gutgeführten Genossenschaften hierzulande verzichten schon von sich aus auf manche Bezeichnung, die ihnen das Gesetz zugesteht, sie bieten in der Regel um ein Vielfaches mehr, als von ihnen verlangt wird. Was mich bei den politischen Beratungen im Vorfeld am meisten verwunderte, war die Tatsache, daß sich aufgebrachte Winzer die Köpfe der Konsumenten zerbrachen und nicht etwa die Verbraucher-Verbände, von denen doch zuallererst hätte Einspruch kommen müssen. Auf den ersten Blick sehen deutsche Wein-Etiketten ungemein ordentlich aus: Anbaugebiet, Jahrgang, Lage, Qualitätsstufe, Rebsorte, Angaben zu Erzeuger und Geschmack. Da steht der Verbraucher im Laden, studiert den Aufkleber mit flehentlichen Blicken und erfährt doch nichts darüber, wie der zu kaufende Trunk nun eigentlich einzuschätzen ist. Am wenigsten sagt ihm der Name der Lage etwas, an dem die hiesige Weinwirtschaft mit geradezu fanatischer Zähigkeit festhält. Haben Weinfreund und Weinfreundin einmal eine Flasche »Flonheimer Adelberg« oder »Siebeldinger Königsgarten« als besonders angenehm empfunden und möchten den Genuß wiederholen,

Am günstigsten ist es natürlich, die Weine zu testen, um einen eigenen Geschmackseindruck zu erhalten. Dabei läßt sich auch für künftige Betrachtungen von Etiketten vieles lernen.

Reiner Riesling-Betrieb mit guten bis besten Lagen.

Großer Jahrgang.

Angaben über Rebsorten, Qualität und Geschmacksrichtung.

Gute Riesling-Lage.

Bis neun Gramm Zucker pro Liter erlaubt.

Abfüller ist der Erzeuger selbst, Begriff, der auch von Zentral-Genossenschaften verwendet werden darf.

Beste Rebsorte an der Mosel.

Amtliche Prüfnummer, anhand derer der Wein nachträglich überprüft werden kann.

Viertgrößtes von insgesamt 13 deutschen Anbaugebieten. Höchst-Ertrag bei Riesling: 105 hl/ha.

Das deutsche Weinrecht fand – kurioserweise – gerade unter den Winzern die schärfsten Kritiker. Sie forderten mehr Transparenz, eine durchaus auch im Sinne der Verbraucher zu wertende Position.

dann kann es ihnen widerfahren, daß sie beim Nachkaufen unter der gleichen Bezeichnung ein völlig anders schmeckendes Erzeugnis erhalten. Sie hätten sich zur Lage auch die Rebsorte, den Erzeuger und die Angabe zum Geschmack merken müssen. Wie einfach machen es hingegen die ausländischen Anbieter: »Beaujolais«, »Valpolicella« oder »Grüner Veltliner« sind hübsche Namen, unter denen sich die Kunden nicht nur etwas vorstellen können, sondern die sich auch besser einprägen. Das Widersprüchliche am deutschen Wein-Bezeichnungsrecht ist: Es steht viel zu viel auf den Etiketten, fehlt aber eine Angabe wie Rebsorte oder Jahrgang, ist Mißtrauen geboten. Der Liebhaber deutscher Weine muß sich damit abfinden, daß die Angaben auf der Flasche nur zu 75 Prozent stimmen müssen. Der Kellermeister darf den feinen Riesling mit minderem Müller-Thurgau verschneiden, den großen mit einem kleinen Jahrgang abrunden, Wein aus guter Lage mit solchem aus geringeren Rebgärten ergänzen. Er kann auch eine Spätlese, die von Natur aus zu gut geraten ist, solange mit einem dünnen Kabinett-Tröpfchen strecken, bis aufs Komma die gesetzlichen Mindest-Anforderungen erreicht sind. Das Gesetz, das die Größe der Buchstaben auf dem Etikett millimetergenau vorschreibt, hat nichts dagegen, wenn lieblicher Geschmack mit Zugabe von pasteurisiertem Traubensaft erzielt wird, ohne daß der Verbraucher

davon etwas erfährt. Selbstverständlich braucht auch der sorgfältigst arbeitende Winzer die Möglichkeit des Verschnitts. Er muß nicht ganz volle Fässer auffüllen können, damit keine Luft an den Inhalt kommt. Oft tut dem Wein eine kleine Abrundung mit einem älteren Jahrgang, mit einer weicheren Sorte gut, ohne daß er deshalb seine Eigenart verliert. Doch wenn bis zu 25 Prozent fremde Moste untergerührt werden dürfen, dann kommt dies einer Verfälschung gleich. In einem ordentlich geführten Weingut – und die bilden in Deutschland die ganz überwiegende Zahl – ist es undenkbar, die Großmut des Gesetzes derart in Anspruch zu nehmen. Ein Ärgernis des alten wie des neuen Weinrechts sind die sogenannten Großlagen, die schon vor Jahren abgeschafft werden sollten, dennoch gegen alle Einwände bestehen blieben. Dies sind Begriffe, unter denen die Weingärten mehrerer, oft Dutzender Orte zusammengefaßt werden, stets versehen mit dem Namen einer Gemeinde. Ein oft zitiertes Beispiel ist der Piesporter Michelsberg, der neun Dörfer umfaßt, zum Teil schon halb in der Eifel gelegen. Wer eine solche Flasche kauft, muß damit leben, daß sie womöglich keinen Tropfen Wein aus Piesport enthält. Weitere Beispiele: an der Mosel die Bernkasteler Kurfürstlay mit 13 und Wiltinger Scharzberg mit 22 Orten, im Rheingau Rauenthaler Steinmächer (8 Orte), an der Nahe Meddersheimer Paradiesgarten (36 Orte), in Rheinhessen Binger Schloßkapelle (16 Orte) und Flonheimer Adelberg (15 Orte), in der Pfalz Siebeldinger Königsgarten (8 Orte) oder Deidesheimer Hofstück (9 Orte), in Württemberg Steinheimer Schalkstein (29 Orte), in Baden Kirchardter Stiftsberg (29 Orte). 165 solcher Großlagen gibt es in Deutschland, meist mit hochherrschaftlich klingenden Namen. Es ist grundsätzlich nichts dagegen einzuwenden, daß große Mengen unter einem markenähnlichen Namen vertrieben werden. Doch muß dann immer ein berühmter Ort davor stehen wie Piesport, Bernkastel, Rauenthal oder Nierstein? Ohne die oft gehörten Gemeindenamen wären die Großlagen-Bezeichnungen redlicher. Um Abfüllern entgegenzukommen, die große Mengen Weins ehrlich und weniger großspurig unters Volk bringen wollen, schuf der Gesetzgeber jetzt eine neue Klasse von Qualitätsweinen, die unter einem größe-

Französische, italienische oder spanische Weinetiketten kommen mit weniger Informationen aus als deutsche. Die Kritiker monieren die deutsche Begriffsflut, weil die Orientierung der Verbraucher darunter leide – die Weine sollten leichter zu identifizieren sein. Immer mehr deutsche Winzer gehen dazu über, ihre Etiketten zu vereinfachen.

In Burgund übliche Bezeichnung. Nach dem EG-Recht eigentlich nicht zulässig.

Eines der besten Weinbau-Gebiete Frankreichs. Höchst-Ertrag: 30 hl/ha. Anreichern erlaubt. Angabe der Rebsorte Pinot noir ist nicht üblich. Die Weine sind grundsätzlich trocken.

Weinort in Burgund.

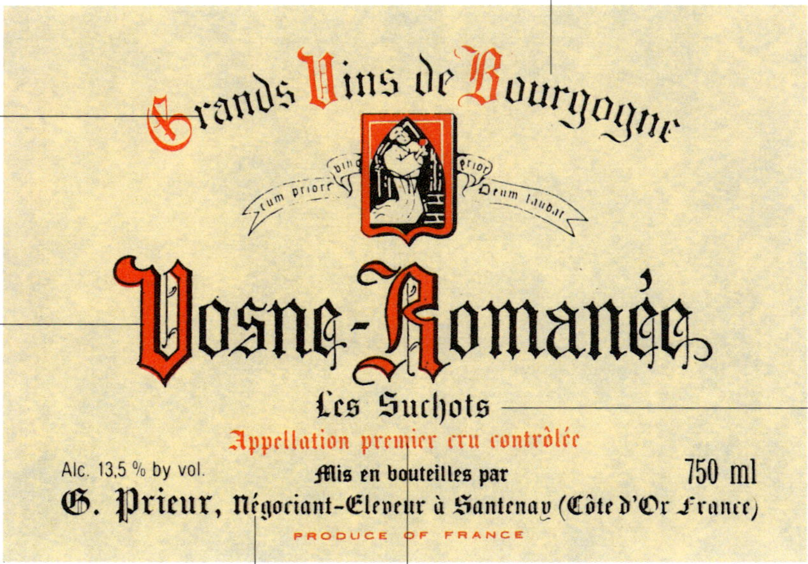

Spitzenlage in Vosne-Romanée.

Handelskellerei, die Trauben oder Jungwein kauft und weiterverarbeitet.

Ein »Erstes Gewächs«, ausgewählte Spitzenlage. Nur »Grand cru« ist noch besser.

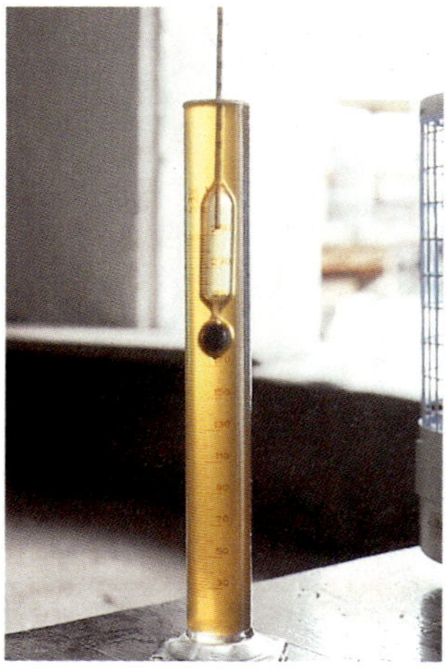

Eine Mostwaage, die auf der Erfindung Christian Ferdinand Öchsles basiert, mißt den sogenannten Öchslegrad, also das Mostgewicht hinsichtlich seines Zuckergehaltes. Heute gibt es jedoch deutlich verfeinerte Meßmethoden, mit denen bereits der Reifegrad einer Beere festgestellt werden kann, die noch am Rebstock hängt. Die Öchslegrade besitzen für Deutschland und die Schweiz aber nach wie vor Gültigkeit.

ren Bereich zusammengefaßt werden können, zum Beispiel Wonnegauer Müller-Thurgau, Mittelhaardter Portugieser-Weißherbst oder Kaiserstühler Grauburgunder. Diese an sich wegweisende Neuerung wird mit einem Titel wie Trompetenschall angepriesen: Qualitätswein garantierten Ursprungs. Das ist klar der italienischen Denominazione di Origine Controllata e Garantita abgeschaut. Unbeschadet davon bleiben die deutschen Großlagen bis auf weiteres erhalten. Dafür muß sich der Verbraucher eben mit einer weiteren Wein-Kategorie herumschlagen neben den bereits bekannten: (von unten nach oben) Tafelwein, Landwein, Qualitätswein bestimmter Anbaugebiete (QbA), Hochgewächs, Kabinett, Spätlese, Auslese, Eiswein, Beerenauslese, Trockenbeerenauslese. Die ersten beiden Begriffe braucht sich der Konsument nicht zu merken, er wird ihnen bei deutschem Wein kaum begegnen. Im Gegensatz zu Frankreich oder Italien, wo vier Fünftel der Erzeugung als Tafelwein in den Handel gehen, besitzt diese Deklarierung in Deutschland Seltenheitswert, obwohl sie hier wie dort für ehrliche bis ganz exquisite Tropfen stehen kann. Dabei sind die Anforderungen an den Titel »Qualitätswein bestimmter Anbaugebiete« (QbA) die niedrigsten in der Welt; so darf der natürliche Alkohol durch Zugabe von Zucker um bis zu 50 Prozent erhöht werden. Bei der französischen AOC oder der italienischen DOC, denen der heimische QbA entsprechen sollte, sind die Anforderungen an die Reife der Trauben erheblich strenger; die Winzer Italiens und Frankreichs haben allerdings auch einen erheblichen Klimavorteil. Die nächste Qualitätsstufe in Deutschland ist das Hochgewächs (wörtliche Übersetzung der höchsten französischen Weinberg-Klasse Grand cru). Bei ihm liegen die Mindest-Reifewerte um ein Quentchen höher. Im Stockwerk darüber sind die Weine mit Prädikat angesiedelt, die nicht mit Zucker angereichert werden dürfen. Bei jeder einzelnen Stufe gibt es Untergrenzen für die natürliche Trauben-Süße, gemessen in Grad Öchsle. Erfinder war Christian Ferdinand Öchsle, Goldschmied und Tüftler in Pforzheim, der zu Beginn des vorigen Jahrhunderts die Tatsache, daß Traubensaft umso schwerer wiegt, je mehr Zucker er enthält, in eine einfache Skala für die Reife eines Weins ummünzte. Die Anfor-

Neue Bezeichnung für Qualitätswein, dessen Herkunft kontrolliert und garantiert ist. Leider ist die DOCG bereits herabgewirtschaftet und bedeutet im Grund wenig.

Herzstück des Weinlandes Toskana. Höchst-Ertrag: 60 hl/ha. Der Wein ist grundsätzlich eine Cuvée: mehrere Traubensorten, rot und trocken.

Darf bis zu 15 Prozent ältere Jahrgänge enthalten.

Erstklassiges Weingut.

Name des Besitzers.

Ganz hübsch schwer.

Weinort nahe Siena.

Gehobener Wein. Mindestlager zwei Jahre im Faß und drei Monate in der Flasche sind vorgeschrieben.

derungen an die Öchsle-Grade nehmen in Deutschland von Süd nach Nord ab. Jeder Qualitätswein wird in Deutschland analysiert, verkostet und, wenn für gut befunden, mit der »Amtlichen Prüfnummer« (AP) versehen, anhand derer die abgefüllte Partie leicht zu identifizieren ist. Den damit befaßten Weinbau-Ämtern hierzulande darf bestätigt werden, daß sie ordentlich arbeiten. Eine weitergehende Kontrolle der Vermarktung gibt es aber nicht, obwohl nach den Skandalen von 1985 alle Weinbau-Politiker heilig versprochen hatten, eine solche Überwachung einzuführen. Da kann ein Betrieb von einem ordnungsgemäß geprüften Wein später hinterrücks ein Vielfaches der angemeldeten Menge abfüllen und verkaufen. Eine numerierte Kontroll-Banderole, wie sie in Österreich, Spanien oder in Portugal seit langem selbstverständlich ist, könnte solch wundersamer Weinvermehrung leicht vorbeugen. Weiter im neuen Gesetzestext: Auslesen, bei denen der Name schon sagt, daß es sich doch um einen Tropfen aus besonders ausgesuchten, hochreifen Trauben handeln sollte, dürfen auch mit der Maschine geerntet werden. Es ist jetzt erlaubt, Prädikatsweine schon ab Januar nach der Lese, also noch keine drei Monate gereift, in den Handel zu bringen. Ein vernünftiger Erzeuger wird dies selbstverständlich nie in Anspruch nehmen, weil er seinen Wein

Größere Weingüter oder Genossenschaften haben heute ihre eigenen Labors, in denen die Produkte analysiert werden. Die Tests kommen dem nächsten Jahrgang zugute.

zu sehr liebt. Und gute Winzer finden sich reichlich vom Siebengebirge bis zum Bodensee, von der Elbe bis zur Pfälzer Haardt – dies sollte der »Deutschland-Teil« dieses Buches dokumentiert haben. Die Franzosen teilen ihre Weinernten lebensnäher ein. Sie gehen davon aus, daß auf die Alltage ein Dimanche oder ein Jour de fête folgt. Also sind vier Fünftel der Erzeugung Tafelweine für jederzeit. Für Sonn- und Feiertage gibt es die geprüften Qualitätsweine mit der Appellation d'Origine Contrôlée (AOC). Und bei extraordinären Anlässen leistet sich der Genießer einen Premier oder Grand cru. Diese Prädikate, die es nur in Bordeaux, Burgund und im Elsaß gibt, machen noch kein Promille einer Weinernte in Frankreich aus. Eine freundliche Klasse in Frankreich sind die Vins de pays, die kontrollierten Landweine, die hohen Anforderungen genügen müssen und sich in Deutschland stetig steigender Beliebtheit erfreuen. In Italien ist die Aufteilung zwischen einfachen Schoppen und Qualitätsweinen mit kontrollierter Herkunft (DOC) ähnlich wie in Frankreich geregelt. Aber auch dort ist es den Weinbau-Politikern nicht überall gelungen, Klasse von Masse zu trennen. Qualitätsweine wie der Soave aus dem Veneto, der Orvieto aus Umbrien, der Frascati aus dem Latium oder wie der toskanische Chianti classico sind leider vielfach zu konturlosen Mengen-Abfüllungen degeneriert.

WEINKAUF

Ein besonderes Abenteuer

Von allen produzierenden Wirtschaftszweigen in Deutschland ist der Weinbau der mit Abstand kundenfreundlichste. Wo sonst dürfen Interessenten auch am Sonntag klingeln, sich den gesamten Betrieb anschauen und ungeniert verschiedenste Erzeugnisse ausprobieren? Die Großzügigkeit deutscher Weingüter ihren Klienten gegenüber ist einzigartig, wäre in anderen Ländern undenkbar. Wer versucht, in der Toskana, in Bordeaux oder in der Rioja direkt beim Winzer ein paar Flaschen zu kaufen, wird vom Hausherrn, falls der überhaupt öffnet, an den nächsten Händler verwiesen. Eine solche Haltung wiederum wäre in Deutschland ein Unding. Der Weinmarkt in der Bundesrepublik ist völlig anders geschichtet als im Ausland. Das Geschäft mit deutschem Wein, sofern er nicht ausgeführt wird, verläuft hier vor allem auf zwei Schienen: entweder über die Supermärkte und Kaufhäuser oder im Direktvertrieb ab Weingut und Winzergenossenschaft, was sich in jüngster Zeit wachsender Beliebtheit erfreut. Beim Fachhandel bleiben vom Umsatz mit Rhein, Mosel, Franken und Baden kaum vier Prozent hängen. Deutscher Wein ist ein derart vielfältiges, schwer erklärbares Gut, daß Selbstbedienung ohne ein gewisses Quantum an Vorkenntnissen problematisch ist. Der geschulte, beratende Fachhändler hat es dennoch nicht leicht: Er besorgt sich an der Mosel eine bezaubernde Spätlese und verkauft sie nach ordentlicher Kalkulation für zwölf Mark – was Sie ja, die Bereitstellung eingerechnet, auch wert ist. Nun wird es diffizil, da oft vermeintlich gleiche Flaschen zu stark differierenden Preisen angeboten werden, womit der Handel immer wieder konfrontiert wird. Dies hängt jedoch zumeist mit dem deutschen Weinrecht und seiner Lagen-Ordnung zusammen, die es zuläßt, daß ganz ähnliche Bezeichnungen auf ganz unterschiedlichen Qualitäten zu ebenso unterschiedlichen Preisen auftauchen. Hat er dennoch den Menschen, der

Für den Weinkauf gibt es die unterschiedlichsten Adressen: Vom Lebensmittelmarkt über das Kaufhaus, den Fachhandel, den Versender bis zum direktvermarktenden Winzer.

Einige Grundregeln im Hinterkopf erleichtern den Einkauf ungemein, ganz gleich, welche »Quelle« Sie »anzapfen«. Am zielsichersten finden Sie Ihren Lieblingsschoppen und vermeiden Enttäuschungen, wenn Sie im größeren Kreis private Weinproben veranstalten, bevor Sie sich eindecken.

Es bedarf nicht unbedingt des festlichen Ambientes im Palazzo Vecchio in Florenz (rechts), um einen besonderen Weingenuß zu erleben. Gerade die professionellen Weintester schätzen ein neutrales und nüchternes Umfeld, weil sie so am wenigsten abgelenkt und beeinflußbar sind. Ein Grundsatz, den Sie für Ihre eigene Verkostung auch beherzigen sollten: Probieren Sie den Wein, den Sie testen wollen, im gewohnten Umfeld. Hier finden Sie die Muße, sich ganz in den Tropfen zu vertiefen, nichts und niemand stört die Eindrücke.

Ein Grundsatz gilt unter langgedienten Genießern: Wer viel über Wein erfahren will, wird im Laufe der Zeit viele Informationen sammeln. Doch die wirkliche Kennerschaft erlangt man nur – wie so oft – in der Praxis, durch »Übung«.

sich in seinen Laden getraut, endlich von der höheren Qualität und dem höheren Preis überzeugt, dann geschieht allzu oft, daß der Kunde sich die Telefonnummer des Winzers besorgt, hinfährt, stolz darauf ist, den Wein um ein Drittel des Preises günstiger zu erstehen und sich keinen Moment lang klar macht, daß dies doch eine recht kostspielige Art des Einkaufs ist. Jener Weinfreund und jene Weinfreundin, die verinnerlichen, daß sie der Auto-Kilometer bald eine Mark kostet, vom Zeitaufwand einmal ganz abgesehen, vergessen überdies, daß ihnen das Fachgeschäft eine größere Auswahl böte, von der Ahr bis Baden alles vorrätig, dazu eine vom Erzeuger unabhängige Beratung. Und über eine Lieferung ins Haus ließe sich gewiß auch reden. Für Genießer, die auf dem Lande leben, ist es oft gar nicht so leicht, an eine gute Flasche zu kommen. Das Angebot der Supermärkte deckt jedoch inzwischen oft mehr als die einfachen Qualitäten für den »Tagesbedarf«, weil es immer mehr Filialen gibt, die in ihrem Weinsortiment echtes Engagement an den Tag legen und auch Weine der gehobeneren Preisklassen anbieten. Wer einige simple Regeln beachtet, die ganz generell gelten, findet schnell seinen Liebling: Kaufen Sie nicht eben das Billigste und meiden Sie Etiketten mit übermäßigem Wortgeklingel. Lassen Sie sich nicht von hochtönenden Prädikaten blenden. Je einfacher die Bezeichnungen, desto größer die Aussicht, einen vernünftigen, ehrlichen Schoppen zu erstehen. Wenn nur Anbaugebiet und Rebsorte genannt werden, erscheint dies glaubhaft, bei »Pfalz Müller-Thurgau Landwein trocken« zum Beispiel oder »Württemberg Kerner QbA halbtrocken« können

Sie nicht viel falsch machen. Am schnellsten studieren Sie das Sortiment, wenn Sie sich mit Freunden, Bekannten, Nachbarn zusammentun, die verschiedensten Flaschen kaufen und alles gemeinsam durchprobieren. Fachleute machen es nicht anders. Ich bin regelmäßig eingeladen, an großen Markttests der Zeitschrift »Die Weinwirtschaft« teilzunehmen. Vins de pays aus Südfrankreich und Rotweine von den Côtes-du-Rhône bekamen da regelmäßig die besten Punkte. Die kaufen Sie sehr günstig in Supermärkten. Fündig – vor allem, wenn Sie die etwas teureren Weine suchen – werden Sie auch in den Lebensmittel-Abteilungen der Warenhäuser. In den größeren Städten haben die Kaufhäuser Wein-Sortimente wie die besten Fachhändler. Wer aber in der Provinz lebt und sich einen etwas festlicheren Genuß gönnen möchte, hat eigentlich nur zwei Möglichkeiten: Gute ausländische Gewächse liefert der Versender (Adressen finden sich auf Seite 237), gehobene Weine aus deutschen Landen gibt es am sichersten direkt beim Erzeuger. Der Einkauf beim Winzer gilt als besonderes Freizeit-Vergnügen. Immer mehr junge Weinbauern, die an Kellereien liefern und zuletzt für die Trauben nur noch Groschen bekommen, stellen sich auf die private Nachfrage um, füllen Portugieser und Müller-Thurgau selbst und nehmen die Vermarktung in die eigenen Hände, auch wenn sie weder Kellertechnik noch Verkauf richtig gelernt haben. Es gibt – geschätzt – 2000 Betriebe hierzulande, die ihre Ernte gänzlich oder zum Teil selbst verarbeiten und verkaufen, die überaus meisten davon an der Mosel. Sie bezeichnen sich alle als Weingüter, obwohl viele neue Anbieter, vorsichtig den Markt erkundend, vorerst den größten Teil ihrer Erzeugung weiter an Kellereien verkaufen. Das Angebot der Selbstvermarkter ist also ebenso verwirrend wie das des Handels. Es gibt Tausende Zeitgenossen, die einen Ausflug ins Rebland machen, sich ein Herz nehmen und beim nächstbesten Weinbauern mit Schild und Schaukasten vor der Tür anklopfen. Da der Wettbewerb groß ist, nimmt sich der Winzer Zeit, öffnet eine Reihe von Flaschen, besorgt womöglich aus der Küche ein paar Schnittchen, fährt die Gäste zu allem Überfluß noch durch die Weinberge. Die Kunden sind endlich derart beeindruckt, daß sie ihm lebenslang treu bleiben, ohne zu ahnen, daß sie fürs Geld bei einem anderen Anbieter vielleicht erheblich Besseres bekommen könnten.

Die meisten Winzer haben ältere Jahrgänge ihrer Weine im Keller. Hier können Sie oft auch eine größere Partie, die sich in der eigenen Wohnung nur schlecht lagern läßt, für eine gewisse Zeit unterbringen.

Gerade im mediterranen Raum finden sich zahlreiche Weinhandlungen, die auf eine lange Tradition verweisen können. Dort erlebt man Weinkultur, und gerade die regionalen Produkte lassen sich hier, wie in dieser Weinhandlung in Verona, am besten einkaufen.

Wein aus dem Zapfhahn – das ist in südlicheren Gefilden keine Seltenheit. Doch auch in unseren Breitengraden bieten immer mehr Weinhandlungen nicht nur auf Flaschen Gefülltes, preiswerte Tischweine werden direkt aus dem Faß »gezapft«, man muß nur eine Karaffe mitbringen.

Probieren Sie Weingüter aus wie ein Falter die Blumen. Es gibt reichlich Verzeichnisse von empfehlenswerten Adressen (im vorderen Teil dieses Buches finden Sie bereits viele Hinweise). Geschickt ist es, vor der Fahrt in die Reben die regionale Weinwerbung anzurufen und sich von Mensch zu Mensch Tips geben zu lassen. Die Nummern erfahren Sie zentral beim Deutschen Wein-Fonds in Mainz (Telefon: 0 61 31 / 2 82 90). Noch geschickter ist es, Sie sammeln Freunde, Kollegen ein, fahren gemeinsam in ein Weindorf und kundschaften den Ort nach Art der Pfadfinder aus: Jeder nimmt sich eine andere Adresse vor, klopft höflich an, probiert ein wenig und kauft ein paar Flaschen von den interessantesten Sorten. Wieder daheim, also in der Umgebung, in der Sie den Wein später genießen wollen, kommen alle Bouteillen in Papier verpackt auf den Tisch und werden gemeinsam verkostet. Professionelle Tester machen es ebenso. Hernach wissen Sie genau, welche die besten Weine fürs Geld sind, und können größere Mengen bestellen. Der Versand per Post oder Spedition ist wohl teuer, bei kleinen Mengen bis zu zwei Mark pro Flasche, aber immer noch billiger, als wenn Sie selbst mit dem Auto fahren. Bei größeren Sammel-Bestellungen bringen die Winzer den Wein sogar selbst vorbei und nehmen bei der Gelegenheit umweltfreundlich Leergut mit. Wenn Sie im Weingut probieren und gleich kaufen, laufen Sie stets Gefahr, noch mehr als vom Alkohol von der gemütvollen Umgebung benebelt zu werden. Selbst Fachleute sind nicht frei davon, weshalb sie grundsätzlich an neutralem Ort testen. Wenn Sie mit Ihren Bekannten, sagen wir, alle zwei Monate zu solchen Erkundungen aufbrechen, selbstredend jeweils an einen anderen Ort, dann haben Sie am Ende des Jahres viel erlebt, verfügen über einen hochinteressant gefüllten Keller und können Ihre Mitmenschen mit einigem Wissen über Wein beeindrucken. Und es ist fast die Regel, daß Sie mit einigen Winzern unverbrüchliche Freundschaften schließen. Der Wettbewerb unter Weingütern ist hart, weshalb die Anbieter zu mitunter erstaunlichen Freundlichkeiten bereit sind. Wohlerzogene Menschen sollten dies bitte nicht zu sehr ausnutzen. Ich habe schon beschämende Szenen miterlebt, bei denen hirn- und herzlose Zeitgenossen unangemeldet in die sonntägliche Kaffeetafel platzten, den Winzer von seiner Familie losrissen und nicht eher gehen mochten, bis sie auch noch von der 50-Mark-Beerenauslese nippen durften, während ihnen die gequält lächelnden Hausfrau einen Imbiß servierte. Das heißt, sich einen fröhlichen Tag auf Kosten hart arbeitender Menschen machen. Wenn der Erzeuger einmal ernstlich nachrechnete, was ihm solcherart Verkauf unterm Strich einbringt, dann wollte er es sich vielleicht doch überlegen, besser mit einem Fachgeschäft zusammenzuarbeiten. Besonders beliebt ist der Einkauf beim Winzer im Herbst. Merkwürdigerweise erscheint der private Keller immer dann geleert, wenn sich die Blätter verfärben. Dabei befallen den Großstädter bunte, völlig wirklichkeitsferne Bilder von Wein-Lesen in den güldenen Reben, und er fährt zum Winzer, wenn dieser einen Besuch am allerwenigsten gebrauchen kann, weil der Oktober für ihn die aufreibendste Zeit ist. Ständig hetzt er zwischen Weinberg und Keller, muß das Einsammeln der Trauben überwachen und das Lesegut rasch und sorgfältig verarbeiten, weil sich geschmackliche Fehler beim Wein in den ersten Stunden nach der Ernte einstellen. Die günstigste Zeit zum Weinkaufen ist der Mai. Da ist der neue Jahrgang großenteils abgefüllt und probierfähig, der Winzer hat sich bei den Preisen nicht festgelegt und verkauft noch zu alten Bedingungen. Vor allem hat er dann etwas mehr Ruhe, mit Ihnen zu plaudern. Selbstverständlich ist es heute, Leergut in den Original-Kartons zurückzugeben, alles kann wiederverwendet werden. Wenn Sie bei einem früher gekauften Wein deutlich geschmackliche Fehler festgestellt haben, etwa einen modderigen Ton wie von Kellerschimmel, dann waren wahrscheinlich die Korken nicht in Ordnung. Nehmen Sie die Flaschen mit; es ist üblich, daß Ersatz gestellt wird. Und gelegentlich sollten Sie auch einmal zu dem Weinmacher nett sein. Erfahrungsgemäß können Sie ihm kaum eine größere Freude bereiten, als wenn Sie ihm einen guten Rotwein aus Frankreich, Italien oder Spanien mitbringen. An die ausländischen Tropfen kommen Sie meist eher heran als er.

Wo Touristen schon per Hinweisschild zur »Verkostung« (unten) geleitet werden, ist oftmals Vorsicht geboten. Denn in Frankreich, aber auch im übrigen Europa, ist der Direktverkauf im Weingut unüblich. Was in Deutschland gang und gäbe ist, sollte dort eher stutzig machen, es sei denn, ein renommiertes Weingut betreibt eine eigene Handlung.

UMGANG MIT WEIN

Nur keine Umstände

Es wirkt nicht nur stimmungsvoll, es hat durchaus einen Sinn: Vorsichtig werden alte Rotweine über der Kerzenflamme in eine Karaffe umgefüllt. Sie können so das Depot beobachten und vermeiden, daß sich Trub später im Glas wiederfindet.

Wenn Werner Hiestand, Chef eines angesehenen Weingutes in Rheinhessen, für längere Zeit verreist, dann pflegt er stets ein paar Kartons Riesling und Weißburgunder aus dem eigenen Keller mitzunehmen. Nicht, daß er fürchtete, in der Fremde nur schlechtem Wein zu begegnen. Er nimmt die Flaschen mit als nette – und werbewirksame – Gabe für den Fall, daß er mit angenehmen Menschen ins Gespräch kommt. Im Juli 1994 fuhr er über Ostbayern, Tschechien und Österreich bis in die Toskana, wo er die Bekanntschaft eines Kollegen machte, Giuseppe Nieri von der Fattoria Montellori in Fucecchio. Der Italiener lud zu einer beeindruckenden Probe ein, der Rheinhesse wollte dem nicht nachstehen, ging nach einer Weile zum Auto und holte einige von seinen durchgerüttelten Flaschen, die gröblichst heruntergekühlt wurden. Hiestand erinnert sich: »Ich ging davon aus, daß der Wein nach 2000 Kilometer Fahrt völlig zerschlagen sein mußte, was aber überhaupt nicht der Fall war. Er schmeckte herrlich frisch. Der Gastgeber machte mir ein Kompliment nach dem anderen.« Die Geschichte ist eines von ungezählten Beispielen dafür, daß der Göttertrank längst nicht so empfindlich ist, wie ältere, weihrauchige Wein-Beschreibungen glauben machen wollen. Wenn Riesling oder Cabernet mit der in heutigen Kellern selbstverständlichen Hygiene behandelt und abgefüllt worden sind, halten sie schon einige Knüffe aus. Ich habe es in meinem von Abertausenden Weinen ausgefüllten Leben nur ein einzigesmal erlebt, daß ein

hauchzartes Möselchen beim Transport gelitten hatte und danach ein Vierteljahr brauchte, bis es wieder recht mundete. Bei Dutzenden Fachproben kamen Pakete in letzter Stunde an, dennoch standen die Weine beim Verkosten brillant da. Es ist also keineswegs kulturlos, sich mittags im Laden ein paar Flaschen zu holen, wenn abends Gäste kommen. Das bißchen Schütteln macht nichts. All dies gilt nur nicht für alte Rotweine, bei denen sich im Laufe der Zeit Gerbstoff abgesetzt hat. Wird dieses sogenannte »Depot« aufgewirbelt, ist der Wein sofort trübe und braucht Tage, bis er sich wieder geklärt hat. Solche alten Schätze müssen erschütterungsfrei geöffnet und mit ruhiger Hand in eine Karaffe umgefüllt werden. Fachleute halten den Hals der Flasche über eine Kerzenflamme. Damit können sie den Trub beobachten und vermeiden, daß er nicht mit ausgegossen wird. Dekantieren heißt dieser, Gäste stets beeindruckende Vorgang. Nun entkorken Sie ja nicht alle Tage einen älteren Bordeaux oder betagten Barolo. Gewöhnlich werden jüngere Jahrgänge getrunken, bei denen nur eines zu beachten ist, daß der Wein nach der Abfüllung wenigstens sechs Wochen ruhen soll, weil der strapaziöse Eingriff ihn »flaschenkrank« gemacht hat. Danach ist mit dem flüssigen Freund leicht umzugehen. Er verträgt ohne weiteres den raschen Kälteschock im Eisfach. Eine angebrochene Flasche darf bis zum nächsten Abend getrost im Kühlschrank stehen. Es kann sogar sein, daß der Inhalt danach noch besser schmeckt, weil er sich mit Sauerstoff vollgesogen hat und so alle Aromen freigibt. Dann aber muß er rasch getrunken werden. Oft mundet das letzte Glas aus einer Flasche am besten. Also sollte jeder Wein grundsätzlich vor Genuß ein paar Stunden offen stehen. Das gilt durchaus auch für ältere Tropfen. Die Rotweine, die das Abendessen verschönern, werden mittags schon in eine Karaffe umgefüllt. Aber: So gut es den allermeisten Weinen tut, vor Gebrauch mit Luft in Berührung zu kommen, so schädlich ist es für ihn, wenn er längere Zeit von Sauerstoff angegriffen wird. Beim Lagern im Keller leidet ein guter Tropfen am meisten unter großen Temperatur-Schwankungen. Bei Erwärmung dehnt sich der Wein in der Flasche aus, wird in die Poren des Korkens gepreßt und verdunstet. Bei Kälte zieht er sich wieder zusammen, Luft strömt nach und löst Oxydation aus. Versuche zeigten, daß nach einem Jahr sechs Kubikzentimeter Schwund entsteht, wenn sich der Keller im Sommer nur um zehn Grad erwärmt. Auf Schloß Johannisberg im Rheingau ist der Keller tief in den Berg gegraben. Dort herrscht jahrein, jahraus eine gleichbleibende Temperatur von zehn Grad Celsius, ideal um Wein über einen langen Zeitraum aufzuheben. In der Stadt werden Sie ein solches Lager vergeblich suchen. Da müßten Sie schon viel Geld für eine Klima-Anlage ausgeben oder Sie leisten sich für ein paar tausend Mark einen speziellen Wein-Kühlschrank. Bei normalem Verbrauch ist ein solcher Aufwand viel zu groß. Eben mal ein Prozent der Bundesbürger hält sich einen ständigen Vorrat von mehr als zehn Flaschen. Nun gibt es aber Menschen mit höherem Konsum, die regelmäßig bei ausgesuchten Winzern einkaufen. Üblich sind zwei Bestellungen im Jahr. Wenn es

Die Farbe sagt bereits viel über Alter und Qualität des Weines aus: Ein guter Wein muß klar und von strahlender Farbe sein. Weißweine können von bläßlich hell bis goldgelb variieren, ganz junge gar einen grünlichen Schimmer aufweisen. Ist ein Weißwein etwas bräunlich, deutet dies oft auf eine Oxydation hin. Zu alte Rosés werden ebenfalls bräunlich. Bei Rotwein kann dies statthaft sein (Pinot noir); insgesamt darf seine Farbe auf einer Skala von hellpurpur bis rotschwarz rangieren.

Die Weinlagerung ist unter Genießern immer ein ergiebiges Thema. Bei Tropfen, die ein längeres Lager vertragen, empfiehlt es sich, die richtigen Umstände zu schaffen: Erschütterungsfrei und von gleichbleibender Kühle sollte der Raum sein, die Flaschen möglichst eng gestapelt, damit eindringendes Licht den Alterungsprozeß nicht allzu sehr beschleunigt.

Der Gewölbekeller eines Weingutes: das optimale Lager für Flaschen. Hier dürfen die Behältnisse der edlen Tropfen von Staub überzogen in Ruhe reifen. Doch auch moderne Wohnhäuser bieten Möglichkeiten, die sich als Lager nutzen lassen. Weine, die nur etwa ein halbes Jahr lagern, können problemlos in der Wohnung untergebracht werden, doch sollten sie unbedingt liegen, damit der Korken nicht austrocknet.

sich um Wein handelt, den Sie ohnehin in den nächsten sechs Monaten zu leeren gedenken, brauchen Sie sich um die Aufbewahrung nicht viel Gedanken zu machen. Dafür genügt der kühlste Platz in der Wohnung, und wenn´s das Schlafzimmer ist. Ständig 20 Grad sind nicht weiter schlimm, besser sogar als Wechsel zwischen eiskalt und mild. Sie lassen die Flaschen im Karton, wickeln sie mit Wellpappe ein oder füllen die Kiste mit Styropor-Flocken auf. Nun angenommen, Sie gehören zu den Zeitgenossen, die eine hohe Trinkkultur pflegen, die ausgereifte Tropfen lieben und einen knackigen Saar-Riesling oder einen großen Piemonteser für einige Jahre liegen lassen wollen. Wenn Sie regelmäßig Kunde bei einem Weingut sind, ist die Lösung einfach. Der Winzer hat entweder einen ständig kühlen Keller oder einen klimatisierten Lagerraum. Sie bezahlen und lassen die Flaschen beim Erzeuger liegen. Bieten Sie ihm eine kleine Gebühr an, was er in den meisten Fällen großmütig ablehnen wird; er will sich ja Ihre Freundschaft erhalten. Bei wertvollen ausländischen Gewächsen, im Handel erstanden, die noch reifen müssen, haben Sie zwei Möglichkeiten: Sie mieten sich ein Eckchen in einem vernünftigen Keller der Umgebung oder Sie versuchen mit einigen Tricks, die Temperatur-Unterschiede im eigenen Untergeschoß auszugleichen. Zu allererst sehen Sie zu, daß die Flaschen möglichst eng gestapelt sind, damit sie sich gegenseitig schützen. In den handelsüblichen Regalen aus Draht oder Kunststoff liegt der Wein viel zu frei. Da lassen Sie die Schätze lieber im Karton liegen, am besten in den beim Versand meist verwendeten Styropor-Betten. Es müßte Ihnen aber auch bei einigem handwerklichen Geschick gelingen, mit Hilfe einiger Bretter, Leisten und Schrauben in einen ausgedienten Kleiderschrank viele kleine Fächer einzubauen. Darin liegen die Buddeln übersichtlich und gut abgeschirmt. Sollte es sommers zu warm in Ihrem Keller werden, verkleiden Sie die nach Süden und Westen gehenden Wände mit Schaumstoff: Holzlatten an die Wand dübeln, die Platten darauf festtackern. Aber lassen Sie Fugen, damit die Luft zirkuliert und sich keine Kondens-Flüssigkeit bildet, sonst schimmelt alles. Oft wirkt schon Wunder, ab und zu einen Eimer kalten Wassers über den Boden zu gießen, die Verdunstung senkt die Temperatur rasch um zwei, drei Grad. Endlich ist der äußerste Fall zu bedenken, daß Sie den Jahrgang Ihrer Tochter erstanden haben, um ihn ihr zur

Hochzeit zu kredenzen. Sie versiegeln die Flaschen mit Lack oder mit Kerzenwachs und legen sie in eine mit trockenem Sand gefüllte Holzkiste, die in der Nordost-Ecke des Kellers zu stehen kommt. Es soll auch Menschen geben, die den Wein einen Meter tief im Garten vergraben, nachdem sie die Flaschen zuvor dick mit Alu-Folie umwickelt haben. Wenn Sie Wein über Jahre lagern wollen, bedenken Sie, daß es vier Substanzen gibt, die ihn auf natürliche Weise konservieren: neben dem zugesetzten Schwefel sind dies Alkohol, Gerbstoff, Säure und Zucker. Daraus folgt, daß edelsüße Auslesen von der Saar und robuste, kräftige Rotspone aus Südeuropa am haltbarsten sind. Selbst wenn Sie eigentlich nur trockene Weine trinken, sollten Sie sich auch einmal einen hochwertigen, halbtrockenen Riesling vom Mittelrhein oder von der Mosel hinlegen. Der Hauch Süße (bis 18 Gramm pro Liter sind erlaubt) ist später nur noch zu ahnen und verbindet sich wundersam mit der Fruchtsäure. Nach, sagen wir, zehn Jahren ist eine solche Kostbarkeit zum Kalbssteak, zum Rehrücken oder zum kroß gebratenen Perlhuhn ein großes Erlebnis.

Mit einer Tatsache muß sich der genußfähige Teil der Menschheit abfinden: Wein ist längst nicht mehr so lagerfähig wie ehedem. Die von Homer so genannten »Tränen des Himmels« werden heute auf raschen Verbrauch hin behandelt, auch längst nicht so hoch geschwefelt. Jene wurzelechten, nicht gepfropften Reben, die nur wenige, aber besonders inhaltsreiche Trauben lieferten, sind Vergangenheit. Heute legt der Winzer Wert auf ertragssichere Klone. Auch Bordeaux und Burgunder, Barolo und Brunello halten sich keine 20 Jahre mehr. Ein 75er Château Lafite-Rothschild, ein Premier grand cru classé, schlicht die Spitze und all die Jahre im tiefen Bauern-Keller gelagert, erwies sich im Sommer 1994 als eine ziemlich müde, abgestandene Angelegenheit. Der Händler, der erzählt, seine Weine sollten auch noch im Jahre 2020 ein Hochgenuß sein, wird sicher nie in die Verlegenheit kommen, den Beweis für seine Behauptungen antreten zu müssen. Wenn Sie etwas suchen, was auch noch nach 50 Jahren trinkbar ist, dann schauen Sie sich bei Port oder Calvados um. So, nun wollen wir doch einen Schluck trinken.

Weinproben sind »Übungssache«: Aussehen, Duft und Geschmack der Weine sind die Kriterien, die Weinfreundinnen und Weinfreunde als Informationen »speichern« müssen, wollen sie langfristige Vergleiche anstellen. Im Laufe der Zeit entwickeln sie so ein immer sensibleres Sensorium, erschließen sich neue Genüsse und steigern allerdings gleichzeitig auch ihre Ansprüche.

Gläser sind für den Weingenuß wichtig, sollten aber durchaus auch praktischen Anforderungen genügen. Sie sollten farblos und dünnwandig sein, aber auch leicht zu reinigen und nicht allzu empfindlich.

Weingläser sollten am Stiel angefaßt werden, damit die Hand die Temperatur des Inhalts nicht beeinflußt.

Ein unabdingbares Instrument für den Weingenuß ist der Korkenzieher. Hier gibt es im Grunde nur wenige Anforderungen: So sollte das Gewinde nicht zu eng, der Stahl nicht zu scharf sein, damit der Korken unbeschädigt aus dem Flaschenhals gleitet. Wie komfortabel man es ansonsten wünscht, ist eine Frage des Geschmacks und des Geldbeutels.

Dazu bedarf es zuerst eines Korkenziehers. Er sollte eine so weit gewundene Spirale haben, daß ein Streichholz durchpaßt. Unverbesserliche Romantiker sprechen von »Seelenachse«. In den vergangenen Jahren haben Tüftler die wunderlichsten Geräte entwickelt, die in der Tat das Öffnen der Flasche erleichtern. Die Krönung ist ein Modell von Screwpull für knapp 300 Mark, ein ergötzliches Spielzeug für Snobs. Ich habe mir ein solches Stück, das ähnlich arbeitet wie die alten Tisch-Korkenzieher in Gastwirtschaften, zu einem runden Geburtstag schenken lassen, verwende es aber nur, wenn ich für eine Probe mehr als 20 Botteln öffnen muß. Für den Alltag nehme ich ein aufklappbares »Kellner-Besteck« mit einem Hebel, der sich auf den Flaschenhals aufsetzen läßt. Gut sind auch jene Geräte, bei denen während des Drehens zwei Arme hochgezirkelt werden, in Frankreich »de Gaulle« genannt, in Erinnerung an dessen typische Sieger-Pose. Beim Trinkgefäß sollten sie keinem übertriebenen Kult huldigen. Schauen Sie sich alte Gläser an: Für Weißwein war der Kelch wie ein Apfel gebildet, für Rotwein öffnete er sich gerade nach oben. Sie dürfen sicher sein, daß solche in Jahrhunderten entwickelten Formen durchaus ihren Sinn machen. Die Glas-Industrie bietet heute ungemein schicke Gebilde an, allerliebste Tulpen auf überlangen Stielen. Bedenken Sie beim Kauf, wie zerbrechlich solch edle Teile sind, und daß sie auch einmal gespült werden müssen. Objektiv, aber doch eher theoretisch, schmeckt Wein aus dem Plastik-Becher nicht anders als aus dem teuersten Design, alles andere ist schöne, subjektive Einbildung. Mit verbundenen Augen merken Sie keinen Unterschied. Wichtig für den Genuß ist einzig, daß die Gläser nicht zu klein sind, wenigstens einen Viertelliter fassen sollten. Auch dürfen sie nur halbvoll, bis zur weitesten Stelle des Glases eingeschenkt werden, damit sich der Duft entwickeln kann. Umgekehrt sind jene Pokale in Kinderkopf-Größe nichts als Protz, der sich hernach kaum reinigen läßt. Natürlich will der Blick mittrinken, es soll ja hübsch bei Tische zugehen. Angenehme Formen können den Genuß wohl fördern, sollten aber niemals Selbstzweck werden. Dies gilt auch für die Flaschen, die heute in mitunter abenteuerlicher Gestaltung dargeboten werden. Dieser Schnickschnack ist erstens unnütz teuer, kostet bis zu drei Mark, paßt zweitens in keinen Kühlschrank und landet letztlich doch nur als Luxus-Müll im Container. Bordeaux-, Burgunder- und Rhein-Flaschen hingegen sind klassisches, seit Urzeiten bewährtes Design, das Zweck mit Schönheit verbindet, und sie können vielfach wiederverwendet werden. Der erfahrene Genießer läßt sich nicht von Nebensächlichkeiten ablenken. Nicht das Drumherum, der Wein ist wichtig.

Welcher Wein zu welchen Speisen?

Keine Frage, zum Essen gehört Wein, allein schon aus Gründen der Bekömmlichkeit: Ein wenig Alkohol und die Weinsäure schließen die Speisen für die Verdauung auf. Auch schmeckt zusammen alles besser. Über die Frage, welcher Wein wozu gereicht werden soll, haben Snobs quasi-wissenschaftliche Abhandlungen geschrieben. So verzwickt muß es gar nicht sein. Die uralten Regeln sind nie falsch. So paßt Rotwein zu dunklem, Weißwein am besten zu hellem Fleisch. Zu Suppe, Salat und Süßspeisen gehört kein Wein. Doch kommt dem im Grunde nur Vorschlags-Charakter zu. Die Zeiten Knigges sind auch beim Wein vorüber. Entscheidend ist Ihr individueller Geschmack. Probieren Sie aus – manch hergebrachte Regel wird sich bestätigen, manches werden Sie anders empfinden.

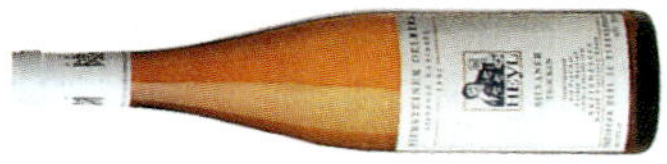

	Dunkles Fleisch (Rind, Lamm)	Helles Fleisch (Kalb, Geflügel)	Wild	Nudelgerichte	Antipasti	Fisch, Meeresfrüchte	China-Küche, Curry-Gerichte	Pastete, Wurstplatte	Milder Käse	Herzhafter Käse
Riesling trocken (Elsaß, Pfalz)	🍷🍷	🍷🍷🍷	🍷🍷	🍷🍷🍷	🍷🍷🍷	🍷🍷🍷	🍷🍷	🍷🍷🍷	🍷🍷🍷	🍷🍷
Riesling halbtrocken (Mosel, Rheingau)	✗	🍷	🍷🍷🍷	✗	✗	✗	🍷🍷	✗	🍷	🍷🍷🍷
Silvaner, Weiß- und Grauburgunder trocken	🍷🍷	🍷🍷🍷	🍷🍷	🍷🍷🍷	🍷🍷🍷	🍷🍷🍷	🍷	🍷🍷🍷	🍷🍷🍷	🍷
Müller-Thurgau trocken	🍷	🍷🍷	✗	🍷🍷	🍷🍷🍷	🍷🍷	🍷🍷	🍷🍷🍷	🍷🍷🍷	🍷
Bukettwein trocken (Gewürztraminer)	✗	🍷	✗	✗	✗	✗	🍷🍷	🍷	🍷🍷🍷	🍷🍷🍷
Bukettwein halbtrocken (Scheurebe)	✗	✗	✗	✗	✗	✗	🍷🍷🍷	✗	🍷🍷	🍷🍷🍷
Sancerre, Chablis, Muscadet	🍷	🍷🍷	✗	🍷🍷	🍷🍷	🍷🍷🍷	✗	🍷🍷	🍷🍷	✗
Italienische Weißweine	🍷	🍷🍷	✗	🍷🍷🍷	🍷🍷🍷	🍷🍷🍷	🍷🍷	🍷🍷🍷	🍷🍷🍷	🍷🍷
Rosé trocken (Navarra, Provence)	🍷🍷	🍷🍷🍷	✗	🍷🍷	🍷🍷🍷	✗	✗	🍷🍷🍷	🍷🍷	🍷
Weiche Rotweine (Spätburgunder)	🍷🍷🍷	🍷🍷	🍷🍷🍷	✗	✗	✗	✗	🍷🍷	🍷🍷	✗
Fruchtige Rotweine (Bourgogna, Rioja)	🍷🍷🍷	🍷🍷🍷	🍷🍷🍷	✗	✗	✗	✗	🍷🍷🍷	🍷🍷	✗
Herbe Rotweine (Bordeaux, Barolo)	🍷🍷🍷	🍷	🍷🍷🍷	✗	✗	✗	✗	🍷🍷	🍷🍷🍷	🍷🍷

🍷🍷🍷 = hervorragend 🍷🍷 = durchaus passend 🍷 = kann, muß aber nicht ✗ = unpassend

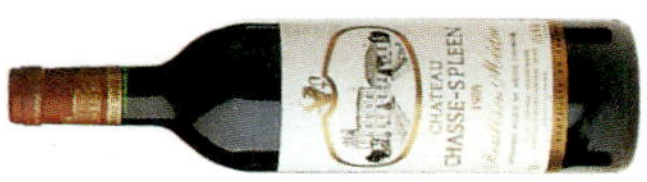

50 Worte aus der Weinwelt

Die gewagtesten Begriffe sind zu hören, lauscht man einem Gespräch unter vermeintlichen oder auch wahren Weinkennern. Da gibt es die verwinkeltsten Vergleiche, die seltsamsten Bilder. Denn was es nicht gibt, ist eine mehr oder weniger verbindliche Terminologie, die es möglich macht, den Geschmack, den Charakter eines Weines so zu beschreiben, daß ein Gegenüber eine recht konkrete Vorstellung entwickeln kann. So subjektiv »Geschmack« schlechthin auch ist, auf eine Art Basiswortschatz hat man sich stillschweigend geeinigt. Ich habe deshalb einmal Preislisten sowie Berichte von Proben ausgewertet und daraus ein Verzeichnis zusammengestellt von gängigen Fachausdrücken, mit denen auch Nicht-Experten etwas anfangen können.

Proben, Verkostungen, Vergleiche – ob beim Winzer selbst (oben), bei offiziellen Qualitätsproben zur Einstufung der Weine oder bei Verkaufspräsentationen – immer geht es auch darum, das Geschmackserlebnis sprachlich zu vermitteln. Unter Genießern hat sich eine »Weinsprache« entwickelt, die oft seltsam, für Uneingeweihte zumindest aber verwirrend klingt. Manches »Wein-Chinesisch« ist von fragwürdigem Nutzen; doch mit dem nebenstehenden Grundwortschatz läßt sich schon eine Menge anfangen. Denn unter dem Begriff »edelsüß« beispielsweise stellt sich noch eher eine Assoziation ein, wenn man den Geschmacks-Urheber, den Pilz der Gattung Botrytis cinerea (unten), vor Augen hat.

ausgezogen Wäßriger Wein, dem eine übertriebene Kellertechnik jeglichen Geschmack ausgetrieben hat

blumig Wein, der nach Blumen duftet, zum Beispiel nach Veilchen (Bordeaux), Lindenblüten (junger Silvaner), Muskatblüte (Müller-Thurgau) oder nach Wildrosen (Gewürztraminer). Manche Weine riechen nach Balkon-Blumen (Fachwort: Geranien-Ton), was mit blumig nichts mehr zu tun hat. Dies deutet vielmehr auf Behandlung mit dem Konservierungsmittel Sorbinsäure hin.

breit Das Gegenteil von → *zart*. Alkoholreiche Weine, denen es an frischer Säure fehlt, sind breit, zum Beispiel überreifer badischer Silvaner.

dünn Wein mit geringem Alkohol und wenig Geschmack. Auch der Begriff mager ist üblich.

edelsüß Wein mit natürlicher Süße, entstanden aus Trauben, die im Herbst von »Edelfäule«, Pilz-Kulturen der Gattung Botrytis cinerea, befallen wurden und dabei zusammenschrumpften.

extraktreich Ein besonders dichter Geschmack. Extrakt ist die Summe aller meßbaren Inhaltsstoffe des Weins.

erdig Aroma wie von einem frischgepflügten Acker oder von einem Feldweg nach plötzlichem Wolkenbruch. Die Schwaben sprechen auch gern von »Bodeng'fährtle«.

faulig Geschmack von verdorbenen Eiern, auch »Böckser« genannt.

feurig Ein alkoholreicher Wein mit viel Temperament, auch glutvoll genannt, zum Beispiel Barbaresco aus dem Piemont.

firn Geruch alter Weine nach Madeira oder Sherry. Firne kann unangenehm schmecken, aber auch sehr fein duften, zum Beispiel nach Orangen (Mosel) oder nach welkem Laub (Barolo).

flach Langweilig, abgestanden, arm an Säure und Frucht

frisch Jugendlicher Wein mit angenehmer, belebender Säure

fruchtig Geschmack von Früchten wie Apfel, Aprikose, Brombeere, Cassis, Kirsche, Pfirsich, Pflaume oder Quitte. Riesling (weiß) und Beaujolais (rot) sind fruchtige Weine. Der Begriff wird auch beschönigend für süßgemachte Weine verwendet.

gerbsig Bitterer, den Mund zusammenziehender Geschmack vom Gerbstoff

geschliffen Kellertechnisch perfekt behandelter Wein, ohne → *ausgezogen* zu sein

halbtrocken Wein mit angedeuteter Süße

hart Kratzbürstiger Wein mit unangenehmer Säure und Bitterstoffen

herb Anderer Begriff für →*trocken*. Eigentlich ist mit herb ein gerbstoffreicher Rotwein gemeint.

holzig Wein, der zu lange im Eichenholz-Faß gelegen hat.

käsig Geschmack nach Quark, wird von Milchsäure-Bakterien hervorgerufen

kantig Wohlmeinender Begriff für derb, rauh, meist in Verbindung mit dem Wörtchen »noch«, was heißen will, daß sich ein solcher Wein noch runden, abschleifen kann.

kräftig Voller Geschmack, alkoholreich. Altmodisch heißt das auch: körperreich oder stoffig.

krautig Geschmack von Sauerkraut, ein von Milchsäure-Bakterien erzeugter Fehlton ähnlich wie → *käsig*

kurz Kein Nachgeschmack

leicht Wenig Alkohol, dennoch ein wahrnehmbarer Geschmack

lieblich Wein mit deutlicher Süße

mild Wein mit wenig Säure und einer angedeuteten Süße

mineralisch Geschmack von Mineralien, wie er sich zum Beispiel erzeugen läßt, wenn Steine aneinander gerieben oder zerschlagen werden. Berühmt ist der Schiefer-Ton des Rieslings von der Mosel.

mollig Etwas rundliche, weiche Rotweine. Auch der Begriff samtig ist üblich.

mostig Geruch und Geschmack von faulen Äpfeln, schlimmer noch von Essig.

muffig Geruch von Kellertreppe und alten Putzlumpen, zurückzuführen auf mangelnde Sauberkeit in der Kellerei

nachhaltig Viel Nachgeschmack

oxydativ Wein, der zu stark mit Sauerstoff in Berührung gekommen ist und unangenehm nach Madeira schmeckt, schlimmer noch nach Brühwürfel.

pappig Zuviel Süße, zu wenig Säure

plump Aufdringliches, vorlautes Aroma, zum Beispiel von nicht ausgereiften Bukett-Weinen wie Bacchus oder Scheurebe

rassig Vorstufe von → *feurig*. Wein mit herzhafter Säure und nicht zu knapp bemessenem Alkohol, ohne dabei schwer zu wirken.

reduktiv Gegenteil von → *oxydativ*. Junger Wein, der unter Ausschluß jeglichen Sauerstoffs hergestellt wurde und entweder stark hefig oder nach Schweiß riecht. Beides vergeht mit der Reife.

reif Auf dem Höhepunkt des Geschmacks

rund Ein Wein, bei dem alles zusammenpaßt. Auch: harmonisch oder ausgeglichen genannt.

sauber Fehlerfrei in Geruch und Geschmack. Früher hieß das auch: reintönig.

sauer Außer einer bissigen Säure ist gar nichts zu schmecken.

schwer Alkoholreich

spitz Ein Wein mit einer (noch) unreifen Säure

spritig Der Alkohol sticht hervor, üblich auch: schnapsig.

spritzig Frischer Wein mit einem Hauch Kohlensäure, zum Beispiel Riesling von Mosel und Mittelrhein

stahlig Wein mit fordernder, → *mineralisch* geprägter Säure, zum Beispiel Riesling von Saar und Ruwer

süffig Wein, der nur so `runterrutscht

trocken Wein ohne Süße. Es gibt Abstufungen (von oben nach unten): schöntrocken, fränkisch-trocken, für Diabetiker geeignet, staubtrocken, knochentrocken.

unreif Geruch von frischem Holz oder Gras, im negativen Sinne auch grün oder grasig genannt. Wohlmeinend sprechen Fachleute auch von einem verschlossenen Wein, der noch nicht seine Schönheit zeigt und noch lagern muß.

zart Nur ein Hauch von angenehmen Aromen, auch feingliedrig genannt.

Der Wein-Ausbau in Fässern aus frischem Eichenholz, den Barriques, hat ganz entscheidenden Einfluß auf den Charakter der Tropfen. Hat der Kellermeister ganze Arbeit geleistet, gewinnen – vor allem Rotweine – an Klasse. Der Barrique-Ausbau ist jedoch ein wenig zu sehr in Mode gekommen, denn bei mangelnder Erfahrung in der Kellertechnik kann die Qualität der Weine leiden: »Holzige« Tropfen entstehen; ein Aroma, das man oft schon über das Glas gebeugt wahrnimmt.

WEIN UND GESUNDHEIT

In Maßen eine Medizin

Der Zucker macht´s: Denn durch die Hefe wird beim Gärungsprozeß der Fruchtzucker in Alkohol umgewandelt. Die Menge des sogenannten Äthylalkohols ist dabei abhängig von der Menge des natürlichen oder zugesetzten Zuckers, von der Gärtemperatur und der Hefeart. Maximal rund 18 Prozent Alkohol kann der Wein so erreichen, ist´s mehr, dann wurde »gespritet«, also Alkohol zugefügt.

Julius Cäsar befahl seinen Truppen, stets Wein mitzuführen und, bei längerer Besetzung, Reben zu pflanzen. Der Feldherr sah den Rebensaft als probate Vorbeugung an gegen Erkältung und allerlei Seuchen. Zwei Jahrtausende später wurde im Laborversuch (von A. Pick) zum erstenmal wissenschaftlich nachgewiesen, daß der Imperator recht hatte: Wein tötet Streptokokken, Cholera- und Typhus-Erreger binnen Stunden ab. Ein ordentlicher Rheingauer oder Rioja, das ist heute die weitaus überwiegende Meinung von Medizinern, wirkt nicht nur antibakteriell, er unterstützt auch die Verdauung, bringt den Kreislauf in Schwung, senkt den Cholesterin-Spiegel, schützt vor Infarkt, stärkt Zähne und Knochen, fördert die Blutbildung. Völker mit Weinkultur, das ist vielfach belegt, leben durchschnittlich länger. Zwei Gläschen eines möglichst naturbelassenen Tropfens enthalten größere Mengen von Bio-Elementen wie Fluor, Kupfer, Magnesium, Mangan, Phosphor und Zink als gängige Multivitamin-Pillen. Wer´s nicht glaubt, schlage in Heinrich Kliewe Standardwerk »Wein und Gesundheit« nach. Der Mainzer Professor für Hygiene und Bakteriologie fügt seinem Werk ein dreizehn Seiten umfassendes Verzeichnis von Belegen an. Hunderte Kollegen werden aufgeführt, die seine These stützen, daß »Wein ... eine gesunderhaltende Wirkung ausübt«. Geist und Gemüt erheitert so ein Schöppchen überdies, aus ärztlicher Sicht ebenfalls von Vorteil. Dies alles gilt mit einer lebenswichtigen Einschränkung: in Maßen! Äthylen, wie der Wein-Alkohol wissenschaftlich heißt, ist grundsätzlich Gift, in geringen Mengen jedoch tut er dem Körper gut. Die Dosis macht´s, wußte schon Paracelsus. Nach heutiger Erkenntnis lag der schottische Medicus G. Brown sicher falsch, als er in seiner inzwischen längst historischen »Reiz-Lehre« empfahl, bei inneren Erkrankungen zwei bis drei Flaschen Rheinweins zu leeren und mit nicht zu knapp Champagner und Cognac nachzuspülen. Der vernunftbegabte Genußmensch wird es mehr mit Sokrates halten, der riet, »von der Enthaltsamkeit ebenso weit entfernt zu bleiben wie von der Unmäßigkeit«. Doch nun mal konkret, was heißt: in Maßen? Nach gängiger Lehrmeinung verarbeitet ein gesunder Mensch unbeschadet 60 bis 80 Gramm Alkohol pro Tag. Das entspricht etwa einer Flasche Bordeaux oder fränkischen Silvaners. Die Verträglichkeit hängt etwas davon ab, wie schwer und wie fit der Mensch ist, in welch sauberer Luft er lebt; in der City muß die Leber, als wackere Entgifterin, neben dem Weingeist nämlich auch noch eine Menge Abgase verarbeiten. Frauen, und dies ist leider keine Erfindung von Blaubärten, vertragen weniger. Bei täglichem Weingenuß sollten Paare die Regel beherzigen: für sie zwei Gläser, für ihn den Rest der Flasche. Das andere Gift im Wein ist Schwefel, genauer: das stechend riechende Gas Schwefeldioxyd, das sich mit Wasser zur Schwefligen Säure vereint. Wenn einem genußreichen Abend anderntags Kopfschmerzen folgen, wird dies fast immer auf dieses uralte, bislang unersetzliche Konservierungsmittel geschoben, in der Regel zu Unrecht. Viele Versuche zeigten, daß normal empfindliche Menschen ohne Schaden 500 bis 600 Milligramm Schweflige Säure auf einmal wegstecken. Sauber ausgebaute Weine enthalten selten mehr als 150 Milligramm pro Liter. Die Substanz wirkt keimtötend und bindet Sauerstoff, schützt somit den Wein davor, an der Luft zu oxydieren, braun und schal zu werden. Das Mittel neutralisiert schädliche Oxydasen und stinkende Acetaldehyde. Erst so bekommt das Rebenblut seinen angenehmen Duft und Geschmack. Und wenn der Schwefel seinen Dienst getan hat, zerfällt er zu Sulfat, einem harmlosen Salz, von dem viele Mineralwässer mehr enthalten als Wein; überdies erzeugt es der menschliche Körper selbst. Was empfindsamen Genießern zu schaffen machen kann, ist der noch nicht verarbeitete, freie Schwefel. In frisch gefülltem Wein beträgt der Anteil meist um die 50 Milligramm. Erfahrene Genießer nehmen diese Menge wahr: Es sticht ein wenig in der Nase, die Zähne werden stumpf, und im Rachen kratzt es. Wer vernünftig ist, trinkt das junge Zeug nicht und wartet ab. Schon nach ein paar Monaten Lagerung hat sich ein Teil des freien Schwefels mit Sauerstoff verbunden und ist dann harmlos. Daraus folgt, daß ältere Weine unbedingt bekömmlicher sind als junge. Und beachten Sie bitte auch noch, daß Rotweine weniger Schwefel brauchen als die weißen Sorten, trockene Schoppen weniger als liebliche. »Nur in den älteren Weinen haben sich die chemischen Wirkstoffe in einem harmonischen Lösungs- und Mischungsverhältnis verbunden, was für ihre Wirkung und Bekömmlichkeit wichtig ist«, betont Professor Heinrich Kliewe. Das Zitat sollte

In aller Regel weisen Weine um die zehn bis dreizehn Prozent Alkohol auf. Dieser Anteil errechnet sich in Volumenprozent: So entspricht ein Gehalt von einem Prozent Alkohol etwa acht Gramm pro Liter (1% vol. = 8g/l). Leichtere Deutsche Weine haben rund 80 Gramm pro Liter. Doch neben dem tatsächlichen Alkoholgehalt existiert ein »fiktiver« Anteil durch die unvergorene Restsüße, zum Beispiel bei Spätlesen, der zur Gesamtmenge aufaddiert werden müßte.

Gegenüber dem Alkohol bereitet die Restsüße dem Genießer im allgemeinen eher Probleme: Durchgegorene Weine sind besser verträglich. Ebenso erweisen sich auch abgelagerte, rundere Tropfen oft als angenehmer. Bei ihnen hat sich die Gesamtheit der chemischen Wirkstoffe zu einem harmonischen Gefüge verbunden.

Immer mehr Winzer setzen auf biologischen Weinbau. Über das gesetzlich vorgeschriebene Maß hinaus sorgen sie für eine eigene Kontrolle der Ergebnisse, die nicht erst bei der Begutachtung der Jungweine im Keller (oben) ansetzt. Gerade im Wingert verbinden sich dabei Verbraucher- und Winzer-Interessen. Denn wird weniger gespritzt und gedüngt, erreichen die Rebstöcke ein höheres Alter, bringen bessere Weine. Auch beim Ausbau der Weine bemüht man sich, den notwendigen Schwefeleinsatz zu reduzieren. Doch bislang geht es nicht ohne. Haltbarkeit und Schutz vor Krankheitserregern garantiert vorerst noch dieser Wirkstoff.

eingerahmt in jeder guten Stube hängen. Mit jedem Monat Lagerung gibt sich der Wein reifer und runder. Die anfänglich spitze Säure wird milder; bestimmte, von der Gärung herrührende höhere Alkohole, die den Organismus belasten, bauen sich ab. Von der Bekömmlichkeit einmal ganz abgesehen schmecken abgelagerte Weine viel besser, zeigen dann erst ihr ganzes Raffinement. Ein Andeutung von Alters-Aroma, »Firne« genannt, ist ungemein reizvoll, ähnlich den ersten Silberfäden im Haar. Weine aus spätreifenden Trauben wie Riesling oder Cabernet brauchen längeres Lager, sollten beim Genuß zwei Jahre mindestens alt sein. Die frühen Sorten wie Müller-Thurgau, Veltliner, Gutedel oder Gamay werden sicher jünger getrunken, aber bittschön nicht vor Sommer nach Ernte. Mir bricht es jedesmal das Herz, mit ansehen zu müssen, wie sich bei der Mainzer Weinbörse alljährlich im April die Händler geradezu gierig auf den grasgrünen Neuen stürzen. Vergessen sind dann alle hochtönenden Worte, mit denen jüngst noch der Vor-Jahrgang gelobt wurde. Wenn der Wein eben mal ein Jahr gereift ist, gilt er schon als alt. Mir kommt´s vor, als ob eine Generation von Hektikern süchtig ist nach einem Genuß, der sie noch hektischer macht. Ebenfalls ist unter Medizinern (und altgedienten Wein-Nasen) unbestritten, daß trockene, durchgegorene Gewächse besser vertragen werden als liebliche, auch wenn sie etwas mehr Alkohol haben. Diätisten bestätigen gerne, daß ein paar Gramm Alkohol weniger belasten als der Zucker. Viele Menschen sagen, sie bekämen Magengrimmen von nicht-süßen Weinen. Ich vermute, daß dabei oft Einbildung im Spiel ist. Die gleichen Mitbürger trinken Mengen von Orangensaft, der mehr und eine schärfere Säure hat als Saar-Riesling, was nur nicht so auffällt, weil mehr als zehn Prozent der Flüssigkeit Zucker sind. Trockener Wein wird am besten zum Essen genossen, was nicht nur gut schmeckt, sondern auch eine doppelt wohltuende Wirkung hat: Die Speisen machen den Alkohol und die Säure verträglicher. Der Wein wiederum löst Speichel und Magensäfte, fördert somit die Verdauung. Der Effekt geht allerdings verloren, wenn statt zweier Gläser gleich zwei Flaschen zum Essen getrunken werden. »Rotwein ist für alte Knaben, eine von den besten Gaben«, reimte der ebenso humorige wie gescheite Wilhelm Busch. Auch in diesem Vers steckt viel Wahrheit, nicht nur im Hinblick auf »alte Knaben«. Roter Wein enthält im allgemeinen mehr Extrakt, mehr Bio-Elemente als weißer, dafür weniger Säure. Er wirkt nachgewiesenermaßen blutbildend. Es gibt jedoch viele Menschen, die den herben Gerbstoff nicht mögen, mitunter regelrecht allergisch dagegen sind, obwohl das Tannin stark verdauungsfördernd und beruhigend wirkt. Zweierlei ist da zu raten: Entweder greifen empfindsamere Genießerinnen und Genießer zu deutschen Rotweinen, die weniger gerbsig sind, oder aber man läßt tanninige Gewächse aus Südeuropa ein paar Jahre liegen. Der Geschmack wird dann weicher.

WEGWEISER FÜR DEN EINKAUF

Einige gute Adressen

In jedem Kapitel über europäische und außereuropäische Weine werden am Schluß »Empfehlenswerte Betriebe« genannt. In Klammern stehen dort jeweils kurz die Bezugsquellen in Deutschland. Diese Liste erhebt keinen Anspruch auf Vollständigkeit; selbstverständlich gibt es noch eine ganze Reihe weiterer zuverlässiger Händler. Hier finden Sie aber bereits eine ausreichende Orientierung und die genauen Adressen:

Die großen Importeure

Baus & Provot,
Dudweiler Straße 47, 66280 Sulzbach/Saar,
Tel.: 0 68 97 / 42 66 (Frankreich)
Eggers & Franke,
Töferbohm 8, 28195 Bremen,
Tel.: 04 21 / 30 530 (international)
Eggers Sohn,
Getreidestraße 16-18, 28217 Bremen,
Tel.: 04 21 / 69 15 30 (international)
Heinz Eggert,
Dahlenburger Straße 21, 29544 Bad Bevensen,
Tel.: 0 58 21 / 70 22 (international, Übersee)
Frankhof-Kellerei,
Burgeffstraße 19, 65239 Hochheim,
Tel.: 0 61 46 / 90 30 (international)
Weinwelt Mack & Schühle,
Neue Straße 45, 73277 Owen,
Tel.: 0 70 21 / 5 70 10 (international)
Kellereien Mövenpick,
Mörikestraße 67, 70199 Stuttgart,
Tel.: 07 11 / 64 69 269 (international, Schweiz)
G. Papachristou Weinvertrieb,
Schwadorfer Kreuz 38, 53332 Bornheim,
Tel.: 0 22 27 / 8 23 40 (Griechenland)
Max Piehl,
Hardenstraße 51, 20530 Hamburg,
Tel.: 040 / 78 13 13 (international)
Reidemeister & Ulrichs,
Auf der Muggenburg 7, 28217 Bremen,
Tel.: 04 21 / 3 99 40 (international)
Schelte Wein-Import,
Broichstraße 44, 51109 Köln,
Tel.: 02 21 / 84 19 07 (Italien)
P.H. Schöler,
Hamburger Straße 55, 24576 Bad Bramstedt,
Tel.: 0 41 92 / 24 88 (Italien)
Schlumberger,
Buschstraße 20, 53340 Meckenheim,
Tel.: 0 22 25 / 92 50 (international, Südafrika)
Stella,
Kavalleriestraße 3, 66740 Saarlouis,
Tel.: 0 68 31 / 39 90 (Italien)
Wein Wolf,
Königswinterer Straße 552, 53227 Bonn,
Tel.: 02 28 / 44 96 23-0 (Frankreich, Italien)

Versender und Fachhändler

Alpina Burkard Bovensiepen,
86803 Buchloe, Tel.: 0 82 41 / 500 50 (Frankreich, Italien)
Gebr. Anraths,
Sophienstraße 26, 76530 Baden-Baden,
Tel.: 0 72 21 / 39 27 13 (Frankreich)
Bell & Partners,
Waidmannstraße 35, 22769 Hamburg,
Tel.: 040 / 85 31 15 70 (Australien)
Berg-Import,
Mechternstraße 33, 50823 Köln,
Tel.: 02 21 / 37 50 01 (Griechenland)
Wolfram Berge,
Alfred-Nobel-Straße 1, 51588 Nümbrecht,
Tel.: 0 22 93 / 30 60 (international)
Boda Weinhaus,
In der Beek 33, 42113 Wuppertal,
Tel.: 02 02 / 71 17 17 (Südfrankreich, Schweiz)
Jacques Biehl,
Hauptstraße 40a, 50126 Bergheim,
Tel.: 0 22 71 / 4 30 01 (Frankreich)
Harald L. Bremer,
Efeuweg 3, 38104 Braunschweig,
Tel.: 05 31 / 37 60 43 (Italien)
California Wines Margot Schmitt,
Löherweg 38, 80997 München,
Tel.: 089 / 1 49 31 29 (Kalifornien)
Casa do Vinho,
Rott 151, 47800 Krefeld,
Tel.: 0 21 51 / 59 38 04 (Portugal)
Dieckmann's Wein,
Stenzelbergstraße 17, 50939 Köln,
Tel.: 02 21 / 44 49 09 (Frankreich)
Peter Diepold,
Mühlbachstraße 8, 86949 Windach,
Tel.: 0 81 93 / 85 64 (Chile)
vom Ende's ausgesuchte Weine,
Am Hohen Haus 2, 47799 Krefeld,
Tel.: 0 21 51 / 2 56 56 (Deutschland, Italien, Frankreich)
FUB Fegers & Unterberg & Berts,
Heumarkt 55, 50667 Köln,
Tel.: 02 21 / 2 58 15 30 (international)
Die Französische Weinbotschaft,
Finther Weg 16 a, 55270 Essenheim,
Tel.: 0 61 31 / 23 03 26 (Frankreich)
Furmina Vatzkov,
Geiselsteinweg 5, 60435 Frankfurt,
Tel.: 069 / 54 20 68 (Bulgarien)
Der Gallier,
Uferstraße 66, 73084 Salach,
Tel.: 0 71 62 / 50 03 (Frankreich)
Giesinger Weinhandel,
Hans-Mielich-Platz 1, 81543 München,
Tel.: 089 / 65 24 24 (international)
Weinhaus Gröhl,
Eppendorfer Baum 7, 20149 Hamburg,
Tel.: 040 / 48 31 24 (Griechenland)
Enoteca Klaus Griepenburg,
Lucile-Grahn-Straße 47, 80675 München,
Tel.: 089 / 48 28 56 (Italien)
Hawesko Hanseatisches Wein- und Sekt-Kontor,
Hamburger Straße 14, 25436 Tornesch,
Tel.: 0 41 22 / 50 400 (international)
Günther Hellriegel,
In der Schneithohl 3, 61476 Kronberg,
Tel.: 0 61 73 / 9 37 70 (Spanien)
Herber GmbH,
Barnwaldstraße 24, 76437 Rastatt-Wintersdorf,
Tel : 0 72 29 / 22 18 (Neuseeland)
Dr. Henning Hoesch,
Postfach 100 855, 52308 Düren-Hoven,
Tel.: 0 24 21 / 80 70 (Provençe)
Iberica Weine,
Eduard-Buchner-Straße 19, 85662 Hohenbrunn,
Tel.: 0 81 02 / 7 14 53 (Spanien)
Ino-Weinhandel,
Welkenrather Straße 55, 52074 Aachen,
Tel.: 02 41 / 87 29 29 (Griechenland)
Jacques' Wein-Depot,
Bilker Allee 49, 40219 Düsseldorf,
Tel.: 02 11 / 39 00 20 (Frankreich, Italien, Australien)
Kalmund & Juczyk,
Arnulfstraße 4, 40545 Düsseldorf,
Tel.: 02 11 / 55 53 42 (Italien)
Ludwig von Kapff,
Hollerallee 24, 28209 Bremen,
Tel.: 04 21 / 34 63 80 (international, Frankreich)
Weindepot Klaus Kauffmann,
Unterau 5, 65520 Bad Camberg-Erbach,
Tel.: 0 64 34 / 53 32 (Südafrika)
Kössler & Ulbricht,
Äußere Bayreuther Straße 350, 90411 Nürnberg,
Tel.: 09 11 / 52 51 53 (Frankreich, Italien, Kalifornien)
Gebr. Kyriakis,
Schulze-Delitzsch-Straße 1, 68542 Heddesheim,
Tel.: 0 62 03 / 48 68 (Griechenland)
Maison Lanz,
Darmstädter Landstraße 92, 60598 Frankfurt,
Tel.: 069 / 62 06 85 (Frankreich)
Millésime,
Siegfriedstraße 1, 77694 Kehl,
Tel.: 0 78 51 / 7 71 63 (Frankreich)
Monimpex,
Slevogtstraße 50, 28209 Bremen,
Tel.: 04 21 / 3 49 76 01 (Ungarn)
Dr. Hans Peter Müssig,
Hauptstraße 32, 97846 Partenstein,
Tel.: 0 93 55 / 18 24 (Deutschland, Elsaß, Österreich)
Il Nuraghe,
Theresienplatz 7, 90403 Nürnberg,
Tel.: 09 11 / 50 10 91 (Italien)
Rheinische Weinhandels GmbH,
Erlanger Straße 4, 51103 Köln,
Tel.: 02 21 / 87 26 28 (Portugal)
Weingut Schwarzer Adler,
79135 Oberbergen,
Tel.: 0 76 62 / 93 30 22 (Frankreich, Ungarn)
A&H Segnitz Bremer Weinkolleg,
Löwenhof, 28844 Weyhe,
Tel.: 0 42 03 / 8 15 10 (international)
Franc Šoba,
Holzbachstraße 20, 86152 Augsburg,
Tel.: 08 21 / 50 20 30 (Balkan)
Thomas Späth,
Franz-Joseph-Straße 43, 80801 München,
Tel.: 089 / 34 47 61 (Österreich)
Carl Tesdorpf,
Mengstraße 66, 23552 Lübeck,
Tel.: 04 51 / 7 60 74 (international, Frankreich)
Antonio Tristano,
Steinbücheler Weg 29, 51061 Köln,
Tel.: 02 21 / 60 17 89 (Italien)
VinEspa Peter Abegg,
Düsseldorfer Straße 84, 40545 Düsseldorf,
Tel.: 02 11 / 55 33 76 (Spanien)
Vini del Piemonte Klauke & Eberle,
Saarbrücker Straße 35, 44135 Dortmund,
Tel.: 02 31 / 52 46 25 (Italien)
Vinos de Reula,
Hildener Straße 43, 42697 Solingen,
Tel.: 02 12 / 7 64 02 (Spanien)
G.H. Wehber & Co,
Billstraße 87, 20539 Hamburg,
Tel.: 040 / 78 27 12 (Frankreich)
Wein aus Portugal,
Schleißheimer Straße 198, 80797 München,
Tel.: 089 / 30 37 34 (Portugal)
Weinberger,
Arnhofener Weg 18b, 93326 Abensberg,
Tel.: 0 94 43 / 56 98 (Italien)
Das Wein-Cabinet,
Am Altenberg 8, 57290 Neunkirchen,
Tel.: 0 27 35 / 17 66 (Portugal)
Weinkontor Freund,
Brüggenkamp 10, 33775 Versmold,
Tel.: 0 54 23 / 30 74 (Italien, Spanien)
Weinland Keiler,
Brennaborstraße 5, 44149 Dortmund,
Tel.: 02 31 / 6 53 88 (international)
Winzer Krems, Meraner Str. 5,
94036 Passau, Tel.: 08 51 / 5 70 71 (Österreich)

Register